普通高等教育经管类系列教材

证券投资分析

第 3 版

李国强　李　雯　主编

机 械 工 业 出 版 社

本书全面系统地介绍了证券投资分析的基本原理、投资理念、投资技术和方法，内容涉及投资决策的各个方面，包括测试风险偏好、选择投资对象、分析企业估值、确定买卖时机、构建投资组合、进行技术分析、制定投资策略等。

本书作者长期从事证券投资分析的教学和研究工作，也具有多年的证券投资实战经验。书中内容既有他们总结归纳的投资原理和分析方法，也有他们在实战中提炼的技术图表和最新案例。本书在结构和内容安排上力求符合广大投资者的阅读和学习习惯，希望投资者在读后能将书本知识转化为交易能力，并将能力转化为资本和财富。

本书可作为高等院校证券投资分析课程的教材，也可作为投资者进行证券投资操作的参考书。

图书在版编目（CIP）数据

证券投资分析/李国强，李雯主编. —3 版. —北京：机械工业出版社，2021. 12（2025. 1 重印）

普通高等教育经管类系列教材

ISBN 978-7-111-69339-0

Ⅰ.①证… Ⅱ.①李…②李… Ⅲ.①证券投资—投资分析—高等学校—教材 Ⅳ.①F830.91

中国版本图书馆 CIP 数据核字（2021）第 204120 号

机械工业出版社（北京市百万庄大街 22 号 邮政编码 100037）

策划编辑：曹俊玲 责任编辑：曹俊玲

责任校对：王 欣 封面设计：张 静

责任印制：邸 敏

北京富资园科技发展有限公司印刷

2025 年 1 月第 3 版第 6 次印刷

184mm×260mm·19.75 印张·488 千字

标准书号：ISBN 978-7-111-69339-0

定价：58.00 元

电话服务 网络服务

客服电话：010-88361066 机 工 官 网：www.cmpbook.com

010-88379833 机 工 官 博：weibo.com/cmp1952

010-68326294 金 书 网：www.golden-book.com

封底无防伪标均为盗版 机工教育服务网：www.cmpedu.com

前　言

进入 21 世纪，伴随着我国经济的不断发展和企业业绩的提升，我国的资本市场也进入了一个高速增长的时期。截至 2020 年年底，上证综合指数达 3 473.07 点，沪深股票总市值已达 79.72 万亿元，为 2020 年国内生产总值（GDP）101.6 万亿元的 78.47%，上市公司有 4 140 家，投资者开户数达 1.78 亿户，股票市值位居世界第二位。股市规模的扩大促进了我国资本市场的发展和结构优化，也激发了大众对证券期货产品投资的需求，吸引了越来越多的机构和个人投资者参与其中。

证券市场是一个高风险和高收益并存的博弈场所，它既可能使投资者获得较高的投资收益，实现资本和财富的快速增长，也可能使投资者蒙受巨大的损失，甚至导致血本无归。投身这项高风险的投资或投机活动，需要具有专业的知识、较好的心理素质和正确的思维模式，而且要受严格的纪律约束。投资者应首先分析自己的风险偏好，测试自己的风险承受能力；然后进行证券分析，选择适合的投资对象；在此基础上，还要了解证券交易技术，掌握证券操作方法；最后需要构建投资组合，并采取正确的投资策略。投资者只有将投资看成一种职业和专业行为，在实践中不断学习和积累经验，才能提高自己的分析能力、判断力和执行力，才能在证券市场上获得成功。

为适应证券市场的不断发展，也为满足高等院校投资学课程教学的需要，我们编写了本书。本书不同于以往的投资学教材，过分偏重估值分析和数学模型；也不同于市场上流行的操作秘籍，过多强调短期收益和操盘技巧。本书是站在投资者的角度，按照证券投资决策的过程进行布局，重点对投资分析和投资决策的方法展开论述。在本书的写作中，我们努力将理论知识与股市现状结合起来，在系统阐述证券投资分析的原理、技术和方法的同时，使用大量的图表进行说明和解读，也提供了众多案例进行分析和讨论，力图符合广大投资者的阅读和学习习惯，并有助于投资者将书本知识转化为交易能力，并将交易能力转化为资本和财富。

本书包括四部分内容：第一部分是证券投资基础知识，即第一、二章，主要介绍了证券投资理念、投资心理与行为、投资对象与交易程序；第二部分是基本分析，包括第三至六章，阐述了价值分析、宏观经济分析、市场与行业分析，以及公司因素分析等内容；第三部分是技术分析，包括第七至十二章，主要介绍了趋势分析、形态分析及指标分析的原理和应用；第四部分是投资决策，即第十三至十五章，介绍了投资组合、投资策略与操作技巧，并分析了巴菲特、索罗斯等投资大师的投资理念。

书中最后附录部分给出了两套思考与练习试卷，简要介绍了通达信证券投资分析系统 V7 版的操作说明，希望能对投资者使用通达信软件进行证券交易提供帮助。

本书主要有以下特点：①突出系统性和独特性。本书较系统地介绍了证券投资分析的理论和方法，结构体系完整，编写风格独特，且避免了与证券投资学教材的重复。②强调技术分析。在阐述基本分析的基础上，重点探讨了如何使用技术指标和图形分析股价走势，选择买卖时机。③突出可操作性。书中穿插了大量的图表，用以说明技术方法的应用，并使用了众多的实例分析验证其有效性，方便投资者学习和模拟练习。④内容与时俱进。书中内容紧贴股市现状，反映最新市场走势和热点，具有较强的实用性和鲜明的时代感。

本书作者长期从事证券投资分析的教学和研究工作，也具有多年的证券投资实战经验，理论与实践的双重背景为写好本书提供了可能和条件。参加本书编写和修订的有李国强、李雯、熊华强、邱理想、胡渤、何雅君、彭亚，最后由李国强和李雯进行总纂定稿。

由于时间仓促，加上作者水平有限，书中难免有疏漏之处，还望读者不吝赐教。

李国强

目　　录

内容提示

　　证券投资是投资者通过购买有价证券获取投资收益的过程。在这一过程中，投资者首先面临的是树立投资理念、选择投资对象、确定投资方法等问题。本章作为全书之首，阐述了证券投资的概念、投资心理与行为、投资与投机、收益和风险、投资分析方法等内容，目的是使投资者掌握投资的基本知识，为以后各章的学习打好基础。

第 一 章

证券投资原理

第一节　证券投资概述

一、证券投资的概念

　　投资经济学将投资分为两类：一类是直接投资，即将资金投放到生产经营性资产上，以获得利润；另一类是间接投资，即将资金投入到有价证券中，以取得预期收益。显然，证券投资属于间接投资。

　　证券投资是投资主体用货币资金买卖股票、债券、投资基金等有价证券，以及这些有价证券的衍生品，以获取一定收益的投资行为和过程。它包含以下四个要素：

　　（一）**投资主体**

　　投资主体即证券投资者，主要是指机构投资者和个人（自然人）投资者。机构投资者包括政府部门、企事业单位、金融机构、社会公益基金等，其中金融机构又包含银行、保险公司、证券经营机构和基金管理公司。个人投资者有长线投资者、短线投机者和炒股大户。证券投资就是这些人或人格化的组织进行的以营利为目的的风险投资活动。

　　（二）**投资对象**

　　投资对象即投资客体，包括股票、债券、投资基金，也包括认股权证、指数期货、期权等金融衍生品。其中每一个品种都可以再细分，如：股票按股东的权益可分为普通股和优先股；按持股主体可分为国家股、法人股、社会公众股；按上市地点可分为 A 股、B 股、H 股、N 股和 S 股。投资者在选择具体投资对象时，既要考虑该种证券的收益与风险大小，又要考虑它的流通性及投资时间的长短。

（三）投资目的

证券投资的目的是获得预期的收益。收益即投资所得到的报酬，是对投资者承担风险的补偿，它具有不确定性。在证券市场上，收益和风险是并存的，经常会有四种组合形式，即高收益高风险、低收益低风险、高收益低风险和低收益高风险。其中前两种是最常见的。但高收益通常伴随着高风险，而高风险不一定会带来高收益，投资者要根据自身条件和风险偏好选择与收益风险组合相匹配的投资形式。

（四）投资行为

证券投资的收益性与风险性并存，要求投资者不仅要对不同的证券品种进行选择，还要对具体的上市公司进行判断，对其经营管理、财务状况、投融资决策、利润及安全性等进行了解和分析，并采取相应的投资组合策略。总之，证券投资是高风险的经济行为，投资者要取得投资的成功，必须学习投资的基本知识，熟悉投资的交易程序，并掌握正确的投资决策方法。

二、投资者的素质要求

证券投资是一种高风险的行为，也是一项复杂的智力活动，投资者要在证券市场上取得成功，需要具备以下几方面素质：

（一）学习能力

优秀的投资者都是学习能力很强的人，他们不仅要学习投资的理论和方法，掌握具体的操作策略，而且还要学习和理解市场上的各种制度规则，掌握竞争博弈的技巧，并且能够在实战中加以灵活运用。这是投资者投身证券市场、获得投资成功的基础。

（二）经验

中国有句古话，"读万卷书不如行万里路"，知之、行之才能得之。华尔街也有种说法，"你如果能在股市熬10年，你应能不断赚到钱；如果熬20年，你的经验将极有价值；如果熬30年，那么你必定是极其富有的人。"这些都强调了实际操作和经验的重要性。证券市场上存在着"博傻"现象，即先入市的人赚后入市的人的钱，前面的人赚后面的人的钱。投资者要想在证券市场上生存下来，就要不断总结经验。这是投资成功的前提。

（三）独立思考

成熟的投资者通常具有独立的思维，不人云亦云，不跟风炒作；他们不会因为股市快速上涨而兴奋地追高买入，也不会因为股市突然暴跌而选择恐慌性抛出。他们能够通过深入的研究发现多数投资者想不到的事物，把握投资者经常忽视的机会。因此，独立思考、特立独行有时也是成功投资者必备的素质。

（四）果断力

如果用一个词概括成功投资者的特点，那就是具有果断力。证券市场上行情瞬息万变，机会稍纵即逝，投资者无论是买进还是卖出股票，都应该当机立断，果断采取行动，切忌犹犹豫豫，谨小慎微，担惊受怕，不敢决策。当市场整体趋势向好时，要大胆买进，耐心持有；当市场趋势转弱时，即使有所亏损，也要坚决卖出。果断力是一种决策能力，它通常是由人的个性和心理特征决定的。

（五）心态

证券市场的走势是波浪起伏、循环往复的，有高潮也有低谷，有高峰也有谷底。投资者需要沉着镇静，遇变不惊，临危不乱，处之泰然，要"在别人贪婪时恐惧，在别人恐惧时贪婪"。越是在股市的突变时刻，投资者越要保持良好的心态，保持理性的思考。这是决定投资成败的关键。

（六）忍耐力

市场中永远都不缺少机会，即使在熊市时也有股价翻番的黑马。有很多投资者都曾经选中过黑马，但很少看见投资者能骑稳黑马，大部分投资者在稍有获利时就早早卖出，提前下车，即赚钱的股票卖得太早，而赔钱的股票却拿得时间太长。具有忍耐力的投资者可以抵御诱惑和贪婪，战胜犹豫和恐惧，成为一名合格的投资者。

三、投资心理与行为

进行证券投资时，投资者除了要进行价值分析和图表分析以外，还需要对人的心理和行为进行研究。以下几种心理经常影响人们的投资决策：

（一）羊群效应

羊群效应是指市场上那些没有形成自己的预期或没有获得一手信息的投资者，将根据其他投资者的行为来决定或改变自己的行为。这表现在交易中就是在某一时段买卖相同的股票，一人带头，大家跟风，趋同操作，追涨杀跌，进而造成股价的过度反应。

（二）路径依赖

路径依赖理论是由道格拉斯·诺思（Douglass North）提出的。由于用"路径依赖"理论成功地阐释了经济制度的演进，道格拉斯·诺思于 1993 年获得诺贝尔经济学奖。诺思认为，"路径依赖"类似于物理学中的惯性，事物一旦进入某一路径，就可能对这种路径产生依赖。如将其用在人的选择和习惯上，则在一定程度上，人们过去的选择和行为习惯决定了他们现在可能的选择和行为习惯。

股市变化是周期性的，股价一旦进入牛市或熊市周期，会在相当长的时间内保持上涨或下跌趋势，不会轻易发生改变。投资者需要做的就是做出判断，是持股待涨还是持币休息。投资者应紧跟大势，顺势而为，而不要反向操作，逆势而动。

（三）空中楼阁理论

英国的约翰·梅纳德·凯恩斯（John Maynard Keynes）认为，股票价格是由投资者心理构造出来的一种空中楼阁，已脱离了股票的内在价值，也脱离了真实的经济运动。投资者之所以要以一定的价格购买某种股票，是因为他相信有人会以更高的价格向他购买这种股票。精明的投资者只需抢在最大的"笨蛋"之前成交就能赚钱。

这种理论又称为博傻理论。股市在一定意义上类似于击鼓传花游戏，前面的人赚钱，后面的人则被套牢，在山顶上为别人抬轿。所以投资者在入市时一定要谨慎，先分析自己的风险偏好，学习投资的知识和技术，确定自己的投资类型和投资组合，避免一入市就亏损。

（四）心理预期理论

在众多投机者眼里，股票、基金仅仅是一种符号，一种投机的工具。对股票、基金的价值的评判，往往是由投机者的心理预期决定的。诺贝尔奖获得者米尔顿·弗里德曼（Milton Friedman）认为："假说的真实性是无关紧要的，只要它能够产生真实的预言。更重要的是，人们按照他们似乎具有理性的预期来行动，而不是先使用模型来形成他们的预期。"如果一个人能领先一步意识到某种预期将能够形成共识，那他将是投机的赢家。

巴菲特曾讲过这样一个故事：一个石油勘探者在去天堂的路上遇到了圣徒彼得。彼得说："你有资格住进来，但为石油职员保留的大院已经满员了，没有办法让你挤进来。"这位勘探者想了一会儿，请求对大院里的人们说句话，彼得同意了。于是他大声喊道："在地狱里发现了石油！"大院的门立刻被挤开，里面的石油职员蜂拥而出奔向地狱。彼得非常惊讶，就请这位勘探者搬进大院。勘探者却迟疑了一下说："不，我想我应该跟着他们走，那谣言也许是真的。"

该故事要说明的是：尽管有那么多受过良好教育、经验丰富的职业投资者，但证券市场却没有因此而形成更多的逻辑和理智，因此缺乏理性是证券市场的常态，投资者要善于利用市场的错误投机获利。

沃顿商学院教授彼得·费德（Peter Fader）在总结过去的网络股炒作时说："我们在回顾以往时，总是禁不住大笑，然后说不会再那么傻了，但历史却很容易循环重现。"

（五）选美理论

选美理论也是凯恩斯提出的。他认为金融投资如同选美，在有众多美女参加的选美比赛中，如果猜中了谁能得冠军，就可以得到大奖。而在竞猜时，千万别猜你认为最漂亮的美女能够得冠军，而应该猜大家会选哪个美女做冠军，即在进行证券投资时，要猜准别人的选美倾向，遵从大家的投票行为，买入大众认同的股票。这在股市处于顶部和底部、股价被普遍高估和低估时尤其适用。

四、证券投资的过程

证券投资的过程是一系列投资活动的综合，是投资者进行投资决策所遵循的主要步骤和方法。它包括以下内容：

（一）筹集投资所需要的资金

筹集资金是投资过程的起始阶段。它是把资金从供给方或闲置者的手中吸收过来，聚集在一起，以供投资者使用的过程。对于不同的投资者，筹集资金的方式是不同的。就个人投资者而言，用于证券投资的资金通常来自收入超出支出的盈余部分，即储蓄。故储蓄的积累是个人投资者筹集资金的主要方式。

储蓄同时也是投资，是一种间接的金融投资。投资者将闲置资金存至银行，银行通过信贷的方式融资给企业，投资者可获得固定的利息回报。它虽然与证券投资在性质、时间、条件、风险等方面不同，但目的都是获得一定的收益。当然，储蓄的种类和时间长短不同，收益也不一样，投资者在储蓄时通常也需要进行投资决策。

很多人把筹资和投资截然分开，认为先有筹资后有投资。实际上，筹资和投资是一个动态循环的过程，是一个紧密联系的整体。筹资是为投资服务的，投资是为下次筹资做准备。通常，筹资的多少决定了投资的种类和方式，也决定了投资收益的大小。

（二）评估风险和收益

证券投资是一种高风险的经济活动，投资者要获取收益就要承担相应的风险。根据投资者对风险的不同态度，可以把投资者分为风险回避型、风险中立型和风险偏好型三种类型。三种风险类型的投资者所选择的投资对象和投资策略是不一样的。投资者应根据自己的资金实力、职业特点、年龄大小、性格特征等来衡量自己能够承担多大的风险，确定自己的风险偏好，然后再决定投入多少资金，并选择投资对象和投资策略。

了解自己的风险类型是投资成功的关键。投资者往往会过高估计自己的能力，过低估计自己的脆弱，在市场狂热时贪婪，在市场低谷时恐惧。投资者只有了解自己的风险承受能力、知识能力及自身局限性，在实践中不断改进，才能跟上市场发展的步伐。

（三）进行证券分析

证券分析是投资者在众多的投资对象中，筛选自己所要投资的证券种类的过程。一般来说，购买债券风险较小，而购买股票风险较大，但股票的收益常常高于债券。衍生工具风险最大，一般适合专业投资者购买。投资基金由于是由专家运作和管理的，因而风险相对来说也较小，缺乏投资知识和经验的投资者可以选择基金进行投资。投资者在进行证券分析时应广泛收集资料，利用各种金融杂志、报纸、电视、网络等媒体收集市场信息，甚至可以亲自去企业调研。当然，新入市者也可以参考有经验的投资专家的建议，进行证券分析和判断。

（四）选择具体的投资品种

在进行证券分析的基础上，投资者要确定投资哪一种证券，并对该种证券进行基本面的分析。一般来说，投资者应先对宏观经济形势进行分析和预测，然后对该种证券所处行业的发展趋势做出估计，最后再对该上市公司的情况进行全面了解和判断。投资者要重点分析上市公司的财务状况、公司治理结构、股东变化、产品和市场情况，同时还要评估公司证券的内在价值和投资风险，在此基础上做出自己的选择。

（五）掌握证券交易的操作技术

证券投资的过程是通过买卖证券的行为体现的，所以投资者要掌握证券发行和交易的知识，了解证券交易的方式和程序，熟悉各种交易术语。投资者需要了解一级市场和二级市场的交易机制、交易种类、交易规则及券商经纪业务，严格遵守交易中的委托买卖、计算机撮合成交、清算和交割、费用收取、过户等一系列程序和要求，以确保自己证券买卖行为的顺利完成。

（六）制定投资策略

在进行基本分析和掌握操作技术之后，投资者还要进行技术分析，选择适当的买卖时机，并确定相应的投资策略。投资者首先要区分自己是做短线、中线还是长线，选择相应的技术分析方法。其次要根据手中的资源，确定是集中投资还是分散投资。再次要根据自己的风险偏好，设计投资组合结构。最后还要根据市场环境的变化，及时调整自己的投资策略。

在投资实践中，投资者也可按以下方法进行投资决策：一是自上而下法，即从资产分配开始，先决定投资组合的比例，然后再选择具体的证券；二是自下而上法，即先从购买有价值的股票开始，在此基础上再分配自己的资产，构建有效的投资组合。

第二节　证券投资理念

一、证券投资的作用

证券投资作为一项有大量投资者参与的经济活动，在资本市场中具有以下作用：

（一）筹集资金

证券投资通常能获得高于储蓄存款利息的收益，所以吸引了众多的投资者。而证券发行公司通过证券市场筹资到大量的长期资金，可以弥补自有资金的不足，用于开发新产品或投资新项目，有利于迅速增强公司的实力。

（二）传递信息

通过证券市场价格和交易量的变化，可以获得宏观经济运行中资金供求变化的信息。当市场上银根紧张、资金需求大于供给时，投资者会抛出证券，回笼资金和紧缩投资，证券价格会出现下跌的趋势；当资金供给大于需求时，会使大量游资转向证券市场，投资者会买入证券并追加投资，证券价格将出现上涨的趋势。

（三）合理配置资源

投资者通常愿意购买那些公司治理良好、业绩优良、回报率高的证券。而大量的社会资金流向业绩好、效益高、有发展前途的行业和企业，能实现资源的优化配置和整合，对产业结构和产品结构的调整起到促进作用，同时也能提高整个社会资金的使用效率。

（四）使资本增值

通过证券投资，投资者可获得股息、红利收入；也可以通过买卖证券，获得一定的差价收益；还可以通过一直持有证券，享有上市公司由于资本的不断增值而引发的股票增值。这些都能够增加证券投资者的财产收入。

例如：朱先生 1994 年 3 月 3 日在北海国信证券购买了 500 股深万科 A（000002），购买价 13.70 元，共投入 6904 元。买后市场下滑，股票被套，朱先生也回到北京从事房地产工作，其间未再进行一次买卖。2007 年 6 月朱先生转户至渤海证券北京营业部时，账户股票余额已变为 9895 股，市值 22 万元，增长了近 32 倍。13 年间深万科多次送股，年年派息，总股本也从 1994 年的 1.8 亿股增加到 2007 年的 65 亿股，并成长为一家全国性的房地产专业公司。2020 年，万科总股本已达 116 亿股，成为城市住宅的第一品牌。朱先生股票账户的资产与上市公司市值同步增长，其长期投资获得了丰厚的回报。

二、证券投机的内涵

所谓投机，是指为了再出售（或再购买）而不是为了使用和消费而暂时买进（或卖出）商品，以期从价格变化中获利的经济行为。因为从价格变化中获利必须把握好买卖时机，故称之为投机。显然，投机实质上是一种投入资金获取非生产性财产收入的经济行为。

证券投机是指在市场上短期内多次买进卖出证券，以赚取差价的行为。在证券市场上，由于有价证券具有较高的流动性，价格涨跌的幅度很大，所以证券投机也成为一种常见的证券买卖行为。

投资者最初投资证券主要是为了获得股息红利。但随着证券交易市场的活跃，越来越多的投资者被股票价格的波动所吸引，纷纷放弃获取股息而转为博取差价收益，即资本利得，投机遂成为股市的主要操作行为。这在新兴的股票市场中尤为明显。

当预期证券价格将要上涨时，投资者会以较低的价格买进证券，等价格上涨后再卖出；或在市场中存在卖空机制的情况下，投资者预计证券价格将要下跌，从券商处借券先行卖空，等价格下跌后再买回归还给券商。这时的证券投资就成为赚取价差的手段和工具，买卖证券实际上变成了炒作股票，投资者也已等同于投机者。

三、证券投机的作用

证券投机与证券投资是密不可分的，它也是证券市场中不可缺少的组成部分。证券投机主要有以下作用：

（一）有助于平衡证券市场的价格

投机者通常根据自己对未来价格的预期进行买卖。当他们认为证券价格被低估的时候，会趁机买进证券，从而增加对证券的需求，抑制价格的下跌；当他们认为证券价格被高估的时候，会趁机卖空证券，从而增加对证券的供给，减缓价格上涨的压力。由此可见，投机也是证券交易中的一种市场行为，对缓和市场的价格波动起到一定的积极作用。

（二）能够增强证券市场的流动性

投机者只要认为有利可图，就会频繁地进行买卖，从而使市场交易量增加，增强市场的流动性。如果投资者都选择长期投资，就会使证券市场的流通性降低，则证券市场将变成死水一潭。投资者如果需要将股票变现时无法卖出，就会挫伤其入市的积极性，不利于证券市场的活跃和发展。

（三）有利于分散价格变动的风险

投机者是证券市场的风险承担者，他们在发掘市场机会的同时，也在不断创造着盈利机会，从而吸收更多的人投身到证券市场中来。如果市场中都是投资者，都不愿承担风险，则会使证券价格朝着同一方向运动，证券买卖无法成交，风险会更加集中。而正是由于有大量投机者的存在，才使证券价格的波动成为可能，也使证券投资的风险分散化。

当然，投机也有消极作用。证券市场中过度的投机会使证券价格长期偏离价值，造成股价周期性地暴涨暴跌，损害广大中小投资者的利益，甚至会酿成股灾和金融危机，影响整个社会的稳定。为此，证券监管部门应加大监管力度，加强信息披露和交易行为的管理，并通过法律法规来规范市场中的各种投机行为。

四、证券投资与证券投机的区别

证券市场中的投资与投机可以从以下几方面来区分：

（1）从行为动机上区分。投资者购买证券是为了获得证券本身今后所能给予的回报，如利息、股息、红利或长期资本利得；投机者购买证券是为了再出售，从中赚取差价。

（2）从持股时间上区分。投资者买进证券后通常是长期持有，以享受其增值与收益回报；投机者则是快进快出，在频繁的买卖中赚取价差。

（3）从分析方法上区分。投资者注重基本分析，从公司的内在价值、宏观经济形势和行业发展前景等方面选择证券；投机者注重技术分析，从证券价格的上下波动中选择买卖时机。当然，投机者也做基本分析，但主要是为了预测证券价格变动的方向，而不是为了长期持有。

（4）从风险倾向上区分。投资者一般是风险回避者，喜欢购买预期收入稳定、风险较小的公司的股票；投机者则是风险偏好者，喜欢购买预期收入不确定、风险较大的公司的股票。当然，投机者主动承担风险是为了获得更多的投资者主动回避的风险投资收益。

在实践中，投资与投机并没有严格的界限，两者经常会互相转化。例如，原来准备长期投资，如果短期内股价上涨过快，也会卖掉股票而转为投机；原来准备短期投机，如果股价下跌过快被套，也会被迫转为投资。又如，投资者本来选择了内在价值高的股票准备长期持有，但看到股价暴涨时，也会卖掉股票而获取差价利润，从而转化成长线投机者。

本杰明·格雷厄姆（Benjamin Graham）曾经说过，投资者与投机者最实际的区别在于他们对股市运动的态度上。投机者的兴趣主要在参与市场波动并从中谋取利润，投资者的兴趣主要在以适当的价格取得和持有适当的股票。

总之，投资是一门科学，投机是一种艺术；投资是长久性获益，投机是一次性榨取。两者没有好坏之分，也没有明确的边界。无论是投资者还是投机者，要想盈利，都需要发现市场预期，找准市场热点，都需要领先众人一步，果断进行决策。

第三节　证券投资的收益和风险

收益和风险是证券投资的核心问题。投资者在进行投资操作之前，首先应了解收益和风险的具体内容及它们之间的关系。

一、证券投资的收益

收益即投资所得的报酬，是对投资者承担风险的回报。证券投资的收益可分为两部分：一是当期收入，即在投资存续期获得的股票的股利收入和债券的利息收入；二是资本利得，即由于证券市场的价格波动而获得的买卖证券的差价收入。

（一）债券投资的收益

债券投资的收益并不直接等同于利息，只有在特殊的情况下两者才会相同。债券投资的收益包括三部分：利息收入、买卖差价以及利息再投资收益。所谓利息收入，是指按照债券的票面利率计算而来的收益。这部分收益是事先确定的。买卖差价也被称为"资本损益"，是指债券投资者购买债券时所投入资金与卖出时（或偿还时）所获资金的差额。利息再投资收益是指对附息票债券（分期付息）而言，投资者将每年定期收到的利息收入再进行投资所获得的收益。其中后两部分收益是不确定的，因为市场利率不同，债券的价格和期限也不一样。

投资者在选择债券投资对象时，应将各种债券的收益情况进行比较。能够准确衡量债券收益的指标是债券收益率，即一定时期内债券投资收益与投资额的比率。由于债券的种类、计息方式、买卖时间不同，债券收益率的计算也会使用不同的指标和公式，投资者在进行投资收益比较时要注意区分和选择。

（二）股票投资的收益

股票投资的收益是指投资者从购入股票到卖出股票，整个持有期间的总收入。它包括股利收入、资本损益和资本增值收益三部分。

1. 股利收入

股利收入包括股息和红利两部分。股息是指股票持有者从股份有限公司分取的每股盈利，红利则是上市公司在分派股息之后按持股比例向股东分配的剩余利润。但在实践中，人们对股息和红利并不严格加以区分，通常统称为股利。

股利的来源是公司的税后净利润。公司从营业收入中扣除各项成本和费用支出、应偿还的债务、应缴纳的税金后，剩余的部分即为税后净利润。股利的分配通常是在公司的税后净利润弥补了上年度的亏损、提取了资本公积之后进行的。

2. 资本损益

资本损益是指投资者利用股票价格的波动，在股票市场上低买高卖而赚取的差价收入。

股票卖出价与买入价之间的差额即为资本损益，或称资本利得。当卖出价大于买入价时称资本收益，当卖出价小于买入价时称资本损失。资本损益的取得主要取决于上市公司的经营业绩和市场的价格变化。

3. 资本增值收益

资本增值收益的体现形式是送股，资金则来源于公积金而非公司当年盈利，故也可称为公积金转增股本。公积金有法定盈余公积和任意盈余公积。法定盈余公积的来源：一是股票发行时超出面值的溢价部分；二是依公司法从公司税后净利润中按一定比例提取的部分；三是公司经过若干年经营后资产重估增值的部分；四是公司从外部取得的赠予资产。送股或公积金转增股本的方法与股票派息的做法相似，两者的区别在于前者的资金来自公积金，而后者为当年的盈利。

衡量股票收益的指标主要有综合收益率、市盈率和净资产收益率等，这些指标从不同的角度反映了股票投资者的收益水平。一般来说，综合收益率高、市盈率低、净资产收益率高，说明公司股票是绩优股票，上涨潜力大，值得投资者进行长期投资。

（三）证券投资收益率

证券投资收益率是指投资者持有证券期间的当期收入和买卖差价与证券买入价格的比率。它反映了投资者在持有期内的全部股利（利息）收入和资本利得占投入资本金的比率。其计算公式为

$$R = \frac{D + (p_1 - p_0)}{p_0} \times 100\%$$

式中，R 为投资收益率；D 为现金股利（或利息）；p_0 为证券买入价格；p_1 为证券卖出价格。

如果投资者不是买入一种股票或债券，而是买入多种证券，构成一个证券组合，则需要计算证券投资组合的收益率，即求构成证券组合的所有证券收益率的加权平均数，其权数是各种证券的投资额占总投资额的比例。其计算公式为

$$R = \sum_{i=1}^{n} X_i R_i$$

式中，R 为证券投资组合的收益率；n 为证券的品种数；X_i 为各种证券的投资比例；R_i 为各种证券的收益率。

二、证券投资的风险

（一）证券投资风险的含义

风险一般是指由于未来的不确定而发生损失的可能性。证券投资的风险是指由于不确定性因素的影响，投资者不能获得预期收益，甚至发生亏损的可能性。它反映了证券投资的预期收益与实际收益的差距，其差距的大小也就是风险的大小。

证券投资的目标是使投资收益最大化和投资风险最小化。但这两者在现实中常常是矛盾的。这就需要投资者认真进行风险分析，在识别风险的同时努力降低风险，争取在风险和收益的对立中找到某种均衡，实现最优化决策。

（二）证券投资风险的种类

证券投资风险可分为系统性风险和非系统性风险两大类。

1. 系统性风险

系统性风险是指与整个市场波动相关联的风险。它来自宏观经济变化对市场整体的影响，因而也称宏观风险。它主要包括利率风险、购买力风险和政治风险。利率风险是指由于市场利率的变动而引起的证券价格波动的风险；购买力风险又称通货膨胀风险，是指由于物价水平持续上升、货币贬值、购买力下降而使投资者承担的风险；政治风险是指由于某些政治上的变化，如领导人变动、政府政策的改变、法律法规的修改等给投资者造成的损失。

2. 非系统性风险

非系统性风险是指只对某个行业或某一企业产生影响的风险。它通常由某一特殊的因素引起，与整个证券市场的价格不存在系统性的联系，而只对少数或个别证券的收益产生影响的风险，故又称为微观风险。它包括企业风险、流通风险和违约风险。企业风险又称经营风险，是指由于企业经营恶化而导致亏损，从而使投资者出现损失的可能性；流通风险又称偶然事件风险，是指由于突发事件影响导致公司股票、债券暴跌，投资者无法卖出股票、债券的风险；违约风险又称信用风险，是指证券发行人在证券到期时无法还本付息而使投资者遭受损失的风险，它主要是针对债券而言的。

（三）证券投资风险的防范

证券市场上的风险通常是不可避免的，是客观存在的，但投资者可以采取一些措施将风险控制在一定的范围内。实践中普遍采用的方法是进行分散投资，即"不要把鸡蛋放在一个篮子里"。

对于非系统性风险，投资者可采取的方法有：一是将投入资金分散，即把资金平均投放到多家公司的股票上，只求获得平均的收益率；二是行业选择分散，即对不同行业、不相互关联的公司股票进行投资；三是时间分散，即根据公司分红派息的时间不同分阶段进行投资；四是季节分散，即依据股市的淡旺季进行投资。股市中经常说的"冬至春生""冬播夏收"，即指按季节投资。

但上述分散投资的方法不适用于系统性风险。当股市进行重大调整甚至面临崩盘时，大多数股票都会随大势同向变动，只有极少数股票能幸免于难。投资者降低系统性风险的方法主要有两种：一是将风险证券与无风险证券进行组合投资，当增加无风险证券的投资比例时，系统性风险将会降低。但是绝对的无风险证券实际上是不存在的，即使将资金存入银行，也会承担利率风险和贬值风险。二是进行套期保值，即先在现货市场买进或卖出某种证券，随后在期货市场卖出或买进同种证券。通过对一种证券的双向操作，可以防止由于该种证券价格涨跌而造成的投资损失。

三、证券投资收益和风险的关系

证券投资中的收益与风险并存，收益是承担风险的补偿，风险是获得收益的代价。预期收益是在无风险收益的基础上加上承担各种风险应得到的补偿。在实践中，长期债券利率比短期债券利率高，就是对利率风险的补偿。同样，股票的收益率一般高于债券，原因是股票的经营风险、财务风险及市场风险比债券大，这也是股票高收益所要承受的代价。

就系统性风险和非系统性风险而言，系统性风险可以带来收益的补偿，而非系统性风险则得不到收益的补偿。故对于系统性风险，投资者应根据自己的风险承受能力决定承担多大的风险，以期获得相应的收益。在投资实践中，投资者并不普遍采取措施完全消除系统性风险，而是通过投资分析和对投资对象的选择使系统性风险处于自己最满意的位置。

收益和风险的关系并不是绝对的，有时也表现出多种对应关系。例如高收益高风险、低收益低风险、高收益低风险、低收益高风险，这四种对应关系实际上告诉那些稳健的投资者，应进行组合投资。首先，将低风险或无风险的投资作为自己创造效益的基础。其次，把较低风险的投资作为自己获取收益的来源。最后，对于高收益高风险的投资要量力而行，可以用较少的资金参与，并努力把风险控制在自己可以承受的范围之内。

第四节 证券投资分析方法

证券投资分析方法主要有两大类：一类是基本分析法，另一类是技术分析法。前者是根据经济学、金融学、投资学的基本原理推导出来的分析方法，属于科学研究的结晶；后者是根据证券市场自身的走势和变化规律提炼出来的分析方法，属于投资者的经验总结。

一、基本分析法

基本分析法是指从影响证券价格变动的敏感因素出发，分析公司外部的投资环境和公司内部的各种因素并进行综合整理，从而发现证券价格变动的一般规律，为投资者做出正确的投资决策提供依据的方法。

（一）基本分析法的主要内容

证券投资的基本分析法主要应用于股票市场的分析，其内容包括三个方面：一是宏观经济分析，主要探讨各项经济指标和经济政策对证券价格的影响；二是行业分析，包括产业分析与区域分析两个方面，前者主要分析产业所属的市场类型、产业结构、生命周期以及产业竞争能力对证券价格的影响，后者主要分析区域经济因素变化导致证券价格的变化；三是公司分析，这是基本分析法的重点，包括公司财务报表分析、产品和市场分析、股东变动分析以及投资价值分析。

（二）基本分析法的优缺点和适用范围

基本分析法的优点主要有两点：一是能够较全面地把握证券价格的基本走势；二是应用相对简单，容易识别和操作。基本分析法的缺点也有两点：一是预测的时间跨度相对较长，对短线投资者的作用不大；二是预测的准确性相对较低。

基本分析法主要适用于以下情况：①周期相对比较长的证券价格预测；②相对成熟的证券市场的预测；③预测精确度要求不高的投资项目。

二、技术分析法

技术分析法是指直接从证券市场入手，以证券价格的变动规律为研究对象，结合对证券交易数量和投资心理等市场因素的分析，来帮助投资者选择投资时机和投资方式，以获得证券投资收益的方法。

（一）技术分析法的主要内容

技术分析法的主要内容包括三个方面：一是趋势分析，即通过对股价、成交量和时间等因素的分析，预测证券市场价格变动的趋势；二是图形分析，即将股票价格记录在特定的图表上，通过对图表走势的分析预测股价的变化趋势；三是指标分析，即使用数学公式计算出技术指标，依据技术指标的变动对市场进行预测。如果将技术分析法的内容再细分，还可以分为道氏理论、波浪理论、江恩理论、移动平均线、循环周期、技术形态、K线系统、技术指标等。几乎所有的技术分析方法都可以归入以上类别中。

（二）技术分析法的优缺点和适用范围

技术分析法的优点是同市场贴近，考虑问题比较单纯和直接。与基本分析法相比，通过技术分析指导证券交易见效快，获得收益的周期短。此外，技术分析法对市场的反应比较敏感，分析的结果更接近实际市场的局部变化。技术分析法的缺点是目光短浅，考虑问题的范围相对狭窄，对市场的长期趋势变化不能进行有效的判断，因为有很多因素是技术分析法无法预测的，如对于那些影响市场长期运行的宏观政策因素。

从技术分析法的优缺点出发，就可以了解技术分析的适用范围。简单地说，技术分析法适用于时间较短的行情预测，而要进行周期较长的分析就必须借助其他方法。另外，技术分析法所得出的结论不是绝对的指令，而是以概率形式出现的方案和建议，所以不能把它看成万能工具。

三、基本分析法与技术分析法的区别

对基本分析法和技术分析法的主要区别，可以从以下几个方面把握：

（一）目的不同

基本分析法的目的是获得证券投资的长远收益，它重点研究的是证券的内在投资价值，是在价值发现的基础上，较长期地持有质优而价值被低估的股票，而不关心市场上那些短期的难以捕捉的变动。技术分析的目的是获得证券投资的短期收益，它更关心股票的短期走势，认为基本分析法的数据资料公布滞后，当投资者知道公司基本面发生利好变化时，股价早已高高在上，此时买入无疑会接到最后一棒。故技术分析法强调的是在市场的短期波动中抓住机会，以实现投资收益的最大化。

（二）方法与内容不同

基本分析法偏重于定性研究，从影响市场供求关系的外部因素入手，分析股价的长期趋势，并制定相应的投资组合策略。技术分析法侧重于定量分析，从证券市场本身入手，依据市场提供的价格、成交量等资料，分析股价的中短期走势。技术分析法认为影响市场的所有因素，包括经济面、消息面、心理面等，都已集中地反映在股价和成交量上，投资者根据技术图表和历史经验完全可以领先一步，采取正确的应变措施。

（三）用途不同

基本分析法的用途主要是告诉投资者买卖哪些股票，即如何进行选股。当选择了安全边际高的股票后要一直持有，不用考虑出手的时间和价位。技术分析法则告诉投资者什么时候去买或卖，即选择适当的买卖时机和投资方式。当投资者买入股票后要随时准备卖出，在股价的涨跌中才能获得更高的差价收益。

基本分析法和技术分析法在投资理念、投资方式和投资策略上都有很大区别。它们有不同的价值取向、不同的思维方式，也各有其合理的内核。在投资实践中，无论是偏重于价值投资的基本分析者，还是侧重于趋势投资的技术分析人士，都取得过辉煌的战绩，也付出过惨重的代价。成熟的投资者要善于把两种分析方法结合起来使用，用基本分析法估计长期趋势，用技术分析法判断短期走势和确定买卖时机。

【本章小结】

本章主要阐述了证券投资的概念与过程、投资心理与行为、投资收益和风险、证券投资分析方法等内容，通过学习应重点掌握投资者应具备的素质、投资过程、收益与风险分析以及投资分析的方法。

【主要名词】

证券投资　羊群效应　路径依赖　空中楼阁　心理预期　投资与投机　收益与风险
系统性风险　非系统性风险　基本分析法　技术分析法

【复习思考题】

1. 简述证券投资的概念及要素。
2. 优秀的投资者需要具备哪些素质？
3. 简述证券投资的过程。
4. 简述投资与投机的区别。
5. 试述证券投资的收益与风险。
6. 试述证券投资分析的主要方法。

本章案例　专业投资者测试

一、风险偏好测试

1. 请问你的年龄是（　　　）。
A. 35 岁以下　　　　B. 35～55 岁　　　　C. 55 岁以上
2. 你偏好的投资品种是（　　　）。
A. 股票　　　　　　B. 基金　　　　　　C. 债券　　　　　　D. 储蓄
3. 你通常进行投资的时间是（　　　）。
A. 5 年以上　　　　B. 1～5 年　　　　　C. 1 年以内
4. 以下是预期收益区间，你最有可能选择（　　　）。
A. 2%～25%　　　　B. 5%～18%　　　　C. 7%～10%
5. 你投资的目标是（　　　）。
A. 在承担较大风险的基础上，获得较高的回报率
B. 既要本金安全，也希望获得高于存款利率的收益
C. 在本金安全的基础上，避免通货膨胀带来的风险
D. 本金安全

6. 某项投资可能有较大收益，但缺资金，你（　　）融资。

A. 肯定会　　　　　　B. 可能会　　　　　　C. 可能不会　　　　D. 肯定不会

7. 你曾投资股票失败，现大盘又走好，你（　　）再次杀入。

A. 肯定会　　　　　　B. 可能会　　　　　　C. 可能不会　　　　D. 肯定不会

8. 假如你持有的某只股票已涨25%，你会（　　）。

A. 追加投资

B. 保持原有的投资规模

C. 卖掉股票，获得即期收益

说明：A 为 3 分，B 为 2 分，C 为 1 分，D 为 0 分。得分高于 16 分，为风险偏好者；得分 8~16 分，为风险中立者；得分 8 分以下，为风险回避者。

二、风险承受能力测试

以下 8 个问题可测试投资者的风险承受能力。选择"是""不确定""否"，分别计 2 分、1 分和 0 分。

1. 投资的本钱是一笔闲置资金，它对你维持目前生活水平无多大影响？（　　）

2. 你不依赖或很少依靠目前投资的收入，不把它作为日常开支的重要来源？（　　）

3. 你有较为充足的其他收入来源，万一投资失败，完全可以弥补失败造成的损失？

（　　）

4. 你还年轻，距离退休的时间还很长？（　　）

5. 你有较强的投机愿望，认为值得为较高的收益去冒较大的风险？（　　）

6. 你对坏消息、对不利情况不会过度紧张，心境比较坦然豁达？（　　）

7. 你在投资方面具备相当多的知识和操作经验，并且能及时掌握各种股市信息？

（　　）

8. 你对目前股票市场的发展比较乐观，认为股市行情预期将会上升？（　　）

得分 12~16 分，说明你的风险承受能力很强，要重视学习技术分析，可参与一些短线题材股炒作；得分 8~12 分，显示你有一定的风险承受能力，但在心态、投资知识方面还需逐步加强，应侧重基本面分析，可进行中长线稳健投资；得分 0~8 分，显示你不太适合高风险的投资，建议投资指数基金或长线持有绩优股。

三、专业投资者测试

1. 是否把投资当成一种职业，并且如创业一样做好了准备？

2. 是否有自己的交易计划，并用来指导交易？

3. 是否能够在证券交易中遵守交易原则？

4. 是否能够使用程式化交易来防止犯错？

5. 是否拥有一个经过实战测试的交易系统？

6. 是否清楚交易系统在各类市场波动中的表现？

7. 是否清楚目前市场波动的类型？是否了解自己所期望的交易系统的收益率？

8. 是否会在看不清市场走势时主动离场？

9. 对于目前持有的所有头寸，是否事先计划好了出场时机？

10. 是否对每笔交易拟定了具体的盈利目标？

11. 是否使用资金管理方法来实现盈利目标？是否制定了具体的头寸比算式？

12. 是否明确投资结果主要取决于投资理念？

如果回答"是"的答案少于 8 项，说明投资者并没有认真对待自己的交易，或投资理念不正确，或交易系统存在缺陷，也可能是投资理念与交易系统不匹配。

专业的投资者会针对自己的性格特点确定符合自身条件的投资理念，再设计符合自己投资理念的交易系统和交易计划，并在投资实践中加以坚守。

问题：

1. 请分析年龄、性格、职业、收入、受教育程度对风险偏好和风险承受能力的影响。

2. 怎样才能成为一个优秀的投资者？

内容提示

　　本章主要阐述了证券交易对象、交易方式以及交易程序和费用的内容，并对证券交易的相关术语进行了介绍。要求读者熟悉各种有价证券的形式，掌握证券交易方式、场内交易程序、交易费用的计算，了解相关的交易术语。

第 二 章

证 券 交 易

第一节　证券交易对象

　　证券是指各类记载并代表一定权利的法律凭证，它用以证明持有人有权依其所持凭证记载的内容而取得应有的权益。证券交易对象即投资客体，也就是各种各样的有价证券，包括股票、债券、证券投资基金以及这些有价证券的衍生品，如权证、指数期货、期权等。

一、股票

　　股票是一种有价证券，是股份有限公司签发的证明股东所持股份的凭证。同种类的每一股份应当具有同等权利。股票一经发行，购买股票的投资者即成为公司的股东。股票实质上代表了股东对股份公司的所有权，股东凭借股票可以获得公司的股息和红利，参加股东大会并行使自己的权利，同时也承担相应的责任和风险。

　　（一）股票的特征

　　1. 收益性

　　收益性是股票最基本的特征，它是指股票可以为持有人带来收益的特性。持有股票的目的在于获取收益。股票的收益来源可以分为两类：一是从股份公司获得股息和分享公司的红利，二是来自股票买卖差价赚取的收益。

　　2. 风险性

　　股票的风险性是与股票的收益性相对应的。认购或购买了股票，投资者既有可能获取较高的投资收益，同时也要承担较大的投资风险。在市场经济活动中，由于多种不确定因素的影响，股票的收益是一个难以确定的动态数值，它随公司的经营状况和盈利水平而波动，也受到股票市场行情的影响。因此，股票的风险性是与收益性并存的。

3. 稳定性

稳定性一方面是指股东与发行股票的公司之间存在稳定的经济关系，股票的有效存在是与公司的存续期间相联系的。对于认购者来说，只要持有股票，其公司股东的身份和股东权益就不能改变。另一方面是指通过发行股票筹集到的资金有一个稳定的存续期间。对于公司来说，由于股票一经认购不能退回，因此通过发行股票所筹集到的资金在公司存续期间内是一笔稳定的自有资本。

4. 流通性

股票持有者虽然不能直接从股份公司退股，但是可以在股票交易市场上将股票作为买卖对象或抵押品随时转让。股票转让意味着转让者将其出资金额以股价的形式收回，而将股票所代表的股东身份及各种权益让渡给受让者。流通性是股票的一个基本特征。股票的流通性是商品交换的特殊形式，持有股票类似于持有货币，随时可以在股票市场将股票兑现。

5. 伸缩性

伸缩性是指股票所代表的股份既可以分割，又可以合并。公司利润增加或股票价格上涨后，投资者购入每手股票所需的资金增加，在这种情况下，可以将股份分割来降低单位股票的价格，以吸引更多的投资者，扩大市场的交易量；而一般在股票价格过低、公司合并等情况下，可以将若干股股票合并成较少的几股或 1 股。

6. 参与性

根据有关法律的规定，股票的持有者即是发行股票的公司的股东，有权出席股东大会，选举公司的董事会，参与公司的经营决策。股东参与公司经营决策的权力大小，取决于其所持有的股份的多少。从实践中看，只有股东持有的股票数额达到决策所需的实际多数时，才能成为公司的决策者。

（二）普通股与优先股

按股东享有权利的不同，股票可以分为普通股股票和优先股股票。

1. 普通股股票

普通股股票是股份有限公司发行的最普通、最重要也是发行量最大的股票种类。普通股股票是指每一股份对公司财产都拥有平等权益，即对股东享有的平等权利不加以特别限制，并能随股份有限公司利润的大小而获取相应股息的股票。在公司盈利较多时，普通股股东可获得较高的股利收益，但在公司盈利和剩余财产的分配顺序上列在债权人和优先股股东之后，故其承担的风险也较高。

普通股股票可以再细分为以下几类：

（1）蓝筹股：一些大公司发行的股利稳定、业绩较好的股票。这些公司在某一行业中占有重要地位甚至是支配性地位，是该行业的领导者或领先者。对该种股票投资时通常按市盈率估值，进行波段操作。

（2）成长股：处于快速发展阶段的公司所发行的股票。这些公司销售额和利润的增长幅度均高于国民经济和所在行业的增长速度。对该种股票可使用 PEG 估值，并采用长期投资的模式。

$$PEG = \frac{市盈率(PE)}{成长率(G)}$$

PEG 越低，股票投资价值越高，因为企业的快速成长会很快将 PE 降下来。

（3）收入股：能支付较高的当前收益的股票。

（4）周期性股：收益随经济周期而变动的公司，如钢铁、机器制造、航空、建筑材料等行业的公司所发行的股票。对其投资要做好预测工作，提前布局，波段操作。

周期性股票经常需要在高市盈率时买入，低市盈率时卖出。因为如果在低市盈率时买入，那时行业景气高涨，利润处于高位，其股价自然也在高点；而当行业景气回落至谷底时，市盈率高高在上，而股价往往处于低点。

（5）防守股：受经济周期影响小，收益比较稳定的股票，如公用事业、水电、药品等行业股票。

（6）投机股：价格不稳定或公司发展前景不确定的股票，如 2000 年的网络股，2018 年的比特币公司。该类股票风险大，稳健的投资者应尽量回避。

彼得·林奇主张投资成长股。他在《在华尔街的崛起》一书中写道："发展迅速型公司的特点是规模小，成立时间不长，年增长率为 20% ~25%，有活力，有创新精神。如果你仔细挑选，就会发现这类公司中蕴藏着大量能涨 10 ~40 倍甚至 200 倍的股票。"

成长型公司的主要特点是：年增长率能达到 30%，有合理的战略目标和产业布局，有积极进取的管理层，有完善的公司治理结构，具有持续领先、难以模仿的核心竞争力，有可复制的盈利模式以及广阔的市场空间。

贵州茅台（600519）2001 年 8 月 27 日上市，发行价 31.39 元，开盘价 34.51 元，收盘价 35.55 元。该公司上市后年年派息送股，至 2020 年 6 月 30 日，上证指数 2 984 点，贵州茅台股价 1 462 元，复权价格 7 894 元，上涨 200 多倍。

2. 优先股股票

优先股股票是指由股份有限公司发行的在分配公司收益和剩余资产方面比普通股股票具有优先权的股票。优先股股票的股息率是固定的，股息率不受公司经营状况和盈利水平的影响。按照公司章程规定，优先股股东可以先于普通股股东向公司领取股息，所以，优先股股票的风险要小于普通股股票。不过，由于股息率固定，即使公司经营状况良好，优先股股东也不能分享公司利润增长的利益。对投资者来说，优先股股票的意义在于投资收益有保障，而且投资的收益率要高于公司债券及其他债券的收益率。

优先股股票还有一重要的特点，即其表决权受到限制。优先股股东不享有公司经营参与权，没有选举权和投票权。只有当公司议案涉及优先股股东权益时，才享有相应表决权。

二、债券

债券是一种有价证券，是社会各类经济主体为筹措资金而向债券投资者出具的，并且承诺按一定利率定期支付利息和到期偿还本金的债权债务凭证。由于债券的利息通常是事先确定的，所以债券又称为固定收益证券。

（一）债券的特征

债券作为一种债权债务凭证，与其他有价证券一样，也是一种虚拟资本。从投资者的角度看，债券具有以下四个特征：

1. 偿还性

偿还性是指债券必须规定到期期限，由债务人按期向债权人支付利息并偿还本金。债券的偿还性使得资金筹措者不能无限期地占用债券购买者的资金,这一特征与股票的永久性有很大的区别。当然,历史上也曾有过例外,如无期公债或永久性公债。这种公债不规定到期时间,债权人也不能要求清偿,只能按期收取利息。

2. 流动性

流动性是指债券能够迅速转变为货币而又不会在价值上蒙受损失的一种能力。一般来说,如果一种债券在持有期内不能任意转换为货币,或者在转换成货币时需要付出较高成本,如较高的交易成本或较大的资本损失,那么这种债券的流动性就较低。高流动性的债券一般具有以下特点:一是发行人具有及时履行各种义务的信誉;二是偿还期短,市场利率的上升只能轻微地减少其价值。

3. 安全性

债券的安全性是相对于债券价格下跌的风险性而言的。一般来说,具有高流动性的债券,其安全性也较高。导致债券价格下跌的风险有两类:一是信用风险。它是指债务人不能按时支付利息和偿还本金的风险,这主要与发行者的资信情况和经营状况有关。信用风险对于任何一个投资者来说都是存在的。二是流通市场风险。它是指债券的市场价格因市场利率上升而跌落的风险。债券的市场价格与利率呈反方向变化。

4. 收益性

投资者可以在持有债券期限内根据债券的规定,取得稳定的利息收入;还可以通过在二级市场上买卖债券,获得资本收益。这一点主要是通过对市场利率的预期来实现的。

债券的偿还性、流动性、安全性与收益性之间存在着一定的矛盾,一种债券很难同时具备以上四个特征。如果某种债券流动性强、安全性高,那么人们便会争相购买,于是该种债券价格上涨,收益率降低;反之,如果某种债券的风险大、流动性差,则购买者减少,债券价格降低,其收益率相对提高。

(二) 公司债

公司债是债券中最常见的一种形式,它是指股份有限公司依照法定程序发行的,约定在一定期限内还本付息的有价证券。公司债是公司向债券持有人出具的债务凭证,债券持有人是企业的债权人,有权要求按期收回本息,但无权参与公司的经营管理。

公司债的主要特点是收益较高,而风险相对较大。由于公司债所筹集的资金直接用于生产经营,没有中间环节,因此收益率通常比较高。但公司发行债券后,如果经营状况恶化,连续出现亏损,则可能会无力支付本息,投资者会面临投资损失的风险。

公司债的发行方式一般有三种,即面值发行、溢价发行和折价发行。面值发行是指按照债券票面价值的价格发行,到期还本付息;溢价发行是指以高于债券票面价值的价格发行;折价发行又称贴现债,是指按低于债券票面价值的价格发行,到期按票面价值进行偿还。溢价发行和折价发行是公司对投资者购买债券采取的不同补偿方式,是公司在债券存续期内对利息费用的一种调整。

公司债中还有一种常见的债券是可转换公司债,即投资者可以在一定期间内按照约定的条件转换成公司股票的债券。它兼具公司债券和股票的双重特征,是两者的混合体。发行可转换公司债的主要优点是能够以较低的成本迅速筹集所需要的资金,同时增加对债券和股票投资者的吸引力。

三、证券投资基金

证券投资基金是一种利益共享、风险共担的集合证券方式，即通过发行基金证券，集中投资者的资金，交由专家进行管理，以资产的保值增值等为目的，从事股票、债券等金融工具的投资，投资者按投资比例分享其收益并承担风险的一种间接投资制度。

（一）证券投资基金的特征

1. 证券投资基金是一种金融市场的媒介

证券投资基金存在于投资者与投资对象之间，起着把投资者的资金转换成金融资产，通过专门机构在金融市场上进行再投资，从而使货币资产得以增值的作用。证券投资基金的管理者对投资者所投入的资金负有经营、管理的职责，而且必须按照合同（或契约）的要求确定资金投向，以保证投资者的资金安全和收益最大化。

2. 证券投资基金是一种资金信托形式

证券投资基金与一般资金信托关系一样，主要有委托人、受托人、受益人三个关系人，其中受托人与委托人之间订有信托契约。但证券投资基金作为资金信托业务的一种形式，又有自己的特点，如：它有一个不可缺少的托管机构，不能与受托人（基金管理公司）由同一机构担任，而且基金托管人一般是取得基金托管业务资格的大型商业银行或其他金融机构，具有较高的信用和管理水平；基金管理人并不对每个委托人的资金都分别加以投资运用，而是将其集合起来，形成一笔巨额资金再加以组合和运作。

3. 证券投资基金属于有价证券的范畴

证券投资基金发行的凭证即基金单位、基金份额，与股票、债券一起构成了有价证券的三大品种。但证券投资基金与股票、债券所反映的关系是不同的，由此带来的收益和风险也是不同的。股票反映的是一种产权关系，其收益取决于多种因素的影响，因此其投资收益是不固定的，风险较大。证券投资基金反映的是一种信托关系，除公司型基金外，购买基金并不是取得所购基金发行公司的经营权，也不参加证券的发行、销售工作；同时，证券投资基金由投资专家进行操作，按照投资组合理论进行分散投资，因而能把非系统性风险降到最低限度，把收益提到较高程度。从债券方面来说，债券反映的是债权人和债务人之间的一种借贷关系，双方通常事先确定利率，债务人到期必须还本付息于债权人，因此债权人的收益是固定的。证券投资基金则不同，不论是公司型基金还是契约型基金，其收益都是不固定的。在法律关系上，公司型基金持有人是发行公司的股东，而契约型基金则是一种信托关系，不同于借贷关系。总体而言，证券投资基金的投资风险小于股票但大于债券，因而其收益一般也大于债券投资。

（二）证券投资基金的主要类型

证券投资基金因各国的历史、社会、经济、文化等环境不同，呈现出各种各样的形态。世界各国的基金虽然形式多样，但仍然可以根据不同的标准来对它们进行分类。如果按其组织形式和法律地位来分类，证券投资基金基本有两种类型，即契约型和公司型。公司型的证券投资基金以美国为代表，美国的证券投资基金皆按公司形式组成，也称共同基金。契约型的证券投资基金以日本为代表。可以说，目前世界上的各种证券投资基金基本上都可以归到这两种类型中。当然，在这两种类型的基础上，又演变出其他不同的类型。

根据基金是否可自由赎回和基金规模是否固定，可将基金划分为开放式证券投资基金与封闭式证券投资基金。

根据投资风险与收益的目标不同，可将投资基金划分为积极成长型投资基金、成长型投资基金、成长及收入型投资基金、平衡型投资基金和稳健型投资基金。

根据投资对象不同，可将投资基金划分为股票基金、债券基金、选择权基金、指数基金、期货基金和认股权证基金等。

根据投资来源和运用的地域不同，可将投资基金划分为国内基金、国际基金、海外基金、国家基金和地域基金等。

（三）基金投资策略

对于投资者来说，长期投资、组合投资、高抛低吸、定期定投是增加基金投资收益、控制风险的最普遍做法。

1. 长期投资和组合投资

基金投资是一种新的生活方式，买入后可长期持有，这种方法可以节省申购和赎回费用，能够持续分享基金净值增长的成果。但是投资者要注意进行组合投资，不要把所有的鸡蛋放在一个篮子里。

2. 高抛低吸

高抛低吸策略即短线买卖，可获取收益最大化，但风险也很大。投资者需要密切关注市场变化和基金表现，设定盈利目标，并遵守投资纪律。

3. 定期定投

定期定投是指与银行等销售机构签订协议，每月某一时间自动扣款，用一个固定金额投资基金。其优点是：成本平均、分摊风险；积沙聚塔、复利效果显著。但操作时要注意：要选择优质基金，选择具有一定波动性的基金，任何时候都可以开始并进行长期投资。

巴菲特曾经说过：如果你不想成为一个主动型投资者，那么最好选择指数型基金，特别是低成本的指数型基金，而且应该在一段时间里持续买入。

购买指数型基金相当于购买市场，可以获得与市场一样的投资回报。

美国投资公司协会（ICI）2020 年度报告指出，截至 2020 年年底，全球受监管的开放式基金规模为 63.1 万亿美元，其中美国为 29.3 万亿美元。在美国家庭的金融资产结构中，共同基金占据了接近一半的比重。

有调查显示，投资者选择基金时主要考虑的因素有：基金的业绩表现（44%）、投资者对基金公司的熟悉程度（15%）、专业财务顾问的观点（14%）、金融市场的现状（11%）、家庭和朋友的意见（8%）、股票市场的波动性（6%）以及基金公司的媒体宣传（2%）。

四、金融衍生工具

所谓衍生工具，是指一种价值取决于其他基本相关变量的工具。而金融衍生工具则是指在股票、债券等传统金融工具基础上派生出来的新型金融工具。

金融衍生工具主要有金融期货、金融期权及其他一些工具。其中，金融期货包括外汇期货、利率期货和股票指数期货三类；金融期权包括现货期权和期货期权两大类，也是主要以外汇、利率及股票指数为基础工具；其他一些金融衍生工具则主要包括可转换债券、认股权证以及备兑凭证等，一般认为这些属于期权的变通形式。

目前，权证是我国投资者常涉及的金融衍生工具。权证是一种有价证券，投资者付出权利金购买后，有权利在某一特定期间（或特定时点）按约定价格向发行人购买或者出售标的证券。其中，发行人是指上市公司或证券公司等机构；权利金是指购买权证时支付的价款；标的证券可以是个股、基金、债券、一篮子股票或其他证券，是发行人承诺按约定条件向权证持有人购买或出售的证券。按买卖方向分为认购权证和认沽权证。认购权证持有人有权按约定价格在特定期限内或到期日向发行人买入标的证券，认沽权证持有人则有权卖出标的证券。

一般来说，当行情向好时，认购权证有增值空间；当行情看淡时，认沽权证会被价值挖掘。理论上认购权证的价值可以无穷大，而认沽权证只有有限的价值空间。

权证是一种"以小博大"的金融衍生品，有杠杆作用，操作时要事先设定止盈点和止损点。

权证投资的风险主要有：价格波动大风险；价外风险（内在价值为零）；T+0短线交易风险；误对价外权证行权风险；市价委托风险。

例如，一投资者在集合竞价时，采用市价委托方式卖出了前收盘价为0.699元的某认沽权证82万份，成交价0.001元，57万元瞬间变成了820元。

面对各种各样的证券投资对象，投资者可以根据自己的投资目的、财务状况及风险承受能力，对证券投资对象进行合理的选择和组合。

第二节 证券交易方式

以赚取买卖差价为目的的证券投资，是通过证券交易实现的。即使是以获得股息、债券利息为目的的证券投资，其投资的首要环节也是买入证券投资对象。从这个意义上来说，证券交易可以看成证券投资的实现过程。为适应不同的投资需要，证券交易的方式也是多种多样的。

一、证券现货交易

证券现货交易是指证券买卖成交后，按成交价格及时进行实物交收和资金清算的交易方式。若买卖双方约定以现货交易方式成交，则买方付出现金并向卖方收取证券，卖方则交付证券并向买方收取现金，买卖双方都有证券实物和资金的收付进出。一般在成交的当日、次日或交易所指定的例行交收日期交收清算。在未清算交收前，双方均不可随便解约或冲销，若有一方到交收日不能履约，将按有关交易规则处以罚金并承担责任。这是证券交易所采用的最基本、最常用的交易方式，也是我国目前普遍采用的交易方式。

（一）现货交易方式的优点

现货交易方式是证券交易中最为普遍的交易方式，它与其他交易方式相比具有突出的优点，主要表现在以下几个方面：

1. 现货交易方式操作较为简单

由于现货交易的成交与交割基本上同时进行，在这个有限的时间范围内价格波动幅度有限，因而从事这种交易进行市场分析的难度较小，同时交割手续和所需的环节相对远期交易也更为简单。

2. 现货交易风险相对较小

采用现货交易方式，通常可将投资损失控制在可承受的范围内。不言而喻，这与现货交易的投机性较弱有关。相对于投机性很强的信用交易、期货交易等方式存在的巨大投资风险，现货交易失败后的损失相对有限。

3. 现货交易可提高市场的流通性

现货交易要求每笔交易钱券两清，一般不能对冲。投资者要使有限的资金发挥更大的效益，就必须增加操作次数，加快资金周转，这在一定程度上提高了证券的流通速度，活跃了证券市场。

（二）现货交易方式的缺点

现货交易并不是一种可以全面适应各类投资需要的交易方式，它也存在着不可克服的缺点，这集中表现在以下两个方面：

1. 现货交易限制了证券投资者个人信用所发挥的作用

在某些场合下，有的证券投资者希望以最小的资金占用换取最大量的证券，有的证券投资者并不急于迅速兑换所卖出的证券。由于现货交易强调即时清算交割，证券买卖双方只得按照规定的交割日期相互给付证券和价款，否则就会构成违约，这样就限制了社会资金由最需要资金的人使用，从而无法使资金发挥最佳的经济效益。

2. 现货交易方式制约了证券交易活动对证券市场长期稳定性的调节

前面曾指出，从事现货交易的风险较小，但这是相对的，在某些情况下，它的这一优点也可能逆转为缺点。由于现货交易强调即时交割，证券投资者无法根据较长时期的行情变化趋势，保护在未来时间进行交易的某种证券的行市，以减少风险和稳定收益。在证券市场波动剧烈、市场变化受到多种因素左右的情况下，单纯的现货交易方式并不利于证券市场在较长时期内保持稳定。

正因为如此，现代成熟的证券市场上通常还存在着其他一些交易方式。

二、证券期货交易

证券期货交易是证券现货交易的对称，它是指证券交易双方在证券成交以后，同意按照成交合同规定的数量和价格，在将来的某一特定日期进行清算交割的证券交易形式。它通常在证券交易所场内进行。证券市场上的金融期货品种主要有利率期货、汇率期货和股价指数期货。证券期货交易有风险转移功能和价格发现功能，以标准化的期货合约、高杠杆作用的保证金和高效、无负债的清算制度等独特的机制保证其正常运作与交易。

作为一种特殊的证券交易方式，证券期货交易具有以下特点：

1. 证券期货交易是一种远期交易

这里的"期货"或"远期"均表示证券成交和证券交割之间相隔一段时间。在证券现货交易中，除采用当日交割者之外，多数证券交易的成交与交割活动虽然不在同一日完成，但成交日期和交割日期往往以数日为限，如我国的股票交易采取 T + 1 交易制度，资金收付与证券交割只能在成交日的下一个营业日进行。但在证券期货交易中，证券成交日期和交割日期之间的时间间隔通常是以月为计算单位的，或者是以某年的某个特定月份为交割日期。在实践中，证券交割日期往往是证券成交日期以后的数月，甚至长达一年。

2. 证券期货交易的标的具有双重性

标的是指交易各方权利、义务所指向的对象。在证券现货交易中，证券交易的标的就是某种证券本身，进行现货交易的市场即现货市场，由拥有证券并准备即时交割的卖方和拥有货币并想即时得到证券的买方组成。但在证券期货交易中，证券交易的标的既可以是证券本身，也可以是证券期货交易的合同。

3. 证券期货交易通常可以买空和卖空

买空又称多头交易，是指投资者预测股价将会上涨，先借入一部分资金，买入期货，等到交割日来临时，卖出现货，归还借款，从中赚取差价。

卖空又称空头交易，是指投资者预期股价将会下跌，先借券卖出某种股票的期货，等办理交割时，再以较低的价格买进现货，进行冲抵，从中赚取差价。

三、股票价格指数期货交易

股票价格指数是表明股票行情变化的价格平均数，是反映和衡量股票市场变动趋势和变动水平的一项重要指标。股票价格指数期货交易就是投资者通过买卖股票价格指数合约，在将来某一特定日期用现金办理交割的一种期货交易方式。

由于股票价格变化无常，因而股票市场中充满了风险。股票投资者面临的风险可分为两类：一类是由于整个社会经济环境变动而带来的影响整个股票市场的系统性风险；另一类是由于个别企业经营状况好坏而带来的非系统性风险，这是个别企业或某些企业特有的风险，可用分散投资的办法来回避或减轻。但分散投资既需要一定的资金实力，又需要有经验的专门人才。对于个人投资者来说，资金有限、经验不足，很难真正做到分散投资，特别是当整个股市价格下跌时，分散投资也很难降低风险。为寻找一种有效的降低股票投资风险的方法，股票价格指数期货交易应运而生。

股票价格指数期货（以下简称股指期货）具有以下特点：

1. 股指期货可降低股票交易的风险

股指期货之所以能回避股票交易中的风险，是因为股票价格指数是根据一组股票价格变动而编制的指标，它与股票价格之间关系密切。股指期货的变动与股票价格指数的变动是同方向的。因此，在股票现货市场与股指期货市场进行相反操作，就可以抵消股票市场面临的风险。例如，手中持有股票的人为回避股票价格下跌的风险，可卖出股指期货合约，若股市下跌，股票价格指数也下跌，再买入股指期货合约对冲，从而以期货交易的盈利抵消现货市场的亏损。

2. 股指期货具有价格发现功能

股指期货的价格和实际有关的指数之间经常会存在一个差额，即基差。影响基差的因素有短期利率、红利收益和市场供求状况等。虽然股指期货价格和有关指数的走向关系密切，但期货价格更容易波动，并且往往比股票指数更敏感。当股票市场看涨时，股指期货的价格总是高于实际指数，距交割日远的期货合约价格更高；相反，股票市场看跌时，股指期货合约的价格又会低于实际指数，距交割日越远，价格越低。

3. 股指期货采用现金交割制度

股指期货到期以收市的有关指数作为交收的标准，合同持有人只需交付或收取股市与期市两个指数的现金差额，就可以完成交收手续，不需要转移股票或实物。股指期货合约的价值是由股票指数乘以某一固定乘数决定的。例如，沪深 300 指数期货的合约价值为当时沪深 300 指数期货报价点位乘以合约乘数。合约乘数是指每个指数点对应的人民币金额，目前合约乘数暂定为 300 元/点。

4. 股指期货有很强的杠杆作用

这是指股指期货有以较少的投资获得较多利润的能力。这一杠杆作用来自期货交易的保证金比率很低，一般为15%左右。这样，投资者以一定的本金进行股指期货交易，只要对行情判断正确，就可以以较少的投资获得比现货交易更为可观的利润。当然，如果行情变化与交易者预期的相反，则要承受更大的损失。

许多参与股指期货交易的投资者会采用套利的方式获取利润，即利用股指期货市场存在的不合理价格，同时参与股指期货与股票现货交易，或者同时进行不同期限、不同类别的股票指数合约交易，以赚取差价。具体做法包括：

（1）期现套利：当股指期货价格高时，买入成分股，卖出期货合约；当股票成本高时，买入股指期货，卖出手中的成分股。

（2）跨期套利：利用股指期货不同交割月份间的价差，在建立一个交割月份多头（或空头）的同时，建立另一个交割月份的空头（或多头），从中获利。

（3）跨市套利：利用两个市场股指期货合约价格的趋同性进行套利。

（4）到期日套利：因合约到期日结算价格是最后一小时现货指数点的算术平均价，如果预期结算价高，则买入股指期货等待结算；反之，卖出股指期货，以低价结算。

投资者在进行股指期货套利时，首先要关注投资品种的价格变化，掌握投资品种价格间的互动关系。其次要同时进行买入和卖空操作，买入价格低估的品种，卖出价格高估的品种。最后在相关品种价格波动回归合理时，再分别进行逆向操作。

投资者在股指期货上的交易策略主要有：①牛市时战略做多，战术做空，熊市时正好相反；②交易品种要以近月合约为主；③套保买入股票，卖出股指期货；④交易对冲，当天进行买卖，赚取差价；⑤资金控制，操作股指期货的资金不能超过总资金的50%；⑥设置止损位，当头寸亏损7%时，要坚决平仓。

四、证券信用交易

证券信用交易的全称是证券保证金信用交易。它是指投资者通过交付一定数量的保证金，获得证券商贷款或贷券，得以及时完成证券买卖，获利后再向证券商归还贷款或贷券的交易方式。为控制投机风险，中央银行、证券交易所和证券公司规定了法定保证金比率和保证金最低维持率。证券信用交易规定客户在买卖股票等商品时，必须按交易所的保证金比率支付相应数量的现款（或证券等），其余不足部分才可向证券商融资或融券。保证金比率在不同的国家、不同的交易所都各不相同，融资时保证金比率一般在30%左右，融券时保证金比率一般在50%左右。

证券信用交易方式有以下特点：

1. 可用少量资金进行较大规模的证券买卖

由于投资者采用证券信用交易的目的是在资金或证券缺乏的情况下，即时实现大规模的证券买卖，而采用这种交易方式投资者只需交付少量的保证金即可融通大量的资金或证券，及时进行大规模的证券交易，因而这种交易方式有着很强的杠杆性和投机性。

2. 证券信用交易是一种信用行为

投资者取得的贷款或贷券必须在一定的期限内偿还，一般不超过6个月。为保证投资者按期如数归还贷款或贷券，证券经纪商需把投资者买入的有价证券或收回的价款作为抵押留在经纪商处，待投资者偿还贷款或贷券后再取回。借款时，投资者需付息；借券时，经纪商需对投资者的价款付息。

3. 保证金可用现金或优质证券支付

用现金支付时，保证金比例相对较低；而用证券支付时，因证券价格会发生波动，保证金比例相对较高，其目的在于防止证券价格下跌导致保证金数额降低。

4. 证券信用交易可分为保证金多头交易和保证金空头交易

（1）保证金多头交易是指投资者预期某种证券价格将要上涨时，采用证券信用交易方式融资买进证券，待价格如期上涨至高位后再抛出，并归还借款的交易方式。这种交易也称保证金买涨交易、保证金买入交易。采用保证金多头交易方式，在决策正确的情况下可实现以少量的资金投入获得较高收益的结果；但如果投资者对市场价格走势判断失误，该方式也会导致投资者的高额损失。

（2）保证金空头交易是指投资者预计证券价格在未来一段时间将下跌，故采用证券信用交易方式先行融券卖出，并待价格如期下跌时低价买回，并偿还所借证券的交易方式。这种交易又称保证金买空交易、保证金卖出交易。保证金空头交易是借助同种证券在一定时期内的下跌趋势，通过先卖后买的步骤完成的。它与保证金多头交易的共性在于，均是在证券商垫付下进行的，但前者的特点是先卖后买，后者则是先买后卖。

证券信用交易是一把双刃剑，既可能提高市场资金量，推动股价上涨，也可能增加市场股票数量，加速股价下跌，这些都会成倍放大投资者的收益和风险。

在中国证监会颁布了《证券公司融资融券业务试点管理办法》和《证券公司融资融券业务内部控制指引》后，证券交易所制定的《融资融券交易试点实施细则》以及中国证券登记结算有限责任公司制定的《融资融券试点登记结算业务指引》也相继出台。当时的《融资融券交易试点实施细则》中明确规定：投资者融资买入时融资保证金比例、融券卖出时融券保证金比例均不得低于50%；证券商向客户收取的保证金以及客户融资买入的全部证券和融券卖出的所得全部资金，整体作为客户对证券商的担保物；当客户未按规定补足担保物或到期未偿还债务时，要强制平仓。根据2019年修订的上交所和深交所的《融资融券交易实施细则》，投资者融资买入证券时，融资保证金比例不得低于100%，投资者融券卖出时，融券保证金比例不得低于50%，会员向客户收取的保证金以及客户融资买入的全部证券和融券卖出的所得全部资金，整体作为客户对证券商融资融券所生债务的担保物。

五、证券期权交易

期权又称选择权，是指它的持有者在规定的期限内具有按交易双方商定的价格购买或出售一定数量某种金融资产的权利。

证券期权交易具有以下特点：

1. 期权交易是选择权交易

期权交易的双方在成交后，买方以支付一定数量的期权费为代价，拥有在一定期限内以一定价格购买或出售一定数量某种金融资产的权利，而不用承担必须买进或卖出的义务；卖方在收取一定数量的期权费后，在一定期限内必须无条件服从买方的选择并履行成交时的允诺。可见，期权交易是一种权利的单方面的有偿让渡，这种权利仅属于买方。期权交易仅仅是一种权利的买卖，而不是现实金融资产的买卖。尽管在期权成交时双方已就可能发生的现实金融资产的成交价格达成协议，但这种交易是否发生，取决于期权买方的选择。期权交易通常借助标准化的期权合约达成协议，它是一种衍生的金融工具。

2. 期权交易有看涨期权和看跌期权

看涨期权又称买入期权，是指期权购买者可以在规定期限内按协议价格购买一定数量金融资产的权利。看跌期权又称卖出期权，是指期权购买者可以在规定期限内按协议价格卖出一定数量金融资产的权利。在这两种基本类型期权交易的基础上，又可演绎出双向期权、多项期权的多种搭配方式。

当买方预期标的物价格将超过执行价格时，投资者会买进看涨期权；反之，会买进看跌期权。

3. 期权分为欧式期权和美式期权

欧式期权只有在合约到期日才能执行，美式期权可以在合同有效期内的任何一天执行。

在美式期权中，卖出看涨期权是金融衍生品中风险最大的一种。因为按规定，看涨期权的买方可在行权期之前，在规定的行权价格范围内的任意时间、任意价格行权，如果不行权，损失的也仅是保证金；相反，看涨期权的卖方则随时可能承担因对手行权而产生的损失。

从理论上讲，期权买方的风险有限、获利无限，而期权卖方的风险无限、收益有限。

中国航油（新加坡）股份有限公司于2004年下半年国际油价在40多美元时，卖出了大量看涨期权，且缺乏有效风险控制机制，随着油价的不断攀升，又未及时止损，反而追加保证金，最终导致油价升至55.67美元时被迫"爆仓"，亏损了5.5亿美元。

六、证券回购交易

证券回购交易是指证券买卖双方在成交的同时，就约定于未来某一时间以某一价格双方再进行反向交易的行为。其交易内容是：证券的持有方（融资者、资金需求方）以持有的证券作抵押，获得一定期限内的资金使用权，期满后则须归还借贷的资金，并按约定支付一定的利息；而资金的贷出方（融券方、资金供应方）则暂时放弃相应资金的使用权，从而获得融资方的证券抵押权，并于回购期满时归还对方抵押的证券，收回融出资金并获得一定的利息。

证券回购交易实质上是融资者以有价证券作为抵押品而借贷资金的信用行为，它是证券市场一种重要的融资方式。目前上海、深圳证券交易所的证券回购券种主要是国债。开展证券回购交易业务的主要场所为上海、深圳证券交易所，以及经国务院和中国人民银行批准的全国银行间同业市场。

债券回购交易包括债券买断式回购交易和债券质押式回购交易。债券买断式回购交易是指债券持有人将债券卖给购买方的同时，交易双方约定在未来某一日期，卖方再以约定价格从买方购回相等数量同种债券的交易。债券质押式回购交易是指债券持有人在将债券质押的同时，将相应债券以标准券折算比率计算出的标准券数量为融资额度而进行质押融资，是交易双方约定在回购期满后返还资金和解除质押的交易。

上海、深圳证券交易所国债回购的期限主要有1天、2天、3天、4天、7天、14天、28天、91天、182天九个周期的品种。投资者参与国债回购，既可以用暂时闲置的资金获利，又不影响资金的周转，且收益率比银行存款要高。

第三节　证券交易程序和费用

证券交易活动需要按照一定的交易程序和交易方式来组织，这不仅保证了数额巨大的证券能快速成交，也保证了证券市场的交易秩序，有利于加强对证券市场的管理，建立一个公开、公正、公平和高效的市场。

一、证券交易的程序

投资者通过证券公司在证券交易所买卖证券的交易，要经过开户、委托买卖、竞价成交、清算、交割、过户登记等程序。

（一）开户

投资者在证券交易所买卖证券，首先要选定一家信用可靠、服务优良的证券公司办理开户手续。开户包括证券账户和资金账户。

1. 证券账户

证券账户是指证券登记机构为投资者设立的，用于准确记载投资者所持有的证券种类、名称、数量以及相应权益和变动情况的一种账册。投资者在开设证券账户的同时，即已委托证券登记机构为其管理证券资料，办理登记、结算和交付业务。证券账户分为个人账户和法人账户两种。个人投资者应持有效身份证件办理开户手续。办理开户手续主要应记载开户登记日期、委托人、姓名、性别、身份证号码、职业、家庭地址、联系电话，并留存印鉴卡或签名样本，如有委托代理人，委托人须留存书面授权书。法人投资者应提供有效的法人证明，并载明法定代表人及证券交易执行人的姓名、性别，留存法定代表人授权证券交易执行人的书面授权书，以及法定代表人与证券交易执行人的身份证明文件。

一般的证券账户只能进行 A 股、基金和债券现货交易，进行 B 股交易和债券回购交易需另行开户和办理相关手续。投资者买卖上海和深圳证券交易所上市证券应当分别开设上海和深圳证券账户，通过中国证券登记结算有限公司以及由它们授权的证券登记公司或证券经营机构办理开户。证券账户全国通用，投资者可以在开通上海或深圳证券交易业务的任何一家证券营业部办理指定委托交易。

2. 资金账户

资金账户是证券经纪商为投资者设立的账户，用于记录证券交易的币种、余额和变动情况。由于投资者不能直接进入证券交易所买卖证券，必须到交易所会员证券公司开设的营业部委托其代理买卖，因此资金账户一般由证券公司管理，投资者可以查询和打印资金变动情况。为保证资金安全，证券商为资金账户设置交易密码。

3. 证券账户的类型

（1）现金账户。现金账户是为以现货交易方式进行证券投资的客户开立的账户。开立这种账户的投资者在交易过程中不得融资或融券，必须全部以现款或现券进行交易。具体地说，开立现金账户的投资者，买入证券时必须在清算日以前交付全部价款，卖出证券时必须在清算日或清算日之前交出全部准备出售的证券。

（2）保证金账户。保证金账户又称普通账户，是为以保证金交易方式进行证券投资的客户开立的账户。开立保证金账户的投资者可以通过交付保证金，以向证券公司融资或融券的方式进行交易。开立保证金账户时，投资者要与证券公司签订一个协议。协议规定，投资者必须按有关规定交存一定比例的保证金以及在必要时追加保证金。协议还规定，证券公司有权以保证金账户上客户的证券作为证券公司贷款的抵押品，也可以将保证金账户上的证券借给其他客户做保证金卖空交易。证券公司对开立保证金账户须持谨慎态度，必须真正了解客户的信用状况和资产状况，避免在交易过程中承担太大的风险。

（二）委托买卖

1. 委托方式

委托方式是指投资者为买卖证券向证券公司发出委托指令的传递方式，包括递单委托、磁卡委托、电话委托、网上委托和手机端操作。

（1）递单委托。递单委托又称当面委托，投资者凭本人的证券账户、身份证等证件，亲自到会员证券公司营业部，填写委托买卖单，经证券营业部业务员审核确认后，将委托指令通过电话传送给公司派驻在证券交易所内的经纪人，经纪人以会员公司营业部的名义代理投资者买卖证券。

（2）磁卡委托。磁卡委托是指在证券营业部刷卡机上进行的自助委托。投资者刷卡后输入密码，进入系统后按屏幕提示选择证券代码，并进行买入和卖出交易，也可以查询成交和撤单，查询资金和证券余额。磁卡委托操作简单、直观快捷，是市场初期现场委托的方式。

（3）电话委托。电话委托是指投资者通过电话向证券商计算机系统输入委托指令，以完成证券买卖委托和有关信息查询的委托方式。投资者要进行电话委托必须开设电话委托专户，与证券商签订电话委托买卖契约并设定电话委托交易密码。

开通电话委托专户后，投资者可拨通证券商的电话委托热线，并借助电话机上的数字和符号输入委托指令，证券商的电话委托交易系统在投资者确认委托内容后会将委托输入到交易所计算机系统，并将委托指令打印以备查验。

（4）网上委托。网上委托是指投资者通过互联网进行行情查询和证券买卖的委托方式。投资者需要提出申请并签署协议后，才能进入网上交易系统进行证券买卖。

美国有市场调查表明，能够上网的人交易比较频繁，他们交易的可能性是其他人的三倍，成为活跃交易者的可能性是其他人的九倍。原因主要有：手续费相对较低，成交速度快，上网方便，决策不受干扰，信息及时全面。

（5）手机端操作。手机炒股是使用手机进行证券信息查询和交易。投资者通过移动通信网络与证券交易系统实时互联，利用证券公司设计的 App，以及预先设定好的证券交易菜单，实现证券信息查询、委托买卖、银行转账等功能。

另外，资金量大的投资者可以在各证券商营业部设置的专户室，通过计算机自动委托终端亲自下达买卖指令，速度快，且一般都有手续费优惠。

2. 委托内容

委托内容一般包括以下几个方面：

（1）证券名称。证券名称即买入或卖出证券的名称或代码。在上海、深圳证券交易所市场挂牌交易的品种有股票、基金、债券、债券回购、权证以及经证监会批准的其他交易品种。

（2）委托买卖的数量。委托买卖的数量一般以"手"为交易单位。股票一手为 100 股，债券一手为 1000 元。上海、深圳证券交易所通过竞价交易买入股票、基金、权证的，申报数量应当为 100 股（份）或其整数倍。卖出股票、基金、权证时，余额不足 100 股（份）

的部分，应当一次性申报卖出。交易单笔申报有最大数量限制。

（3）出价方式及委托价格。出价方式主要有市价委托、限价委托和停价委托。

1）市价委托即投资者要求证券商按当时的市场价格买入或卖出证券。

2）限价委托即投资者要求证券商按限定价格或更优的价格买入或卖出证券，即规定最高买入价和最低卖出价。如果不指明价格，证券商可作为市价委托处理。

3）停价委托即投资者要求证券商在股价变动到某一水平时，按事先与其约定的价格买入或卖出股票，也就是止盈和止损委托。

我国目前的合法委托为限价委托和市价委托。A股、债券交易和债券买断式回购交易的申报价格最小变动单位为0.01元人民币，基金、权证交易为0.001元人民币，B股交易为0.001美元。对股票、基金交易实行价格涨跌幅限制，涨跌幅比例为10%，其中科创板、创业板涨跌幅比例为20%，ST股票价格涨跌幅限制为5%。

（4）委托有效期。委托有效期是指委托指令的最后生效限期，分为当日有效、约定日有效和撤销前有效。当日有效是发出委托指令的当天收盘前有效，约定日有效是委托指令在约定期限（如一周）内一直有效，撤销前有效是委托指令在客户撤销前始终有效。投资者若不在委托单上注明委托有效期，证券商则按当日有效办理。

3. 委托的执行

证券公司在接受了投资者的委托后，会利用其通信系统将交易指令送入证券交易所的主机进行撮合，也可通过本公司派驻在证券交易所的交易员受理委托，并完成交易。

电话自动委托和计算机自动委托的身份证确认由密码控制，柜台计算机终端在收到委托指令时会自动检测委托密码是否正确，委托是否符合要求，以及相应账户中是否有足够数量的证券或资金等。如果检查无误，则冻结相应账户并将此笔委托传送给主机。投资者的委托如果未能全部成交，除一次成交有效委托外，证券公司可在委托有效期内继续执行委托，直至有效期结束。在委托有效期内，只要委托尚未执行，投资者就有权变更和撤销委托指令，证券商有责任将委托指令执行的结果及时通报给投资者。

4. 委托双方的责任

委托单一经接受，投资者和证券公司之间就建立起受法律约束与保护的委托和受托关系。证券公司作为受托人，要忠实地执行委托指令，在委托有效期内按指令要求买卖有价证券，不得以任何方式损害委托人的利益。如果因为证券公司的过失而造成委托人的损失，须由证券公司负赔偿责任。投资者作为委托人，在发出委托指令前应对自己所下的委托指令及可能的后果有足够的认识，委托指令一旦执行，在有效期内，不管证券行情如何变化，委托人必须履行交割清算的责任。如果因为委托人的违约或过失而造成证券公司的损失，须由委托人负赔偿责任。

（三）竞价成交

证券交易的市场属性集中体现在竞价成交环节上，买卖双方按照一定的规则和程序公开竞价，达成交易。正是这种竞价成交机制使证券市场成为最接近充分竞争和高效、公开、公平的市场，也使市场成交价成为最合理公正的价格。

1. 竞价原则

证券买卖成交的基本规则是价格优先原则和时间优先原则。价格优先原则是指较高价格买入申报优先于较低价格买入申报，较低价格卖出申报优先于较高价格卖出申报。时间优先原则是指买卖方向、价格相同的，先申报者优先于后申报者。先后顺序按交易主机接受申报的时间确定。

价格优先原则在具体执行时，除了买卖价位相同立即成交外，当买入申报价高于卖出申报价时，按对手价成交。如果买卖双方以市价申报而没有限价时，则采用最近的一次成交价或当时显示的价位成交。

时间优先原则在具体执行时，是以交易主机接受申报的时间顺序进行排列。当证券商更改申报时，其原申报的时间顺序自然撤销，新申报依更改后报出的时间顺序排列。

除价格优先原则和时间优先原则外，在竞价申报时，还实行市价优先原则，即市价申报比限价申报优先满足。

此外，有的证券交易所还实行客户优先原则和数量优先原则。前者是指客户的申报比证券商自营买卖申报优先满足，后者是指申报买卖数量大的比数量较小的优先满足。

2. 集中竞价

集中竞价是指利用计算机系统进行竞价申报，撮合成交。集中竞价又分为集合竞价和连续竞价两种方式。

（1）集合竞价：通过计算机撮合配对时，以成交量最多的价格为指标确定成交价格，如每日的开盘价。

（2）连续竞价：通过计算机撮合配对时，以时间优先、价格优先为原则确定买卖价格，即采用最高买入价和最低卖出价撮合成交，如每日的交易价。

上海、深圳证券交易所均采用集中竞价方式。在每个营业日开市前采用集合竞价方式形成开盘价，在交易过程中采用连续竞价方式形成成交价。交易时间为每周一至周五。每个交易日的9:15～9:25为开盘集合竞价时间，9:30～11:30、13:00～14:57为连续竞价时间，14:57～15:00为收盘集合竞价时间，开市期间停牌并复牌的证券除外。

上海、深圳证券交易所采用开放式集合竞价，即在集合竞价期间行情系统能看到集合竞价参考价格等信息。

即时行情内容包括：证券代码、证券简称、前收盘价格、虚拟开盘参考价格、虚拟匹配量和虚拟未匹配量。9:15～9:20可以接收申报，也可以撤销申报；9:20～9:25可以接收申报，但不可以撤销申报。

（四）清算与交割

1. 清算

清算是指在证券交易双方买卖成交以后，证券交易所将各个证券商之间发生的证券买卖的数量和资金分别予以冲抵，计算应收应付证券和应收应付资金的过程。

清算包括资金清算和证券清算两个方面。在每个交易日闭市后，交易所清算中心依据各证券商买卖各种证券的数量、成交价格，计算出各证券商应收、应付数量相抵后的差额，绘制当日清算交收表，经证券商核对无误后，编制出各公司当日的清算交割单，按照"净额交收"的原则，各证券商在交易所进行统一证券和价款的清算交收。

2. 交割

交割是指证券卖方将卖出的证券交付买方，买方将买进证券的价款交付给卖方的钱货两清的过程。

证券交易所在证券交易中往往会规定一个相对滞后的交割期。因为证券交易结束后，证券交易所与证券商之间、证券商与投资者之间要进行信息传递，要办理清算交收手续，需要一定的时间。我国目前对 A 股、债券的交割采取的是 T + 1 规则，即证券商与委托客户在证券成交后的下一个营业日办理交割。沪深股市 B 股的交割是 T + 3，基金的交割是 T + 2。

证券交割单是投资者委托买卖证券的记录，也是企业进行证券投资的记账凭证，投资者要妥善保管。

（五）过户登记

过户是办理变更证券持有者姓名的手续。我国沪深股市实行的是计算机自动过户，股票交割与过户同时完成。

股票发行公司可随时申请打印股东名册，上面记录着每位股东的姓名、持股数量、购入日期等信息，投资者只有办理过户手续后，才能成为股票的真正持有人，才能享有相应的股东权利，才会受到法律的保护。这在记名交易和场外交易中尤其重要。

二、交易费用

投资者在委托买卖证券时，应支付各种费用和税，通常包括委托手续费、佣金、过户费、印花税等。

（一）委托手续费

委托手续费是证券公司经有关部门批准，在投资者输入委托买卖时，向投资者收取的主要用于通信、设备、单证制作等方面的费用。

此项收费一般按委托的笔数计算，没有统一的标准。许多证券公司出于竞争考虑，早已不再收取此项费用。

（二）佣金

佣金是投资者在委托买卖证券成交后向证券商支付的费用，由买卖双方分别支付。深沪市场 A 股、B 股、基金的交易佣金实行最高上限向下浮动的制度。证券公司向客户收取的 A 股、B 股交易佣金（包括代收的证券交易监管费和证券交易所手续费等）不得高于证券交易金额的 3‰，也不得低于代收的证券交易监管费和证券交易所手续费等。

上海证券交易所 A 股的佣金为成交金额的 3‰（上限），起点为 5 元；B 股的佣金为成交金额的 3‰（上限），起点为 1 美元；债券的佣金为成交金额的 1‰。

深圳证券交易所 A 股的佣金为成交金额的 3‰（上限），起点为 5 元；B 股的佣金为成交金额的 3‰（上限），起点为 5 港元；债券的佣金为成交金额的 1‰。

封闭式基金的佣金为成交金额的 2.5‰，权证交易的佣金标准为小于 2.5‰。

开放式基金的认/申购费率大致为 0.6% ~ 1.5%，赎回费率为 0.5%。如果资金量大，其费率有相应的优惠。

交易佣金中的交易经手费所占比重较小，2021 年 7 月 19 日，沪深交易所的基金交易经手费收费标准由按成交金额的 0.004 5% 和 0.004 87% 双边收取，下调至按成交金额的 0.004% 双边收取。

（三）过户费

过户费是指委托买卖的股票、基金成交后，买卖双方为变更登记所支付的费用。这笔收入属于证券登记结算机构的收入，由证券公司在同投资者进行清算交割时代为扣收。2015年 8 月 1 日起，A 股交易过户费由沪市按成交面值的 0.3‰、深市按成交金额的 0.0255‰向买卖双方投资者分别收取，统一调整为按成交金额的 0.02‰向买卖双方投资者分别收取。

（四）印花税

印花税是根据国家税法规定，在股票（包括 A 股和 B 股）成交后对买卖双方投资者按照规定的税率分别征收的税金。印花税的缴纳由证券经营机构在同投资者交割中代为扣收，然后在证券经营机构同证券交易所或登记结算机构的清算交割中集中结算，最后由登记结算机构统一向征税机关缴纳。

印花税经常被作为政策调控的辅助工具引导股市运行。2007 年 5 月 30 日，财政部将印花税由 1‰提高到了 3‰。2008 年 9 月 19 日，印花税又降为 1‰，且仅对出让方单边征收。

基金、债券、权证的交易不征收印花税。

第四节　证券交易术语

投资者进行证券投资交易，应该了解的常见交易术语主要有：

市价总额（总市值）：在某一特定的时间内，交易所挂牌交易全部证券（以总股本计）按当时市场价格计算的证券总值。它可以反映证券市场规模的大小。由于它是以各种证券的发行量为权数，因此当发行量大的证券价格变动时对总市值影响就大。

股价指数：金融服务机构和证券交易所编制的，通过对股票市场上一些有代表性的公司发行股票的价格进行平均计算和动态对比后得出的数值。它是用来衡量股票市场价格变动的指标。

沪深 300 指数：从沪深市场中选取 300 只 A 股作为样本（沪市 179 只，深市 121 只），以 2004 年 12 月 31 日为基日，以该日 300 只成分股的调整市值为基期，基期指数为 1 000 点，于 2005 年 4 月 8 日发布。

主力：投资额及交易量巨大，能左右个股或某一板块行情，控制市场走势的机构或大户。

散户：通常是指投资额较少，买卖行为无计划，相互之间没有关联，完全依行情而动的那些个体投资者。

开盘价：证券交易所每个营业日开市后，第一笔证券成交的价格。

收盘价：证券交易所每个营业日闭市前，某证券最后一笔的交易价格。

平开：某证券的当日开盘价与前一交易日收盘价持平的情况。

低开：某证券的当日开盘价低于前一交易日收盘价的情况。

高开：某证券的当日开盘价高于前一交易日收盘价的情况。

买入价：投资者为购买某种证券而申报的价格。

卖出价：持有人为卖出该证券所申报的价格。

最高价：在某一段时间内（一天、一周或一年）证券成交的最高价格。

最低价：在某一段时间内（一天、一周或一年）证券成交的最低价格。

成交量：一定时间内交易所内证券成交的数量。成交量采用单向计算法，股票用成交股数计算，债券以成交面额计算。成交量是反映市场行情的重要指标。

成交金额：用货币表示的证券成交总量。

最新价：刚刚成交的那一笔证券的价格。

成交手数：从开盘到当前的个股累计成交数量。

委买手数：现在所有个股委托买入上三档的总数量。

委卖手数：现在所有个股委托卖出下三档的总数量。

涨跌幅：现在价格（或指数）相对于前一交易日的涨跌比率。

涨跌停板：因股票价格波动超过一定限度而停做交易。目前，国内规定涨跌停板的幅度为10%。

市盈率：股票的价格与该股上一年度每股税后利润之比。该指标为衡量股票投资价值的一种静态指标。

换手率：某种股票已成交的股数与该股票上市流通股数之比。它反映该股票的交易活跃程度，尤其当新股上市时，更应关注这个指标。

成交价格决定原则：在证券交易所中，买卖双方采用"双边拍卖"形成成交价格时所必须遵守的原则，如价格优先、时间优先、市价优先等。

建仓：投资者开始买入看涨的股票的行为。

平仓：投资者在股票市场上卖出股票的行为。

斩仓（割肉）：在买入股票后，股价下跌，投资者为避免损失扩大而低价认赔卖出股票的行为。

套牢：投资者预测股价会上涨而买入股票，结果股价下跌，投资者不愿将股票卖出，被动等待解套时机出现的现象。

坐轿：投资者预期有利好消息公布，认为股票价格会大涨，于是先期买入，等待股价大涨后获利卖出的行为。

抬轿：利多消息公布后，投资者认为股价将会大幅上涨，立刻抢买股票，而股价却不涨反跌的现象。

多杀多：投资者普遍认为股价要上涨而纷纷买进，然而股价未能如期上涨，于是投资者又竞相卖出，造成股价大幅下跌的现象。

利多：对多头有利，能刺激股价上涨的各种因素和消息，如银行利率降低、公司经营状况好转等。

利空：对空头有利，能促使股价下跌的因素和信息，如银根抽紧、利率上升、经济衰退、公司经营恶化等。

牛市：股市前景乐观，股票价格持续上升的行情。

熊市：股市前景暗淡，股票价格持续下跌的行情。

多头：投资者预期未来价格上涨，以目前价格买入一定数量的股票，等价格上涨后高价卖出，从而赚取差价利润的交易行为。特点为先买后卖。

空头：投资者预期未来行情下跌，将手中的股票按目前价格卖出，待价格下跌后再低价买进，从而赚取差价利润的交易行为。特点为先卖后买。

长空：认为股市远景不佳的投资者。

死多：看好股市前景，买进股票，不赚钱不出手的投资者。

多翻空：多头确信股价已升到顶峰，于是大量卖出手中股票而成为空头。

空翻多：空头确信股价已跌到谷底，于是大量买入股票而成为多头。

短多：短线多头交易，长则几天，短则一两天，操作依据是预期股价短期看好。

骗线：主力机构利用部分散户对股价趋势线的过分依赖，故意拉抬、打压股指，使技术图表形成一定的线形，使投资者产生错觉，以利自己进货或出货。

对敲：股票投机者的一种交易手法。具体方法为在多家营业部同时开户，自买自卖，对倒股价，以达到操纵股价走势的目的。

踏空：投资者因看淡后市而卖出股票，股价却一路上扬，无法补仓；或者投资者未能及时买入股票，而未能赚取利润。

反转：股市由多头市场向空头市场或由空头市场向多头市场转化。

反弹：股市在下跌过程中，因速度过快，回升到某一价位调整。

回档：股市在上涨一段时间之后，回落到某一价位调整。

跳水：股价迅速下滑。

阴跌：股价进一步退两步，如阴雨连绵，缓慢下跌的情况。

B股：是以人民币标明面值，以外币认购和买卖，在深圳和上海证券交易所上市交易的股票。

红筹股：中资控股达到或超过股本的30%，在中国香港上市的公司的股票，如中信泰富、粤海投资等。

蓝筹股：那些高品质、高价格的股票，这些上市公司一般都是经营和资信均良好的优秀企业，在行业中占有突出的地位。

利润滚存股：将某年的税后利润转到下年分配的股票。新上市股票一般常用此方法来增加二级市场的炒作题材。

黑马股：价格脱离业绩而在短期内大幅上涨的股票。一般该股具有可流通股少而股性活跃的特点。

填权：股票除权后的除权价不一定等同于除权日的理论开盘价，当股票实际开盘价高于这一理论价格时，就是填权。

贴权：股票的实际开盘价低于除权价。

多头陷阱：多头设置的陷阱，通常发生在指数或股价屡创新高之时，利用技术图形和指标，暗示股价还将持续或上涨，随后股指迅速滑落，跌破以前的支撑位，结果使在高位买进的投资者严重被套。

空头陷阱：通常表现为指数或股价从高位区以高成交量跌至一个新的低点区，并造成向下突破的假象，待恐慌抛盘涌出后迅速回升至原先的密集成交区，并向上突破压力线，使在低点卖出者踏空。

突破：股价经过一段时间的整理后越过阻力线或跌破支撑线。

洗盘：庄家为降低拉升成本和阻力，先故意将股价压低，吸纳散户恐慌抛售的股票，然后再拉高股价获利。

量比：一个衡量相对成交量的指标，是开市后每分钟的平均成交量与过去5个交易日每分钟平均成交量之比。其计算公式为

$$量比 = \frac{现成交总手}{过去5日平均每分钟成交量 \times 当日累计开市时间(min)}$$

量比大于1，说明当日每分钟的平均成交量大于过去5日的平均数值，交易活跃；量比小于1，说明现在的成交量小于过去5日的平均水平，成交萎缩。

委比：衡量一段时间内买卖盘相对强度的指标。

$$委比 = \frac{委买手数 - 委卖手数}{委买手数 + 委卖手数} \times 100\%$$

委比值为正值并且数值大，说明买盘强劲；委比值为负值并且负值大，说明抛盘较强。委比值从 –100% 至 +100%，说明买盘逐渐增强；从 +100% 至 –100%，说明买盘逐渐减弱。

ST 股票：ST 是英文 Special Treatment 的缩写，意即"特别处理"，是指出现财务状况或其他状况异常的上市公司股票。例如公司连续两年亏损，或每股净资产低于股票面值。

【本章小结】

本章讲述了股票、债券、基金、金融衍生工具等有价证券的相关内涵，在此基础上，详细论述了证券交易的方式、特点、程序等内容，并对证券交易的相关术语进行了简要介绍。

【主要名词】

普通股　优先股　债券　证券投资基金　封闭式投资基金　开放式投资基金
金融衍生工具　证券现货交易　证券期货交易　买空、卖空　股指期货
证券信用交易　证券期权交易　看涨期权　看跌期权　证券回购交易

【复习思考题】

1. 试述证券交易的主要方式及特点。
2. 简述现货交易与期货交易的不同。
3. 简述股指期货交易的含义和特点。
4. 简述股指期货套利的方法。
5. 简述证券交易的程序。
6. 证券委托有哪几种方式？它们各有什么特点？

本章案例　光大证券"乌龙指"与中航油衍生交易亏损

一、光大证券"乌龙指"事件

2013 年 8 月 16 日 11 时 05 分，上证指数一分钟内涨逾 5%，最高涨幅 5.62%，指数最高达 2 198.85 点，沪深 300 指数成分股 71 只触及涨停。下午 2 点，光大证券公告称策略投资部门自营业务在使用其独立的套利系统时出现问题，异常波动为"乌龙指"导致。上证指数收盘下跌 0.64%。

触发原因是衍生品交易部门量化投资 ETF⊖ 套利产品时产生下单失误。

光大证券策略交易系统包含订单生成系统和订单执行系统两部分，在 ETF 套利时，因程序调用错误，导致以 234 亿元资金申购 180ETF 成分股，成交 72.7 亿元。下午将 18.5 亿元股票转化为 180ETF 和 50ETF 卖出，并卖空了 7 130 手股指期货合约。

ETF 套利是指利用指数成分股所表现的基金净值与 ETF 在一、二级市场的不同价格进

⊖　Exchange Traded Fund 的简写，可译为交易所交易基金。

行套利。ETF 套利包含了折价套利和溢价套利。折价套利是指 ETF 市价小于净值时，买入 ETF，赎回并得到一篮子股票，然后卖出股票。溢价套利是指 ETF 净值小于市价时，买入一篮子股票，申购成 ETF，然后卖出 ETF。

量化投资是指以数据为基础，以模型为核心，以程序化交易为手段的交易方式，主要以高频交易和瞬时套利为主。

"乌龙指"事件反映出公司量化投资时在内部流程控制、信息系统建设、交易风险管理等方面存在缺陷，未能建立和健全有效的合规管理和风险控制制度。

2013 年 11 月 1 日，证监会对光大证券做出行政处罚决定，没收光大证券 ETF 内部交易违法所得 1 307 万元，并处 5 倍罚款；没收光大证券股指期货内幕交易违法所得 7 414.35 万元，并处 5 倍罚款。罚款合计 5.23 亿元，并对当事责任人及其他责任人进行了警告和处罚。

问题：

1. "乌龙指"事件对衍生品交易量化投资有何启示？

2. 有人认为，股东的投资本身就含有分散风险的考量，企业的风险管理属多此一举。对此谈谈你的理解。

二、中航油巨亏 5.5 亿美元

2004 年 12 月 1 日，中国航油（新加坡）股份有限公司（以下简称中航油）通过新交所发布公告：公司因 5.5 亿美元的衍生工具交易亏损，正寻求法院保护，以免受债权人起诉。

中航油巨亏的原因是：2004 年下半年油价在 40 多美元时，卖出了大量看涨期权，并且没有制定有效的风险控制机制；随着油价的不断攀升，又未及时止损，反而不断追加保证金，最终导致油价攀升至每桶 55.67 美元时被迫"爆仓"。

卖出看涨期权是金融衍生产品中风险最大的一种。按美式期权规定：看涨期权的买方可在行权期到来前，在规定的行权价格许可范围内的任意时间、任意价格行权，如果不行权，损失的也仅是保证金；相反，看涨期权的卖方则随时可能被迫承担因交易对手行权而产生的损失。因此，理论上期权买方的风险有限、获利无限，而期权卖方的风险无限、收益有限。

事后普华永道会计师事务所经过调查，认为中航油亏损的原因有以下几点：

（1）错误地判断了油价走势，卖出看涨期权，买入看跌期权。

（2）公司曾进行了三次挪盘，即买回期权以关闭原先盘位，同时出售期限更长、交易量更大的新期权。但每次挪盘均成倍扩大了风险。

（3）公司未能根据行业标准评估期权组合价值。

（4）缺乏对期权投机的风险管理步骤与控制。

中航油设有专职风险管理的风险控制委员会。中航油的《风险控制手册》中也规定：损失 20 万美元以上的交易要提交给公司的风险管理委员会评估；累计损失超过 35 万美元的交易必须得到总裁的同意才能继续；任何将导致 50 万美元以上损失的交易将自动平仓。但由于公司总裁亲自操盘，最终风险管理制度并没有得到落实，各种规定也形同虚设。

公司总裁在接受审查时还一再表示："假如再给我 5 亿美元，我一定会赢。"

问题：

1. 从交易制度角度分析中航油期权交易巨亏的原因。

2. 企业应该如何进行风险管理和风险控制？

证券投资面临的最重要问题就是价值分析和评估问题。本章主要分析影响证券内在价值的各种因素，介绍和讨论证券内在价值和价格的评估方法等。要求读者通过学习能较可靠地评估出证券的价值，并将其与证券的市场价格相比较，把握证券投资决策的方法。

第 三 章

证券投资价值分析

第一节　证券的价值

证券是用来证明证券持有人取得相应权益的凭证。证券本身没有任何使用价值，也没有真正的价值；但有价证券属于虚拟资本，它具有资本的保值增值功能。证券投资者购买证券，能定期获取投资收益，因而证券具有投资价值，即所谓的证券价值。证券价值是证券市场价格的基础，证券的市场价格就是围绕证券价值上下波动的。证券的价值可通过证券的基本面分析来进行评估和确定，并以此作为投资者判断证券市场价格高低的基准，从而帮助投资者进行投资决策。

一、证券价值的决定

对于证券投资者而言，市场价格是给定的，如果能较可靠地评估出证券价值，并与其市场价格相比较，投资者就可以找到获利的机会。因此，证券价值的决定是很重要的。证券的价值取决于它能带来的货币收入流量。持有证券所获得的货币收入流量越大，证券价值就越高；反之就越低。证券所带来的货币收入流量是指它所代表的资产在未来能产生的所有收益。

由于证券的货币收入流量是将来的，并且尚未实现，因此投资者在投资某种证券时，只能根据该公司过去的财务状况和未来的盈利水平及成长性进行分析，并将其同证券市场上其他投资机会的收益水平进行比较，从而推测购买该股票所获收入流量的大小及可靠程度，以及本金遭受损失的可能性大小，这种推测即预期。证券投资者对证券价值的评价，就是基于其对该证券所可能带来的收入流量的预期。

假定证券的未来收入流量已知，证券的价值也并不简单地等同于证券的未来收入流量。这是因为，证券的未来收入流量是不确定的，它要受到两方面因素的影响：一方面，各种经济因素、政治因素、社会因素以及证券市场中不确定的因素都有可能影响证券价格，从而导致证券的未来收入流量发生变化。投资者购买证券，就要承担这种风险。因此，在评价该证券的价值时就要从证券收入流量中扣除一部分作为这种风险的补偿。另一方面，对于证券投资者来讲，资金是有时间价值的，在运用证券未来收入流量评价证券价值时就要考虑资金的时间价值。因此，证券价值应是证券未来收入流量的资本化。在评估证券价值的过程中，要充分考虑证券未来收入流量的不确定性和时间价值。

二、证券价值评价的一般模型

（一）现值法

任何一项资产的价值等于其未来所产生的现金流量的现值的总和。现值法就是把证券价值定义为证券预期收入的现值。评价证券价值，首先必须确定证券未来收入的终值，然后通过贴现率确定证券未来收入的现值，也就是证券价值。用公式表示为

$$P = \sum_{t=1}^{n} \frac{F}{(1+r)^t} \qquad (3\text{-}1)$$

式中，P 为证券的价值；F 为证券在 n 期产生的现金流量；r 为贴现率（应得收益率）；n 为该证券的存续期。

这是现值法的基本公式。其中：现金流量 F 一项，对于股票而言是现金股利，对于债券而言是利息和本金；贴现率是投资者对该证券所要求的应得收益率。

（二）相对估价法

相对估价法最常用的比率指标有市盈率法和市净值法等。它是参考性质相同或相似的、价格已知的"可比"资产的价格与某一变量的比率关系来给出待估证券的价值的方法。

例如，已知甲公司股票的市盈率为 15 倍，乙公司与甲公司无论在行业还是经营业绩方面均十分相近，且知乙公司在过去一年的收益为 0.60 元/股，则可估计乙公司股票的价值为

$$0.60 \text{ 元／股} \times 15 = 9 \text{ 元／股}$$

相对估价法推理的依据是同种商品的价格应该是相同的。其存在的前提，市场的完善和高效运行使得市场中不存在套利的机会。

第二节　股票投资价值分析

一、股票价格

股票价格是指股票在交易市场上流通转让时的价格。它是买卖双方在交易市场中买卖股票时成交的价格，是随行就市确定的。因此，股票价格是经常变化的。人们有时将其称为"行市"。股票价格的理论价值由下述公式决定：

$$股票价格 = \frac{预期收益（股息和红利）}{银行利率}$$

例如，一张票面金额为 1 元的股票，预期每年可以领取 5% 即 0.05 元的股息，并可获得

分红 0.01 元，而当时的同期银行存款利率为 3%，即每 1 元一年能获取 0.03 元的存款利息，则每股股票价格等于预期收益比银行利率，即（0.05 + 0.01）/0.03 元 = 2 元。

股票价格的影响因素是多方面的，既有上市公司内部的风险，也有外部经济性因素及政策性和投机性因素，特别是外部经济性因素，如市场供求关系、经济运行状况等，故它被称为宏观经济的"晴雨表"。

根据分析的角度不同，股票价格一般可分为：票面价值、发行价格、账面价值、内在价值和市场价格。

（一）股票的票面价值

股票的票面价值（价格）简称面值，即在股票票面上标明的金额。股票的票面价值仅在初次发行时有一定意义，如果股票以面值发行，则股票面值的总和即为公司的资本金总额。票面价值可以用来确定每一股份对公司资本所有权所占的比例。通常，股票票面价值的高低取决于公司的筹资总额、公司发行股票的股数等因素。

确定股票的票面价值的公式为

$$票面价值 = \frac{上市公司的资本总额}{上市公司的股数}$$

例如，公司发行股票 100 万股，总股本为 100 万元，每股票面价值为 1 元，表明每股股票对公司资本拥有百万分之一的所有权。随着时间的推移，公司的资产会发生变化，股票的市场价格会逐渐背离面值，股票的票面价值也会逐渐失去原来的意义。

（二）股票的发行价格

股票的发行价格是指股份公司在发行股票时的出售价格。股票的发行价格一般高于股票的票面价值。股票的发行通常是时价发行，即以等于或高于票面价值的价格出售给投资者。股票不允许以低于票面价值的价格发行，因为，折价发行违反了股份公司资本充实的原则。

公司在发行股票时，发行价格的高低一般要根据资产增值、经营状况、流通市场价格水平、发行股票总量和市场供求等几方面因素来综合决定。目前，公司股票一般均采用时价发行，即以流通市场的股票时价为基础来确定股票的发行价格，这样确定的股票发行价格一般都高于票面价值。采用时价发行，票面价值和时价的差价收益归公司所有，从而发行公司可以用最小的代价筹集到更多的资金，用于发展生产。从表面上看，时价发行似乎对股东不利，因为大量地以时价方式发行股票，可能会造成股票市场上股票供求关系的失衡，导致股价下降，从而损害股东目前的利益。但从长远来看，发行股票的公司把差价收益的部分用于扩大再生产，会产生更大的经济效益，使股东有可能得到更多收益。时价发行虽然以股票的市场价格为基准，但并不完全与股票的市场价格一致，在通常情况下，要比股票的市场价格低得多，因为只有这样，才能保证股票的发行计划得以很好地完成。

（三）股票的账面价值

股票的账面价值又称为股票的净值或每股净资产，它标志着股票中公司净资产的含量。

每股净资产的计算公式为

$$每股净资产 = \frac{公司净资产}{公司股本总额}$$

式中，公司净资产即股东权益，是公司总资产与公司总负债的总差值。因而，每股净资产的计算公式也可表示为

$$每股净资产 = \frac{公司总资产 - 公司总负债}{公司股本总额}$$

在股票市场上，尽管大多数投资者并不是为了享有公司的财产价值而进行投资的，但仍需关心其账面价值。根据每股净资产的增减，并结合其他分析方法，投资者可以判断公司的生产经营运作状况，预测公司的未来发展。

（四）股票的内在价值

与债券的投资者一样，股票的投资者同样期望用现实消费的节约投资于股票去换取未来更大的消费量，因而股票内在价值的决定也是基于一系列未来现金流量的现值。这一系列未来现金流量包括股利现金流量加上（或减去）股票买卖价差的收益（或损失）。为简化起见，我们首先考虑无限期持股状态下（即不存在买卖价差的情况），股票是如何估价的。在无限期持股状态下，股票能给持股者带来的现金流量与终身年金相似，每期期末都有一定量的股利流入。它们之间的区别在于股票每期的股利量是不确定的。

遵循理论研究从简单到复杂的逻辑规律，在下面的讨论中，首先设定一系列的假设条件，从股票价值估计模型中抽象出最简单的形式，而后逐步释放，直至价值估计模型能达到对现实股利变化的仿真模拟。

1. 零增长条件下的股利贴现模型

设定了无限期持股条件后，股利是投资者所能获取的唯一现金流量。在下面的各种估价模型中，将运用收入（股利收入）的资本化方法来决定普通股的内在价值，通过这种收入资本化方法所建立的模型被称为股利贴现模型（Dividend Discount Model，DDM）。DDM最一般的形式是

$$V = \frac{D_1}{1+k} + \frac{D_2}{(1+k)^2} + \frac{D_3}{(1+k)^3} + \cdots$$

$$V = \sum_{t=1}^{+\infty} \frac{D_t}{(1+k)^t} \tag{3-2}$$

式中，V 表示普通股的内在价值；D_t 为普通股第 t 期支付的股息或红利；k 为贴现率。

零增长模型（Zero Growth Model）是最为简化的DDM，它假定每期期末支付的股利的增长率为零。其公式为

$$D_t = D_{t-1} \times (1 + 0\%)$$

在零增长的假设下，如果已知去年某只股票支付的股利为 D_0，那么今年以及未来所有年份将要收到的股利也都等于 D_0，即 $D_0 = D_1 = D_2 = \cdots$。

很显然，此状态下的股票为投资者提供的未来现金流量等于一笔终身年金，从而

$$V = \sum_{t=1}^{+\infty} \frac{D_0}{(1+k)^t}$$

$$V = \frac{D_0}{k} \tag{3-3}$$

假定某上市公司在未来无限期内，每股固定支付 1.50 元股利。公司必要收益率为 8%，由式（3-3）可知，该公司每股价值为 18.75 元（1.50 元/0.08）。

如果该公司的股票在二级市场的交易价为 14.25 元，可认为公司股票价格被低估，低估

值为 4.50 元（18.75 元 – 14.25 元）。因此，应买入此股票。

（1）净现值。站在当前的时点上运用 DDM 去估价股票所得出的内在价值（V），一般情况下与此股票现实的交易价格（P）是不相等的。内在价值与成交价格之间的差额称为净现值（Net Present Value, NPV），即

$$NPV = V - P$$

当 NPV 为正时，如前面举例的情况中 NPV 等于 4.50 元（18.75 元 – 14.25 元），被分析的目标金融资产的价格被市场低估，分析师将建议投资者买入；反之，应建议投资者卖出。正值的 NPV 是价值派的投资者做决策的重要依据之一。

（2）内部收益率。内部收益率（Internal Rate of Return, IRR）是使净现值等于零时的贴现率，即运用内部收益率作为贴现率进行贴现时，$V = P$ 成立。在前面举例中，令内部收益率为 k^*，则有

$$\frac{D_0}{k^*} = 14.25 \text{ 元}$$

$$k^* = \frac{1.50 \text{ 元}}{14.25 \text{ 元}} = 10.53\%$$

对比内部收益率（k^*）与某上市公司的必要收益率（k），可见 $k^* > k$，在此情况下，买入决策可行；若出现相反的情况（$k^* \leq k$）时，则卖出决策可行。零增长模型在现实中的应用范围是有限的，主要原因在于无限期支付固定股利的假设过于苛刻。

2. 不变增长条件下的股利贴现模型

投资者买入一只股票时，其期望股利支付金额至少应该是不断增长的。释放每期股利固定不变的假设条件是，假定股利每期按一个不变的增长率 g 增长，将得到不变增长模型（Constant Growth Model）。在不变增长假设状态下，各期股利的一般形式为

$$D_t = D_{t-1}(1 + g) = D_0(1 + g)^t$$

将 $D_t = D_0(1 + g)^t$ 代入式（3-2），可得

$$V = \sum_{t=1}^{+\infty} \frac{D_0(1 + g)^t}{(1 + k)^t} \tag{3-4}$$

因为 D_0 为常量，假定 $k > g$ 时对式（3-4）的右半边求极限，可得

$$V = D_0 \frac{1 + g}{k - g} = \frac{D_1}{k - g} \tag{3-5}$$

然而，式（3-5）有一个重要的假设，就是 $k > g$。显然，当 $k = g$ 或 $k < g$ 时，股票价值将出现无穷大或负值的情况，这是不符合现实情况的。不变增长条件下要求 $k > g$，实际上是认为当股利处于不变增长状态时，增长率是小于贴现率的，也就是要求在未来每个时期，股利的现值是个收敛的过程。这种假设在一个相当长的时间区域内（比如 10 年或 30 年中），就行业整体水平而言，是符合现实情况的。但单就某个特定企业，在特定时段上并不一定严格遵守这一假设，短期内 g 是可以等于甚至大于 k 的。比如国外的 IBM、微软、伯克希尔·哈撒韦等公司都在 20 年甚至更长的时期中实现了 g 大于 k；中国上市公司中也有四川长虹和深圳发展银行等在一定时期内 g 是大于 k 的。要对此类公司进行估值，必须进一步释放限制条件。

3. 多元增长条件下的股利贴现模型

多元增长条件下，释放了股利将按不变比例 g 增长的假设以及 $k > g$ 的限制。在多元增长模型（Multiple Growth Model）中，股利在某一特定时期内（从现在到 T 的时期内）没有特定的模式可以观测，或者说其变动比率是需要逐年预测的，并不遵循严格的等比关系。过了这一特定时期后，股利的变动将遵循不变增长的原则。这样，股利现金流量就被分为两部分：

第一部分包括直到时间 T 的所有预期股利流量现值（表示为 V_{T-}）。

$$V_{T-} = \sum_{t=1}^{T} \frac{D_t}{(1+k)^t}$$

第二部分是 T 时期以后所有股利流量的现值。因为设定这部分股利变动遵循不变增长原则，用 D_T 代替 D_0 代入式（3-5），得

$$V_T = \frac{D_{T+1}}{k-g}$$

需要注意的是，V_T 得到的现值仅是 $t = T$ 时点的现值，要得到 $t = 0$ 时点的现值（表示为 V_{T+}），还需要对 V_T 进一步贴现：

$$V_{T+} = \frac{V_T}{(1+k)^T} = \frac{D_{T+1}}{(k-g)(1+k)^T}$$

将两部分现金流量现值加总，可以获得多元增长条件下的估值公式，即

$$V = V_{T-} + V_{T+} = \sum_{t=1}^{T} \frac{D_t}{(1+k)^t} + \frac{D_{T+1}}{(k-g)(1+k)^T} \tag{3-6}$$

式（3-6）比较符合现实世界的企业实际成长情况。而且，根据现值的加速衰减规律，当 $k > 15\%$ 且 $T > 10$ 时，V_{T+} 在 V 中所占比重一般不超过 $1/4$。所以，当明确预测了 $8 \sim 10$ 年的股利贴现值后再对 T 时期之后的股利流量做出不变增长的假设，不会对 V 造成过大的影响。

事实上，从零增长模型到多元增长模型是一个不断释放限制条件的过程。式（3-6）已经比较贴近现实，但它的烦琐之处在于必须逐一估计 V_{T-} 时段内每年的现金流量。在实际研究过程中，证券分析师有时使用二元或三元模型作为对多元增长模型的简化。

（五）股票的市场价格

市场价格是在股票流通市场上进行交易的价格，是股票买卖双方供求力量共同作用的结果，它从本质上反映了交易双方对股票内在价值的不同评价。在股票的某一交易日内，股票的市场价格有不同的表现形式。

1. 股票开盘价

股票开盘价是指某种股票在每个营业日开市后第一笔成交的价格。如果开市后半小时内某种股票仍无成交，则取前一日的收盘价作为当日的开盘价。目前，上海证券交易所采用集合竞价的方式产生开盘价。

2. 申报价格

申报价格是指投资者下单买卖股票的意愿价格。申报价格分为限价和时价两种。限价又

可分为最高买进价和最低卖出价。购进股票的投资者限定买进股票的最高买进限价，即在此限价之下的任一价位都愿意买进；而出售股票的投资者限定售出股票的最低卖出价，即在此限价之上的任一价位都愿意成交。也有的投资者采用时价，即不限定最高或最低买卖价格，而是按照流通市场上某一股票的即时价格进行交易。

3. 最高价、最低价和最新价

在一个交易日内，股票的市场价格是不断变化的。最高价是指在某个交易日内，某种股票的最高成交价格。最低价是指在某个交易日内，某种股票的最低成交价格。利用最高价和最低价可以分析在某个交易日中某种股票市场价格上下波动的幅度。最新价是指在某个交易日中，某种股票最新的成交价格。最高价、最低价和最新价都是股票的即时交易价格，在买卖股票时应给予充分重视。

4. 股票收盘价

股票收盘价是指某种股票在某个交易日内最后一笔交易成交的价格。若当日无成交，则取前一日的收盘价作为当日的收盘价。

二、股票市场价格的评价方法

在股票市场上，投资者必须先对各种股票的市场价格进行分析和评价，然后才能决定其投资行为。对股票市场价格进行评价的主要方法有以下几种：

（一）每股净值法

许多稳健的投资者在进行股票投资时，常分析股票的每股净值，即分析每一股股票所代表的公司的净资产有多少。股票的每股净值是从公司的财务报表中计算出来的。其计算公式为

$$每股净值 = \frac{资产总额 - 负债总额}{普通股股数} = \frac{股东权益}{普通股股数}$$

由于净资产总额是属于股东全体所有的，因此也称为股东权益。为了充分衡量股价的合理性，一般以每股净值倍率作为衡量的指标。其计算公式为

$$每股净值倍率 = \frac{股票时价}{每股净值}$$

这一指标是从公司单位净资产与股价的关系上衡量股价水平的静态指标，它说明股票正以几倍于每股净值的价格在市场上流通。这个指标越小，股价越接近净值，其上升的潜力越大；该指标越大，其上涨潜力越小，其价格的风险也就越大。投资者一般把净值倍率高的股票卖出，而买进净值倍率低的股票。

（二）每股盈余法

每股盈余表示每一普通股所能获得的纯收益，通过每股盈余可以判断上市公司每股股票派发股息的多少。其计算公式为

$$每股盈余 = \frac{税后利润 - 特别股股利}{普通股股数}$$

例如，在某一会计年度内，甲公司的税后利润为 400 万元，总股数为 4 000 万股。乙公司的税后利润为 100 万元，总股数为 400 万股。从总收益指标来看，当然是甲公司税后利润高，效益好。然而，这个结论并不意味着甲公司的股票收益优于乙公司的股票。假如两家公

司都决定用50%的税后利润派发股息。

甲公司每股股票所获股息为

$$\frac{400 \, 万元 \times 50\%}{4000 \, 万股} = 0.05 \, 元／股$$

乙公司每股股票所获股息为

$$\frac{100 \, 万元 \times 50\%}{400 \, 万股} = 0.125 \, 元／股$$

因此，尽管甲公司的总收益比乙公司的总收益高好几倍，但甲公司每股股票所能获得的收益比乙公司每股股票所能获得的收益要低。因此，甲公司的股票价格要比乙公司的股票价格低得多。

利用每股盈余衡量普通股价值的方法有以下几种：

（1）将每股盈余与市盈率相乘，即为普通股的价格。这种方法简单方便。这里的市盈率是指股票市场上的平均市盈率。如果以此方法计算出来的价格比此种股票的交易价格低，则卖出；反之，则买进。

（2）将上市公司股票的每股盈余与同行业其他公司的每股盈余相比较，若该公司的每股盈余高，则表示其获利能力比其他公司更好。

（3）比较上市公司前后数年的每股盈余，如逐年增加，表示其获利能力在不断增加，说明公司股票成长性较好，股价可能会不断上升；反之，则说明公司股票成长性下降，股价可能会不断下降。

每股盈余的多少可以反映上市公司获利能力的高低，因此，每股盈余和上市公司股价关系密切。如果能准确预测上市公司的每股盈余，则可以帮助投资者选择股票，获取较好的投资报酬。

（三）市盈率法

市盈率又称价格收益比率，它是每股价格与每股收益之间的比率。其计算公式为

$$市盈率 = \frac{每股价格}{每股收益}$$

如果能分别估计出股票的市盈率和每股收益，那么就能间接地由此公式估计出股票价格。这种评价股票价格的方法就是市盈率法。

1. 简单估计法

简单估计法即选择与评估公司处于同一行业、同等规模、竞争地位相当的公司，取其每股市价和每股收益，计算出其市盈率，直接或乘以某一折扣率运用到评估公司。

2. 回归分析法

回归分析法即运用评估公司过去的市盈率指标或同行业各类公司的市盈率指标，通过市盈率和公司发展阶段或公司规模之间的关系建立回归方程，计算出评估公司当前适当的市盈率水平，用于公司股票价格的评估。

3. 现值法与市盈率法的区别

（1）现值法能最精确地揭示出企业价值，但是，如何选择适当的企业现金流却很困难。通常人们选用红利或者经营现金流，但是如何准确地预测企业未来的现金流水平，即预测企业现金流增长率很困难。此外，如何选择合适的折现率也是影响现值法精确性的主要问题。

因此，运用现值法很可能会计算出和公司目前股票价格相差较大的公司内在价值。

（2）和现值法相比，市盈率法的一个优点是它揭示了市场是如何评价公司价值的。我们可以在几个层面上计算市盈率：整个市场的市盈率水平、行业市盈率水平和个别公司市盈率水平。因此，计算出的公司市盈率水平有系统数据可以对比。但是，一旦整个市场或者某个行业出现较大波动，则参照市盈率水平可能会误导公司的价值评估。

股票的内在价值即理论价值，就是股票的未来收益的现值，是在进行股票投资分析时常用的一个概念。股票的内在价值只是一种分析结果，主要依据公司的财务状况、发展速度和其他一些生产经营状况，分析公司股票的内在投资价值。股票的内在价值与股票的市场价格通常不一致，所以投资者应重点发掘内在价值高于市场价格的股票，以获取潜在的投资收益。

三、股价波动的原因

（一）政治因素

1. 国内政治局势

一国政权的转移、领袖的更替、政府的作为以及社会的稳定与否等均会对股价波动产生影响。没有一个动荡的国家能取得经济的重大发展，政局稳定是发展经济的前提，也是股票市场稳定发展的前提。

2. 国际政治形势

国际政治形势的改变，已越来越对股价产生显著的作用。随着交通运输的日益便利，通信手段、方法的日益完善，国与国之间、地区与地区之间的联系越来越密切，世界从独立的单元转变成相互影响的整体。因此，一个国家或地区的政治、经济、财政等结构将紧随着国际形势而改变，股票市场也随之变动。

3. 法律制度

如果一个国家的法律制度健全，使投资行为得到管理与规范，并使投资者的正当权益得到保护，就会提高投资者投资的信心，从而促进股票市场的健康发展。如果法律法规不完善，投资者权益受法律保护的程度低，则不利于股票市场的稳定和发展。

4. 战争、自然灾害和突发性事件

战争的爆发对股票市场及股价的影响是很严重的，因为战争会直接影响参战国经济的发展。如果战争起因于一些政治或民族争端，则可能会导致相关联国家产生敌视，带来更大范围内国家的相互制裁；如果战争引起世界范围内某种物资的供应（或需求）紧张，则将带来世界性的经济影响，如海湾战争。自然灾害和突发性事件同样会影响股市，它们对股票市场的影响既有短期性的，也有长期性的。事件爆发会起连锁反应，带来社会经济的不稳定，引起投资者的恐慌，从而使其对股市失去信心，造成股市的大跌。

（二）经济性因素

1. 经济周期对股市的影响

股市是反映国民经济状况的一个窗口，股市的兴衰反过来也影响着国民经济发展的好坏与快慢。但是，从根本上来说，国民经济的发展决定着股市的发展，而不是相反。因此，国民经济发展的状况以及对国民经济发展有重要影响的一些因素都将对股市及股价发生显著作用。在影响股价变动的市场因素中，宏观经济周期的变动，或称景气的变动，是最重要的因素之一，它对企业营运及股价的影响极大，是股市的大行情。因此，经济周期与股价的关联性是投资者不能忽视的。

经济周期包括衰退、危机、复苏和繁荣四个阶段。一般说来，在经济衰退时期，股票价格会逐渐下跌；到危机时期，股价跌至最低点；而经济复苏开始时，股价又会逐步上升；到繁荣时，股价则上涨至最高点。这种变动的具体原因是，当经济开始衰退之后，企业的产品滞销，利润相应减少，促使企业减少产量，从而导致股息、红利也随之不断减少，持股的股东因股票收益不佳而纷纷抛售，使股票价格下跌。当经济衰退已经达到经济危机时，整个经济生活处于瘫痪状况，大量企业倒闭，股票持有者由于对形势持悲观态度而纷纷卖出手中的股票，从而使整个股市价格大跌，市场处于萧条和混乱之中。经济周期经过最低谷之后又出现缓慢复苏的势头，随着经济结构的调整，商品开始有一定的销售量，企业又开始能给股东分发一些股息红利，股东慢慢觉得持股有利可图，于是纷纷购买，使股价缓缓回升；当经济由复苏达到繁荣阶段时，企业的商品生产能力与产量大增，商品销售状况良好，企业开始大量盈利，股息、红利相应增多，股票价格上涨至最高点。

应当看到，经济周期影响股价变动，但两者的变动周期又不是完全同步的。通常的情况是，不管在经济周期的哪一阶段，股价变动总是比实际的经济周期变动要领先一步。在衰退以前，股价已开始下跌；而在复苏之前，股价已经回升；经济周期未步入高峰阶段时，股价已经见顶；经济仍处于衰退期间，股市已开始从谷底回升。这是因为股市股价的涨落包含着投资者对经济走势变动的预期和投资者的心理反应等因素。

2. 物价对股市的影响

物价变动对股票市场有重要影响。一般情况下，物价上涨，股价上涨；物价下跌，股价也下跌。物价对股票市场价格的影响主要表现在以下四个方面：

（1）物价出现缓慢上涨，且幅度不是很大，但物价上涨率大于借贷利率的上涨率时，公司库存商品的价值上升，由于产品价格上涨的幅度高于借贷成本的上涨幅度，于是公司的利润上升，股票价格也会因此而上升。

（2）物价上涨幅度过大，股价没有相应上升，反而会下降。这是因为物价上涨引起公司的生产成本上升，而上升的成本又无法通过商品销售而完全转嫁出去，从而使公司的利润降低，股价也随之降低。

（3）物价上涨，商品市场的交易呈现繁荣兴旺状况时，有时是股票正陷于低迷的时候，人们热衷于及时消费，使得股价下跌；当商品市场上涨回跌时，反而成了投资股票的最好时机，从而引起股价上涨。

（4）物价持续上涨，使得股票投资者的保值意识增加，他们把资金从股市中抽出来，转而投向动产或不动产，如房地产、贵重金属等保值性强的物品上，因此导致股票需求量降低，引起股价下跌。

（三）财政金融性因素

1. 利率

对股票价格产生影响的种种因素中，最敏感者莫过于财政金融性因素。其中，利率水平的变动对股市行情的影响又最为直接和迅速。一般来说，利率下降时，股票的价格就会上涨；利率上升时，股票的价格就会下跌。因此，利率的高低以及利率同股票市场的关系也成为股票投资者决定买进和卖出股票的重要依据。

为什么利率的升降与股价的变化呈上述反向变动的关系呢？主要有以下三个原因：

（1）利率上升，不仅会增加公司的借款成本，而且还会使公司难以获得必需的资金，这样，公司就不得不削减生产规模，而生产规模的缩小又势必会减少公司的未来利润，因此股票价格就会下降；反之，股票价格就会上涨。

（2）利率上升时，投资者据以评估股票价值所用的折现率也会上升，股票价值因此会下降，从而也会使股票价格相应下降；反之，利率下降时，股票价格就会上升。

（3）利率上升时，一部分资金从投向股市转向到银行储蓄和购买债券，从而会减少市场上对股票的需求，使股票价格下跌；利率下降时，储蓄的获利能力降低，一部分资金就可能回到股市中来，从而扩大对股票的需求，使股票价格上涨。

上述利率与股价运动呈反向变化是一般情况，不能将此绝对化。在股市发展的历史上，也有一些相对特殊的情形。当形势看好、股票行情暴涨时，利率的调整对股价的控制作用就不会很大；同样，当股市处于暴跌时，即使出现利率下降的调整政策，也可能会使股价回升困难。

2. 汇率

外汇行情与股票价格有着密切的联系。一般来说，如果一个国家的货币实行升值的基本方针，股价就会上涨；一旦其货币贬值，股价就会随之下跌。所以，外汇的行情会给股市带来很大影响。

在1987年10月全球股价暴跌风潮来临之前，美国突然公布预算赤字和外贸赤字，并声称要继续调整美元汇率，从而导致人们普遍对美国经济和世界经济前景产生了恐慌心理，会同其他原因，最终导致了股价暴跌风潮的形成。

在当代国际贸易迅速发展的潮流中，汇率对一个国家经济的影响越来越大。任何一个国家，其经济在不同程度上都受到汇率变动的影响。随着我国对外开放的不断深入以及世界贸易开放程度的不断提高，我国股市受汇率的影响也会越来越显著。

3. 信用

当信用扩张时，银根松动，货币供给量增加，市场上游资充足，大量的闲散资金把股市作为投资或投机的目标，使得股市投机繁荣，股价亦不断上升；而当信用收缩时，银根抽紧，货币供给量减少，许多公司为筹集资金，卖出股票，换成现金，这就会使股市资金不断退出，从而导致股价不断下降。

4. 税收

税收是国家为维持其存在、实现其职能而凭借其政治权力，按照法律预先规定的标准，强制、无偿、固定地取得财政收入的一种手段，也是国家参与国民收入分配的一种方式。国家财政通过税收总量和结构的变化，可以调节证券投资和实际投资规模，抑制社会投资总需求膨胀或者补偿有效投资需求的不足。

运用税收杠杆可对证券投资者进行调节。对证券投资者的投资所得规定不同的税种和税率将直接影响投资者的税后实际收入水平，从而起到鼓励、支持或抑制的作用。一般来说，企业从事证券投资所得收益的税率应高于个人证券投资收益的税率，这样可以促使企业进行实际投资，即生产性投资。税收对股票种类的选择也有影响。不同的股票有不同的客户，纳税级别高的投资者愿意持有较多的收益率低的股票，而纳税级别低和免税的投资者则愿意持有较多的收益率高的股票。

一般来讲，税征得越多，企业用于发展生产和发放股利的盈余资金越少，投资者用于购买股票的资金也越少，因而高税率会对股票投资产生消极影响，投资者的投资积极性也会下降；相反，低税率或适当地减免税则可以扩大企业和个人的投资与消费水平，降低投资股市的交易成本，从而刺激生产发展和经济增长。

5. 国债

国债是区别于银行信用的一种财政信用调节工具。国债对股票市场也具有不可忽视的影响。首先，国债本身是构成证券市场上金融资产总量的一个重要部分。由于国债的信用程度高、风险水平低，如果其发行量较大，会使证券市场风险和收益的一般水平降低。其次，国债利率的升降变动，严重影响着其他证券的发行和价格。当国债利率水平提高时，投资者就会把资金投入到既安全收益又高的国债上。因此，国债和股票是竞争性金融资产，当证券市场资金一定或增长有限时，过多的国债势必会影响到股票的发行和交易量，导致股票价格下跌。

（四）公司性因素

公司经营状况的好坏与股价成正比。公司经营状况好，股价随之上涨；公司经营状况不良，股价便会下降。这里主要分析公司净资产、盈利水平、股票除权除息，以及公司增资配股、减资、拆股等对股价产生的影响。公司性因素只影响单个公司的股价变动。

1. 净资产

公司经过一段时间的运营后，其净资产必然有所变动。股票作为投资的凭证，每一股代表一定数量的净资产。从理论上讲，净资产应与股价保持一定的比例，即净资产增加，股价上涨；净资产减少，股价下跌。

2. 盈利水平

在一般情况下，预期公司盈利增加，可分配的股利也会相应增加，股票市场价格上涨；预期盈利减少，可分配的股利相应减少，股票市场价格下降。但需要说明的是，股票价格的涨跌和公司盈利的变化并不完全同时发生。

3. 股票除权除息

由于公司股本增加或者向股东分配红利，每股股票所代表的企业实际价值（每股净资产）有所减少，需要在发生该事实之后从股票市场价格中剔除这部分因素。因股本增加而形成的剔除行为称为除权，因红利分配引起的剔除行为称为除息。

例如，公司原来的股本为 1 亿股，每股市价为 10 元，现公司每股盈利 1 元，若公司决定以原来的公积金转增股本，向股东按每股送一股的比例来实施，则该事实完成后企业的实际价值没有发生任何变化，但总股本增加到 2 亿股。也就是说，转增股本后的 2 股相当于此前的 1 股所代表的企业价值，每股盈利变为 0.50 元，其市价应相应除权，调整为 5 元，这样，除权前后企业的市价总值不变，均为 10 亿元。如果企业不是决定转增股本，而是决定将每股盈利 1 元全部作为红利派发，那么实施送红利之后，每股实际价值将减少 1 元，应当对其市价除息，相应调整为 9 元。

计算除权的公式为

$$送股除权基准价 = \frac{股权登记日收盘价}{1 + 每股送股比例}$$

$$配股除权基准价 = \frac{股权登记日收盘价 + 配股价 \times 配股比例}{1 + 每股配股比例}$$

$$\frac{送股、派息、配股}{除权基准价} = \frac{收盘价 + 配股比例 \times （配股价 - 每股所派现金）}{1 + 送股比例 + 配股比例}$$

在除权除息后的一段时间里，如果多数人对该股票看好，该股票交易市价高于除权（除息）基准价，即股价比除权除息前有所上涨，这种行情称为填权。倘若股价上涨到除权除息前的价格水平，就称为充分填权。相反，如果多数人不看好该股票，交易市价低于除权（除息）基准价，即股价比除权除息前有所下降，则为贴权。

上市公司在以现金方式分红派息或以红股方式派息以后，股价容易产生波动。上市公司除权除息以后，股价相对较低，容易刺激投资者购买股票；同时，除权除息的缺口也加大了股票价格的涨升空间，容易诱使市场投机者拉抬股价，引起股价的波动。

4. 增资配股

上市公司因业务需要，会发行新股以增加资本额。新股发行后，上市公司的股本数增加，从而使每股股票的净值下降，因而会导致股价下跌。上市公司的增资配股也称有偿配股，即股东用现金方式以低于市场价格的配股价认购股票。这时，除权计算公式为

$$除权报价 = \frac{除权日的收盘价 + 新股认股数 \times 新股每股应缴股款}{1 + 新股认股数}$$

对于一些业绩优良、财务状况良好的上市公司的绩优股而言，增资以后股价不仅不会下降，反而会上涨，因为上市公司增资以后将增强公司的经营能力和获利能力，从而会使股东获取更多的投资收益。

5. 减资

当公司宣布减资，即减少资本时，上市公司的资本总额也将随着减少。这主要是出于经营发展的战略需要，或由于经营不善、连年亏损，需要重新整顿。上市公司减资会使股价大幅波动。

6. 拆股

上市公司为了使股票更具有吸引力，常把面额较大的股票拆细，变成面额较小的股票。拆股并不影响上市公司的资本额，只是增加了股本总额，但股票的每股面值拆细了。拆股以后，每股股票所代表的每股净产值也减少了，从而使股价下跌，有利于投资者认购。对于一些绩优股和成长股而言，拆股以后更有利于股价上涨。

（五）市场因素

1. 市场技术因素

所谓市场技术因素，是指股票市场的各种投机操作、市场规律以及证券主管机构的某些干预行为等因素。其中，股票市场上的各种投机操作尤其应当引起投资者的注意。在股票交易市场上，一些追求短期收益的股票投机者为了从股价变动中获取差价收益，往往对市场进行投机性操作，例如，转账轧空、操纵、制造题材进行技术性操作等。这种投机性操作会影响股市价格。

2. 社会心理因素

社会心理因素对股价变动的影响主要表现在：如果投资者对某种股票的市场行情前景过分悲观，就会不顾上市公司的盈利状况而大量抛售手中的股票，致使股票价格下跌。有时，

投资者对股市行情吃不透、看不准，股价就会盘旋呆滞。

在股票交易市场，很多投资者存在盲目跟风心理，这种跟风心理被人们称为"羊群心理"。"羊群心理"往往存在于小户持股者身上，他们的最大心理特点是求利心切，怕吃亏。这种心理状态往往被一些大投资者所利用，从而产生股价上涨或下跌效应。

第三节　债券投资价值分析

一、债券的价格决定

证券实质上是投资者与发行人之间签订的一种合同书。根据合同条款，投资者让渡一定量的货币资金给发行人，以获取对发行人未来预期收入的某种索取权。债券的投资者以某种价格买入一定量的债券，所获得的是债券发行人对未来特定时期内向投资者支付一定量的现金流量的承诺。因为债券付息还本的数额和时间通常是事先确定的，因此债券被称为固定收入（Fixed Income）证券。然而，由于信用风险和通货膨胀的存在，债券约定本息的支付和约定支付金额的购买力存在着某种程度的不确定性，这就给债券估价带来了一定的难度。

为简化起见，首先假定所研究债券的名义支付和实际支付的金额是确定的，从而使债券估价可以集中于时间的影响上。在这一假定的基础上，再考虑债券估价的其他因素。

（一）债券定价的金融数学基础

对任何一种金融工具进行分析时，都应当考虑货币的时间价值。货币具有时间价值，是因为使用货币按照某种利率进行投资的机会是有价值的。货币的时间价值主要有两种表达形式：终值与现值。

1. 终值

终值是指今天的一笔投资在未来某个时点上的价值。终值应采用复利来计算。我国居民储蓄还本付息时长期采用单利公式，不承认利息可产生利息，也就是不承认作为利息的货币与作为本金的货币一样具有时间价值。这种单利的计息方式在研究债券定价时是不足取的。

终值的计算公式为

$$P_n = P_0(1 + r)^n \tag{3-7}$$

式中，P_n 为从现在开始 n 个时期的货币未来价值，即终值；P_0 为初始的本金；r 为每个时期的利率；n 为时期数；代数表达式 $(1 + r)^n$ 表示今天投入 1 单位货币，按照复合利率 r 在 n 个时期后的价值。

例如，每年支付一次利息的 5 年期国债，年利率为 8%，面值为 1 000 元，那么这张债券 5 年后的终值应为 1 469.30 元，即

$$P_5 = 1\ 000\ 元 \times (1 + 0.08)^5 = 1\ 469.30\ 元$$

式（3-7）是复利计算的基本公式，也是了解金融数学的关键。利率越高，复利计算的期数越多，一定量投资的未来值将越大，最初投资的未来值在此时间内增长越快。上例中，如果利息是每半年支付一次，那么

$$r = 0.08 \div 2 = 0.04$$

$$n = 5 \times 2 = 10$$

$$P_{10} = 1\,000 \, \text{元} \times (1 + 0.04)^{10} = 1\,480.20 \, \text{元}$$

显然，利息每半年支付一次时的未来值较高。这是因为，随着复利的计算过程延长，收取利息的本金将随时间的累计而扩大。

2. 现值

现值是终值计算的逆运算。金融决策在许多时候都需要在现在的货币和未来的货币之间做出选择，也就是将未来所获得的现金流量折现与目前的投资额相比较来测算盈亏。

现值的计算公式为

$$P_0 = \frac{P_n}{(1 + r)^n} \tag{3-8}$$

如果用 PV 表示现值来代替 P_0，则式（3-8）被重新写为

$$\text{PV} = \frac{P_n}{(1 + r)^n} \tag{3-9}$$

计算现值的过程叫贴现，所以现值也常被称为贴现值，其利率 r 则被称为贴现率，代数式 $1/(1 + r)^n$ 被称为现值利息因素。

假设一位投资经理约定 6 年后要向投资人支付 100 万元，同时，此经理有把握每年实现 12% 的投资收益率。那么，他现在应向投资人要求的初始投资额应为多少？

这里，$r = 12\%$，$n = 6$，$P_n = 1\,000\,000$ 元，那么

$$\text{PV} = \frac{1\,000\,000 \, \text{元}}{(1 + 12\%)^6} = 506\,600 \, \text{元}$$

也就是说，只有投资人现在出资 506 600 元，由投资经理以每年 12% 的收益率经营 6 年后，投资人才有可能获得 100 万元的价值回报。

从式（3-9）中可以看出，贴现率提高，收取未来货币的机会成本提高，现值会下降；同样，收到货币的未来时间越远，它今天的价值就越小。

3. 一笔普通年金的价值

在了解了终值和现值的计算之后，再引入年金的概念。年金一般是指在一定期数的期限中，每期相等的一系列现金流量。比较常见的年金支付形式是支付发生在每期期末，这种年金被称为普通年金。现举例说明年金价值的计算。

如果一位退休工人获得一笔每期 1 000 元的 3 年期年金，每年都以 9% 的年利率进行再投资，在第 3 年年末，这笔年金的价值将是多少？表 3-1 可以回答这个问题。

表 3-1　按年利率 9% 复利计算 3 年期 1 000 元年金的未来值

单位：元

时　期　数	年金额 $\times (1 + r)^n$	未　来　值
1	$1\,000 \times (1 + 0.09)^2$	1 188.10
2	$1\,000 \times (1 + 0.09)$	1 090.00
3	$1\,000$	1 000.00
合计		3 278.10

从表 3-1 可以看到, 求一笔年金的未来值, 实际上是对一个等比数列求和。根据等比数列求和公式, 一笔普通年金的未来值计算公式为

$$P_n = \frac{A\left[(1+r)^n - 1\right]}{r} \tag{3-10}$$

式中, A 为每期年金额; r 为再投资收益率; n 为从支付日到期末所余年数。

一笔年金的现值正好等于每一次个别支付的现值之和。所以, 上例 3 年期年金现值可以通过分别计算第 1 年、第 2 年、第 3 年年末收到的 1 000 元的现值之和得到, 如表 3-2 所示。

表 3-2 按 9% 年贴现率计算 3 年期 1 000 元年金的现值

单位: 元

时　期　数	年金额 $/(1+r)^n$	现　　值
1	1 000/ (1+0.09)	917.40
2	1 000/ (1+0.09)^2	841.70
3	1 000/ (1+0.09)^3	772.20
合计		2 531.30

一笔年金的现值是对一个未来价值序列的贴现, 公式为

$$\text{PV} = \sum_{t=1}^{n} \frac{P_t}{(1+r)^t} \tag{3-11}$$

再次运用等比数列求和公式, 可得到求一笔普通年金现值的公式为

$$\text{PV} = \frac{A\left[1 - \dfrac{1}{(1+r)^n}\right]}{r} \tag{3-12}$$

式中, A 为每期年金额; r 为贴现率; n 为从支付日距期初的年数。

4. 终身年金的价值

终身年金 (Perpetuity) 是无截止期限的、每期相等的现金流量系列, 可以将其理解为每年支付一次利息的、没有到期日的债券。在现实生活中, 这种债券的典型例子是 British Consol, 这是一种没有到期日的债券, 英国政府对债券持有人负有永久性的支付固定利息的义务。终身年金的现值公式为

$$\text{PV} = \sum_{t=1}^{+\infty} \frac{A}{(1+r)^t}$$

$$\text{PV} = \frac{A}{r} \tag{3-13}$$

式中, A 为每年支付的年金额; r 为贴现率。

与终身年金非常类似的另一种金融工具是约定股息的优先股。例如, 一个每年支付 6 元股息的优先股, 当贴现率为 12% 时, 它的价值应等于 50 元 (6 元/0.12)。

虽然类似于优先股或 British Consol 这样的终身年金在证券家族中只是很小的一部分, 但它却为债券和股票的估价提供了一种有益的启示。对每年付息一次的债券而言, 它与终身年金之间的相似之处在于提供了每期相同的现金流量, 不同之处在于它有到期日; 而普通股正好相反, 没有到期日, 但每期提供的现金流量却是不同的。

（二）债券的价值评估

1. 附息债券的价值评估

任何一种金融工具的理论价值都等于这种金融工具能为投资者提供的未来现金流量的贴现。给一张债券定价，首先要确定它的现金流量。一种不可赎回债券的现金流量构成包括两部分：在到期日之前周期性的息票利息支付；票面到期价值。

在以下债券定价计算中，为了简化分析，先做三个假设：①息票支付每年进行一次；②下一次息票支付恰好是从现在起 12 个月之后收到；③在债券期限内，息票利息是固定不变的。

在确定了一张债券能给投资者提供的现金流量分布之后，还需要在市场上寻找与目标债券具有相同或相似信贷质量及偿还期限的债券，以确定必要收益率或贴现率。给定了某种债券的现金流量和必要收益率，就可以以现金流量贴现的方式为一个债券估价。其公式为

$$p = \frac{c}{1+r} + \frac{c}{(1+r)^2} + \cdots + \frac{c}{(1+r)^n} + \frac{M}{(1+r)^n} \tag{3-14}$$

式中，p 代表债券价值；c 为票面利息；r 为必要收益率或贴现率；M 为债券面值。

很显然，n 期的利息支付等于一笔 n 期年金，年金额等于面值乘以票面利息。利用年金现值公式简化式（3-14），得

$$p = \frac{c}{r} - \frac{c}{r} \cdot \frac{c}{(1+r)^n} + \frac{M}{(1+r)^n} \tag{3-15}$$

用一个例子来说明附息债券价格的计算会使我们的思路更为清晰。有一张票面价值为 1 000 元、10 年期 10% 息票的债券，假设其必要收益率为 12%，它的价值应为多少？

显然，对于该债券而言，$c = 1\ 000$ 元 $\times 10\% = 100$ 元，$n = 10$，$r = 0.12$，那么

$$p = \sum_{t=1}^{10} \frac{100\ \text{元}}{(1+0.12)^t} + \frac{1\ 000\ \text{元}}{(1+0.12)^{10}}$$
$$= 100\ \text{元} \times 5.650\ 2 + 1\ 000\ \text{元} \times 0.322$$
$$= 887.02\ \text{元}$$

设想另一种情况：假如该债券的必要收益率 r 下降到 8%，则债券的价格将会出现什么样的变化？

此时，$c = 1\ 000$ 元 $\times 10\% = 100$ 元，$n = 10$，$r = 0.08$，那么

$$p = \sum_{t=1}^{10} \frac{100\ \text{元}}{(1+0.08)^t} + \frac{1\ 000\ \text{元}}{(1+0.08)^{10}}$$
$$= 100\ \text{元} \times 6.710\ 1 + 1\ 000\ \text{元} \times 0.463\ 2$$
$$= 1\ 134.2\ \text{元}$$

最后，让我们看一下票面利率等于必要收益率的情况。

此时，$c = 1\ 000$ 元 $\times 10\% = 100$ 元，$n = 10$，$r = 0.1$，那么

$$p = \sum_{t=1}^{10} \frac{100\ \text{元}}{(1+0.1)^t} + \frac{1\ 000\ \text{元}}{(1+0.1)^{10}}$$
$$= 100\ \text{元} \times 6.144\ 6 + 1\ 000\ \text{元} \times 0.385\ 54$$
$$= 1\ 000\ \text{元}$$

由以上三种情况可以得出以下结论：当一张债券的必要收益率高于发行人将要支付的利率（票面利率）时，债券将以相对于面值贴水的价格交易；反之，则以升水的价格交易；当必要收益率等于票面利率时，将以面值平价交易。

2. 一次性还本付息债券的定价

一次性还本付息的债券只有一次现金流动，也就是到期日的本息之和。所以，对于这样的债券，只需要找到合适的贴现率，然后对债券终值贴现就可以了。一次性还本付息债券的定价公式为

$$p = \frac{M(1 + r)^n}{(1 + k)^m} \tag{3-16}$$

式中，M 为债券面值；r 为票面利率；n 为从发行日至到期日的时期数；k 为该债券的贴现率；m 为从买入日至到期日的所余时期数。

例如，某面值 1 000 元的 5 年期债券的票面利率为 8%，2018 年 1 月 1 日发行，在发行后第 2 年（即 2020 年 1 月 1 日）买入。假定当时此债券的必要收益率为 6%，则买卖的均衡价格应为

$$p = \frac{1\ 000\ 元 \times (1 + 0.08)^5}{(1 + 0.06)^3} = 1\ 233.67\ 元$$

此例显示了在债券的必要收益率和所余到期时期变化时债券的估价方法。

3. 零息债券的定价

零息债券不向投资者进行任何周期性的利息支付，而是把到期价值和购买价格之间的差额作为利息回报给投资者。投资者以相对于债券面值贴水的价格从发行人手中买入债券，持有到期后可以从发行人手中兑换相等于面值的货币。一张零息债券的现金流量相当于将附息债券的每期利息流入替换为零。所以它的估值公式为

$$p = \frac{M}{(1 + k)^m} \tag{3-17}$$

式中，M 为债券面值；k 为必要收益率；m 为从现在起至到期日所余周期数。

例如，从现在起 15 年到期的一张零息债券，如果其面值为 1 000 元，必要收益率为 12%，则它的价格应为

$$p = \frac{1\ 000\ 元}{(1 + 0.12)^{15}} = 182.7\ 元$$

从上述计算中可以归纳出影响债券价格变化的三个直接动因：

（1）发行人的信用等级发生了变化而债券的必要收益率发生变化，进而影响到债券价格。在其他条件不变的情况下，必要收益率的变动与债券价格的变动呈反向关系。

（2）必要收益率不变，只是由于债券日益接近到期日，会使原来以升水或贴水交易的债券价格日益接近于到期价值（面值）。具体表现为以升水交易的债券价格下降，以贴水交易的债券价格上升。

（3）与被定价债券具有相似特征的可比债券的收益发生变化（即市场必要收益变化），也会迫使被定价债券发生必要收益变化，进而影响债券价格。

二、债券信用评级

（一）债券的等级和含义

债券发行人为了向公众投资者说明债券具有的内在投资价值和债券发行人的信誉及偿债的可靠程度，会通过证券评级机构评定其债券的信用等级。

债券评级的结果通常是向外提供简单的符号或简要的说明。在当今日益发达的资本市场中，债券品种繁多，与每一种证券相关的信息亦十分繁杂，不论是个人投资者还是机构投资者，均不可能全面地对每一种债券进行详细研究。站在公正的第三者的立场上专门对债券的质量进行评价，并以通俗易懂、简单明了的形式将评价结果提供出来，可以使投资者在较短的时间内对某一债券的质量有所了解，并依此进行投资决策。

评级记号一般以英文字母或阿拉伯数字来表示。例如，美国著名的评级公司穆迪投资者服务公司的等级一般是从 Aaa 到 C，共分 9 个等级；而标准普尔公司和菲奇公司的等级是从 AAA 到 C，也分为 9 个等级。投资者只要了解每个公司用字母或数字表示的等级含义，就可以根据评级公司公布的某一债券的等级符号来识别该债券的质量。通常对 A 级（AAA、AA、A）债券的评价，各机构之间完全一致。这种债券品质高，本息及收益都有最安全的保障，发行该债券的企业资产雄厚，经营稳定，市场变动和商业景气变化对其影响甚小，因此这种债券又称为"金边债券"。B 级（BBB、BB、B）债券又称为"生意人投资"债券，因为这种债券在收益、安全及稳定性方面都有较大的不确定性，容易受市场和商业景气状况影响。正因为如此，B 级债券对那些熟悉证券买卖技术，并愿意承担一些风险、追逐较高收益率的投资者很有吸引力。而对于 C 级与 D 级债券，各公司的定义出现了一些差异。穆迪与标准普尔两家公司不设 D 级证券评价。这两种债券属于低等级证券，其企业的财务状况有很大的不确定性，购买这两种债券属于一种具有赌博性质的投机行为。

（二）债券评级的内容分析

在债券评级过程中，评级人员为了制订评级方案和获得最终的评级结果，必须对以下方面的内容进行分析：

1. 产业分析

产业分析主要是判断企业所处的产业是处于上升期还是下降期，是运行比较平稳的产业还是波动较大的产业，是与经济运行周期同步的产业还是逆经济周期运行的产业。这是把企业放在宏观环境中加以考察。在通常情况下，一个企业的发展与其所处的产业的运行规律有着密切的关系。进行产业分析可以从宏观上把握企业的总体发展趋势。

产业分析还应分析该产业内部的竞争情况，从而判断企业的生存环境是否宽松。这包括该产业内企业的数目、规模、市场占有率、产品的生命周期等。

2. 企业竞争力分析

对企业竞争力进行分析，也就是对企业素质进行分析。影响企业素质的因素很多，主要有：人员素质，包括领导者的素质和职工的素质；管理素质，包括经营管理体制、各项计划的制订与实施、信息的利用以及对市场的应变能力；生产素质，包括设备的总量及先进程度、设备完好率、劳动生产率、质量管理水平等；经营素质，包括市场占有率、销售增长幅度、适应市场的能力、出口创汇能力、销售网络的建立及完善等。通过上述分析，可以判断企业在该产业中所处的地位和优势、劣势，再结合对该产业的分析，就可对企业未来的发展前景做出预测。

3. 财务分析

财务分析主要是判断某企业财务的健康状况，从而评价其对某一债券收益性和安全性的影响。一般来说，可以从以下五个方面来分析企业的财务质量：

（1）收益能力。收益能力是企业财务质量好坏的重要体现，也是判断企业筹资能力和经营状况的重要指标。判断企业收益能力的常用指标有销售利润率、净资产收益率、利润增长率、总资产利润率等。

（2）财务构成。财务构成分析一方面可以反映债权人对收益变动所承担的风险，另一方面可以反映企业利用财务杠杆为权益投资者带来的好处。财务构成经常使用的指标有负债比率、资本化比率等。

（3）偿债能力。这是判断债券质量最重要的指标。对偿债能力的分析应着重放在现金流量的分析上，常用的指标有流动比率、速动比率、现金比率、现金流量比率、利息支付倍率、周转资本比率等。

（4）经营效率。通过对财务指标的分析，可以从一个侧面判断企业经营效率的高低，一定程度上反映了企业的素质。常用的指标有销售增长率、应收账款周转率、存货周转率、总资产周转率等。

（5）清算价值。清算价值是指公司清算时每一股份所代表的实际价值，它也反映了企业净资产对长期债权人的保障程度。虽然债券评级是以企业持续经营为前提的，对表示资产担保程度的清算价值不太重视，但当企业面临破产局面时，清算价值则成为一个重要的因素。

三、债券投资风险

（一）利率风险

利率风险是指银行利率变动而影响货币市场利率变动，从而引起债券市场价格变动，导致债券投资收益损失的可能性。在有价证券市场上，当货币市场利率发生变化时，受影响最大的就是债券。因为债券是典型的利息商品，投资者总是在对各种投资方式下的利率水平做充分比较的基础上进行债券投资的，因此一旦货币市场利率发生变化，债券的价格自然也就发生变化，其收益必然有损失的可能，即投资者面临一定的风险。

例如，当1年期市场利率为2%，债券券面利率为3%，债券期限5年，发行价格为平价发行时，则100元面额的债券发行价格为100元，如以单利计算，此债券的年投资收益率为3%。如1年后1年期的市场利率上升为3%，新发行的4年期债券券面利率为4%，发行价格仍为平价发行，则由于债券投资收益率由3%上升到4%，因而原100元面额的债券价格下降到100元以下时，其投资收益率才能达到与新发行债券的收益率相当的水平。

（二）购买力风险

购买力风险通常称为通货膨胀风险，是指物价上涨、货币购买力下降引起债券投资者的投资收益贬值的可能性。尽管债券市场的价格未发生变化，甚至可能略有上升，但由于通货膨胀的影响，造成实际购买力下降、货币贬值，债券投资者的投资本金和利息收入实际上相对减少，投资者在无形中受到损失。

（三）经营风险

经营风险是指在债券持有期内，被投资企业在经营过程中由于经营、管理、企业声誉、债务状况等方面的问题给投资者带来损失的可能性。

企业经营不善，产品缺乏竞争力，企业收益下降，投资者不能收到预期收益，则纷纷抛出债券，导致债券价格下降；企业管理不善，企业技术落后，工艺水平下降，产品质量不高，管理费超额支出，产品成本增大，致使企业收益相对下降，或企业长期财务状况不佳，公司背负的信贷债务多，必然引起该企业债券价格下降；企业声誉不佳，公众对该企业的发展前景无信心，自然也会引起债券价格下降。

（四）期限风险

期限风险是指债券期限的长短可能给投资者带来的损失。一般来说，期限本身对风险是不起作用的，但由于期限较长，在此期间就可能发生各种因素的变化，如货币市场利率变化、购买力变化、企业经营变化等。而债券期限短，则上述因素可能还未来得及发生变化。因此，不能否认债券的期限也是风险因素之一，而且期限越长，风险越大。

（五）变现力风险

变现力风险即流动风险，是指投资者将债券变现而发生损失的可能性。债券投资者出于各种目的，会不断地将所持债券抛出。该债券的变现能力越强，其损失就会越小，盈利的可能性就越大。债券的变现能力大小取决于市场上债券的供求状况，即它的市场价值、市场潜力情况。销售越容易，债券变现力风险越小；销售越困难，债券越要折价，损失越大，变现力风险也就越大。

（六）违约风险

当一家公司无法对其债券支付预定利息和本金时则称为债务违约，构成债券的违约风险。风险程度与企业的经营状况与信誉有关。值得说明的是，违约与破产不同，违约通常导致债券价格下跌，而破产时债券价格几乎等于零。发生违约时，债权人与债务人可以和解，达成协议，使债权延期，债务人也可以继续经营，债券投资收益在未来协议期获得；而破产则是在特殊的法律程序下进行公司清理，债权人与债务人关系解除。

四、债券投资方法

（一）梯形投资法

梯形投资法是把全部资金平均投放在各期债券上的一种债券投资方法。具体方式是买入市场上各种期限的债券，每种期限的债券购买数量相等，当期限最短的债券到期后，用所兑现的资金再买进新发行的债券，这样循环往复，投资者始终持有各种到期日债券，而且各种到期日债券的数量都是相等的。这种情况反映在图形上，形成间距相等的阶梯，故称为"梯形投资法"，也称为"梯形期限法"。例如：某一投资者用 10 000 元资金分别购买 1~5 年期的债券。1 年期债券到期时，2 000 元债券资金收回，又用该笔资金购买新发行的 5 年期债券，这时（1 年后）原有期限债券到期日分别提前了 1 年，2 年的变为 1 年，3 年的变为 2 年，以此类推，投资者始终持有 1~5 年期的债券各 2 000 元。这种方法的特点是计算简单，便于管理，收益也比较稳定；但不足之处是不便于市场利率变动时转换为其他证券。

（二）杠铃投资法

杠铃投资法是债券投资的另一种方法。按照这种方法，投资者把资金集中投资于短期债券与长期债券，放弃中期债券。用图形表示，形似两头大中间小的杠铃，所以称为"杠铃投资法"。用此方法的目的是使长期债券与短期债券互补，发挥二者的长处，避免二者的缺点。

（三）扇形投资法

扇形投资法是投资者同时购买多种不同种类、不同期限的债券进行组合投资的一种投资方法。投资者在进行债券投资时，可以购买风险较低的短、中、长期国债，也可以购买风险较高的中、长期公司债券，或同时购买这些不同期限、不同风险的债券，进行组合投资。因此，扇形投资法对投资者的投资管理能力要求较高，而投资者的投资收益也相应较高。

第四节　证券投资基金投资价值分析

证券投资基金是通过发售基金份额，将众多投资者的资金集中起来，形成独立财产，由基金托管人托管，基金管理人管理，以投资组合的方法进行证券投资的一种利益共享、风险共担的集合投资方式。

一、证券投资基金价值的评价

（一）证券投资基金的资产净值

基金的资产净值是基金经营业绩的指示器，也是基金在发行期满后基金单位买卖价格的计算依据。基金单位净值可用下面的公式来表示

$$基金单位净值 = \frac{基金资产总值 - 各种费用}{基金数量}$$

基金资产总值是指一个基金所拥有的资产（包括现金、股票、债券及其他资产）于每个营业日收市后，根据收盘价格计算出来的总资产价值。

基金单位净值是基金单位的内在价值，基金单位价格与其净资产值一般是趋于一致的，净资产值增长，基金单位的价格也跟着增长。因此，基金单位净值的一个重要用途是用来计算基金单位的交易价格。对于开放式证券投资基金（简称开放式基金），基金单位的认购或购回价格都直接以基金单位净值计价；对于封闭式证券投资基金，由于它是在证券交易所上市的，其价格除了受基金单位净值影响外，还受市场供求情况、经济形势、政治环境等多方面因素的影响。

（二）封闭式证券投资基金的价值决定

目前在沪深两市挂牌交易的投资基金有部分是封闭式证券投资基金。封闭式证券投资基金（简称封闭式基金）最为显著的特征就是发行后基金份额将不再发生变化，投资者如果想增加或减少持有的基金份额，只能从其他持有人手中买入或卖给其他投资者。对于封闭式证券投资基金而言，除受基金资产净值的影响外，还受市场基金供求状况的影响。其交易价格如同股票的价格一样，存在着很大的波动性。封闭式基金的价格决定可以参照普通股股票的价格决定公式。

（三）开放式证券投资基金的价值决定

开放式证券投资基金与封闭式证券投资基金的最大区别在于，开放式基金发行在外的股份或受益凭证总数不加固定，基金份额的规模是不确定的。基金管理公司与基金投资者

之间是基金买卖的双方，投资者增持或减持基金单位必须通过向基金管理公司买入或赎回才能实现。

由于不存在供求关系的影响，开放式基金的价格与净值之间联系更为密切。开放式基金的价格通常是在前一个交易日基金单位净值的基础上加上购买或赎回手续费形成的。其公式为

$$申购价格 = \frac{单位净值}{1 - 附加费费率}$$

例如：某开放式基金的单位净值为 10 元，其附加费费率为 3%，则其申购价格为 10 元／（1 - 3%）= 10.31 元。

对于一些不收取附加费的开放式基金，其销售价格直接等于单位净值，投资者在购买该种基金时，不需缴纳附加费。

$$赎回价格 = \frac{单位净值}{1 + 赎回费费率}$$

对于一些赎回时不收取任何费用的开放式基金来说，赎回价格就等于单位净值。

二、证券投资基金的投资选择

随着资本市场的快速发展，基金业也迅速成长，越来越多的个人投资者希望通过专家理财的方式获得更稳定的收益，因此购买基金成为许多投资者的首选。但需要指出的是，如何正确地选择基金管理公司和基金品种是投资者成功理财的关键。

（一）基金管理公司的选择

投资者在选择基金管理公司时，必须从以下几个方面进行分析：

1. 基金管理公司的业绩

基金管理公司业绩的好坏是投资者选择基金管理公司的首要因素，因为对于投资者而言，获利的根本保证是基金业绩表现良好，而表现良好的投资基金通常有良好的专业判断力，这样基金管理公司才能在不断的投资过程中为投资者赚钱，不断获利的前提是要有准确而有效的信息。

另外，投资者应将考察基金业绩的期限拉长到 3～5 年，这是因为，投资基金适合于长期投资，投资者不仅要看其在牛市中的业绩，更应看其在熊市中的表现。

2. 基金管理公司的服务品质与收费标准

投资者购买基金，不仅是购买基金未来的增值潜力，同时还是购买基金的一系列服务，而这些服务不是免费的。因此，投资者应分析基金管理公司的服务内容是不是自己所需要的，是否可以接受基金的收费标准。一般而言，投资基金所包含的费用有基金管理公司收取的管理费、通过银行申购时的手续费以及适当的保管费。通常情况下，股票型基金的申购手续费比债券型基金高。从投资者的角度考虑，为了降低投资成本，在基金管理公司具有一定的业绩表现及服务水平的前提下，应该选取管理费用较低的基金管理公司进行投资。

3. 基金管理公司的市场评价

投资者应通过各种信息来分析自己所想投资的基金管理公司的市场表现。良好的基金管理公司不仅在证券市场上表现良好，而且其投资方式与分析、判断能力也会受到同行或投资

者的肯定。因此，投资者应着重投资于市场评价良好的基金。

4. 基金管理公司的诚信度

投资者在投资前必须考虑基金管理公司的诚信度。基金管理公司从广大投资者手中募集到资金后，如果不将投资者的利益放在第一位，而是全力追求公司报酬与风险的平衡，那么就会危害投资者的权益。所以，投资者应分析基金管理公司主要决策者的背景、诚信度、处事原则，只有确定其不会损害投资者的利益时，才可以放心地进行投资。

5. 基金管理公司的持续经营能力

投资基金是一种适合长期投资的有价证券，长期投资可以达到储蓄投资与减少风险的目的。因此，投资者应分析基金管理公司的持续经营能力。判断基金管理公司的持续经营能力主要考虑如下几点：①基金的经营业绩；②基金的资产结构；③基金的规模大小及以前的成长速度；④基金的财务状况及主要持有者的状况。

（二）单个基金的选择

投资者在选择投资基金前，先要做好一系列充分的准备工作。

1. 基金的品种

投资者首先需要了解所投资基金的投资目标属于何种类型，是积极成长型基金、收益稳定型基金还是防御型基金。投资者在投资前只有充分了解基金的投资特性，并确定其属性是否符合自身需求，才能做出最适当的选择。其次投资者需要了解基金的投资策略，是价值投资型基金还是成长型基金，并配合资本市场的变化进行正确的选择。最后投资者必须了解所要投资基金的风险与绩效表现如何，因为在投资基金的过程中，风险与收益同等重要；而且投资者应以基金的长期绩效作为投资的参考，并与其他同类型的基金相互比较，以对投资基金的绩效表现有全面的了解。

2. 基金的业绩

对于普通的投资者而言，基金的业绩是他们选择和评估基金的主要依据。不过，投资者在对基金业绩做出判断时，应注意以下几点：①要注意基金的回报是单式回报还是复式回报；②要注意基金的回报数据是否已经将所有的费用计算在内；③不要仅仅了解基金过去一段时间（如3年、5年）的平均业绩表现，还要设法搞清楚这期间基金业绩的变动情况；④对基金业绩的考察应该与基金的投资风险状况结合起来；⑤在对不同基金的回报率做比较时，应注意其可比性，要尽量将所考察基金与那些具有相近背景的基金做比较。

3. 基金的投资风险

投资者在对基金的业绩做出评估时，必须引入风险因素。分析的指标主要有两个：一是波幅，二是回报与风险比率。波幅是最常用的代表基金风险的指标，一般以百分比或者标准差来表示，基金过去的波动越大，意味着未来基金达到平均回报率的概率越低。回报率越高的基金，其波幅往往也越高。如果两只基金的波幅相近，则回报率高的基金显然更具吸引力；如果两只基金的回报率相同，则波幅小的基金就更易为投资者所认可。

4. 基金的周转率

基金的周转率即换手率。基金的周转率高，代表买卖证券频繁。由于每一笔交易都要付出手续费、交易税，这些费用全部将由投资人负担，所以，如果高周转率不能提升基金绩效，甚至还远落后于大盘的表现，则投资人就应远离这些基金。

第五节　其他有价证券投资价值分析

一、可转换证券的价格决定

（一）可转换证券的价值

可转换证券赋予投资者以将其持有的债务或优先股按规定的价格和比例，在规定的时间内转换成普通股的选择权。可转换证券有两种价值：理论价值和转换价值。

1. 理论价值

可转换证券的理论价值是指当它作为不具有转换选择权时的一种证券的价值。估计可转换证券的理论价值，必须首先估计与它具有同等资信和类似投资特点的不可转换证券的必要收益率，然后利用这个必要收益率算出它未来现金流量的现值。

2. 转换价值

如果一种可转换证券可以立即转让，它可转换的普通股股票的市场价值与转换比率的乘积便是转换价值，即

$$转换价值 ＝ 普通股股票的市场价值 × 转换比率$$

式中，转换比率为债权持有人获得的每一份债券可转换的股票数。

（二）可转换证券的市场价格

可转换债券的市场价格必须保持在它的理论价值和转换价值之上。如果价格在理论价值之下，该证券价格低估，这是显而易见的；如果可转换证券的价格在转换价值之下，购买该证券并立即转化为股票就有利可图，从而使该证券价格上涨直到在转换价值之上。为了更好地理解这一点，我们引入转换平价这个概念。

1. 转换平价

转换平价是指可转换证券持有人在转换期限内依据可转换证券的市场价格和转换比率，把债券转换成公司普通股股票的每股价格。除非发生特定情形，如发售新股、配股、送股、派息、股份的拆细与合并以及公司兼并、收购等情况下，转换平价一般不做任何调整。前文所说的转换比率，实质上就是转换平价的另一种表示方式。

$$转换平价 ＝ \frac{可转换证券的市场价格}{转换比率}$$

转换平价是一个非常有用的数字，因为一旦实际股票的市场价格上升到转换平价水平，任何进一步的股票价格上升肯定都会使可转换证券的价值增加。因此，转换平价可视为一个盈亏平衡点。

2. 转换升水和转换贴水

一般来说，投资者在购买可转换证券时都要支付一笔转换升水。每股的转换升水等于转换平价与普通股股票的当期市场价格（也称为基准股价）的差额，或者说是可转换证券持有人在将债券转换成股票时，相对于当初认购转换证券时的股票价格（即基准股价）而做出的让步，通常被表示为当期市场价格的百分比。其计算公式为

$$转换升水 ＝ 转换平价 － 基准股价$$

$$转换升水比率 ＝ \frac{转换升水}{基准股价}$$

如果转换平价小于基准股价，基准股价与转换平价的差额就被称为转换贴水。其计算公式为

$$转换贴水 = 基准股价 - 转换平价$$

$$转换贴水比率 = \frac{转换贴水}{基准股价}$$

3. 转换期限

可转换证券具有一定的转换期限。这就是说，该证券持有人在该期限内，有权将持有的可转换证券转化为公司股票。转换期限通常是从发行日之后若干年起至债务到期日止。

二、认股权证的价格决定

债券和优先股出售时有时附有长期认股权证，它赋予投资者以规定的认购价格从该公司购买一定数量的普通股的权利。认股权证可以是公开的也可以是不公开的，有效期可以是有限的也可以是无限的。

（一）认股权证的理论价值

在认股权证可以公开时，它们就有自己的市场，有的在交易所上市，有的在场外交易。股票的市场价格与认股权证的预购股票价格之间的差额就是认股权证的理论价值。其计算公式为

$$认股权证的理论价值 = 股票市场价格 - 预购股票价格$$

需要注意，在进行交易时，认股权证的市场价格很少与其理论价值相同。事实上，在许多情况下，认股权证的市场价格要大于其理论价值。即使理论价值为零，它的需求量也可能会很大。认股权证的市场价格超过其理论价值的部分被称为认股权证的溢价。其计算公式为

$$溢价 = 认股权证的市场价格 - 理论价值$$
$$= 认股权证的市场价格 - 普通股市场价格 + 预购股票价格$$

认股权证的市场价格会随着股票的不同而变化，其溢价可能会变得很高。当然，认股权证的理论价值也同样会急剧上升或急剧下跌。

（二）认股权证的价格杠杆作用

认股权证的价格杠杆作用，就是指认股权证的价格要比其可选购的股票价格的增长或减少的速度快得多。

杠杆作用可用普通股的市场价格与认股权证的市场价格的比率表示。对于某一认股权证来说，其溢价越高，杠杆因素就越低；反之，如果认股权证的市场价格相对于普通股的市场价格降低时，其溢价就会降低，杠杆因素就会升高。

【本章小结】

本章介绍了证券价值的决定以及证券价值评价一般模型；分析了股票、债券内在投资价值的决定、评价方法，以及影响股票价格、债券价格变动的因素；阐述了债券等级、评级内容以及债券的投资风险和投资方法；重点分析了基金的投资价值决定以及投资者如何选择投资基金等，并对可转换证券和认股权证的价值进行了介绍。

【主要名词】

证券价值　现金流量　贴现率　净资产倍率　市盈率　除权除息　股利贴现模型
净现值　内部收益率　多元增长模型　申购价格　赎回价格　附息债券
证券投资基金的资产净值　可转换证券

【复习思考题】

1. 举例说明股票市场价格的评价方法。
2. 简述零增长条件下的股利贴现模型的推导过程。
3. 简述不变增长条件下的股利贴现模型的推导过程。
4. 简述多元增长条件下的股利贴现模型的设计思路。
5. 请问影响债券定价的因素有哪些？
6. 某种一年付息一次的债券，票面价值为 100 元，还有 5 年到期，票面利率为每年 8%，必要收益率为 10%，求该债券的价格。
7. 请分析开放式基金和封闭式基金各自的价格决定方式。
8. 为什么说认股权证的投资具有杠杆作用？

本章案例　"漂亮 50" 对 A 股投资的启示

20 世纪 70 年代，美国股市上的"漂亮 50"（Nifty Fifty）曾经大放异彩，投资这些公司获得了非常好的回报。即使在经历了美国股市的数次暴跌以后，这些公司中的相当一部分股价还是最终创出了新高。美国的"漂亮 50"拥有良好的基本面、出色的资产负债表、强势的品牌、难以逾越的竞争优势和流动性极好的市值规模。比较典型的公司包括可口可乐、麦当劳、迪士尼、通用电气、美国运通、IBM、宝洁、强生等。这些公司很大一部分成为全球扩张的跨国企业。

当时美国经济经历了第二次世界大战后 20 多年的高速增长，进入到一个经济转型的关键转折点。美国股市在经历了 20 世纪 60 年代后期的投机盛行、概念股炒作以后，投资者逐步回归理性，开始趋向于价值投资和稳健投资。很多投资者选择那些基本面好、盈利稳定增长的优质公司，特别是消费品行业中的品牌公司，买入并长期持有，最终获得了丰厚的投资回报。

当前 A 股市场与当时的美国股市有一定的类似之处。中国宏观经济也处于转型的关键时期，传统的经济增长模式需要修正，原有的经济增长动力包括地产和出口进入主动与被动的放缓阶段，政府积极培育消费和新兴产业成为未来经济增长的动力。在 A 股市场上，过去偏重于投机模式，热炒小盘股和概念股的机构和个人大部分遭受了很大的损失，而一些坚持价值投资和长期投资的投资者获得了超额的收益。

例如 A 股中的贵州茅台、苏宁易购、万科 A、云南白药、中信证券、辽宁成大、海尔智家、格力电器、伊利股份等，这些公司由于有良好的商业模式，合理的战略目标和产业布局，较完善的公司治理结构，积极进取的管理层，以及持续领先、难以模仿的核心竞争力，在 A 股市场上获得了快速发展，在自身发展壮大的同时，也给那些长线投资者带来了十倍甚至百倍的投资回报。

在 A 股市场投资中，拥有强大品牌的公司值得投资者高度重视，特别是消费品牌，因为品牌企业直接面对消费者，行业地位较高，讨价还价能力强，现金流风险相对较小。品牌企业对供应商也保持着较高的议价能力，行业出现阶段性波动时，往往供应商也会被迫分担相对大部分的行业风险，品牌企业能保持相对较强的抗风险能力。

因此，在当前 A 股中通过对企业基本面的分析，研究能够代表中国经济发展方向，具有良好商业模式和核心竞争力，估值可以被接受的中国版"漂亮 50"，具有非常重要的现实意义。

问题：

1. 结合我国近年股市大盘的实际走势，阐述价值投资和长期投资的重要性。

2. 寻找 A 股中的"漂亮 50"，并构建自己的股票池和基金池。

内容提示

　　进行证券投资决策时，人们经常使用的是从上往下分析（Top-Down）的投资策略，即宏观经济分析——市场与行业分析——公司因素分析。沿着这一思路，本章主要介绍包括证券市场态势与宏观经济、经济运行分析、经济政策分析和经济指标分析在内的四部分内容，要求读者学会以经济运行分析为核心，以经济政策和经济指标变化为背景，寻找股价变化的规律及其走势。

第 四 章

证券投资的宏观经济分析

第一节　证券市场态势与宏观经济

一、影响证券市场价格的主要因素

　　同任何商品的价格一样，证券的价格不是固定不变的。根据证券价格决定模型得出的证券价格只是证券的理论价格，它是在高度简化和严格假设条件下的结果。而实际的证券市场状态受多重因素的影响和作用，这些因素也常常处于变动之中。股市的涨跌一定有其理由，其中最主要的理由是股市的宏观背景。多方面的股市宏观背景中需要着重考虑的因素有：宏观经济运行的情况和特点、政府股市政策的导向及其力度、重大政治经济及社会事件的发生。各种宏观背景因素交织在一起，对股市的运行发生作用，有时是短暂地刺激股市，有时则对股市较长时期的运行造成影响。一般来说，影响证券市场价格的因素主要有以下几个方面：

（一）宏观因素

　　宏观因素包括对证券市场价格可能产生影响的宏观经济、政治、法律、军事、文化、自然等方面。

　　1. 宏观经济因素

　　宏观经济因素即宏观经济环境状况及其变动对证券市场价格的影响，包括宏观经济运行的周期性波动等规律性因素和政府实施的经济政策等政策性因素。证券市场是整个市场体系的重要组成部分，上市公司是宏观经济运行微观基础中的重要主体，因此，证券市场价格理所当然地会随宏观经济运行状况的变动而变动，会因宏观经济政策的调整而调整。一般来说，股票价格随国民生产总值的升降而涨落；证券市场行情随着宏观经济政策的扩张与紧缩及由此导致的市场资金量的增减而升跌。

2. 政治因素

政治因素即影响证券市场价格变动的政治事件。一国的政局是否稳定对证券市场有直接影响。一般而言，政局稳定则证券市场运行稳定；相反，政局不稳定则常常会引起证券市场价格下跌。除此之外，国家领导人的更换、罢工、主要产油国的动乱等也对证券市场有重大影响。

3. 法律因素

法律因素即一国的法律特别是证券市场的法律规范状况。一般来说，法律不健全的证券市场更具投机性，震荡剧烈，涨跌无序，人为操纵成分大，不正当交易较多；反之，法律法规体系比较完善、制度和监管机制比较健全的证券市场，证券从业人员营私舞弊的机会较少，证券价格受人为操纵的情况也较少，因而表现得相对稳定和正常。总体来说，新兴的证券市场往往不够规范，成熟的证券市场法律法规体系则比较健全。

4. 军事因素

军事因素主要是指军事冲突。军事冲突是一国国内或国与国之间、国际利益集团与国际利益集团之间的矛盾发展到无法采取政治手段来解决的程度的结果。军事冲突小则造成一个国家内部或一个地区的社会经济生活的动荡，大则打破正常的国际秩序。它使证券市场的正常交易遭到破坏，因而导致相关的证券市场的剧烈动荡。例如，海湾战争之初，世界主要股市均呈下跌之势，而且随着战争局势的不断变化，股市均大幅振荡。

5. 文化、自然因素

就文化因素而言，一个国家的文化传统往往在很大程度上影响着人们的储蓄和投资心理，从而影响证券市场资金流入流出的格局，进而影响证券市场价格；证券投资者的文化素质则从投资决策的角度影响证券市场。一般来说，文化素质较高的证券投资者在投资时较为理性，如果证券投资者的整体文化素质较高，证券市场价格就相对比较稳定；相反，如果证券投资者的整体文化素质偏低，证券市场价格就容易出现暴涨暴跌。在自然因素方面，如果发生了自然灾害，生产经营就会受到影响，从而导致有关证券价格下跌；反之，如果进入恢复重建阶段，由于投入大量增加，对相关物品的需求也大量增加，从而促使有关证券价格扬升。

社会重大事件也会对股市产生重要影响。对于重大事件，股市投资者都异常敏感，市场也表现得异常躁动。股市上涨时，投资者因利好事件的出现而热情高涨，推动股市进一步上扬；股市下跌时，利空事件出现，投资者会产生恐惧，纷纷割肉出局。投资者对重大事件很重视，但又常常对其影响认识不足或估计过度，导致有时不能正确地调整投资行为，甚至出现反向操作。通过对中外股市历史的了解，我们发现政治、经济和社会重大事件往往与股市的重要转折时刻高度吻合。

（二）产业和区域因素

产业和区域因素主要是指产业发展前景和区域经济发展状况对证券市场价格的影响。它是介于宏观和微观之间的一种中观影响因素，因而对证券市场价格的影响主要是结构性的。

在产业方面，每个产业都会经历一个由成长到衰退的发展过程，这个过程称为产业的生命周期。产业的生命周期通常分为四个阶段，即初创期、成长期、稳定期和衰退期。处于不同发展阶段的产业在经营状况及发展前景方面有较大差异，这必然会反映在证券价格上。蒸蒸日上的产业其证券价格呈上升趋势，日见衰落的产业其证券价格则逐渐下落。

在区域方面，由于区域经济发展状况、区域对外交通与信息沟通的便利程度、区域内的投资活跃程度等不同，分属于各区域的证券价格自然也会存在差异。即便是相同产业的证券也是如此。经济发展较快、交通便利、信息化程度高的地区，投资活跃，证券投资有较好的预期；相反，经济发展迟缓、交通不便、信息闭塞的地区，其证券价格总体上呈下降趋势。

（三）公司因素

公司因素即上市公司的运营对证券价格的影响。上市公司是发行证券募集资金的运用者，也是资金使用的投资收益的实现者，因而其经营状况的好坏对证券价格的影响极大。而其经营管理水平、科技开发能力、产业内的竞争实力与竞争地位、财务状况等无不关系着其运营状况，因而从各个不同的方面影响着证券市场价格。由于公司产权边界明确，公司因素一般只对本公司的证券市场价格产生深刻影响，是一种典型的微观影响因素。

（四）市场因素

市场因素即影响证券市场价格的各种证券市场操作。例如，看涨与看跌、买空与卖空、追涨与杀跌、获利平仓与解套或割肉等行为，不规范的证券市场中还存在诸如分仓、串谋、轮炒等违法违规操纵证券市场的操作行为。一般而言，如果证券市场的做多行为多于做空行为，则证券价格上涨；如果做空行为占上风，则证券价格趋于下跌。由于各种证券市场的操作行为主要是短期行为，因而市场因素对证券市场价格的影响也是短期性的。

在以上影响证券市场价格的诸多因素中，宏观因素、产业和区域因素及公司因素主要是通过影响证券发行主体，即公司的经营状况和发展前景来影响证券市场价格的，它们在证券市场之外，因而被称为基本因素。基本因素的变动形成了证券市场价格变动的主要利多题材和利空依据。市场因素主要通过投资者的买卖操作来影响证券市场价格，它存在于证券市场内部，与基本因素没有直接关联，因而被称为技术因素。技术因素是技术分析的对象。

二、宏观经济因素的重要性

由于宏观因素、产业和区域因素、公司因素以及市场因素的共同作用，证券市场价格的变动表现为非常复杂的形式。作为投资者，如果想取得较高的投资收益并尽可能降低投资风险，就要认真分析和研究对证券市场价格有影响的各种因素。其中首要的一环是对宏观经济因素进行深刻、全面的分析和研究，因为宏观经济因素在证券价格的诸多影响因素中占据最重要的地位。

如前所述，证券市场是整个市场体系的组成部分，上市公司是宏观经济的微观主体，因此，证券市场价格从根本上来说就是一个经济问题。由于专业化和分工的日益深化，现代经济体系中的各个环节、各个组成部分之间更加相互依赖，紧密联系，"一荣俱荣、一损俱损"已成为现代经济生活的基本特征。因此，从本质上讲，证券市场价格是由宏观经济影响和决定的。事实上，其他宏观因素也是通过影响宏观经济来影响证券市场价格的。例如，政局的变动可能引致经济政策的改变，从而影响证券市场价格；战争、动乱通过影响宏观经济环境而导致证券市场价格变动；文化、自然因素及其变迁则通过影响消费、储蓄、投资、生产等来影响证券市场价格。这也说明，证券市场态势从根本上讲是与宏观经济相关联的。

宏观经济因素对证券市场的影响不仅是根本性的，而且是全局性的。同样，作为经济因素，产业和区域因素一般只会影响某个板块，即某个产业或区域的证券价格，公司因素一般只会影响本公司上市证券的价格，不会对整个证券市场构成影响；而宏观经济因素几乎对每只上市证券均构成影响，因而必然影响证券市场全局的走向。从各国证券市场的发展史来看，除处于极不规范时期的新兴证券市场外，证券市场的每一次牛市均是以宏观经济向好为背景的，而证券市场的每一次熊市的形成均是因为宏观经济发展趋缓或衰退。

宏观经济因素的重要性还在于它的影响是长期性的。由于宏观经济因素对证券市场的影响是根本性的，它的影响也必然是长期的。无论是政治因素、军事因素还是市场因素，都不具有长期影响力。政治、军事事件作为一个事件，本身就不具备持续性，因而也不可能对证券市场产生持续的影响。至于市场因素，其中的战略性建仓或空仓行为则是基于投资者对宏观经济和证券市场发展的未来的预期，因而是宏观经济影响证券市场的方式和体现；而短期的买卖操作只能构成对证券市场长期发展的调整，而不能从根本上改变其长期趋势。构筑证券市场长期趋势的基础正是宏观经济态势。

综上所述，宏观经济因素对证券市场价格的影响是根本性的，也是全局性和长期性的。因此，要成功地进行证券投资，首先必须认真研究宏观经济状况及其走向。市场上常有"顺势者生""选股不如选时，选时不如选势"等格言，其中的"势"就是宏观经济形势，只有充分把握了宏观经济形势，投资者才可能有效地把握证券市场中的投资机会。

三、宏观经济分析方法

宏观经济分析方法主要有经济指标分析法、计量经济模型法和概率预测法。

（一）经济指标分析法

经济指标分析法是采用多种经济指标进行分类计算、分析和对比的一种方法。

经济指标有三大类：①先行指标。它发生在经济预测之前，对未来的经济状况有预示作用，如货币供应量、股价指数等。从实践来看，通过先行指标可以对宏观经济的实际高峰和低谷进行计算与预测，得出结论的时间可比实际发生的时间提前半年。②同步指标。它是宏观经济正在发生的情况，其高峰和低谷出现的时间与经济周期相同，主要有国民生产总值和失业率等。③滞后指标。这类指标的高峰和低谷比宏观经济滞后，主要有银行短期商业贷款利率、物价指数等。

（二）计量经济模型法

计量经济模型法是利用经济变量之间的数量关系方程式，来分析和预测宏观经济的方法。计量经济模型主要有经济变量、参数和随机误差三大要素。

1. 经济变量

经济变量是反映经济变动情况的量。模型中的经济变量有内生变量和外生变量两种。内生变量是由模型本身加以说明的变量，是方程式中的未知数，其数值可以通过求解方程式获得；外生变量则是不能由模型本身加以说明的量，是由模型以外的因素产生的，是方程式中的已知数。

2. 参数

参数是模型方程式的常数和常系数，它反映的是自变量与因变量之间相对稳定的比例关系。

3. 随机误差

随机误差是指那些难以预测的、随机产生的差错，以及经济资料在统计、整理和综合过程中出现的差错。

用计量经济模型法进行预测的一般过程是：①根据一定的经济理论原理建立数学模型；②结合现实的经济资料，使用计量经济学的方法估计模型参数，调试模型；③利用调试好的模型进行经济预测。

（三）概率预测法

概率预测法是运用概率论的方法对宏观经济活动进行预测的方法。

从实际来看，它通过总结宏观经济运行的过去和现状，揭示其内部规律，运用概率论的方法和手段，预测未来宏观经济的变量水平，是一种非常行之有效的方法。

概率预测法运用得较多且较成功的是对宏观经济的短期预测。例如，对国民生产总值及其增长率、通货膨胀率、失业率、利息率、个人收入及消费和企业利润等指标的下一时期水平及变动率的预测。

经济指标分析法、计量经济模型法和概率预测法三种分析方法各有千秋，不同的证券投资者可以根据自身掌握资料的丰富程度，按照成本收益的原则灵活选择。除以上三种方法外，我国经济界在长期的经济预测研究和实践中也开发了许多方法和工具。实践中，我国有关政府部门与各类机构根据各自掌握的资料和使用的方法，对宏观经济运行进行跟踪和预测，并定期公布预测数值，这也为投资者分析和判断目前宏观经济的性质提供了一定的参考。

第二节　经济运行分析

理论研究和经济发展的实践证明，由于受到多种因素的影响，宏观经济的运行总是呈现出周期性变化规律。

一、宏观经济运行的含义

宏观经济周期一般经历四个阶段：繁荣、衰退、萧条、复苏。当经济从衰退和萧条中开始复苏后，又进入一个繁荣阶段，繁荣阶段中又孕育着衰退的再次来临，如此循环往复，周而复始，其中每四个阶段构成的一段完整的波浪曲线就称为一个经济周期。

由于国民生产总值是最常见、综合性最强的衡量宏观经济的指标，因此宏观经济的周期性变化常用国民生产总值来表示。

经济周期作为宏观经济运行的一种规律是客观存在的，它不会随国家、制度的改变而改变。即使国家干预经济政策，也只能是调整和影响周期的波幅，最终并不会消除经济周期。为此，经济周期的变动对证券市场的影响是十分显著的。

二、宏观经济运行分析

（一）经济周期指标分析

要把握宏观经济的运行，通常需要借助一系列反映经济周期的经济指标来进行，具体包括以下几种：

1. 先行指标

先行指标是指在总体经济活动发生波动之前，已经到达经济周期的峰顶或谷底的指标，如货币政策指标、财政政策指标、消费支出等。投资者通过这些指标可以事先知道经济变化波动的转折点，有利于选择恰当的投资策略。

2. 重合指标

重合指标是指与经济活动同时到达峰顶与谷底的经济指标，如国民生产总值、公司利润率、失业率等。投资者可以根据重合指标来预测经济周期变化，确定经济活动到达峰顶和低谷的准确时间。

3. 后续指标

后续指标是在经济活动发生波动之后，才能到达峰顶或谷底的经济指标，主要包括存货水平、个人收入和商品零售额等。这些指标对股票投资者并无太大的参考价值。

（二）经济运行对证券市场的影响分析

从证券市场的实际运行情况来看，证券价格的变动大体上与经济周期一致。一般而言，经济繁荣，证券价格上涨；经济衰退，证券价格下跌。

1. 经济萧条阶段

经济下滑至低谷，公司经营情况不佳，证券价格在低位徘徊，大部分投资者处于离场观望状态。

2. 经济复苏阶段

在经济走出萧条，步入复苏阶段时，公司经营状况开始好转，经营业绩开始上升，投资者自身的境遇也在不断改善，从而推动证券价格不断走高。

3. 经济繁荣阶段

当经济繁荣阶段来临时，公司的经营业绩继续提升，生产规模不断扩大，市场占有率提高，投资者的投资热情高涨，从而推动整个证券市场价格的大幅上扬。

4. 经济衰退阶段

由于繁荣阶段的过度扩张，社会总供给开始超过总需求，经济增长开始减速，存货增加，公司业绩开始出现停滞甚至下降之势。在此阶段，投资者更多的是开始抛售证券，证券市场价格呈现下降之势。

由此可见，当经济开始走出低谷，进入复苏和繁荣阶段时，投资者购买证券获得较高收益的可能性很大；当经济到达峰顶，走向衰退阶段时，投资者参与证券投资就有可能遭受失败。如果投资者能准确地分析和预测经济周期的波动时间，就可以把握投资时间和投资选择的主动权，避免经济损失。

第三节 经济政策分析

当代实行市场经济的国家的政府对经济的干预主要是通过货币政策和财政政策来实现的。根据宏观经济运行状况的不同，政府可采取扩张的或紧缩的货币政策和财政政策，以促进经济快速增长，保持价格总水平的稳定，实现充分就业。政策的实施及政策目标的实现均会反映到作为国民经济"晴雨表"的证券市场上。不同性质、不同类型的政策手段对证券市场价格变动有着不同的影响。另外，政府为了改善国际贸易状况、促进国际收支平衡而调整汇率政策，也会影响证券市场格局。

一、货币政策的调整会直接、迅速地影响证券市场

中央银行贯彻货币政策、调节信贷与货币供应量的手段主要有三种：①调整法定存款准备金率；②再贴现政策；③公开市场业务。当国家为了防止经济衰退、刺激经济发展而实行扩张性货币政策时，中央银行就会通过降低法定存款准备金率、降低中央银行的再贴现率或在公开市场上买入国债的方式来增加货币供应量，扩大社会的有效需求。当经济持续高涨、通货膨胀压力较大时，国家往往采用适当紧缩的货币政策。此时，中央银行就可以通过提高法定存款准备金率、提高中央银行的再贴现率或在公开市场上卖出国债的方式以减少货币供应量，紧缩信用，以实现社会总需求和总供给大体保持平衡。

中央银行实施货币政策对证券市场的影响，主要是通过以下几个方面产生的：

（1）当增加货币供应量时，一方面证券市场的资金增多，另一方面通货膨胀也使人们为了保值而购买证券，从而推动证券价格上扬；反之，当减少货币供应量时，证券市场的资金减少，价格的回落又使人们对购买证券保值的欲望降低，从而使证券市场价格呈回落的趋势。

（2）利率的调整通过决定证券投资的机会成本和影响上市公司的业绩来影响证券市场价格。当提高利率时，证券投资的机会成本提高，同时，上市公司的运营成本也提高，业绩下降，从而证券市场价格下跌；反之，当降低利率时，证券投资的机会成本降低，而上市公司的运营成本也下降，业绩向好，从而证券市场价格上涨。

（3）中央银行在公开市场上买进证券时，对证券的有效需求增加，促进证券价格上涨；中央银行卖出证券时，证券的供给增加，引起证券价格下跌。

由于货币政策以货币市场为媒介，通过利率等手段来调节货币需求，因此它对证券市场的影响直接而迅速。例如，中央银行在公开市场上买进或卖出证券就直接影响证券市场价格的变动，而利率的调整则瞬间改变了证券投资的机会成本和上市公司未来的运营成本，导致证券市场价格的涨跌。

二、财政政策的调整对证券市场具有持久但较为缓慢的影响

财政政策是通过财政收入和财政支出的变动来影响宏观经济活动水平的经济政策。财政政策的主要手段有三种：一是改变政府的购买水平；二是改变政府的转移支付水平；三是改变税率。当经济增长持续放缓、失业增加时，政府要实行扩张性财政政策，提高政府的购买水平，提高转移支付水平，降低税率，以增加总需求，解决衰退与失业等问题；当经济增长强劲、价格水平持续上涨时，政府要实行紧缩性财政政策，降低政府的购买水平，降低转移支付水平，提高税率，以减少总需求，抑制通货膨胀。

国家实行财政政策对证券市场产生影响，主要通过以下几个途径：

（1）综合来看，实行扩张性财政政策，增加财政支出，减少财政收入，可增加社会总需求，使公司业绩上升，经营风险下降，居民收入增加，从而使证券市场价格上涨；实行紧缩性财政政策，减少财政支出，增加财政收入，可减少社会总需求，使过热的经济受到抑制，从而使得公司业绩下滑，居民收入减少，这样证券市场价格就会下跌。

（2）政府购买是社会总需求的一个重要组成部分。扩大政府购买水平，增加政府在道

路、桥梁、港口等非竞争性领域的投资，可直接增加对相关产业，如水泥、钢铁、建材、机械等产业的产品需求。这些产业的发展又形成对其他产业的需求，以乘数的方式促进经济发展。这样，公司的利润增加，居民收入水平也得到提高，从而可促使证券价格上扬。减少政府购买水平的效应正好与此相反。

（3）改变政府的转移支付水平主要是从结构上改变社会的购买力状况，从而影响总需求。提高政府的转移支付水平，如增加社会福利费用、增加为维持农产品价格而对农民的拨款等，会使一部分人的收入水平得到提高，这也间接地促进了公司利润的增长，因此有助于证券价格的上扬；反之，降低政府的转移支付水平将使证券价格下跌。另外，调整中央政府对地方政府的转移支付水平，将打破原有的中央政府与地方政府之间、地方政府与地方政府之间的财政平衡格局，形成新的平衡状态，这样将不仅从整体上而且也从结构上影响证券市场。一般来说，如果中央政府提高对地方政府的转移支付水平，地方政府将拥有更多的自主财力用于发展地方经济，直接或间接地扶持当地上市公司的发展，从而促进证券价格的上扬；同样，如果某地方政府得到相对更多的中央政府的转移支付，那么该地区的证券价格上扬的潜力更大。

（4）公司税的调整将在其他条件不变的情况下直接影响公司的净利润，并进一步影响公司扩大生产规模的能力和积极性，从而影响公司未来成长的潜力，因此，公司税的调整对其证券的影响不言而喻。个人所得税将直接影响居民个人的实际收入水平，因而将影响证券市场的供求关系。而证券交易税则直接关系到证券交易的成本。所以，一般说来，税率的提高将抑制证券价格的上扬，而税率的降低或免税将有助于证券价格的上扬。当然，对某些特定的产业或区域的税收优惠对证券市场的影响一般只局限于该产业或区域的上市证券。

从传导机制上讲，财政政策是以实体经济为媒介，通过控制财政收入和支出，经过企业（公司）的投入与产出来影响总需求的，与货币政策有明显的区别。因此，无论是扩张性的还是紧缩性的财政政策，从理论上讲其传导过程都比较长，这种较长的时滞性决定了它对证券市场的影响不像货币政策那样立竿见影，而是比较缓慢的，但也比较持久。例如，1998年我国政府开始实施扩张的财政政策，大规模扩大政府投资，但当时证券市场并没有给予多大的响应，到1999年才演绎出创历史新高的大行情。当然，也有例外，如证券交易税的调整也能对证券市场产生迅速的影响。

三、汇率政策的调整从结构上影响证券市场价格

在开放经济条件下，汇率对经济的影响十分显著。汇率的高低将影响资本的国际流动，也会影响本国的进出口贸易。如果以单位外币的本币标值来表示汇率，那么汇率对证券市场的影响主要通过以下几个途径：

（1）汇率上升，本币贬值，本国产品的竞争力增强，出口型企业将受益，因而此类公司的证券价格会上扬；相反，进口型企业将因成本增加而受损，此类公司的证券价格将因此而下跌。汇率下跌的情形与此相反。

（2）汇率上升，本币贬值，将导致资本流出本国，于是，本国的证券市场需求减少，价格下跌；反之，汇率下跌，则使得资本流入本国，本国的证券市场将因需求旺盛而价格上涨。

（3）为了消除汇率变动对本国经济的消极影响，本国政府常常对汇率的变动进行干预，

这种干预政策也会对本国的证券市场产生影响。当汇率上升时，为保持汇率稳定，政府可能动用外汇储备，抛出外汇，购进本币，从而减少本币的供应量，使证券价格下跌；政府也可能抛出外汇，同时回购国债，这样将使得国债市场价格上扬。

由此可见，汇率的变动和汇率政策的调整与实施主要是从结构上影响证券市场：一方面引起本国证券市场和外国证券市场的相对变化；另一方面引起本国证券市场内出口型企业和进口型企业上市证券价格的相对变化。

第四节　经济指标分析

一国经济形势的变化主要是通过各类经济指标反映出来的。反映经济变化的主要指标有国民生产总值、经济增长率、财政收支、国际收支、失业率、通货膨胀、利率和汇率等。

一、国民生产总值与经济增长率

国民生产总值是一个国家（或地区）所有常住单位在一定时期内生产活动的最终成果。国民生产总值的增减是反映经济周期变化的主要指标。如果用图示来表示，则国民生产总值的变化曲线有高峰、低谷及两者之间的上升、下跌曲线，其所对应的经济周期则分别为繁荣、萧条、复苏及衰退四个阶段。

当剔除通货膨胀因素，考虑国民生产总值所反映的经济增长状况时，用国民生产总值增长率减去通货膨胀率即为实际经济增长率。

衡量国民生产总值增长不能用名义增长率，要用实际增长率。只有扣除通货膨胀率，才不会被名义增长率所迷惑。1993 年—1995 年，我国国民生产总值每年以 15% ~ 17% 的速度增长，但股市却一路走熊，表面看似与经济状况不协调，然而考虑到当时高通货膨胀率（13% 以上）的因素，就不足为奇了，因为实际增长率很低，股市当然难以走牛。其中的原因是，由于高通货膨胀使企业经营环境恶化，居民收入下降，政府会采取紧缩性经济政策，这些都会导致股市下跌。

二、财政收支

财政是国家（政府）为了实现其职能，凭借其政治权力，直接参与社会总产品分配的一种活动。在现实经济生活中，政府所采取的一系列收入和支出活动称为财政收支。

财政收支状况在很大程度上体现了政府调控经济的政策意图，因而对整个经济运行有着直接而密切的影响。通过分析财政收支状况，可以对当前的经济运行状况和政府的政策意图进行较好的把握和判断。

三、国际收支

国际收支是指一定时期内一国与外国或境外地区因发生各种往来而引起的全部货币收付活动或国际经济交易。一国国际收支的基本情况是通过该国国际收支平衡表的各个项目及其差额状况来具体表现的。

对外贸易和资本的流入、流出对一国的宏观经济运行有着重大的影响。例如，当经常项目逆差增加时，表明出口减少，亦即国外居民对本国产品和劳务的需求减少，这会在一定程度上影响经济增长率；当资本项目逆差增加时，表明外资流入减少，这可能会在一定程度上减少国内投资需求，从而对经济增长产生一定的抑制作用。

四、失业率

失业是指在当前工资水平下愿意工作的人无法找到工作的现象。一个国家的失业总人数被称为失业人口，有工作的人的总数被称为就业人口，两者之和就是一国的劳动人口。

失业率是指失业人口与劳动人口的比率。失业率的高低是经济萧条还是繁荣的信号：萧条时期，失业率通常较高；繁荣时期，失业率很低。

当失业率很高时，表明企业的资源未被充分利用，积压存货过多，利润大幅下降，股票价值受到影响。同时，失业率的提高也将导致居民收入下降，使证券投资的需求减弱；相反，失业率降低，表明经济复苏，社会资源得到充分利用，企业利润提高，有利于公司股票升值。

五、通货膨胀

通货膨胀是指货币供应过多而导致物价水平持续上升，其实质是货币的贬值。

通货膨胀按其膨胀程度划分，主要有温和通货膨胀、急剧通货膨胀和恶性通货膨胀。按发生原因划分，主要有需求拉动型通货膨胀、成本推动型通货膨胀、产品结构性通货膨胀、国外输入性通货膨胀。

温和通货膨胀对股价的影响很小，基本上可以忽略。在某种程度上，它还对股市有积极影响，因为温和通货膨胀可使企业名义资产增值，促使股价上扬。

恶性通货膨胀对股市影响大。恶性通货膨胀会导致资金成本、原材料等成本提高，企业利润受到影响，股价会随之下跌。另外，企业未来的经济状况不稳定，股息分配不确定，加之货币迅速贬值，这时人们更多地购置商品，如购买房屋，以求保值，从而分流股市资金，导致股价下跌。

巴菲特曾说过，通货膨胀是投资者最大的敌人。价值投资者要关注通货膨胀受益和受损的板块个股，做出正确的投资决策。

六、利率

利率是借贷资金的利息收入与借贷资金量的比率。与上述经济指标相比，利率对股市的影响更为直接。一般来说：利率下降时，证券价格就会上涨；利率上升时，证券价格就会下跌。

利率下跌，使得企业的资金使用成本下降，利润率上升，公司业绩较好，因此提高了股票价值，促进股价上扬，这对负债较高的企业尤其有益。利率的上涨则会产生与此相反的效应。

七、汇率

汇率是两国货币相互兑换的比率，是指通过一国货币来衡量另一国货币的价格。其表示方法有：①直接标价法，即以一定单位的外币来计算应收或应付多少本国货币；②间接标价法，即以一定数额的本币来计算值多少外币。我国采用直接标价法，实行浮动汇率制。

一般来讲，汇率变动对短期资本的流动影响较大。短期资本主要是在金融市场上做投机交易，当一国汇率下降时，外国投机者为了避免损失，会竞相抛售拥有的该国金融资产，转兑外汇，而这种行为会进一步加剧该国汇率下跌，并有可能导致金融危机。

【本章小结】

本章介绍了影响证券市场价格走势的宏观经济因素，重点讨论了宏观经济运行对证券市场的两个影响途径，即宏观经济周期和宏观经济政策。

在宏观经济周期变动中，萧条、复苏、繁荣和衰退四个经济运行阶段对证券市场运行具有不同的影响。而对证券市场产生重要影响的宏观经济政策主要是货币政策、财政政策和汇率政策。

【主要名词】

计量经济模型　经济周期　财政政策　货币政策　汇率政策　先行指标　同步指标
滞后指标　国民生产总值　通货膨胀

【复习思考题】

1. 为什么说宏观经济因素是影响证券市场价格变动最重要的因素？
2. 试述经济指标分析的具体内容。
3. 财政政策的变动对证券市场价格有何影响？
4. 货币政策的变动对证券市场价格有何影响？
5. 汇率政策的变动对证券市场价格有何影响？
6. 当证券市场不景气时，可采取哪些措施改变这一状况？

本章案例　2020 年疫情冲击与美股熔断

2020 年 3 月 9 日，受新冠肺炎疫情和油价下跌影响，美国股市打破了近十年来的慢牛行情，道琼斯工业平均指数、纳斯达克综合指数、标准普尔 500 指数均盘中暴跌，收盘跌幅达到 7%，美股历史上第二次熔断因而被触发。此后，3 月 12 日、3 月 16 日、3 月 18 日，熔断机制接连被触发，尤其是 3 月 16 日美股历史上的第四次熔断，道琼斯工业平均指数收盘跌幅达到了 12.9%，刷新了美股数十年来的单日跌幅纪录。3 月 16 日开始，美国的股票市场迎来了数十年来最高的单周跌幅，一直表现良好的道琼斯工业平均指数也跌回了两年前的水平。

熔断机制（Circuit Breaker）也叫自动停盘机制，是指当股指波幅达到规定的熔断点时，交易所为控制风险采取的暂停交易措施。具体来说，它是对某一合约在达到涨跌停板之前，设置一个熔断价格，使合约买卖报价在一段时间内只能在这一价格范围内交易的机制。

熔断机制的作用主要有：①对股票市场的交易风险提供预警作用，有效降低了风险的突发性和风险的严重性；②为控制交易风险赢得了思考和操作的时间，使交易者有较充裕的时间考虑风险管理的办法；③有利于消除交易系统中的申报指令堵塞现象，避免出现流动性下降的局面；④可以在异常波动的极端行情出现时分阶段地解决问题，为化解证券交易的风险提供制度上的保障。

美股熔断的主要原因有：①大量上市公司采用高杠杆进行股票回购，抬高股价，使市场积聚了大量风险，一旦遇到较为严重的突发事件，积累的风险就会大规模地爆发。②美国实体经济与虚拟经济发展脱节，经济失衡带来的泡沫风险如果破裂，会对整体经济造成严重的打击。③新冠肺炎疫情的蔓延给消费行业带来了巨大的冲击，餐饮、旅游、百货、影视等行业大幅减流，居民消费需求在很短的时间内被急剧压缩，金融行业遭到重创。

美股熔断的启示如下：

第一，应重视事前防范，不要等积聚的风险集中出现再做出反应。要汲取美股熔断的教训，建立符合本国国情的风险监管体系。对于部分重要的风险指标加强监控，尤其警惕资本市场的债务水平和偿债能力指标，防范流动性风险。

第二，应合理使用杠杆，避免问题债务和不良债务充斥市场。由于受到新冠肺炎疫情的冲击，为了拉动经济，政府采取了灵活适度和相对宽松的货币政策，向市场注入大量的流动性，导致资产价格的波动，企业需要审视自己的债务风险，在去杠杆和适度杠杆之间保持相对平衡，避免受到市场价格大幅波动的冲击。

第三，应支持实体经济发展，熨平资本市场的剧烈波动。新冠肺炎疫情使宏观经济受到很大冲击，特别是第三产业受到的影响更大，因此，要有针对性地支持经济受损行业，因情施策，使政府的各项救市举措起到雪中送炭、事半功倍的作用。同时，要降低投资者风险偏好，避免恐慌情绪蔓延，警惕实体经济与虚拟经济脱节，避免市场泡沫的产生。

问题：

分析和阐述后疫情时代股市发生的变化及投资者应该采取的对策。

众所周知，当宏观经济处在萧条期时大部分行业都得不到发展，与之类似的是，处于不景气市场和行业中的大部分公司也难以创造良好业绩，其股票自然也鲜有良好表现。因此在证券投资分析中，与宏观经济分析一样，正确地进行市场与行业分析是不可或缺的。为此，本章主要介绍市场与行业分析的方法和技巧，并对中国证券市场特有的区域和"板块效应"进行了分析。要求读者掌握市场与行业分析的方法与技巧，并结合中国国情进行行业选择。

第 五 章

市场与行业分析

第一节 市 场 分 析

一、证券市场的经济指标分析

对于成长中的中国证券市场来讲，证券市场规模的扩大及其经济功能的增强，是股票的供求矛盾趋于缓和的一个重要因素，有利于股市健康而有效地发展。证券市场要发挥其诸多功能，必须具备一个条件，即证券发行必须达到一定的数额，在长、短期资本市场中所占的比例相当大。那么如何在量上反映证券市场的这些效力呢？这就需要有一系列的统计指标来衡量。这些指标包括反映证券市场经济功能的统计总量指标和反映证券市场效力的统计相对指标两个方面。通过对这些指标进行纵向和横向比较，就可以发现证券市场在经济运行中的作用力度以及发展趋势。

（一）统计总量指标分析

反映证券市场经济功能的统计总量指标可由证券的发行量和交易量指标构成。

1. 债券的发行量和交易量

债券的发行量是指一国举债的规模和水平，而债券交易量则表明债券在流通市场上的流通规模和水平。

当今世界各个国家均实施举债政策，如美国 2019 年债券市场总规模约 42 万亿美元，国债总余额 23 万亿美元，是国内生产总值（GDP）21.7 万亿美元的 105.9%，是 10 年来的最高值。目前，中国的债券市场绝大多数是国债、央行票据、政策性金融债券等政府信用级债券，企业债券的发行量相对较少，而国债在这些债券中所占比例很大。据统计，我国 2019 年债券发行量为 45.3 万亿元，国债余额 16.44 万亿元，占发行债券总额的比例为 36.38%，国债的发行为政府通过实施财政政策和货币政策进行宏观经济调控提供了条件和可能。

2. 股票的发行量和交易量

股票的品种数和发行量指标表明一国利用股票来筹集资金的规模和水平；而股票的交易量既是衡量投资者从事股票投资热情程度的一个标志，也是证券市场繁荣程度的一个表现。

截止到 2019 年年底，沪深股市总市值达到 59.29 万亿元，股票流通市值 48.34 万亿元，股票总发行股本 6.17 万亿股，流通股本 5.25 万亿股，上市公司 3 777 家，全年股票成交金额 127.42 万亿元。随着证券市场规模的扩大和向全国辐射力的增强，股票投资者的供求矛盾趋于缓和，股票市场的筹资功能和资源配置功能得到发挥，对我国证券市场的发展及产业结构的调整起到了重要推动作用。

（二）统计相对指标分析

统计相对指标是社会经济现象中两个有关指标之比，它表明现象之间的数量对比关系。反映证券市场效力的统计相对指标有以下几种：

1. 证券发行额占国内生产总值（GDP）的比例

证券发行额通过债券发行额和股票市值来反映，这个指标表明了一国利用债券和股票筹集资金在经济中的作用程度。

（1）债券发行额占 GDP 的比例。债券是世界各国、各地区政府、企业向大众筹资的重要手段之一。例如，日本累积的政府债券占国内生产总值的 192%；美国累积的政府债券占国内生产总值的 98%。相比之下，我国国债余额占 GDP 的比例较低，2019 年年底这一指标为 16.59%，占城乡居民银行储蓄存款余额的比例也仅为 20.01%。也就是说，财政的债务负担与国民经济的应债能力并不相称，政府通过发行债券支持经济建设的潜力很大。

（2）股票市值占 GDP 的比例。这个指标表明了一国经济中股份公司发行股票筹集资金在经济中的作用程度。一般来讲，经济发达程度与股票市值占 GDP 的比例具有正相关关系。在发展中国家和新兴地区的证券市场中，股票市值占 GDP 的比例平均在 30% 左右，而发达国家则远高于这个比例。截止到 2019 年年底，我国沪深股市总市值占 GDP 比重达到 59.84%，这说明股票市场在国民经济中的地位已越来越重要。

2. 证券发行余额与银行贷款总额的比例

这个指标的含义在于反映了证券市场中以各种债券和股票形式存在的金融资产总额与银行贷款形式的金融资产数值之比。这种金融资产证券化的程度标志着一国金融深化的程度，也表明了一国经济发展规模和证券市场的效率。

3. 企业资产、负债的证券化比例

这个指标用于测定一国企业抗经济环境震动的能力，以及用于考察对经济稳定增长缓冲的作用程度。它包括考察企业银行借款占各种资金来源的比例，以及企业资产证券化的程度。

二、市场主体的投资动机及心理因素分析

（一）证券投资动机分析

1. 资本增值动机

人们参与证券投资活动，最基本的动机就是获取股息或利息收入，以实现个人资本的增

值。投资者在进行投资决策时，一般非常注意各种证券的收益率差异，在认真分析计算的基础上，尽可能地把资金投放于股息或利息相对丰厚的证券上。

2. 灵活性动机

灵活性是指投资者在尽可能避免损失的条件下，将投资迅速转化成现金的能力。保留现金灵活性最大，却无法实现资本的增值，银行活期存款则收益率太低；相反，动产与不动产的投资虽然收益率较高，但投资者将其转化成现金的成本高，而且交易时间也比较长，所以这类投资灵活性偏低。证券投资基本上将灵活性与收益性融合起来，既能很快地转化成现金，又能长期为投资者带来收益。因此，在保证资本增值的前提下，出于灵活性的考虑，投资者可以选择证券投资。

3. 参与决策动机

就广大投资者来说，参与决策的意识比较淡薄，但部分投资者可能为了参与发行公司的决策而购买其证券。一些资本雄厚的投资者为了控制、改组和整合上市公司，有时会大量购买这一公司的股票。

4. 投机动机

许多投资者认为，利用价格涨跌获得的差价收益会远远高于利息或股息收益。为获得股息或利息需要等上半年、一年或更长时间，不如在证券市场上短期买进卖出证券获得差价收益更有利。因此，出于投机动机的投资者极为关注证券市场的供求关系和证券行情波动的趋势及幅度，经常把资本投入价格波动幅度大的证券上，并频繁地进行买卖。他们宁可承担较大的风险以获取更大的收益，从而使投机活动逐渐成为证券投资的一种普遍现象。

5. 安全动机

有的投资者之所以参与证券投资，往往还出于安全上的考虑，因为用现金购买证券可以防止意外灾害或被盗造成的损失，使资本更有保障。此类投资者也重视投资收益问题，他们认为把钱存入银行和购买证券的安全程度基本相等，但证券投资能提供更大收益，因此，他们在投资时多把资金投放于价格波动幅度小和收益稳定的债券上，以提高投资的安全性。

6. 选择动机

边际效用递减规律在一般商品的购买活动中的作用表现为：消费者不会把大量现金花费在一种商品上，尽管这种商品可能对他有极大的吸引力。因为随着购买数量的增加，效用会随之递减。同样，在证券购买活动中，边际效用递减规律也起作用：投资者如果总是购买同一种证券会感到乏味，没有一种证券能满足投资者的全部需要。私人投资者在增加投资规模时总希望购买其他种类的证券，目的在于从各种证券的投资收益比较中获得平衡性满足。

7. 自我表现动机

这种动机的核心是自我炫耀，并从中得到心理满足。社会上某些巨富以拥有巨额证券资产来显示自身的富有、地位及威望；一些自认为有能力的人通过证券投资赚取比别人多的收益来显示自己的能力卓越；部分退休者及家庭妇女则因期望借此得到社会承认而从事证券投资；另外，一些青少年参与证券投资以表明自己已经成熟。

8. 好奇与挑战动机

比如，有人从未买卖过证券，目睹他人买卖证券，自己也想体验一下；有人则眼见他人投资股票赚了钱，出于一种挑战心理，也开始买卖证券，力图比别人赚得更多。具有这种动机的投资者往往缺乏必要的技术和心理准备，因而投资较具冲动性，心态也不够稳定。

还有一类投资者，其长期从事证券投资活动，对证券交易成癖，极为关心证券行情变化，一日不碰股票，则将寝食难安、坐卧不宁。这种超出常规的证券投资活动多属于不理智投资。

（二）证券投资心理分析

1. 证券投资心理的主要类型

证券投资者的心理状况对证券市场的影响主要是通过供求关系起作用的，即心理变化引起供求关系发生变化，从而影响证券的价格。投资者的心理主要有以下几种类型：

（1）盲从心理。盲从就是人云亦云，人为亦为。当别人购股踊跃时，具有这种心理的投资者唯恐落后，盲目购入不明情势的股票；当抛售股票势盛时，他们则不辨清情况就快速出手。这类投资者经常为别人抬轿而自蒙损失。

（2）赌博心理。此类投资者发迹心切，渴望把握住几种股票，以便摇身变成百万富翁。他们一旦在股市获得小利即欣喜若狂，想把所有资本都投到股票上；而当其在股市失利时，往往失去理智，孤注一掷，最后可能导致倾家荡产。

（3）过度贪求心理。此类投资者贪得无厌，总想追求最大利润。在股市趋升时，总期望能升得更高，迟迟不愿出售自己的股票；在股价下跌时，总想还会继续下跌，等待买入更便宜的股票，以致经常贻误时机。

（4）犹豫心理。此类投资者虽然制订了投资计划和策略，但具体实施时却受到大众心理影响而犹豫不决，结果使计划流产。例如，已经判定手中股票的市价到达波峰，决定出售，但准备出手时却被别人的乐观情绪所感染，又认为股价还会继续上涨，于是放弃行动；相反，当股票下跌已近波谷，计划买入时，因见市场抛售风正盛，可能又停止行动。

（5）避贵求廉心理。部分投资者一心想买廉价股票，而忽视股票质量与价格的紧密关系，一味追求低价。无论某种股票的前景有多么好，他们也不会买入这种价格上升的股票；相反，他们对价格还没有上升或很少上升的股票却非常热衷，而不管这种股票的质量有多差。显然，具有这种心理的投资者是毫无成功可能的。

2. 证券投资心理因素的分析

在证券投资市场，心理因素具有重要作用，大众心理经常影响甚至左右证券市场的交易。因此，总结分析投资心理因素是非常必要的。

（1）投资心理的乘数效应。大众心理有一种极端倾向，就是形势乐观时更加乐观，形势低潮时更加悲观。这表现在证券投资市场即是行情好时加倍乐观，行情跌时加倍悲观。因此，当股市处于疲弱状态时，即使某些股票仍可能提供较好的报酬，也无人问津；而当股市处于一片繁荣时，即使某些股票前景暗淡，根本没有投资价值，人们也会毫不犹豫地购入，唯恐失去良机。

正是由于大众心理的这种乘数效应，所以一旦股市呈现涨势，就有可能迅速暴涨，而一旦处于跌市，则往往一发而无法控制。

（2）从众心理效应。虽然多数人的决定未必正确，少数人的决定未必错误，但大众却往往认为"真理"掌握在多数人手中。如果多数投资者认为行市看好，并积极购入股票，股票价格就会上涨；如果多数人对股市不抱信心，并纷纷抛售，股价就会跌落。因此，股票行情即是投资大众所做出决定的具体体现。服从股价涨跌的事实，就是服从投资决定。

（3）投资偏好作用。正如人们对商品的购买会有不同的偏好一样，投资者也往往偏好某种或某几种股票。对某类股票感兴趣的投资人，往往虽几经周折，最后还是去购买这种类型的股票，作为自己的投资选择。例如：有的投资者总离不开蓝筹股，因为他们偏好其相对稳定的行情，而不喜欢冒险；相反，另一类投资者则具有强烈的风险收益转换冲动，总难免置身于投机股票。

（4）犹豫心理的作用。许多投资者尽管本人非常熟悉证券投资的技巧，也有一定的经验，但一旦置身证券市场却往往犹豫不决，做出错误的决策。他们平时所做的分析可以让人非常信服，场外所得出的结论足以使人赏识，但一走进交易市场，其行为就会与计划背道而驰。例如，他可能已经分析到股价会转升为跌，准备抛出股票，但证券营业部拥挤的人群反而会使他买进股票。一般而言，犹豫心理只会改变一些投资者的合理行为，而不能改变整个市场的轨迹。

第二节 行 业 分 析

行业分析的重点在于如何考察影响行业发展的重要因素，如行业生命周期、行业对宏观经济的敏感度、竞争情况、政府政策倾斜、社会公众偏好以及技术进步等。考察这些因素以确定行业的发展前景及投资的可行性，可以缩小分析范围，从而甄别出行业内有价值的公司，并对其进行财务报表及其他方面的分析。因此，行业分析在宏观经济分析与公司因素分析间起着衔接作用，也是投资决策的重要环节。

一、行业分类

行业分类有许多种方法。在经济学理论中，一般将行业分为完全竞争、垄断竞争、寡头垄断以及完全垄断四种情况；传统的还有如第一、第二、第三产业的划分。在证券投资分析中，可以参考中国证监会的《上市公司行业分类指引》（2012 年修订），这是因为深沪两地证券交易所都援引了中国证监会的行业分类方法对上市公司进行分类，使投资者可以清楚地看到各行业股价的涨跌情况。

《上市公司行业分类指引》的分类以上市公司营业收入等财务数据为主要分类标准和依据，所采用的财务数据为经会计师事务所审计并已公开披露的合并报表数据。分类方法为：

（1）若上市公司某类业务的营业收入比重大于或等于50%，则将其划入该业务相对应的行业。

（2）若上市公司没有一类业务的营业收入比重大于或等于50%，但某类业务的收入和利润均在所有业务中最高，而且均占到公司总收入和总利润的30%以上（包含本数），则将该公司归属该业务对应的行业类别。

（3）不能按照上述分类方法确定行业归属的，由上市公司行业分类专家委员会根据公司实际经营状况判断公司行业归属；归属不明确的，划为综合类。

根据上述原则和方法，《上市公司行业分类指引》将上市公司分为从农、林、牧、渔业到综合类共 19 个门类、90 个大类。每一门类均有其所属的代号，如农、林、牧、渔业为 A，制造业为 C 等。门类代号后再加数字对行业进一步细分，如在 C 制造业中，C36 表示汽车制造业。《上市公司行业分类指引》的简明分类如下：

A　农、林、牧、渔业

B　采矿业

C　制造业

D　电力、热力、燃气及水生产和供应业

E　建筑业

F　批发和零售业

G　交通运输、仓储和邮政业

H　住宿和餐饮业

I　信息传输、软件和信息技术服务业

J　金融业

K　房地产业

L　租赁和商务服务业

M　科学研究和技术服务业

N　水利、环境和公共设施管理业

O　居民服务、修理和其他服务业

P　教育

Q　卫生和社会工作

R　文化、体育和娱乐业

S　综合

二、行业生命周期

确认行业分类之后，即可以对行业生命周期进行考察。行业发展如同生命历程，由几个不同的阶段所组成（见图 5-1）。由于各个阶段都有其风险和收益的特点，投资者应该根据自身的风险偏好，选择最佳的投资方案。一般来说，行业生命周期分为四个阶段：第一阶段是创业期，第二阶段是成长期，第三阶段是成熟期，第四阶段是衰退期。根据销售额及利润

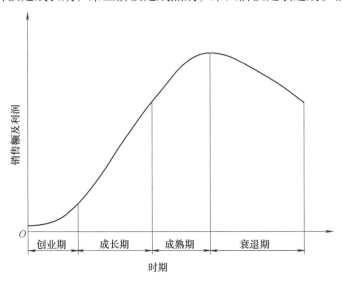

图 5-1　行业生命周期循环图

的变化，可分析行业处于生命周期的何种阶段。

（一）创业期

新创意、新产品或者新技术的出现往往会引发一个行业的产生。如20世纪80年代初期，美国的微型计算机行业就是由新技术所推动的。处于创业期的行业一般需要较高的研发费用，且市场处于开拓之中，因此销售收入较低，以致全行业可能普遍亏损。然而，在创业期内得以存活的公司，其营业收入和利润都会有快速的增长，超额利润的产生又会吸引竞争对手进入市场。因此，在高额的研发费用、暗淡不明的市场需求以及潜在的竞争对手等多重因素的影响下，初创行业具有极大的运营风险。对于投资者而言，初创行业处于群雄逐鹿的阶段，没有实质意义上的市场领先者，一般投资者不仅难以看清行业的发展前景，更加难以分辨出哪家公司将会从竞争中脱颖而出，再加上投资风险极大，一般的投资者及投资基金不会涉猎创业期产业的投资。这一领域是属于风险资本家的，他们聘请专门的研究人员对创业期产业及公司进行研究，然后投入资金，期望某一天他们投资的公司能够挂牌上市，届时将获得巨额收益。

（二）成长期

在创业期的激烈竞争中得以生存下来的公司，就会进入成长期。此时行业的前景已经明朗，市场需求稳中有升，行业的收入增长领先于宏观经济。行业中逐渐出现了市场领先者，它们研发能力强并且能够适应市场需求，规模经济的效应也开始逐步显现。这些公司不仅收入和利润稳步增长，而且可能开始向股东发放股利。对于偏好积极成长型投资的投资者而言，这个阶段的产业风险降低并且行业稳步成长，应该是投资的最佳时机。

（三）成熟期

行业经过前两个阶段之后，进入成熟期。此时，行业标准已经严格设立，市场需求稳定，各公司的收入增长减缓，但由于规模效应的作用，各公司的收入十分稳定，而且公司也不用再支付高额的研发费用，积累了大量的现金流，因此很大一部分利润以股利的形式发放。对于追求稳定收入且风险承担能力低的投资者而言，处于成熟期的行业是合适的投资目标。

（四）衰退期

行业进入衰退期有许多原因，如市场出现了更加优质的替代品或者社会偏好发生了改变等。例如，数码照相机的出现就使得传统照相机生产商走向绝路，并且牵连了胶片供应商。知名的胶片生产厂家柯达连续多年的亏损就是很好的案例。行业整体经营下滑时，公司也难免陷入困境，覆巢之下，焉有完卵。因此，除非公司或者行业能够转型，否则投资者应该避免投资此类行业。

三、经济周期与行业景气循环

行业不仅有其生命周期，而且在生命周期的各个阶段，行业也会有景气循环，其收入及利润会随着行业自身的景气循环而波动。因此，投资者应该分析行业的景气循环，将资金投入现阶段景气向荣的行业，避开景气向衰的行业。

在分析时有一点不容忽视，行业的景气循环与宏观经济的循环并不一定同步，即当宏观经济向好时，可能部分行业处于衰退期；当宏观经济低迷时，部分行业可能处于繁荣期。投资者应该充分利用行业的这些特点，提高投资决策的正确性。根据行业对经济周期的敏感度，可以将行业分为四种类型：增长型、防御型、周期型和逆周期型。

（一）增长型行业

增长型行业的运动状态基本不受宏观经济的影响，无论总体经济如何，行业的增长率都高于总体经济的增长率，也高于其他行业的增长率。例如，在过去的几十年内，计算机制造业和网络行业就是典型的增长型行业。

（二）防御型行业

防御型行业同样基本不受宏观经济的影响，然而与增长型行业相比，这类行业基本进入成熟期，其收入和利润基本稳定，但增长率明显不如增长型行业。例如食品业就属于这种行业，即使总体经济萧条，人们也不会在食品消费上有多大的改变。此外，水、电、煤气等公用事业都是典型的防御型行业。

（三）周期型行业

此类行业直接与宏观经济相关，并呈现正向波动。例如汽车、家电等大型消费品，通常会随着宏观经济向好而繁荣，当宏观经济低迷时，人们通常会推迟大型消费品的购买和更新，周期型行业的业绩也会一落千丈。高档手表、珠宝等奢侈品亦属于典型的周期型行业。

（四）逆周期型行业

此类行业与宏观经济的表现恰好相反，当宏观经济繁荣时，此类行业表现低迷；反之，当宏观经济衰退时，此类行业的表现却是上佳的。这种行业在国内不算多见，安保行业可能属于其中的一种。当宏观经济繁荣，人们安居乐业时，市场上对安保人员的需求自然减少；当宏观经济衰退，失业严重，导致盗窃等犯罪率上升时，市场上对安保人员的需求增加，安保行业反而会向荣。

根据以上行业分类，每一种行业的表现会因宏观经济的不同而有所不同。不过有些行业并非以经济周期来区分。例如，利率敏感性行业就是这样：利率上升时，行业收入明显减少；利率下跌时，行业收入明显增加。银行业、证券及期货业是明显的利率敏感性行业。投资者应该判断利率走向，从而指导投资决策。又如，有些行业对汇率极为敏感，这就要求投资者对汇率走向有正确的预期。

四、政府、社会倾向及技术对行业的影响

（一）政府的产业政策对行业的影响

产业政策是指政府对产业结构变化进行定向干预指导的方针和原则。国家对某一产业的扶持，常常意味着这一产业有更多的发展机会；若政府对某一产业加以限制，则意味着这一产业发展的空间被封杀。而且，国家的产业政策往往是在对产业结构发展方向和各产业发展规律深刻认识的基础上制定并实施的，因而具有显著的导向作用。国家产业政策也是人们从事证券投资的依据，投资者在投资时，必须考虑该行业与国家发展战略、资源政策和产业政策的一致性，避免选择受限制的企业证券。

（二）社会倾向对行业的影响

在当今社会，消费者和政府越来越强调经济行业所应负的社会责任，越来越注重工业化给社会所带来的种种影响。这种日益增强的社会意识或社会倾向对许多行业已产生了明显的作用，如汽车行业、食品行业。随着社会的不断发展，诸如防止环境污染、保持生态平衡等观念日益受到人们的重视，对企业的经营活动、生产成本和利润收益等方面都会产生一定的

影响。

（三）技术因素对行业的影响

技术进步是影响行业发展的重要因素。它一方面决定了新产业的兴起和旧产业的消亡，另一方面也推动了现有产业的技术升级。这一点在科技型行业里表现得更为明显。例如，电灯的出现削减了对煤气灯的需求；蒸汽动力产业被电力产业逐渐取代；计算机激光排版技术诞生后，传统的铅字排版便告消亡。当今时代科技发展一日千里，为经济的飞速发展提供了强大的技术基础，也促进了产业的加速更新和升级。落后于时代的产业注定将被淘汰。

（四）相关行业变动因素对行业的影响

相关行业变动对行业的影响主要表现在以下几个方面：

（1）如果相关行业的产品是该行业生产的投入品，那么相关行业的产品价格上升，就会造成该行业的生产成本提高，利润下降，从而股价会出现下降趋势；反之亦然。比如煤的价格上升，就可能会使生产钢材的公司成本增加，因而公司股票价格下跌。

（2）如果相关行业的产品是该行业产品的替代品，那么若相关行业的产品价格上涨，就会提高对该行业产品的市场需求，从而使市场销售量增加，公司盈利也因此提高，股价上升；反之亦然。比如鸡蛋的价格上升，可能会对经营肉类制品的公司股票价格产生利好影响。

（3）如果相关行业的产品与该行业生产的产品是互补关系，那么相关行业的产品价格上升，对该行业内部的公司股票价格将产生利淡反应。比如油价持续升高，会对汽车制造业产生影响，导致其股价下跌。

第三节 区域分析

一、经济区域的格局

因为经济的发展在空间上具有不平衡性，尤其是在中国这样的转型经济体系中，区域差异是很明显的。投资者在选择投资对象时，还应考虑上市公司的地区分布。

从我国的经济现实来看，经过40多年的改革开放，目前我国已经形成了自然与政策性的四大经济区域，即东部、中部、西部和东北。从2019年的GDP看，四大经济区域分别为：东部约51.12万亿元，中部约21.87万亿元，西部约20.52万亿元，东北约5.02万亿元。其特点可以概括为：东部率先发展，中部崛起，西部大开发，东北振兴。

（一）东部率先发展

在加入世界贸易组织（WTO）的背景下，东部在市场理念、企业经营、政府行为等方面率先市场化并与国际接轨，对中部、西部、东北起到示范性作用；同时通过经济的前后项联系，对中部、西部、东北起到强烈而有效的拉动作用。

（二）中部崛起

中部属于较丰富的综合经济体，既有矿产资源，也有农业、轻纺工业、重工业、高新技术业等，还有较雄厚的科技研发力量，多种所有制的经济体系已经基本形成，市场观念较为深入人心。

（三）西部大开发

西部虽然有着丰富的矿产资源，而且部分地区有着较为雄厚的工业基础和科研力量，但是由于自然生态环境恶劣、基础设施薄弱，因此在较长时期内，其重点仍然是生态环境的治理、保护以及基础设施的建设等。

（四）东北振兴

东北虽然普遍文化素质较高，而且有着较雄厚的重工业基础，但是其面临的转型任务也比较重，包括农工业体系向农工服务业综合体系的转型、传统技术设备向现代技术设备的转型等。做好经济的转型工作，可以为东北经济的协调发展和全面振兴打下坚实的基础。

二、证券市场的区域格局及其影响

我国国内资金的流向一直有从北向南和从西向东的趋势，国内的大部分资金都集中在以上海为中心的东部和以深圳为中心的南部地区。如此明显的流向对证券市场当然有着重要的影响。以下重点分析上市公司的区域格局。

我国上海、深圳两家证券交易所的上市公司分布于东、中、西及东北四大经济区，其中以北京、广东、上海、浙江、江苏、山东、福建、四川等地的上市公司数量最多。我国上市公司的区域分布呈现出“东多西少、南多北少、富多贫少、深沪多其他地区少”的特点，即上市公司的数量东部地区比西部地区多，南部地区比北部地区多，富裕地区比贫困地区多，深圳与上海两个城市比其他省、市、区多。因此，上市公司较多地集中在深沪及东南部经济发达地区。

北京、深圳、上海、杭州是拥有上市公司最多的城市，对其上市公司进行分析具有一定的代表性，也对推动其他地区上市公司发展具有重要的参考价值。表 5-1 为 2020 年 8 月北京、深圳、上海、杭州上市公司基本情况与全国概况对比。

表 5-1　2020 年 8 月北京、深圳、上海、杭州上市公司基本情况与全国概况对比

对 比 项 目	北　京	深　圳	上　海	杭　州	全　国
上市公司数（家）	374	321	320	156	4 002
总市值（万亿元）	19.04	9.57	6.90	2.63	81.97
2019 年 GDP（万亿元）	3.54	2.69	3.82	1.53	99.08
总市值与 GDP 之比（%）	537.85	355.76	180.63	171.89	82.73

分析北京、深圳、上海、杭州上市公司情况，可以发现有以下几个特点：数量居全国前列，地位非常重要。北京、深圳、上海、杭州上市公司数量占全国上市公司总量的比例分别为 9.3%、8.0%、8.0%、3.9%，上市公司总市值占全国总市值的比例分别为 23.2%、11.7%、8.4%、3.2%。上述比例均高于其 GDP 占全国的比例。这些上市公司对当地的经济发展和社会进步做出了巨大的贡献。

三、我国证券市场的“板块效应”

股票板块是指某些股票所组成的群体，这些股票因为有某一共同特征而被人为地归类在一起，形成板块联动，同升同跌。而这一特征可能是地理上的，如“重庆板块”；也可能是业绩上的，如“ST 板块”；可能是上市公司经营行为方面的，如“并购板块”；也可能是产业分类方面的，如“钢铁板块”“金融板块”；还有可能是上市公司类型方面的，如“中小企业板块”等。总之，股票市场的“板块效应”是我国证券市场的特殊现象，只要这一效应存在，就会成为股市炒作的重要题材。

"板块效应"产生的根本原因在于投资者预期某项政策或者突发事件能够提升性质相似的整个板块的业绩。当这种预期较为强烈、实现的可能性很大时，相关板块股票持续走牛的时间就会很长。例如，2008年政府推出了4万亿针对基础设施建设的投资计划，基建和水泥板块股票大涨；2013年提出建设21世纪海上丝绸之路，上海、广东自贸区概念被热炒；2020年上半年新冠肺炎疫情蔓延，A股中的生物制药板块涨势凶猛。这些板块炒作的共同特征是预期政府出台的政策会实质性地改善上市公司的基本面，提升上市公司的业绩，从而能给投资者带来超额收益。

目前我国经济正处于结构转型的关键时期，政府从财税、金融等方面开始大力培育、支持和发展新兴产业，2020年整个战略新兴产业的产值达到GDP的15%。新兴产业中的公司蕴藏着巨大的投资机会，如生物制药、电子信息、新能源、物联网、云计算、基因技术等，相应的上市公司业绩将会得到巨大的提升，并且这种业绩的提升具有不断快速增长的趋势。因此从长期来看，新兴产业的业绩增长具有明显的确定性和持久性，具备中长期的投资价值。

在分析股票板块投机炒作效应的同时，投资者还应注意对按上市公司的地理位置划分的地区板块进行分析，这样做更具有实际价值。如把上市公司按省市分类，取几个重要的板块来分析其市场风险和业绩并进行比较，然后根据比较结果做出自己的投资决策。

【本章小结】

本章主要对证券市场的统计总量和相对量等经济指标进行了分析，归纳概括了市场主体的投资动机及心理因素。在行业分析中，介绍了行业分类、行业生命周期等概念，并且分析了不同的行业对宏观经济的敏感性。通过行业分析，投资者要能够甄别出具有发展潜力的行业，并将其作为投资目标。最后，本章还探讨了区域分析，阐明了区域经济因素对于证券投资的影响，以及我国证券市场的区域格局和特有的"板块效应"。

【主要名词】

经济指标　投资动机　投资心理　行业分析　行业生命周期　增长型行业　防御型行业
周期型行业　逆周期型行业　区域格局　板块效应

【复习思考题】

1. 证券市场的经济指标分析包括哪些内容？
2. 简述证券投资者的投资动机。
3. 简述证券投资心理的表现并对其进行分析。
4. 行业生命周期分为几个阶段？分别适合何种风险偏好投资者进行投资？
5. 行业对宏观经济的敏感性（即分为增长型、防御型、周期型和逆周期型四种行业）这种分类，是否与行业最终产品的需求价格弹性有关？请对其加以分析。

6. 如何对股票市场的板块进行比较分析？

本章案例 商业计划书撰写要点

商业计划书是企业为实现融资目标，根据一定格式和内容要求编写的向投资方展示公司产品和现状，以及未来发展前景的书面材料。

商业计划书包括企业筹资、融资、企业战略规划与策略执行等相关经营活动的蓝图与指南，也是企业发展的行动纲领和实施方案，其目的在于为投资者提供一份创业的项目介绍，向他们展现创业的潜力和价值，并说服他们对项目进行投资。

商业计划书的撰写与创业本身一样是一个复杂的系统工程，撰写人不但要对行业、市场、产品、品牌进行充分的研究，而且要有良好的文字功底。对于一个成长中的企业，专业的商业计划书既是寻找投资方的必备材料和路演工具，也是企业对自身的现状及未来发展战略进行全面思索和重新定位的过程，它是企业进行资源整合、机会发掘、市场扩张和品牌运营的强有力武器。

商业计划书的内容主要包括市场分析、发展战略、营销策略、商业模式、管理团队、财务分析、风险控制、融资计划等。

1. 市场分析

此部分包含的要素有项目概要、产品构成、产品生命周期阶段、目标顾客、品牌资产、品牌定位、市场需求、市场潜力、行业状况、市场占有率、产品研发计划、研发投入、技术资源与合作、销售预测、竞争对手、SWOT分析、消费者偏好、市场壁垒、竞争优势等。

2. 发展战略

此部分包含的要素有公司使命、发展目标、发展愿景、价值观、经营理念、行业地位、主营业务、STP决策、竞争战略、市场扩张、战略举措、整合营销、客户关系管理（CRM）等。

3. 营销策略

此部分包含的要素有市场营销组合、产品决策、价格制定、渠道选择、促销方式、形象宣传、关系营销、服务营销、口碑营销、内容营销、社区营销、事件营销、故事营销等。

4. 商业模式

此部分包含的要素有盈利方式、网络营销、直营连锁、特许加盟、合资经营、业态选择、物流管理、分店开发、品牌托管、收购兼并、数据营销、打造护城河、新零售等。

5. 管理团队

此部分包含的要素有创始人介绍（含学习和工作经历、创业经历、管理经验）、股权结构、持股比例、股东出资方式、组织机构、团队构成（CEO、CFO、COO、CTO、CMO）、创业故事、激励机制、奖励措施、企业文化建设等。

6. 财务分析

此部分包含的要素有预期的公司三年营业收入、营业成本、营业利润、所得税、净利润、现金流量、资产负债、增长率、市盈率（PE）、市净率（PB）、市销率（PS）、每股盈利（又称每股收益，EPS）、净资产收益率（ROE）、用户数、用户收入、市场价值、网络流量、互联网节点距离等。

7. 风险控制

此部分包含的要素有风险类型、风控机构、风控原则、风控流程、公司治理、会议制度、决策程序、尽职调查、组合投资、止损设置、头寸控制、资金管理等。

8. 融资计划

此部分包含的要素有资金需求量、资金使用计划、股权出让比例、估值方法、投资回报年限、对赌协议、股份退出方法、股权转让、股份回购、债权配套融资、风险投资、银行贷款、信托融资、融资租赁、商业信用等。

上述商业计划书中的要素，只需要将最重要的内容写出来即可，要主题鲜明、重点突出，不需要一应俱全、面面俱到。

一份成熟的商业计划书不但能够描述出公司的成长历史，展现出公司未来的成长方向和发展愿景，还能量化出潜在盈利能力和投资回报。这都需要对公司有一个通盘的了解，对所有存在的问题都有所思考，对可能存在的隐患做好预案，并能够提出行之有效的应对计划和操作策略。

问题：

1. 请分析未来还有哪些财富机会？你会选择哪个行业（项目或产品）进行投资？分析目标顾客、盈利模式。

2. 围绕企业投资项目和产品撰写一份商业计划书，并进行试路演。

内容提示

当宏观经济分析以及市场与行业分析显示某行业发展前景向好并且值得投资时，投资人还有一项重要的任务，那就是从中选择一家优良的公司进行投资，以便在未来享受公司成长所带来的成果。本章介绍了公司因素分析的意义及其有关内容，包括公司基本素质分析、财务报表分析、盈利预测以及市盈率法的运用。希望投资者能够运用相关知识选择具有投资价值的公司进行投资。

第 六 章

公司因素分析

第一节 公司因素分析的意义

公司因素分析的目的是通过综合考虑各方面因素，计算出公司合理的真实价值，并将真实值与当前市场上的交易价格进行比较，从而决定买进或者卖出股票。这里基于这样一个假设，即市场交易价格最终会向公司的真实价值收敛。当股票目前的市场价格高于真实价值时，表示股价被高估，未来将会向下调整，投资者可将手中的股票出手以获利，甚至可以卖空获利；反之，当股票的市场价格低于公司真实价值时，表示股价被低估，未来将会向上调整，此时应该买入股票，以期未来股价上涨时获利。

在公司因素分析中，只要确定了公司股票的真实价值，即可做出投资决策。但是，对股票真实价值的估计，却会因为分析方法的不同、考虑因素的不同、分析人的不同而会得出不同的结果。因此，如何正确分析股票的真实价值非常重要。

在确定股票的真实价值时，除了考虑宏观经济因素、市场与行业因素之外，还要考虑公司因素。公司因素分析可以分为质与量两个方面。质的因素主要包括公司在产业中的竞争力、高级管理人员的能力、公司内部是否团结以及公司科研能力等；量的因素主要包括公司财务方面，包括公司盈利能力、筹资能力、偿债能力等，以及公司财务数据与同行业甚至整个市场的比较。要考虑如此多的因素，可见确定股票的价值十分不容易，必须正确地分析各种因素后，运用股价评估模型，才能正确地估计其价值。确定股票的真实价值是一门科学，更是一门艺术。

股价评估模型主要包括股利折现模型、自由现金流量模型、市场比较法（如市盈率法）等。股利折现模型主要是将股票未来可以产生的现金流量（即股利），通过一定的折现率贴现之后，得到股票的真实价值；自由现金流量模型主要是对主营业务所产生的现金流量（即自由现金流量），通过加权平均资本成本折现之后，再加上非经营资产价值并减去公司负债，得到公司所有者权益的真实价值；市场比较法则是利用市场乘数（如市盈率）与公司相关的财务数据，得出公司的真实价值。

无论使用哪一种分析模型，投资者都可以将自己得出的公司真实价值与股票市场价格进行比较，从而做出决策。考虑到实际运用的复杂性，本章所涉及的股价评估模型以股利折现模型与市盈率法为主，这主要是因为在实际生活中，投资者主要关注的是公司盈利，各种财经媒体的报道也主要与公司盈利相关，股利的发放也是以盈利为基础的。

第二节　公司基本素质分析

一、公司竞争能力分析

上市公司在本行业中的竞争能力是公司基本素质分析的首要内容。市场经济的规律就是优胜劣汰，在本行业中无竞争优势的企业，注定要随着时间的推移而逐渐萎缩乃至消亡。只有确立了竞争优势，并且不断地通过技术更新和提高管理水平来保护这种竞争优势的企业，才能最终拥有长期存在和发展壮大的机会，也只有这样的企业才有长期投资的价值。

（一）公司的技术水平

决定公司竞争能力的首要因素是公司的技术水平。技术水平是指公司拥有的比同行业其他竞争对手更强的技术实力及研究与开发新产品的能力。这种能力主要体现在生产的技术水平和产品的技术含量上。在现代经济中，企业新产品的研究与开发能力是决定企业竞争成败的关键因素。

（二）公司的市场占有率

公司的市场占有率是公司的利润之源。市场占有率是对公司的实力和经营能力比较精确的估计，它是指一个公司的产品销售量占该类产品整个市场销售总量的比例。市场占有率越高，表示公司的经营能力和竞争力越强，销售越好，利润水平越高，发展越稳定。

（三）资本与规模效益

有些行业，比如汽车、钢铁、造船等资本密集型产业，往往是以"高投入，大产出"为基本行业特征的。由资本的集中程度决定的规模效益是决定公司收益、前景的基本因素。投资者在进行长期投资时，一般不会选择那些身处资本密集型行业，但又无法形成规模效益的企业。

二、公司发展前景分析

分析公司发展前景的好坏，可以从以下几个方面着手：

（一）公司募集资金的投向

公司通过发行股票、公司债券或向银行贷款所募集的资金，主要用于公司项目的投资。公司的投资项目是否具有良好的发展前途，是否具有良好的盈利能力，是判断一家上市公司是否具有良好的发展前景的关键。投资者应多关注上市公司项目投资的计划，关注上市公司项目投资的进展情况。如果上市公司的投资项目进展顺利，公司的未来利润有望不断增长，公司便具有良好的成长性。

（二）公司产品的更新换代

随着商品经济的不断发展，市场上的商品由稀缺转而变成过剩，这就对公司生产的商品提出了更高的要求——公司产品不仅质量要好，而且款式要新。因此，公司必须加强科技投入，不断地开发新产品，不断地提高产品质量。如果公司重视产品的技术含量，加大新产品的开发力度，就能根据市场的不同需求开发出适应市场需要的新产品，从而牢牢地在市场上占有领先和主导地位。这类公司便会有良好的发展前景。

（三）公司业务的发展情况

由于商品供给的过剩，市场竞争不断加剧，公司除加强主营业务的发展外，还必须全方位地发展，涉足其他业务的经营活动，以寻找到快速发展的机会。所以，投资者应该密切注意公司的业务经营及发展情况，并据此分析公司的发展前景。

三、公司经营管理能力分析

分析公司的经营管理能力，可以从以下几个方面着手：

（一）公司管理人员素质分析

所谓素质，是指一个人的品质、性格、学识、能力、体质等方面特性的总和。在现代企业里，管理人员不仅担负着对企业生产经营活动进行计划、组织、指挥、控制等管理职能，而且从不同角度和方面负责或参与对各类非管理人员的选择、使用和培训工作。因此，管理人员的素质是决定企业能否取得成功的一个重要因素。

（二）公司管理风格和经营理念分析

管理风格是企业在管理过程中所一贯坚持的原则、目标及方式等方面的总称。经营理念是企业发展一贯坚持的一种核心思想，是公司员工坚守的基本信条，也是企业战略目标制定与实施的前提条件和依据。一般而言，公司的管理风格和经营理念有稳健型和创新型两种。稳健型公司的特点是在管理风格和经营理念上以稳健原则为核心，一般不会轻易改变已形成的模式；创新型公司的特点是在管理风格和经营理念上以创新为核心，经营活动中的开拓能力较强。分析公司的管理风格可以跳开现有的财务指标来预测公司是否具有可持续发展的能力，而分析公司的经营理念可据以判断出公司管理层制定何种公司发展战略。

（三）公司业务人员素质和创新能力分析

公司业务人员的素质和创新能力包括进取意识和业务技能，这些也是公司发展不可或缺的要素。对员工的素质和创新能力进行分析可以判断该公司发展的持久力。

第三节　财务报表分析

在本章第一节介绍的各个股价评估模型中，公司盈利的高低在很大程度上决定了股票的真实价值。盈利作为一个重要的会计数据，需要深入理解其意义，以及它是如何取得的。只有深入地了解盈利情况，才能对其进行预测，才能正确估计公司的真实价值。

一、财务报表

如果看不懂公司的财务报表，就不可能了解盈利的意义，更不用说正确估计公司的真实价值了。上市公司每隔一段时间就会公布其最近一段期间的财务报表，财务报表是为相关利益人（主要是投资者）提供公司信息的工具，换句话说，投资者可以通过对财务报表的分析，了解公司的营运情况，并做出投资决策。此外，根据股价评估模型（如股利折现模型、市盈率法）进行股价分析时，投资者也可以从财务报表的盈利资料中找到重要信息。每个投资者都应该对财务报表有所认识，利用公司的公开信息进行投资分析。

一般来说，财务报表主要是指资产负债表、利润表、现金流量表、所有者权益变动表四种，其中又以前三种较为重要。我国上市公司必须定期编制并披露其财务报表。按照中华人民共和国财政部颁布的《企业会计准则》和《企业会计制度》的规定，编制财务报表是上市公司管理层的责任（境外上市公司还需按照境外的会计准则编制财务报表），报表须经具有执业资格的会计师事务所审计，并且定期披露。下面以万科企业股份有限公司的合并财务报表为例进行说明。万科是国内房地产行业的著名品牌，在2019中国房地产百强企业排名中综合实力位居第二。

（一）资产负债表

资产负债表是反映公司在某一特定日期的财务状况的会计报表，如公历每年12月31日的财务状况。由于它反映的是某一时点的情况，因此又称为静态报表。它根据"资产＝负债＋股东权益"这一会计恒等式进行编制。资产表示公司所拥有的财产，负债和股东权益表示公司资金的来源和每一种来源提供了多少资金。由于公司所拥有的各项财产都是由债权人和股东提供的，因此负债和股东权益必须和公司的全部资产相等。

表6-1为万科企业股份有限公司2018年度和2019年度的合并资产负债表。由于行业不同、年份不同，各公司资产负债表项目会略有不同。其中，资产项目包括流动资产和非流动资产。

流动资产是指在一年内或在正常营业周期以内耗用，或可以转变成现金的资产项目总和。流动资产包括货币资金、交易性金融资产、应收账款、应收票据、预付款项和存货等。货币资金包括公司所有的现金或银行里的活期存款。当公司货币资金过多而超过需要的持有量时，公司就把超额部分投资于短期的交易性金融资产。应收账款是由于赊销或分期付款引起的。应收票据是反映公司收到而尚未到期的收款和未向银行贴现的票据，包括商业承兑汇票和银行承兑汇票。通常不论票据是否带有利息，都按票面金额入账。预付款项是指公司根据购货合同规定预付给供货单位或个人的款项，或多付给供货单位的款项，按实际发生额计价。存货包括原料、再加工产品和制成品。生产企业的存货通常包括原材料、再加工品和成品，而零售企业则只有成品库存。

非流动资产是指流动资产以外的资产，主要包括长期股权投资、固定资产、在建工程、无形资产等。非流动资产具有占用资金多、周转速度慢、变现能力较差等特点。

长期股权投资包括公司向其他单位投入的期限在一年以上的资金以及购入一年不能变现或不准备随时变现的股票和债券。长期股权投资是为了公司经营业务的多样化，为扩大企业的规模或兼并其他企业而进行的投资。

固定资产是指以非出售为目的，在公司经营中长期存在并使用的各项资产。

从表6-1中可看出，流动资产所占总资产的比重很高，两年都在80%以上，这是由于万科是房地产公司，它拥有大量的商品房存货。

表6-1 万科企业股份有限公司2018年度和2019年度的合并资产负债表

2019年12月31日 单位：元

资 产	2019年	2018年
流动资产：		
货币资金	166 194 595 726.42	188 417 446 836.14
交易性金融资产	11 735 265 424.66	11 900 806 302.82
衍生金融资产	332 257 520.78	10 782 930.40
应收票据	28 970 047.83	2 558 430.72
应收账款	1 988 075 737.67	1 586 180 764.10
预付款项	97 795 831 444.26	75 950 895 073.34
其他应收款	235 465 007 349.80	244 324 142 938.75
存货	897 019 035 609.52	750 302 627 438.80
合同资产	3 444 938 025.74	1 364 126 797.84
持有待售资产	4 252 754 905.02	6 624 631 369.45
其他流动资产	20 732 622 761.28	14 587 657 410.01
流动资产合计	1 438 989 354 552.98	1 295 071 856 292.37
非流动资产：		
其他权益工具投资	2 249 953 722.90	1 636 583 744.09
其他非流动金融资产	673 982 298.05	1 052 331 100.20
长期股权投资	130 475 768 323.53	129 527 655 772.47
投资性房地产	73 564 678 069.11	54 055 784 751.50
固定资产	12 399 838 267.28	11 533 798 650.31
在建工程	4 179 839 536.92	1 913 007 479.18
使用权资产	22 135 359 592.40	—
无形资产	5 269 647 193.30	4 952 584 999.04
商誉	220 920 784.68	217 109 245.26
长期待摊费用	7 235 202 389.07	5 044 308 633.85
递延所得税资产	23 427 586 089.92	15 749 204 673.50
其他非流动资产	9 107 319 581.09	7 825 131 133.04
非流动资产合计	290 940 095 848.25	233 507 500 182.44
资产总计	1 729 929 450 401.23	1 528 579 356 474.81

（续）

负债及股东权益	2019 年	2018 年
流动负债：		
短期借款	15 365 231 785.08	10 111 677 982.38
衍生金融负债	—	631 226 970.86
应付票据	941 279 690.68	1 651 453 937.28
应付账款	267 280 865 500.05	227 945 928 165.35
预收款项	770 781 495.16	253 965 141.13
合同负债	577 047 227 178.73	504 711 414 422.66
应付职工薪酬	6 896 261 420.24	5 770 851 836.95
应交税费	25 109 731 106.59	18 730 860 802.20
其他应付款	250 698 460 720.96	226 075 622 240.18
一年内到期的非流动负债	80 646 217 975.53	70 438 245 498.20
其他流动负债	47 854 227 137.67	55 592 689 788.42
流动负债合计	1 272 610 284 010.69	1 121 913 936 785.61
非流动负债：		
长期借款	114 319 778 454.74	120 929 055 439.40
应付债券	49 645 512 945.07	47 095 145 785.83
租赁负债	21 277 365 792.32	—
预计负债	149 629 291.04	143 527 842.81
其他非流动负债	1 065 436 144.05	2 338 048 204.19
递延所得税负债	282 328 350.36	538 912 419.39
非流动负债合计	186 740 050 977.58	171 044 689 691.62
负债合计	1 459 350 334 988.27	1 292 958 626 477.23
股东权益：		
股本	11 302 143 001.00	11 039 152 001.00
资本公积	12 384 484 513.99	8 005 627 653.57
其他综合收益	− 1 806 426 631.62	− 2 398 744 899.34
盈余公积	70 826 254 100.68	47 393 246 041.44
未分配利润	95 352 036 928.77	91 724 850 747.76
归属于母公司股东权益合计（股本＋资本公积＋其他综合收益＋盈余公积＋未分配利润）	188 058 491 912.82	155 764 131 544.43
少数股东权益	82 520 623 500.14	79 856 598 453.15
股东权益合计	270 579 115 412.96	235 620 729 997.58
负债和股东权益总计	1 729 929 450 401.23	1 528 579 356 474.81

（资料来源：万科企业股份有限公司《2019 年年度报告》。）

负债和股东权益项目中，上边是负债项目，负债又分为流动负债和非流动负债两类。

流动负债是必须在一年或超过一年的一个营业周期内偿还的债务。在一般情况下，流动负债应以公司的流动资产作为偿还保证。公司流动负债主要包括短期借款、应付票据、应付账款、预收款项、应付职工薪酬、应交税费、其他应付款以及一年内到期的非流动负债。2019 年，万科企业股份有限公司的流动负债比 2018 年增加了 13%。

非流动负债主要是公司为了扩大生产经营规模、兴建厂房、购买大型机器设备等向债权人筹措的长期可供使用的资金。非流动负债主要包括长期借款和应付债券。长期借款是公司向金融机构、银行或其他单位借入的长期贷款。长期债券是公司发行的一种长期负债，必须在一定的时期内进行清偿。2019 年，万科企业股份有限公司非流动负债增加不多，主要是因长期借款减少所致。

表 6-1 的最下边是股东权益项目，它反映了全体股东所拥有的资产净值的情况。股东权益又被称为公司的账面净值。

股本是股份公司向社会发行股票所筹集的资本总额。股本为公司永久性的资本，通常不可退回。在我国，按照股份所有人的不同，把全部股本划分为国有股、法人股、社会公众股和外资股等。2019 年万科企业股份有限公司股本未发生变化，这一年公司没有发生可转债转股以及增发新股等情况。

留存收益是公司生产经营所得的盈利，在资产负债表中主要为盈余公积和未分配利润等。

公积金分为盈余公积和资本公积两类。盈余公积金又可分为法定盈余公积和任意盈余公积两种。法定盈余公积按照税后利润的 10% 提取，当法定盈余公积达到公司注册资本 50% 时不再提取；任意盈余公积由股东大会或公司章程决定提取和使用。法定盈余公积可用于弥补亏损和转增资本，资本公积可用于转增资本。

细心的读者可能已经注意到，在负债和股东权益中，还有一个项目——少数股东权益。少数股东权益是指子公司股东权益各项目中不属于母公司拥有的数额，在合并资产负债表中股东权益类项目之前，单列一类，以总额反映。但是，根据《企业会计准则第 33 号——合并财务报表》的规定：子公司股东权益中不属于母公司的份额，应当作为少数股东权益，在合并资产负债表中股东权益类项目下以"少数股东权益"项目列示。因此，少数股东权益属于股东权益。

（二）利润表

分析财务报表时，利润表可能最能吸引投资者的注意，因为投资者关注的公司盈利信息全部反映在利润表上。利润表反映公司在一段时间内收入与支出状况及公司的获利总额，通常其衡量期间为 1 个月、3 个月（一个季度）、6 个月（半年）或 1 年，是一种流量的观念，与资产负债表的存量观念不同。如果说资产负债表是公司财务状况在一个特定时点的快照的话，那么利润表就是公司经营状况在特定期间内的一段录像，因为它反映了两个资产负债表编制日之间公司财务盈利或亏损的变动情况。

表 6-2 为万科企业股份有限公司 2018 年度和 2019 年度的合并利润表。

首先是营业总收入项目。营业总收入反映了公司主要经营业务的获利能力。对于大多数上市公司来说，营业总收入包括公司最主要的营业收入和其他业务收入。万科企业股份有限公司的营业外收入只占到营业总收入的不到 1%。

接下来是成本类项目。成本类项目是公司为获取收入而必须支出的各项费用，主要有营业成本、销售费用、管理费用、财务费用等。

营业利润由营业总收入减去成本类项目再加投资收益得到。公司的营业总收入增加，成本减少，会使公司营业利润增加；反之，会使公司营业利润减少。

营业利润加营业外收支净额得到利润总额。营业外收支净额是指与公司生产经营无直接关系的各项收入减各项支出的金额。营业外收入主要有固定资产盘盈、处理固定资产收益，罚没款收入及无法支付的应付款等。营业外支出主要有固定资产盘亏、处理固定资产损失、非常损失以及职工劳动保险费支出和离退休职工的医疗保健、养老金等支出。如果营业外支出金额过大，会使得公司盈利能力下降。

表6-2 万科企业股份有限公司2018年度和2019年度的合并利润表

2019年12月 单位：元

项 目	2019 年	2018 年
一、营业总收入	367 893 877 538.94	297 679 331 103.19
减：营业成本	234 550 332 806.05	186 104 224 241.81
税金及附加	32 905 223 898.57	23 176 062 239.30
销售费用	9 044 496 840.07	7 868 075 611.02
管理费用	11 018 405 286.60	10 340 805 184.61
研发费用	1 066 676 028.92	946 064 361.26
财务费用	5 735 941 711.58	5 998 574 652.64
其中：利息费用	9 255 269 023.67	8 181 335 589.90
利息收入	3 530 404 983.55	3 839 923 292.95
加：投资收益	4 984 126 780.28	6 787 934 513.16
其中：对联营企业和合营企业的投资收益	3 790 598 202.87	6 279 910 444.74
公允价值变动收益	- 68 518 913.61	86 634 641.18
资产减值损失	- 1 648 756 785.74	- 2 354 254 781.00
信用减值损失	- 216 850 482.95	- 263 817 478.04
资产处置收益	- 9 665 523.59	- 3 409 185.58
二、营业利润	76 613 136 041.54	67 498 612 522.27
加：营业外收入	714 732 128.72	474 497 187.13
减：营业外支出	788 578 652.67	512 908 318.42
三、利润总额	76 539 289 517.59	67 460 201 390.98
减：所得税费用	21 407 674 945.50	18 187 906 856.37
四、净利润	55 131 614 572.09	49 272 294 534.61
（一）按经营持续性分类：		
持续经营净利润	55 131 614 572.09	49 272 294 534.61
（二）按所有权归属分类：		
归属于母公司股东的净利润	38 872 086 881.32	33 772 651 678.61
少数股东损益	16 259 527 690.77	15 499 642 856.00

（续）

项　目	2019 年	2018 年
五、其他综合收益的税后净额	553 256 970.60	− 2 993 286 093.33
（一）归属于母公司股东的其他综合收益的税后净额	592 318 267.72	− 2 631 826 600.64
1. 不能重分类进损益的其他综合收益		
（1）其他权益工具投资公允价值变动	603 230 190.59	− 373 621 610.49
（2）权益法下不能转损益的其他综合收益	103 440 110.38	− 723 853 046.45
2. 将重分类进损益的其他综合收益		
（1）权益法下可转损益的其他综合收益	− 320 162 674.74	− 1 176 856 149.35
（2）现金流量套期储备	248 059 533.31	− 226 888 525.95
（3）外币财务报表折算差额	− 42 248 891.82	− 130 607 268.40
（二）归属于少数股东的其他综合收益的税后净额	− 39 061 297.12	− 361 459 492.69
六、综合收益总额	55 684 871 542.69	46 279 008 441.28
归属于母公司股东的综合收益总额	39 464 405 149.04	31 140 825 077.97
归属于少数股东的综合收益总额	16 220 466 393.65	15 138 183 363.31
七、每股收益		
（一）基本每股收益	3.47	3.06
（二）稀释每股收益	3.47	3.06

（资料来源：万科企业股份有限公司《2019 年年度报告》。）

公司利润总额减去所得税，就得到净利润。净利润除以公司流通在外的股数即可得到投资者最关心的每股盈余（每股收益）。对股东而言，每股盈余越多，可分享的利润也就越多。万科企业股份有限公司 2019 年的每股盈余比 2018 年增加了 13.40%，考虑到 2018 年开始的房地产宏观调控因素，公司的盈利增长还是相当可观的。

对投资者而言，利润表往往比资产负债表更受到重视，特别是利润表中的每股盈余。报纸的财经版面经常都会把上市公司的盈余刊载出来，供投资人参考，而每股盈余的变化对于公司股票的价格也有很大的影响。当每股盈余衰退或减少时，表示可发放的股利可能也跟着减少，股价也会随之向下调整；反之，则向上攀升。因此公司管理层如果要追求股东价值最大化，就要致力于增加每股盈余。

（三）现金流量表

现金流量表是反映某公司在某一会计年度内的现金变化的结果和财务状况变化的原因的一种会计报表。现金流量表中的现金是一个广义的概念，包括现金和现金等价物。现金主要是指库存现金和存入银行及其他金融机构的活期存款。而现金等价物是指短期国库券、商业票据、货币市场资金等短期内能够变现的投资。现金流量是公司现金流动的金额，也是对公司现金流入量和流出量的总称。现金流入量减现金流出量的净额，称为现金净流量。所以，现金流量表也就是反映公司在一定时期内在各种经济业务活动中所发生的现金流量的一张动态会计报表。

现金流量表编制的目的，是为会计报表使用者提供企业一定会计期间内现金和现金等价物流入和流出的信息，以便于报表使用者了解和评价企业获取现金和现金等价物的能力，并据以预测企业未来的现金流量。

表 6-3 为万科企业股份有限公司 2019 年度和 2018 年度的合并现金流量表。

表 6-3　万科企业股份有限公司 2019 年度和 2018 年度的合并现金流量表

2019 年 12 月 　　　　　　　　　　　　　　　　　　　　　　　　　　单位：元

项　　目	2019 年	2018 年
一、经营活动产生的现金流量		
销售商品、提供劳务收到的现金	432 735 958 602.82	398 148 270 444.38
收到其他与经营活动有关的现金	37 112 763 422.55	25 801 877 348.71
经营活动现金流入小计	469 848 722 025.37	423 950 147 793.09
购买商品、接受劳务支付的现金	317 300 741 504.91	255 895 209 249.65
支付给职工以及为职工支付的现金	16 414 442 465.40	14 118 374 985.27
支付的各项税费	61 286 938 736.26	54 023 459 052.99
支付其他与经营活动有关的现金	29 159 789 803.72	66 294 921 116.66
经营活动现金流出小计	424 161 912 510.29	390 331 964 404.57
经营活动产生的现金流量净额	45 686 809 515.08	33 618 183 388.52
二、投资活动产生的现金流量		
收回投资收到的现金	1 760 945 806.47	1 472 713 852.59
取得投资收益收到的现金	2 911 602 779.14	4 536 305 688.81
处置固定资产、无形资产、投资性房地产和其他长期资产收回的现金净额	96 121 888.34	47 552 405.61
处置子公司或其他营业单位收到的现金净额	2 987 795 243.33	1 843 485 464.33
收到其他与投资活动有关的现金	8 177 287 114.23	10 892 356 680.92
投资活动现金流入小计	15 933 752 831.51	18 792 414 092.26
购建固定资产、无形资产、投资性房地产和其他长期资产所付的现金	6 244 191 970.95	5 896 749 487.32
投资支付的现金	27 924 969 315.42	47 295 233 900.40
取得子公司及其他营业单位支付的现金净额	9 032 616 118.89	18 541 696 353.03
支付的其他与投资活动有关的现金	1 358 709 980.10	14 423 170 381.37
投资活动现金流出小计	44 560 487 385.36	86 156 850 122.12
投资活动产生的现金流量净额	- 28 626 734 553.85	- 67 364 436 029.86
三、筹资活动产生的现金流量		
吸收投资收到的现金	11 814 284 511.15	19 491 299 493.42
其中：子公司吸收少数股东投资收到的现金	5 170 882 539.26	19 491 299 493.42
取得借款收到的现金	79 016 907 942.38	96 052 992 340.52
发行债券所收到的现金	14 603 433 448.27	38 982 789 782.99
收到的其他与筹资活动有关的现金	17 958 910 865.42	14 780 756 175.56
筹资活动现金流入小计	123 393 536 767.22	169 307 837 792.49
归还投资支付的现金	9 316 229 225.09	7 587 413 552.19

（续）

项 目	2019 年	2018 年
偿还债务支付的现金	100 715 561 181.44	73 854 371 223.96
分配股利、利润或偿付利息支付的现金	36 822 907 476.50	40 249 338 583.88
其中：子公司支付给少数股东的股利、利润	11 147 482 397.91	16 350 151 123.76
支付的其他与筹资活动有关的现金	9 877 049 330.59	2 819 066 338.38
筹资活动现金流出小计	156 731 747 213.62	124 510 189 698.41
筹资活动产生的现金流量净额	− 33 338 210 446.40	44 797 648 094.08
四、汇率变动对现金及现金等价物的影响	348 623 418.48	290 760 714.61
五、现金及现金等价物净减少／增加额	− 15 929 512 066.69	11 342 156 167.35
加：年初现金及现金等价物余额	175 668 163 538.65	164 326 007 371.30
六、年末现金及现金等价物余额	159 738 651 471.96	175 668 163 538.65

（资料来源：万科企业股份有限公司《2019 年年度报告》。）

现金流量表主要由三部分组成，分别反映公司在经营活动、投资活动和筹资活动中产生的现金流量。一般来讲，上市公司经营活动产生的现金流量净额应为正数，如果企业经营活动的现金流量净额为负数，则公司有可能出现与应收账款或存货上升相关的投入大于产出的不良循环，从而反映出公司的营业利润存在不实。

对投资活动来说，上市公司该项现金流量净额为负数是完全正常的，一家生产经营正常的企业，其投资活动产生的现金流入一般是大大少于其现金流出的。评估投资活动产生的现金流量情况，要结合前后各期的现金流量表来评价。从中长期看，因投资而导致的现金流量减少可以给股东带来较多的回报。2019 年，万科企业股份有限公司的投资活动耗费了 2 862 673.46 万元的现金流量。

对筹资活动来讲，上市公司除了与其他企业所共有的贷款等间接融资功能外，还具有发行股票和债券等直接融资功能，因此一般而言，公司的筹资活动所产生的现金流量净额应为正数。但是，如果一家上市公司因种种原因丧失了直接或间接融资功能，或者由于偿还贷款等原因，就可能导致筹资活动产生的现金流量净额为负数。2019 年，万科企业股份有限公司没有能够在二级市场上再融资，使得筹资活动所产生的现金流量净额有所减少，为 − 3 333 821.04 万元。

二、盈余信息的可信度

由上市公司的利润表可以很快得知公司的每股盈余，例如万科企业股份有限公司 2019 年的每股盈余为 3.47 元，但实际上依然存在一些问题需要投资者思考，比如公司今年的盈余与去年是否具有可比性、公司的盈余信息能否与行业中其他公司进行对比、公司的盈余是否具有可持续性等。下面就从纵向、横向以及每股盈余的结构三个方面来分析。

（一）纵向

公司年度的每股盈余资料不一定能够相互比较。如前所述，财务报表是依据会计准则所编制，所以只要符合原则，在科目记账上可以有不同的会计处理方法。因此，当各个年度之间的会计方法有差异时，其所得到的盈余数值便未必能够正确地评估公司获利的变化，自然也会影响投资人对公司价值的估计。

（二）横向

因为会计方法的不同，当投资者欲比较同行业之间的公司的财务状况时，将存在一定困难。例如，关于折旧费用的处理便有加速折旧和直线折旧等不同方式，采取不同折旧方式所得到的每股盈余，不能简单地直接进行比较。除此之外，许多科目都有不同的处理方法，因此这些处理方法排列组合起来所得到的盈余数字，并不一定就是真实可靠的信息。所谓粉饰报表，就是指报表编制者利用不同的会计方法来改变会计科目的数值，使财务报表结果符合自己的利益。如果经营者有意粉饰财务报表，那么所得到的盈余数字就更不能用来分析股票的真实价值了。

（三）每股盈余的结构

除上述问题外，构成每股盈余的来源也需要投资者特别注意。每股盈余是由利润表计算出来的，利润表中包含营业内与营业外的收入与支出，也就是每股盈余包括公司本业与业外的盈余。例如有 A、B 两家公司，今年的每股盈余均为 1 元，其中 A 公司的每股盈余大多来自营业外收入的贡献，而 B 公司的每股盈余则大部分来自营业总收入，在其他条件相同的情况下，显然 B 公司的股票更值得投资，因为其盈余来源更为稳健，更具有可持续性。

三、盈利能力分析

对盈利能力的分析可以预估未来每股盈余成长的速度，因此利用盈利能力分析除了可以帮助投资人了解公司获利能力的变化外，还可以进行同行业的比较，以了解其是否优于其他公司，若发现其盈利能力下降，还可以从中得知改进的方法。接下来介绍盈利能力分析中的权益报酬率分析以及杜邦恒等式等分析方法。

（一）权益报酬率分析

权益报酬率是公司经营者利用普通股股东的投入资金所赚取的盈余，也就是衡量平均每 1 元普通股股东权益所能赚得的税后净利润。其计算公式为

$$权益报酬率 = \frac{净利润}{平均普通股股东权益} \times 100\%$$

式中

$$平均普通股股东权益 = \frac{年初普通股股东权益 + 年末普通股股东权益}{2}$$

$$\begin{array}{l}万科企业股份有限公司\\2019 年的权益报酬率\end{array} = \frac{5\ 513\ 161.46\ 万元}{(23\ 562\ 073.00\ 万元 + 27\ 257\ 911.54\ 万元)\ /2} \times 100\% = 21.70\%$$

万科企业股份有限公司 2019 年的权益报酬率为 21.70%，这意味着在 2019 年，公司能够为股东投入的每 1 元钱赚取 0.216 9 元的税后利润。这是不是好的盈利表现，需要与同行业其他公司的权益报酬率进行比较。

（二）杜邦恒等式

美国杜邦公司提出了一个等式，权益报酬率可以分解为下列比率的乘积，也就是所谓的杜邦恒等式（Du Pont Identity）。

$$权益报酬率 = \frac{净利润}{销售收入} \times \frac{销售收入}{平均总资产} \times \frac{平均总资产}{平均普通股股东权益}$$

根据这个等式，影响权益报酬率的三个比率为：

1. 利润边际

利润边际为净利润除以销售收入，主要衡量公司每 1 元的销售额属于普通股股东的部分，不仅能够显示公司获利能力的大小，同时也能衡量成本控制的能力。其计算公式为

$$利润边际 = \frac{净利润}{销售收入} \times 100\%$$

销售利润边际越高，代表公司的经营绩效越好。例如万科企业股份有限公司 2019 年的销售利润边际为 14.98%。

2. 总资产周转率

总资产周转率用来衡量资产的运用效率，也就是一个会计季度中每 1 元资产所能赚取的销售收入。其计算公式为

$$总资产周转率 = \frac{销售收入}{平均总资产} \times 100\%$$

式中

$$平均总资产 = \frac{年初资产总额 + 年末资产总额}{2}$$

总资产周转率越高，表示公司资产运用的效率越好。万科企业股份有限公司 2019 年的总资产周转率约为 22.58%，该比率比较小，体现了房地产行业的特点。如果是零售业公司，其总资产周转率一般会相当高。

3. 权益乘数

权益乘数为资产与普通股股东权益之比，它可以看出公司资产中由普通股股东提供融资的程度（权益乘数的倒数）。权益乘数越大，代表公司从普通股股东融资的程度越低，也即财务杠杆程度越低。万科企业股份有限公司 2019 年的权益乘数约为 6.39。

利用杜邦恒等式，由上述三个比率计算出来的万科企业股份有限公司的普通股权益报酬率为

$$普通股权益报酬率 = 利润边际 \times 总资产周转率 \times 权益乘数$$
$$= 14.98\% \times 22.58\% \times 6.39$$
$$= 21.61\%（有四舍五入误差）$$

普通股权益报酬率既然可以分解为三个财务比率，据此管理层便可以发现公司财务状况的优劣及其问题，并进一步针对问题来谋求改善。利润边际表示公司的获利能力，总资产周转率表示公司的资产运用能力，权益乘数显示公司利用财务杠杆的程度，这三个比率涵盖资产负债表及利润表的项目。公司可以通过以下三个方面来提高权益报酬率：

（1）提高利润边际，这主要可以通过降低销售成本、管理费用等来实现。

（2）提高总资产周转率，这主要可以通过促进销售、提高资产利用效率等来实现。

（3）公司可以通过举债提高权益乘数。

我们可以通过一个简单的例子来理解这一点。假设有一个企业 A，它没有任何负债，资金全部通过权益筹集，因此它的权益乘数为 1。2019 年企业 A 的所有者权益为 2 000 万元，营业收入、成本（包括营业成本、销售费用、管理费用等）分别为 2 000 万元、1 500 万元，所得税税率为 25%。我们可以计算出，2019 年企业 A 的净利润 =（2 000 万元 – 1 500 万元）×

（1－25%）=375万元，普通股权益报酬率=375万元÷2 000万元=18.75%。而另外一个企业B，除了资本结构与企业A不同以外，其他所有方面都相同。假设2019年企业B的权益乘数为2，即所有者权益与负债均为1 000万元，债务年利率为10%，则当年企业B的利息支出为100万元。可以计算出，2019年企业B的净利润=（2 000万元－1 500万元－100万元）×（1－25%）=300万元，普通股权益报酬率=300万元÷1 000万元=30%。因此可以发现，通过提高权益乘数（用负债替代所有者权益），可以把企业A变成企业B，虽然这样会使净利润有所下降，但是普通股权益报酬率却提高了11.25个百分点。为什么举债会产生这种神奇的变化呢？原因很简单，税后债务成本低于总资产报酬率。例子中企业A的总资产报酬率为18.75%，而此时税后债务成本为10%×（1－25%）=7.5%，在这种情况下，举债对股东而言是有好处的，因为此时举债资金的税后成本为1 000万元×7.5%=75万元，低于资金所能产生的收益（187.5万元），而这些收益扣除债务成本之后（112.5万元）是全部属于股东的，因此从企业A变成企业B，股东投入1 000万元不仅能收获本身所产生的187.5万元（1 000万元×18.75%），而且还能收获举债的好处（112.5万元），共为300万元，普通股权益报酬率也从18.75%提高到30%。但是，权益乘数的提高也不是没有止境的，公司发行债务意味着将来需要还本付息，这是一项法律义务。当公司经营状况不好时，巨大的还款压力可能使公司处于财务困境之中，甚至可能导致企业倒闭。

在股票估值中，公司的盈余具有非常重要的地位，因此在评价股票时，需要先预测公司未来的盈利增长情况，然后再进一步考察其他因素。而权益报酬率有助于投资者预测公司未来的盈利增长率。

第四节　公司盈利预测

上一节介绍了财务报表以及一些衡量公司盈利能力的财务指标，这些知识在公司盈利预测中十分重要。由于股价是未来现金流量的折现值，因此评估股票的真实价值的关键在于对公司未来盈利的预测。接下来将介绍盈利预测的方法。

一般常见的盈利预测方法有三种：第一种是预测盈利增长率的变化，这也是基本分析所使用的方式；第二种是使用统计模式预测盈利情况；第三种是直接使用证券分析师定期公布的盈利报告。这三种预测方法各有其优缺点。

一、预测盈利增长率

估计未来的盈利值时，首先要预测公司每股盈利的增长率。根据下式即可计算未来每股盈利的水平

$$E_1 = E_0(1 + g)$$

式中，E_1代表下期每股盈利；E_0代表本期每股盈利；g代表增长率。

同理可以求出第三期、第四期……每股盈利。由于E_0在财务报表中公开，为了得到E_1，需要估计的变量就是g。g一般可以通过下面的公式求得：

$$g = b \times ROE = (1 - d) \times ROE$$

式中，ROE（Return on Equity）就是上一节中介绍的权益报酬率；b为留存收益率，是支付股利之后所留存的收益与净利润总额之比；d表示股利支付率，是公司所发放的股利与净利

润之比。由于净利润 = 留存收益 + 股利，所以 $b + d = 1$。

上述盈利增长率的公式表示：当公司将发放股利所剩余的盈余以不变的 ROE 报酬率继续投资后（由于公司没有发生其他变化，因此报酬率不变的假设是合理的），公司所能获得的盈利增长水平。我们可以这样理解：假设当公司将今年所有的盈利全部以股利的形式发放后，即公司不再增加投资，公司明年的净利润将等于今年的净利润；若公司将发放股利所剩余的盈余以 ROE 再投资时，明年的盈利将会高于今年，高出的部分就是 ROE 乘以留存收益。所以

$$明年的盈利 = 今年的盈利 + 今年的留存收益 \times ROE$$

等式两边除以今年的盈利，可以得到

$$1 + g = 1 + b \times ROE$$

因此

$$g = b \times ROE = (1 - d) \times ROE$$

（一）预测盈利增长率法的优点

预测盈利增长率法的最大优点就是计算简单明了。只要有目前的每股盈利值及增长率就可以预测下一期的盈利，甚至第 n 期的每股盈利。至于每股盈利增长率，可以通过公司普通股权益报酬率及公司股利支付率计算得出，而这些财务数据均可以从公司的财务报表中获得。

（二）预测盈利增长率法的缺点

1. 单一的增长率并非完全适合于未来的增长率

虽然从财务报表资料中可以计算出盈利增长率，但当企业经营受到景气循环影响时，未来的增长率便无法维持固定水平。此外，由于每个行业都有其生命周期，当公司由成长期迈入成熟期时，其盈利成长率就不适用于增长速度缓慢的成熟期了。

2. 特定条件的变化

虽然在特定条件下可以使用 g 来估计未来的盈利，但实际上并非完全适用。首先，企业的股利支付率并不是一成不变的，也就是说留存收益率会发生变化。其次，未来再投资时所面临的风险与公司目前的营运风险可能不同。当这些条件变化时，以不变的 g 值来预测未来的盈利似乎将不足以反映公司的实际价值。

3. 基准年的适当性

在预测未来每股盈利时，是以目前每股盈利乘以增长率而得到的，但以目前每股盈利作为计算基准却未必合理，有武断的嫌疑。就如同第一个缺点，由于企业在不同阶段的增长率不同，因此以目前时点的盈利为基点预测将来的盈利时，就有低估或者高估的危险。

二、统计模式

另一种盈利预测方法是利用统计模式。基本上，这些预测模式的假设前提是盈利的增长和过去的增长有关，即有一定的趋势。统计模式就是利用过去公司的盈利资料作为预测模式的输入值，经过模式的运算后，即可得到所要的预测结果。例如，指数平滑模式就是将过去的盈利值分别赋予不同的权数来计算预测值；移动平均法则是时间序列法的一种，即将分析的时间序列，随时间依序移动，陆续取得一连串的序列平均值，即可得到盈利预测值。回归方程式也是常用的预测模型，且方程式的变量选择不限于盈利值，也可以包含其他影响盈利

的变动，因此计算结果的解释能力可能较高。

无论哪一种统计模式，其最大的优点在于资料预测容易，只要建立一套合理的统计模型，将过去的盈利资料输入模型中即可得到预测结果。不过相对而言，这也违反了有效市场假说，因为即使在弱型有效市场中，对历史数据的分析都是无效的，因此有些学者认为统计模式不能给投资者提供任何有益的帮助。

三、分析师的盈利预测

证券公司、投资咨询公司等都有许多证券分析师在研究股票市场。这些分析师经常提供各种分析报告，以供公司内部或者外部投资者参考，盈利预测即为其研究内容之一。一般在财经媒体上公布的公司盈利预测数字，通常就是这些分析师的研究成果。

利用分析师的盈利预测资料，最大的优点就是省时省力，只要投资者随时注意财经媒体的报道，即可获知公司的盈利预测。此外，证券分析师专业素养高，受过一定的训练，因此研究分析一般要优于普通投资者，故盈利预测值可信度较高。但它也有部分缺点：

首先，研究结果有分歧。分析师们在分析公司价值的时候，彼此的研究结果可能并不一致。比如，在进行市场分析时，某些分析师可能认为市场已经出现泡沫，应该马上抽出资金，但也有部分分析师认为市场仍将继续处在多头市场的格局；在行业分析时，部分分析师可能认为某个板块股价过高，应该抛售股票以获取收益，但其他分析师可能认为这个板块还有上涨的空间，可能建议投资者继续加仓。在市场和行业分析中分析师们都有如此大的分歧，在对更加种类繁多的公司进行分析时，他们可能会更加意见不合。虽然这些分析师都可能拥有相同的公司财务报表，但在不同的分析师眼中，公司价值可能完全不一样，乐观者会给予较高的估值，保守者可能力劝投资者赶快售出股票。那么，投资者应该采用谁的意见呢？一般而言，综合多个分析师的意见会比只考虑单个分析师的意见更加可靠。

其次，估测值与真实值之间有差异。证券分析师虽然提供盈利预测报告，但也会经常出现企业的实际经营结果与分析师的预测大相径庭的情况。往往在公司财务报表公告时，公司盈利增长率与分析师所预测的结果相差很大，因此分析师不得不重新调整他们的预测值。根据国外的研究结果，分析师盈利成长预测值与实际盈利成长值之间的平均相关性并不高，只有 0.35 左右。

另外，预测结果可能缺乏客观性和公正性。某些分析师可能出于自己或者某集团的利益而故意发布错误的预测结果，这是违背职业道德的，这种分析师也不可能在诚信水平要求极高的证券市场中长久地生存下去。不过当利益足够吸引人的时候，就很可能会有分析师期待通过影响公众的判断来获利。因此，投资者保持一份客观冷静的心态相当重要。

第五节　市盈率法的运用

早在数十年前，价值投资的开创者本杰明·格雷厄姆（Benjamin Graham）就十分注重投资分析中市盈率的作用。投资者在使用市盈率法来衡量股票的真实价值时，有两个变量必须慎重考虑：一是预估的每股盈余，二是合理的市盈率。前面介绍了每股盈余的来源及预测，本节将介绍市盈率法。

一、合理的市盈率

市盈率（Price-Earnings Ratio，人们常称之为 PE）是指某一时点的每股市价除以每股净利润所得的数值。换句话说，市盈率就是投资者愿意为每 1 元的净利润花多少钱。一般而言，市场上常见的市盈率有以下三种：

（1）个股市盈率：以单个公司为对象，即每股市值除以净利润所得的数值。

（2）市场市盈率：以所有上市公司为对象，即所有上市公司的股票市值总和除以其净利润总和所得的数值。

（3）相对市盈率：个股市盈率与市场市盈率之比，或者个股市盈率与全行业市盈率之比。

以万科企业股份有限公司为例，2019 年 12 月 31 日其收盘价为 32.18 元，每股净利润为 3.47 元，市盈率为 9.27。股票市值每日都在波动，因此市盈率是不断变化的。计算市盈率所使用的每股净利润，理论上来说应该使用当期资料，不过由于财务报表的公开与编制有时差，因此无法准确得知当期的每股净利润，所以在实践中，人们一般用最近的每股净利润或者预测的每股净利润来代替，其中最常见的是以最近 4 个季度（12 个月）的每股净利润来计算。

如果投资者能够得知合理的市盈率，再根据每股净利润就可以推出股票的合理价格。例如，假设万科企业股份有限公司合理的市盈率为 10，每股净利润预测为 3.50 元，计算得知合理价格为 35.00 元。如果目前万科企业股份有限公司股票市价低于 35.00 元，表示其被低估；反之，如果股票市价高于 35.00 元，表示市场高估了公司的股价。据此，投资者可以做出决策。

上述过程看似简单，但是人们忽略了一个重要的问题：什么是合理的市盈率？从定义可知，市盈率是投资者愿意为当前每 1 元净利润所花费的资金。为何市场上各种公司的市盈率相差如此之大？有的公司的市盈率高达几百甚至上千，而有的却只有十几甚至更低。同样是得到 1 元钱的每股净利润，投资者由于什么原因而对高市盈率公司慷慨地投资较多资金，对低市盈率公司吝啬地投资较少资金呢？

二、决定市盈率高低的因素

首先介绍股利增长模型：假设在 $t=0$ 年，某公司预测年底每股净利润为 E，且在将来，公司的净利润每年都将以不变的速度 g 增长；年底公司将支付股利 D，且未来将维持该股利支付率；股东的必要报酬率（权益资本成本）为 k。根据以上信息可以计算当前的公司股价 P。

$$P = \frac{D}{1+k} + \frac{D(1+g)}{(1+k)^2} + \cdots + \frac{D(1+g)^{t-1}}{(1+k)^t} + \cdots$$

$$= \sum_{t=1}^{+\infty} \frac{D(1+g)^{t-1}}{(1+k)^t} = \frac{D}{k-g}（股利增长模型）$$

等式两边同时除以每股净利润 E，得到市盈率（PE）为

$$\text{PE} = \frac{D/E}{k-g}$$

因此，可以看出决定市盈率的三大要素为：预期股利支付率 D/E（$d=D/E$）、权益资本成本 k 和盈利增长率 g。

（一）预期股利支付率

在其他条件不变的情况下，市盈率会随着股利支付率的上升而上升，这里的重点是其他条件不变。因为前文所提到的三大决定因素之间可能相互影响，例如当预期股利支付率（d）提高时，根据前一节所分析的公式 $g = (1 - d) \times ROE$，这将会使得盈利增长率（g）下降，此时市盈率的升降取决于这两种相反力量的大小。

（二）股东的必要报酬率（权益资本成本）

其他条件不变，市盈率与股东的必要报酬率呈反向关系。必要报酬率是由无风险利率加上各种风险溢价所组成的。无风险利率一般是指政府发行的短期国库券利率；而风险溢价是对股东所承受的各种风险的补偿，包括利率风险、汇率风险、市场风险以及经营风险等。

（三）盈利增长率

其他条件不变的情况下，市盈率与盈利增长率呈正向关系。由 $g = b \times ROE$ 可知，当留存收益率以及权益报酬率越高时，盈利增长率也就越高。不过正如前文所提到的，留存收益率越高意味着股利支付率越低，进而使市盈率下降。因此，在分析时应该注意其对市盈率公式中分子和分母的不同影响。

三、影响市盈率的其他因素

前面介绍了决定市盈率的三大要素，但在实际中，市盈率还受到一些无法量化的因素的影响，投资者也应该对其加以分析。

（一）行业因素

不同行业中的公司的市盈率可能有很大差异。当行业前景乐观时，盈利增长率可能会大幅度增加，投资者因此愿意为之付出更多的资金，从而拉升该行业的市盈率。不过投资者应该注意的是，虽然行业前景乐观的公司可以拥有较高的市盈率，但并不代表该行业内的所有公司都是良好的投资对象。

（二）股票市场的总体情况

股票市场的总体情况变化随时影响着个股。例如，当宏观政策因素不明朗时，绝大部分投资者都对股票市场信心不足，造成空头市场的局面，绝大部分个股也会受到影响，从而股价市盈率也会下降；反之，当投资者对股票市场信心十足时，处于多头市场的个股也会获得较高的市盈率。

【本章小结】

公司因素分析的目的是通过考虑各种不同的因素，计算出股票合理的真实价值，并与股票当前的市场价格进行比较，做出买卖决策。公司因素分析的基本内容包括公司因素分析的意义、公司基本素质分析、财务报表分析。本章还介绍了如何根据公司的历史财务数据进行盈利预测以及市盈率法的应用。

【主要名词】

资产负债表　利润表　现金流量表　权益报酬率　杜邦恒等式　利润边际

总资产周转率　权益乘数　盈利增长率　留存收益率　股利支付率　市盈率

【复习思考题】

1. 试述公司基本素质分析包括哪几个方面，并说明每一方面的具体内容及其意义。

2. 试述公司财务报表分析的主要内容。

3. 简述公司盈利预测的主要方法。

4. 什么是市盈率？分析决定市盈率高低的因素。

5. 小王在分析某公司财务报表时，发现该公司获利能力相当高，其权益报酬率达到20%，总资产报酬率达到15%，而每股盈余也达到了5元，所以小王毫不犹豫地购买了该公司股票。你认为小王至少犯了哪些错误？你觉得好公司的股票一定是值得投资的好股票吗？

本章案例　刘元生的长期投资策略

万科A（000002）月线走势图（未复权）如图6-1所示。万科A（000002）最大的个人股东刘元生1988年12月认购了360万股（400万元）万科股票，后万科企业股份有限公司于1991年上市。刘元生持股31年，到2019年12月31日市值已达43.12亿元，增长了1000多倍，其投资业绩甚至超过了巴菲特。刘元生的案例说明在中国的资本市场中，通过长期投资和价值投资，也能产生与美国股市相媲美的惊人投资业绩。

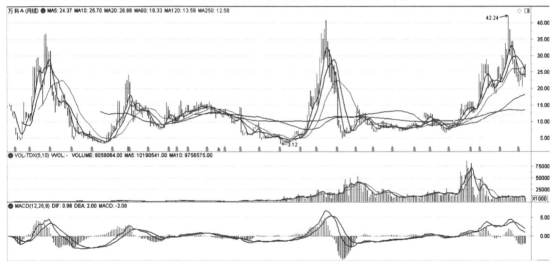

图6-1　万科A（000002）月线走势图（未复权）

从投资企业的角度看，刘元生很好地诠释了长期投资和价值投资的理念，即选择价格明显低于其价值的股票买入并长期持有，甚至不用考虑卖出的时间和价位，只要相信这家公司有令人满意的成长前景，就一直持有下去。

刘元生投资成功的原因主要有：了解公司的团队和产品，选择低估值股票进行价值投资，选择发展迅速型的企业长期投资。刘元生坚持持有万科股票，而公司上市后也一直高速发展，年年派现或送股，总股本从上市时的4 125万股扩张到了2019年的116亿股，增长了280倍，成为中国房地产行业的领军企业。

　　当然，证券投资主要有价值投资和趋势投资。价值投资需要进行基本分析，趋势投资需要进行技术分析，两种投资模式都有自己的代表人物，也都有许多成功的案例。投资者无论选择哪种投资模式，都需要树立正确的投资理念，掌握正确的投资方法。

　　问题：

　　请分析刘元生的投资模式可以复制吗？投资者应如何进行价值投资？

内容提示

　　技术分析是证券投资分析的主要方法，是根据证券市场价格的走势和变化规律归纳出的分析方法，是投资者进行证券投资实践的经验总结。本章主要讲述了技术分析的特点和理论基础、道氏理论的原理、波浪理论的内容，以及其他常见的一些技术分析理论。

第 七 章

证券投资技术分析

第一节　技术分析概述

一、技术分析的特点

　　技术分析是直接从证券市场入手，以证券价格的变动规律为研究对象，结合对证券交易数量、时间和投资心理等因素的分析，帮助投资者选择投资时机和方式，以获取投资收益的方法。

　　基本分析和技术分析构成了证券投资分析体系的主体，但技术分析不同于基本分析。基本分析重点研究的是证券的内在投资价值，目的是获得投资的长远收益；技术分析侧重于研究股价和成交量的变动规律，目的是在价格的波动中获取短期收益。基本分析是以影响证券市场供求的外部因素入手，分析股价的长期趋势；技术分析是从证券市场本身入手，依据市场提供的价格、成交量等资料，分析股价的中短期走势。基本分析用来帮助投资者选股，即选择投资对象；技术分析用来帮助投资者选时，即选择买卖时机。

　　也可以概括地讲，基本分析用来选择价格明显低于价值的公司，买入其股票并长期持有，偏重于价值投资和长期投资，属于战略投资。技术分析用来判断市场趋势和运行方式，以及寻找相对确定的买卖点，侧重于趋势投资和短期投资，属于战术投资。

　　技术分析的重点是研究市场行为，通过对市场行为的研究，预测市场未来的价格变化趋势。市场行为包括三个方面的内容，即价格的变化和涨跌幅度，发生这些变化所伴随的成交量，完成这些变化所经历的时间。简单地说，就是价、量、时三要素，其中，价格变化是最重要的因素。从不同的角度对市场行为进行分析，就组成了技术分析的各种方法。在这些方法中，根据市场行为得到的数据进而产生的各种图表是技术分析的基础。人们通过长期的实战总结，总结了许多从图表看未来的方法，这些方法构成了技术分析的主体。投资者要取得证券投资的成功，首先应该学习和掌握这些方法。

二、技术分析的理论基础

技术分析的理论基础基于三项合理的假设：市场行为涵盖一切信息；价格沿趋势运动，并保持趋势；历史会重演。

（一）市场行为涵盖一切信息

这一假设是进行技术分析的基础。人们认为影响证券价格波动的每一个因素，无论是内在的还是外在的，政策的还是心理的，都已经反映到市场行为中。作为技术分析者，只需关心这些因素对市场行为的影响效果，而不用关心导致价格变化的具体内容究竟是什么。

这一假设具有一定的合理性。任何因素对市场的影响最终都会体现在价格的变动上。如果某个因素出现以后，股价同以前一样没有出现变化，则说明这个因素不是影响价格变动的因素。如果某一天股票价格跳空高开或低开，成交量激增，一定是有利多或利空的消息，而具体是什么消息，则完全没有必要过问，因为它已经在市场行为中得到了反映。

（二）价格沿趋势运动，并保持趋势

这一假设是影响技术分析最重要的因素。只有价格的变动遵循一定的规律，才能找出这种规律，并对今后的投资活动进行指导。这一假设认为证券价格有保持原来方向运动的惯性，一段时间内价格持续上涨或下跌，今后如果不出现意外，价格仍会按同一方向继续上涨或下跌，没有理由改变既定的运动方向。"顺势而为、顺其自然""市场趋势高于一切"，是证券市场中的名言。如果没有反转的内部或外部因素发生，投资者没有必要逆大势而动。

证券投资者之所以要卖掉手中的股票，是因为他认为股价已经到顶，马上就要下跌，或者即使上涨，涨幅也有限，不会涨得太多。他的这种悲观看法是不会立刻改变的。众多的悲观投资者行动一致，就会影响股价的趋势，使其继续下跌，直到发生质的改变。

（三）历史会重演

这一假设是从统计学和人的心理因素角度提出的。市场中是由人决定最终的交易行为，人的行为经常要受到某些心理因素的影响。投资者经常认为，相同或相似的场合会得到相同的结果。如果按一种方法操作取得成功，以后遇到相同或相似的情况，就会按同一方法进行操作；如果前一次失败了，就会改变操作方法。即所谓的"路径依赖"，事物一旦进入某一路径，就可能对这种路径产生依赖。

市场的结果留在投资者头脑中的阴影和快乐是会始终影响投资者的。投资者进行技术分析时，一旦遇到与过去某一时期相同或相似的情况，就会与过去的结果进行比较，所以过去的结果经常是对未来进行预测的参考。任何有用的东西都是经验的累积，是经过实践检验总结出来的。投资者要注意对重复出现的某些现象的结果进行统计，计算其成功和失败的概率。

（四）三大假设的合理性和局限性

在三大假设出现之后，技术分析便有了自己的理论基础。第一条假设肯定了研究市场行为就必须全面考虑证券市场，第二条和第三条假设使人们找出的规律能够应用于证券市场的实际操作中。

但是，投资者对于三大假设自身的合理性一直存在着争论，提出了许多不同的看法。对于市场行为涵盖一切信息的假设，有人质疑，市场行为反映的信息只体现在证券价格的变动之中，同原始的信息毕竟有区别，信息损失是必然的。也正因为此，投资者在进行技术分析的同时，还应该适当增加一些基本分析和其他方面的分析，以弥补其不足。又如历史会重演，证券市场中的市场行为是千变万化的，不可能有完全相同的情况重复出现，差异总是或多或少地存在。在使用"历史会重演"的假设时，这些差异的大小和程度会对投资决策的结果产生影响。

三、技术分析的基本要素

技术分析的基本要素包括价格和成交量、时间和空间。这几个要素的内容和相互关系是技术分析的基础。

（一）价格和成交量

研究市场行为最重要的工作就是研究价格和成交量。市场过去与现在的成交价格和成交量涵盖了过去和现在的市场行为，技术分析者要做的工作就是利用过去和现在的成交量、成交价格资料推测市场未来的走势。

一般说来，买卖双方对价格走势的确认程度需要借助于成交量。价格与成交量之间的关系通常有两种：一种是量价一致，另一种是量价背离。量价一致主要表现为价升量增、价跌量减，这种情况通常意味着多空双方对价格的认识一致，股价仍有继续上涨或下跌的空间；量价背离主要表现为价跌量增、价升量减，通常表示买卖双方对价格的认识出现分歧，股价的上涨或下跌已得不到成交量的配合和支持，股价运行的趋势有可能会发生改变。

（二）时间和空间

时间和空间体现了趋势的宽度和深度。江恩理论和循环周期理论重点关注的就是时间因素，是针对价格波动的时间跨度进行研究的理论。一方面，一个已经形成的趋势在短时间内不会发生根本转变，中途出现的反方向波动属于次级运动，对原有的趋势不会产生大的影响；另一方面，一个已经形成的趋势又不可能永远不变，经过一段时间后又会有新的趋势出现。时间因素分析对于投资者选择出入市的时机具有重要的意义。

空间因素考虑的是趋势运行的幅度及价格波动的限度。一个涨势或跌势将会延续多大的幅度，个股的价格波动在空间上能够达到的上下限，无疑也是投资者在操作中需要提前想到的问题。

四、技术分析应注意的问题

（一）技术分析只有同基本分析结合使用，才能提高操作的成功率

在一个新兴的市场中，市场突发消息频繁，人为操纵的因素很多，所以仅靠过去和现在的数据、图表去预测未来变化是不可靠的，也很难把握整体市场的走势。但是，不能因为技术分析在突发事件来临时预测会受到干扰就否定其功效。任何一种工具的使用都有其适用范围，不能因为个别场合失效而去责怪工具本身，扔掉工具更是不可取的。事实上在投资实践中，技术分析有着相当高的预测成功率，也有很高的使用价值。投资者在交易中不能机械地拿来照搬，片面地加以应用，除了应对技术分析本身进行不断探索和修正外，还应结合基本分析来使用技术分析，这样才能提高操作的成功率。

（二）注意多种技术分析方法的综合研判，切忌片面单一地使用一种方法

技术分析的方法很多，有趋势分析、图形分析、指标分析等，有些方法在使用时会出现失灵的情况，也有时会出现骗线。当市场处于极度强势或极度低迷时，个别指标会出现钝化；当庄家诱空吸筹或诱多出货时，有时图形会出现"趋势陷阱"或假突破。投资者在操作时应尽量多使用一些方法进行预测，争取对行情变化有一个综合的、正确的判断。实践证明，单纯地使用一种技术分析方法具有较大的局限性和盲目性，容易以偏概全，而如果使用多种方法都得出相同的结论，那么这一结论出错的概率就很小。因此，为减少操作失误，投资者应多学习和掌握一些技术分析方法。

（三）技术分析的结论要经过自己的实践检验后再进行应用

技术分析方法种类繁多，内容各异，不同的人有不同的偏好和使用习惯，最终效果也有很大差异。另外，前人和别人得出的结论是在特定的环境与条件下获得的，随着环境的改变，同一种方法用到自己身上可能会产生不同的结果。因此，投资者在使用技术分析时，要注意结合市场情况灵活地加以应用，要在实践中进行不断探索、完善和提高。

第二节　道氏理论与应用

道氏理论是最古老也是最常见的一种技术分析理论，它是由美国道琼斯公司的创办人查尔斯·亨利·道（Charles Henry Dow）创立的，又称道琼斯理论。这一理论是依据纽约证券交易所工业股票价格指数和铁路股票价格指数来预测股价变动趋势的方法。道氏理论是股市技术分析的起源，是各种技术分析方法的基础。

一、道氏理论的主要原理

（一）平均指数包容消化一切因素

这是技术分析理论的基本前提之一，只是这里使用了平均指数代替个股价格。这一原理表明，所有可能影响供求关系的因素最终都会通过平均指数来表现，平均指数反映了无数投资者的综合市场行为。平均指数在其每日的波动中已包容消化了各种已知的、可预见的事情，以及各种可能影响供求关系的因素。即使是天灾人祸，当其发生后，也能被市场迅速消化，并包容其可能的后果。

（二）证券市场的价格波动可划分为三种类型

道氏理论认为，证券市场的价格波动主要有三类，即长期趋势、次级运动和日常波动。三种波动同时存在，相辅相成。

1. 长期趋势

长期趋势是指股价出现长期上涨或长期下跌的情况。长期趋势持续上升就形成了买空或多头市场，即牛市行情，持续时间通常为 1~4 年；长期趋势持续下降就形成了卖空或空头市场，即熊市行情，持续时间也为 1~4 年。其间股价会增值或贬值 30% 以上。

实践中，人们通常将 120 日移动平均线（半年线）或 240 日移动平均线（年线）作为牛、熊市分界的标志。

2. 次级运动

次级运动是指在股价上升趋势中出现急速下跌（回档），或在股价下降趋势中出现迅速

回升（反弹）的现象。次级运动持续的时间约为两周到几个月，调整幅度一般为原有趋势的 1/3 或 1/2，出现的次数约为 2～3 次。

3. 日常波动

日常波动即股票价格每天的变动。它会受市场上技术因素或传言、消息的影响，偶然性很大，通常是无法预测的，也无规律可循。日常波动对次级运动有一定影响，日常波动的累积可形成次级运动，次级运动的叠加则构成长期趋势。

如果把股价的变动比作海水的运动，则股价的长期趋势犹如海潮，次级运动好比海浪，日常波动则像微波。大海有潮涨也有潮落，海浪寄于海潮之中，虽有排天大浪也不能抗逆海潮，微波则又寄于海浪之中，有时微波相互结合也可以形成海浪，但是规模较小。

（三）**长期趋势分析**

道氏理论的核心内容是对长期趋势进行分析。

1. 长期上涨趋势

长期上涨趋势（牛市）通常包括以下三个阶段：

第一阶段，投资者对证券发行企业的盈利前景看好，开始买进被悲观者抛售的股票，或者卖方由于种种原因使卖出量减少，引起股价的缓慢上升。在此阶段，企业公布的财务报表显示企业的财务状况尚属一般，大部分投资者仍然比较谨慎，股票交易不很活跃，但交易量已经开始增加。

第二阶段，股价已经上升，企业盈利逐渐好转，经济前景也相当乐观，股票交易量开始持续稳定地增长，市场普涨，许多投资者在此阶段都可以获利。

第三阶段，股价已上升至一个高峰，投资者争相入市购买股票，市场出现亢奋，交易量很大。企业收益良好的情况已为广大投资者知晓和熟悉，企业新股发行量也大量增加，市场投机活动开始泛滥。

2. 长期下跌趋势

长期下跌趋势（熊市）也包括三个阶段：

第一阶段，上升趋势已经结束，股价接近峰值，成交量增长缓慢，股价涨幅日趋缩小。投资者参与交易的热情仍然很高，但所获得的差价收益已经大大降低，盈利越来越困难。敏感的投资者开始卖出股票以保障自己的胜利果实。

第二阶段，这是一个恐慌阶段，市场前景趋淡，买方数量减少，而卖方数量增多，股价急剧下跌，成交量也大幅度减少，投资者参与交易的活跃程度已大幅度下降。恐慌阶段过后，一般要经过较长时间的喘息或停滞才进入第三阶段。

第三阶段，到处是坏消息，股票价格继续下降，但速度逐渐减缓。在此阶段，由于股价过低，股票持有者开始惜售，成交日趋低迷。当股价下跌到很低的水平时，股票投资价值开始凸显，一些投资者又重新入场购买股票。这样，上述市场循环又重新开始。

（四）**交易量必须验证趋势**

道氏理论认为交易量是第二位的，但可以作为验证股价走势图表信号的背景资料和旁证。当价格沿着大趋势发展的时候，交易量也应相应变化。如果大趋势向上，那么在价格上涨的同时，交易量应不断增加；当价格下跌时，交易量应不断减少。而在一个下降趋势中，情况正好相反：当价格下跌时，交易量会随之增大；当价格上涨时，交易量则减小。

（五）两种平均指数必须相互验证

道氏理论认为，主要趋势和次级运动的变化可通过道琼斯工业指数和铁路指数的互证来判断。当两种平均指数朝同一方向变动时，一种指数被另一种指数证明，则次级运动或主要趋势便会产生；当两种平均指数朝反方向变动时，则不能说明出现了上述趋势。

互证的现象可以通过两种方式来表现：一是当两种平均指数经过一段牛皮状态的波动后，产生突然的上升或者下降，说明一种中期趋势开始形成；二是当两种指数同时创出新高或新低点，即超过或跌破前一轮趋势的峰值或谷底，说明长期趋势已经改变，牛市或熊市观点确立。

（六）支撑区和阻力区的判断

道氏理论认为，股票价格变动具有一种惯性，即股价一旦开始沿着某个方向移动，这种惯性会使股价沿着同一方向继续移动，从而形成主要趋势。但支撑区和阻力区有可能使这种惯性终止。

1. 阻力区是股价的前一个高峰

一般而言，在价格高峰时没有出售股票而失去机会的投资者将在价格下次达到这个高峰时出售股票，从而阻碍了股票价格超过原来的高峰。如果股价超过了这个价格高峰，那么这个阻力区就被冲破，价格将在买方力量的推动下继续上涨。

2. 支撑区是股价的前一个谷底

同样，在股价谷底时没有买进股票而失去机会的投资者一般会在股价下一次达到这个谷底时买进股票，从而对股价起到支撑作用，使之不低于原来的价格谷底。如果股价低于了前一个谷底，那么这个支撑区就被冲破，股价将会继续下跌。

因此，技术分析者通常建议投资者在股价高于前一个波峰时购买股票，而在股价低于前一个谷底时出售股票。

在实际操作中，投资者在股价的阻力位置可以不高抛，但不能够追涨，因为股价经常会回落，从而能使投资者买到更低的价格。在股价的支撑位置可以不低吸，但不能够杀跌，因为股价通常会反弹，从而能使投资者卖到更高的价位。

二、道氏理论的应用与不足

（一）道氏理论的实际应用

道氏理论在实践中被广泛使用，其中使用最多的是利用趋势分析来划分趋势的各个阶段，然后依据各阶段的特点，决定投资者在各阶段的操作策略，争取在实战中实现利润最大化。另外，投资者也可通过各种指数的互证来判断多头市场和空头市场，从而形成在多头市场持股待价而沽、在空头市场持币静观其变的长线投资策略。

1. 上证指数长期上涨趋势分析

道氏理论将长期上涨趋势划分为三个阶段（见图7-1）。上证指数从2013年6月25日开始了长达两年的牛市，该上涨趋势经历了三个阶段。第一个上涨阶段为2013年6月25日的1 849.65点到2015年1月9日的3 404点，随后股市出现了较长时间的回调。第二个上涨阶段为2015年2月9日的3 049点至2015年4月28日的4 572点，其后大盘也出现了回落。第三个上涨阶段从2015年5月8日的4 099点到2015年6月12日的5 178.19点，市场进入了最后拉升阶段。

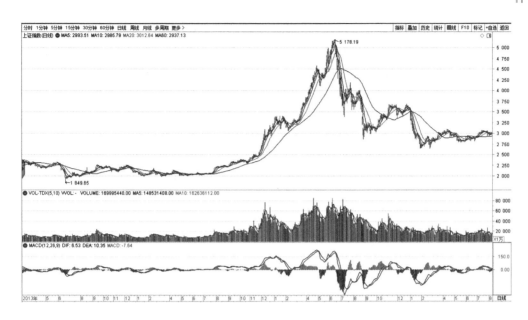

图 7-1　上证指数上涨趋势三个阶段

2. 上证分类指数互证判断牛熊市

道氏理论认为各类指数必须相互验证才能确认大趋势发生。2013 年 6 月 25 日，上证指数探底 1 849.65 点开始进入上涨周期。此后上证指数、上证 50 指数、上证 180 指数、上证工业指数、上证商业指数、上证公用事业指数、上证地产指数等陆续上涨，对反转趋势给予了确认。特别是 2014 年 7 月以后，各个指数都先后突破了年线，宣告牛市来临。2015 年 6 月，上证指数创出 5 178.19 点的高点，牛市运行了两年时间。

（二）道氏理论的不足之处

道氏理论在预测股票市场的变动趋势和指导投资者的操作方面具有重要的作用，它能够对市场的长期趋势做出判断，并能够预测市场变化的转折点。但也存在着一些不足之处，主要表现在以下几个方面：

1. 对中短线投资者用处不大

道氏理论主要说明股价的长期趋势，对次级运动和日常波动的判断无能为力，故对中短线投资者没有太多的帮助。

2. 对股价趋势的预测滞后

道氏理论对股价趋势的预测较为迟缓，往往要等到主要趋势形成后才能确定市场已经转向，这会使投资者丧失买卖股票的最佳时机。

3. 各种指数的互证出现太慢

道氏理论中各种指数的互证有时出现太晚，特别是当市场集中炒作一个板块时，几种指数有时很长时间不产生互证的信号，从而会使投资者的判断出现失误。

第三节　波浪理论与应用

波浪理论是技术分析方法中最为神奇的一种方法，它是以美国人艾略特（R. N. Elliott）

的名字命名的一种价格趋势分析理论，全称是艾略特波浪理论。它是根据大海的潮汐及波浪的变化规律，描述和预测股票价格变动规律及未来走势的方法。波浪理论是股市分析理论中使用最多，但又最难理解和精通的方法，需要投资者花大力气去掌握这把神奇的钥匙。

波浪理论主要研究三个方面的问题：价格走势所形成的形态、价格走势图中各个高点和低点所处的相对位置，以及完成某个形态所经历的时间长短。其中，价格的形态是最重要的，它是波浪理论存在的基础。高点和低点所处的相对位置是波浪理论中各个波浪开始和结束的位置，它可以用黄金分割加以推断。完成某个形态所经历的时间可以预测趋势的开始和结束，提示人们及时采取应变的措施。上述三方面内容也可以概括为形态、比例和时间。

一、波浪理论的形态分析

（一）波浪理论的基本形态

波浪理论认为证券市场应该遵循一定的周期，周而复始、循环往复地向前发展。艾略特指出，股市的发展是依据着一组特殊且不断重复的规律进行的，这组规律即是以五个上升浪和三个下跌浪（五升三跌）作为一次循环交替推进着。其中三个下跌浪可以理解为是对五个上升浪的调整，如图7-2所示。

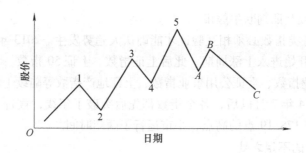

图7-2　五升三跌的基本形态图

在图7-2中，1~5浪是上升浪，其中1、3、5浪是上升主浪，2、4浪是调整浪，2浪是对1浪的调整，4浪是对3浪的调整。A、B、C三浪是下跌浪，是对前5个上升浪的调整。

第一次的八浪形态完成之后，第二次相似的循环就会出现，然后是第三次循环，均是五升三跌，即五个向上为主导的大浪，三个向下为主导的大浪。

除了五升三跌外，还有五跌三升，即五个下跌浪三个上升浪组成的八浪结构。

（二）波浪的细分与周期

波浪理论考虑价格形态的跨度是不受限制的。在数浪时，会涉及将一个大浪分成很多小浪和将很多小浪合并成一个大浪的问题。通常，在一升一跌的基本浪之间，可以划分成八个较次一级的小浪，在这些小浪的基础上，又可以再划分成更低一级的小浪。波浪的细分与周期如图7-3所示。

从图中可以看出，一个完整的波浪循环是由牛和熊两浪构成的。其中，牛市包含5个大浪、21个中浪、89个小浪，熊市包含3个大浪、13个中浪、55个小浪。所以，完整的波浪周期可分为2个、8个、34个、144个浪。

波浪理论上升浪与下跌浪之间的对应关系为：

上升大浪5，下跌大浪3。

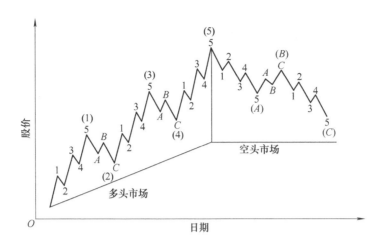

图 7-3　波浪的细分与周期

上升中浪 21，下跌中浪 13。

上升小浪 89，下跌小浪 55。

实战中，一个最基本的上升与下跌单位是 34，即上升单位是 21 浪，下跌单位是 13 浪。

（三）数浪规则

波浪运行会有多种形态，投资者可参照以下规则进行判断：

1. 第 3 浪不能是最短的 1 浪

第 3 浪不能是三个上升浪中最短的 1 浪，而且经常是最长的一浪，具有较强的爆发力和推动性。

2. 不可重叠

第 1 浪与第 4 浪不可以重叠，即第 4 浪的低点不能低于第 1 浪的高点。

3. 交替出现

所有的波浪形态几乎都是交替和轮流出现的，如第 2 浪是简单的调整形态（单式、深），则第 4 浪应是复杂的形态（复式、浅），反之亦然。

4. 平行通道

在调整浪中，第 4 浪回调的低点通常是在前一浪中的第 4 小浪的范围内完成的，即第 4 浪的低点与第 3 浪中的第 4 小浪的终点几乎平行。

（四）波浪的表现特征

第 1 浪多数属于营造底部形态的一部分。它是八浪循环的开始，由于这段行情的上升出现在空头市场跌势之后的反弹和反转，买方力量并不强大，加上空头继续存在卖压，因此，在第 1 浪上升之后出现的调整回落走势，其回档的幅度往往较深。

第 2 浪是调整浪，许多市场人士误以为熊市尚未结束，故调整下跌的幅度较大。当行情在此浪中跌到接近底部时，市场会出现惜售心理，抛售压力减轻，成交量逐渐缩小，调整浪宣告结束。

第 3 浪涨势较大，属于最具爆炸性的一浪。市场中投资者信心恢复，成交量也大幅上升，运行的时间较长，上涨幅度很大。传统图表中的突破信号经常出现在此浪之中。

第 4 浪是行情大幅上升后的调整浪，通常以比较复杂的形态出现，有时会出现平台形或三角形调整形态。

第5浪的涨幅一般比第3浪小，股价达到了顶峰，市场乐观情绪高于一切。有时也会出现失败浪形态。

*A*浪：市场中大多数投资者认为上升行情尚未出现逆转，此时仅仅是一个短暂的回档。实际上该浪的下跌在第5浪已经出现了警告信号。

*B*浪：通常成交量不大，升势较为情绪化，一般可视为多头的逃命线。然而，由于是一段上升行情，很容易让投资者误以为是另一波段的涨势，形成"多头陷阱"，许多投资者买入即遭套牢。

*C*浪：杀伤力最强的一浪，其跌势凶猛，跌幅巨大，持续时间较长，经常出现全面性下跌，没有撤离的投资者将损失惨重。当然，*C*浪的结束或许又是一个新浪的开始。

二、波浪的涨跌比例与时间分析

（一）斐波那契数列与卢卡斯数列

波浪理论的数学基础是斐波那契数列。公元1202年，意大利数学家斐波那契发现了一组数字，即1，2，3，5，8，13，21，34，55，89，144……这些数字有以下几个特点：

（1）任意相邻的两个数字之和，等于两者之后的那个数字，如$5+8=13$。

（2）除了最初的四个数字外：任意一个数字与后面的数字的比值都接近0.618，如$13 \div 21 = 0.619$；任意一个数字与前面数字的比值都趋近1.618，如$34 \div 21 = 1.619$；任意一个数字与其前第二个数字的比值都趋近2.618，如$21 \div 8 = 2.625$；任何一个数字与其后第二个数字的比值都趋近0.382，如$8 \div 21 = 0.381$。

在波浪理论中，波浪形态与周期的划分、浪与浪之间的比例以及波浪运行的时间，均可以用斐波那契数列加以印证。

卢卡斯数列是以法国数学家爱德华·卢卡斯的名字命名的数列，它与斐波那契数列的区别在于把1和2顺序颠倒了，后面的递推方式不变，即2，1，3，4，7，11，18，29，47，76，123……

卢卡斯数列具有与斐波那契数列相类似的性质：从第三个数字开始，等于前面两个数字相加之和；从7开始，相邻两个数字的比值接近0.618。

上证指数经常是在斐波那契数列与卢卡斯数列之间交替运行的。

（二）黄金分割与波浪比例

黄金分割是指运用斐波那契数列中的黄金分割率分析股价走势，即将1分为0.618和0.382，判断股价的涨跌幅度及股价的阻力位和支撑位。

涨跌幅度的判断可以参考以下两个原则：当股市从低位开始爬升时，上涨幅度通常是最低位的1.382、1.5、1.618等位置，据此可判断股价的阻力位；当股市从高位开始回调时，调整幅度通常是最高点的0.382、0.5、0.618等位置，投资者据此可寻找股价的支撑位。例如：

支撑位1 = 最高价 − （最高价 − 最低价）× 0.382

支撑位2 = 最高价 − （最高价 − 最低价）× 0.5

支撑位3 = 最高价 − （最高价 − 最低价）× 0.618

同样

压力位 = 前低点 + （前高点 − 前低点）× 黄金分割率

或者

支撑位：最高价÷1.382

　　　　最高价÷1.382÷1.382

　　　　最高价÷1.618

　　　　最高价÷1.618÷1.618

压力位：最低价×1.382

　　　　最低价×1.382×1.382

　　　　最低价×1.618

　　　　最低价×1.618×1.618

在牛市中，上升波浪的比例通常为1.618、2.618，获利回吐的比例为0.382、0.5；在熊市中下跌的比例为0.618、1，反弹的比例为0.382、0.5。当波浪以0.382回吐、1.618上升的节奏向上运行时，一旦达到某一水平，又突然失去了此节奏，可能是该浪行将结束或即将"转势"，或者可能数浪出现了错误。

（三）时间之窗

斐波那契数列在分析波浪运行的时间方面也有奇妙之处，即它可以发现市场转折点。当股价从头部或底部算起，往后数到13个、21个、34个、55个、89个、144个、233个交易日（或周、月）时，在这些交易日发生转向的概率极大，这些交易日即为股价的时间之窗。

时间之窗通常有趋势转折和趋势加速两层含义，其中转折常见，加速并不常见。

时间之窗的应用难点在于判断大盘运行的节奏及大盘会在哪一时间点发生转折或加速，是8、13、21、34，还是55、89、144、233。投资者如果判断失误，出现了踏空或被套，要注意及时进行回补（回踩均线时）或进行止损（反抽均线时）。

时间之窗的另一个难点是判断大周期与小周期的关系。通常大的时间结构要相对准确才能判断小的结构，即大周期约束小周期，小周期要服从大周期。

另外，各个时间周期价格的同向叠加会形成共振，使股市上涨或下跌的力度增加；而各个时间周期价格的反向运行会抵消上涨或下跌的力量，会削弱股价涨跌的强度。

时间之窗的操作方法如下：

1. 预测交易

当时间先于空间到达时，即时间在空间到达之前就已实现对价格的拦截，投资者一般可选择左侧交易，提前抄底逃顶。

2. 确认交易

当时间落后于空间到达时，即股市价格涨跌到位但时间未到，时空出现不和谐时，投资者应尊重市场的选择，采取右侧交易，等顶底确认后再跟随趋势进行买卖。

3. 时间共振交易

时间共振交易即利用大周期中的周线和日线图形进行趋势判断。根据小周期中的60min和30min图形制订交易计划，在更小的周期15min或5min图形上寻找买卖点。如果判断正确，则在高一层次的时间结构上出现买卖信号时进行加码。

在运用波浪理论时，要注意奇异数字在波浪的形态、涨跌比例及时间之窗三个方面的综合分析。如果发现某一波浪的基本形态已经走完，涨跌幅度已经到位，各种尺度的时间之窗又交织在一起，那么在此时间段发生转折的机会相当大，重视技术分析的投资者应把握住这一重要的市场机遇。

三、波浪理论的实际应用与不足之处

(一) 波浪理论的实际应用

波浪理论指明了股市在一个大的周期内运行的全过程，有助于投资者对大势进行分析和预测。投资者了解了当前股市所处的位置，就可以依据波浪的数目和走势采取相应的操作策略。

但是波浪理论易懂难精，不同的人常常会得出不同的结论，能够正确掌握和熟练使用它的人并不多，很多投资者花费较大的精力去数浪，却常常发现结果与事实相差甚远。这就需要人们在实践中依据市场的变化，不断修正自己的预测，对当前波浪的形态和时间周期做出更准确的判断。

图 7-4 是上证指数 1990 年 12 月到 2020 年 8 月的日 K 线图。从图中可以看出，自 1990 年 12 月的 95 点到 2007 年 10 月的 6 124.04 点，上证指数已经走完了五浪上升的形态，而后一直处于上升浪后的调整浪之中。

图 7-4　上证指数波浪形态走势图

波浪根据时间可以细分为多种级别，如月、周、日、时、分。波浪的划分更适合日线和周线，如果太纠缠于各短周期或细子浪，则容易出错，需要不断进行修正。

(二) 波浪理论的不足之处

波浪理论是一种比较复杂的技术分析理论。如果根据过去长期的股价资料来分析，可以发现股价走势是按照波浪理论的规律运行的。但大多数技术分析人士在波浪运行途中，都不能够准确地识别目前是处于第几大浪和第几小浪，而事后又恍然大悟。如同很多事物的预测一样，对过去的描述都很完整，对未来的预测却经常出现偏差，这也正是波浪理论的盲点和难以克服的地方。

除此之外，波浪理论还存在着以下几点不足：

1. 主要研究的是股价指数的走势，而对个股价格却缺乏论证

波浪理论的基础来自大自然的现象，越多的人参与的经济活动，其分析的结果准确性越高，所以波浪理论对于分析股价平均指数走势和推测大势走向参考价值较大，而对个股价格

的预测经常受到限制。

2. 很难准确地把握波浪的层次和起始点

波浪理论从理论上讲是八浪结构完成一个循环，但是主升浪和调整浪的变形有时会产生复杂多变的形态。一方面，波浪的结构常常是大浪套小浪、浪中有浪的多层次形态；另一方面，波浪中的大浪小浪是可以无限延伸的，长短周期没有一个明确的标准，这就使投资者在数浪时很难识别，总是可能认为目前的浪不是最后的浪，经常见仁见智，不能统一。

3. 波浪理论只考虑价格形态上的因素，而忽视了成交量的影响

市场中没有成交量配合的价格走势经常是虚假的，特别是在庄家控盘与对敲的时候。因此，如同形态学中存在着假突破一样，波浪理论也会出现一些图形陷阱，使人容易上当受骗。当然，这个不足是许多技术分析方法都有的。

4. 波浪理论对时间因素重视不够

波浪理论认为在形态、比例和时间三个要素中，时间是最不重要的因素。其实不然，技术分析中的循环周期理论就专门阐述了时间因素的重要性。尽管波浪理论的八浪循环结构形态很完整，但如果没有融入时间结构学概念，没有从时空结合的角度论证不同浪级层次的时间，波浪理论仍是不完善的。

第四节 其他技术分析理论介绍

对市场价格波动的认识主要有两种观点：一种认为市场中价格的波动是有规律的，另一种则认为没有规律。下面几种技术分析理论是市场中最常见的：

一、江恩理论

威廉·江恩（Willian D. Gann）是 20 世纪初最成功的股市投资专家。他的市场分析方法是以数学和几何理论为基础，应用天文学和数字学的原理，总结出的一套独特的预测方法。

由于江恩能准确地预测市场走势，他在市场征战数十年，通过投机买卖，获得了丰厚的利润，因此他的市场分析方法也显得非常神奇，被称为是数学、几何学、数字学和天文学原理的结晶。

江恩指出，自己所有的预测都建立在数学基础上，只要有足够的资料，他就可以根据代数及几何知识，并配合周期理论，预测出股市将要发生的变动。

江恩认为，圆形的 360° 与九个数字是所有数学的根源。在一个圆形里面，可设置一个四方形及三角形；但在其内，又可设置四方形及圆形；而在其外，亦同样可以设置一个四方形及圆形。这一现象表明了市场运行的维度，圆形、四方形、三角形的交叉点是时间重合和共振点，是股价涨跌的主要时间窗口。他说："所有市场的顶部及底部，都与其他市场的顶部及底部存在一个数学上的关系。市场上没有一个次要的顶部和底部，不能应用角度线及阻力位加以解释，分析者可留意市场在这些水平上的每日走势及成交量变化。"他指出，只要提供市场从前的高点和低点的时间及价位，便可以应用四方形、三角形和圆形的各种关系，预测市场未来的走势。

江恩九方图（见图 7-5）是从中心数字 1 开始以螺旋方式向周围展开，中心的四个角由一组奇数 3、5、7、9 构成，9 往下延伸为 25、49、81、121 等，可分别组成一个个四方形，其中每个方格都是一个独特的单位，能够标记预测股价的支撑位和阻力位。如果选择图中其中一个价位作为起点，向右进行旋转 45°、90°、120°、180°、240°、270°、360°，相应的数字也可以用来计算重要的转折日期和未来的价格转折点。

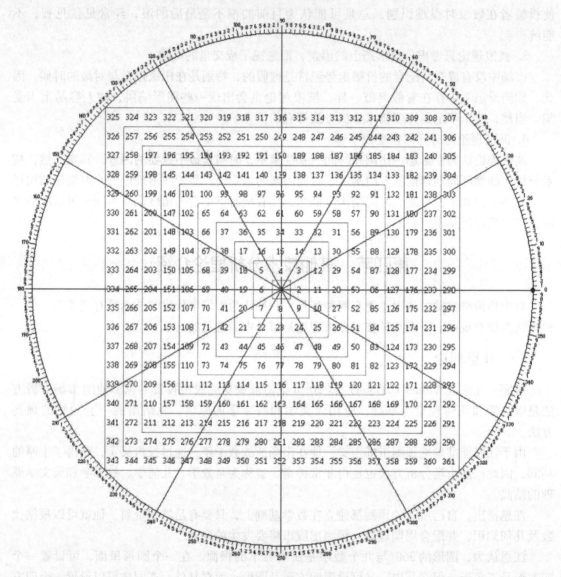

图 7-5 江恩九方图

江恩还认为，投资者的投资亏损是由于买卖的情绪所致，希望、贪婪及恐惧是成功的死敌。当投资者发现趋势时，必须跟随趋势而不要逆势而为，即永不确认市场转势，直至时间超越平衡。

最后江恩指出，金融市场是根据波动法则运行的，这种法则一经掌握，投资者就可以预测市场某个特定时间的准确价位。每一种股票或期货都拥有一个独特的波动率，主宰着该市场价位的涨跌。

江恩理论也可概括为时间周期理论、轮中轮结构、四方形价位分析及江恩波动法则。

二、随机漫步理论

随机漫步理论认为，证券价格围绕着证券的内在价值上下波动，但这种波动是随机的，没有确定的方向，涨跌没有任何规律可循。

在证券市场中，价格的波动受到多种因素的影响。各种信息、消息随意地和不确定地流入市场，导致股价发生变化，而消息是利好利淡事先无人知晓，股价的涨跌比率是均等的。所以随机漫步理论认为，不可能找出一种有效的方法战胜市场，跑赢大市。

曾经有三个研究支持这种理论：

（1）有学者用美国标准普尔指数的股票进行长期观察，发现股票狂涨或暴跌的比例很少，大部分股票的升跌在10%～30%，在统计上服从常态分布，即升跌幅越大的股票所占比例越小。所以股价并无单一趋势，买股票关键看运气，买中升的股票还是跌的股票机会均等。

（2）有一个试验讲，一位美国参议员用向一份财经报纸投掷飞镖的方式，随机选出20只股票作为投资组合，结果这个投资组合竟然和股市的整体表现相仿，不逊于投资专家建议的投资组合，甚至比某些专家的建议表现得更出色。

（3）有人对基金的成绩进行观察，发现今年成绩好的基金，明年可能表现很差，而一些往年令人失望的基金，今年却可能脱颖而出，成为升幅榜首。所以股价涨跌无迹可寻，购买专家理财的基金也要看运气，投资技巧并不重要。

随机漫步理论有它的合理性。如果从价格走势图中较短的时间区间看，股价上下波动的机会差不多是均等的。投资者采用单纯的选股方法，如对着报纸的股票版面掷飞镖，也可能选出战胜市场的投资组合。

但从实际的股价走势看，证券价格的波动并不是完全随机的，在很多时候是有规律可循的。例如，连续几个涨停板后的股票比只上涨了5%的股票出现回落的概率要大得多。此外，世界各国的股价指数总体都是向上的，这也说明了股价的波动是有规律的。需要指出的是，无论是进行基本分析还是进行技术分析，都是假设价格的波动存在着一定的规律。

三、循环周期理论

循环周期理论主要通过周期的长短来推测未来循环周期的高点和低点，以及可能出现的具体日期，从而制定买卖的策略。

循环周期理论认为，无论什么样的价格波动，都不会朝着一个方向永远走下去。价格的波动过程必然产生局部的高点和低点，这些高点和低点的出现，在时间上有一定的规律。投资者可以选择在低点出现的时间入市，在高点出现的时间出市。

美国人杰克·伯恩斯坦（Jack Bernstein）将循环周期分为季节性周期、长期周期（一年以上）、中期周期（6～12个月重复一次）以及短期周期（循环低点之间平均不超过3个月），并总结出周期具有以下三个特点：

（1）周期的期间以一个循环周期与另一个周期相距的时间作为度量基础，通常以两个循环低点间的长度计算。每一个重复出现的循环周期并不一定与上一个循环周期相同，但必须集中在一定的范围之内，误差不大，否则就不是可靠的周期。

（2）周期重复出现的次数越多，表明它的可靠性越高。

（3）长期周期可以划分为几个低一级的中期周期，中期周期又可以划分为几个低一级的短期周期。

周期并不受基本因素的影响和制约。循环周期具有领先作用，它可以引导经济发展遵循一定的周期运行。周期也不受价格涨跌的影响，不管价格如何暴涨暴跌，循环周期的低点和高点都会以自己特有的规律出现。

由此可见，循环周期理论强调的重点是时间因素，而且注重的是较长期的投资，对价格的高低和成交量的多少这两个市场行为的重要因素考虑得不够。

四、相反理论

相反理论的基本要点是投资买卖的决定全部是基于投资大众的行为。该理论指出：不论什么投资市场，当所有人都看好时，牛市开始到顶；当所有人都看淡时，熊市已经见底。只有与投资大众采取相反的行动，才会获得较大的收益。

相反理论是一种操作方法或操作理念，它不是强调与市场对着干，而是强调在市场趋势形成很长一段时间后，所有投资者看涨或看跌观点趋于一致时，在市场供求关系发生质的变化之前采取逆势操作。

巴菲特曾说过："在所有人都去投资的地方去投资，你是不会赚钱的。"相反理论在实际市场研究中，也发现最终赚大钱的人只占少数，大部分的人都是输家。故从这种意义上讲，要想战胜市场，只能和投资大众相背，而不能走大众路线。

相反理论提出，买卖的决策取决于大众的行为。无论在什么样的投资市场，当投资者的冲动在大众媒体的帮助下空前高涨时，就是市场暴跌的先兆。因为当所有人都看涨而失去风险意识的时候，就意味着牛市已经到顶，成为最危险的时候。相反，当所有的人均深度套牢，唉声叹气，对市场失去信心的时候，就是熊市接近尾声的时候。只要熬过黎明前的这一段黑暗，曙光就会来临。

在采用相反理论进行操作时，需要注意看好和看淡后市的人数和比例，进行正确的定量计算和统计分析。对此也可参考大众媒体的报道，即当所有的媒体都争相报道利好消息，指出后市看涨时，大市见顶已为时不远。另外，投资者还需要把握进出市的时机，即不要等到所有人都看好或看淡后市时再离市或入市，因为当等到这种情况出现时，精明的投资者已经率先采取了行动，使你错失了在高点卖出或低点买入的机会。所以对投资者而言，要注意打破思维常规，只有领先一步采取行动，才能在市场中稳操胜券。

【本章小结】

本章首先阐述了技术分析的特点和理论基础，接着分析了道氏理论及其应用，并在此基础上对波浪理论的基本内容、数浪规则、涨跌比例及时间之窗进行了较详细的论述，最后又简要介绍了市场中常见的其他一些分析理论。

【主要名词】

技术分析　市场行为　道氏理论　长期趋势　次级运动　波浪理论　涨跌比例
黄金分割　时间之窗　随机漫步理论　循环周期理论

【复习思考题】

1. 简述技术分析的含义及理论基础。
2. 简述技术分析的基本要素。
3. 简述证券市场的价格波动的三种类型。
4. 简述波浪理论的基本形态和数浪规则。
5. 简述时间之窗的含义和操作方法。
6. 如何以波浪理论为基础构建自己的交易系统?
7. 对规模资金而言,是预测重要还是确认重要? 哪种方法更难掌握?

本章案例　上证指数的长期趋势分析

上证指数自 1990 年 12 月 19 日正式发布以来,至 2020 年 1 月,已经经历了八次大小牛熊周期的循环。

1. 八次上涨的时间和价格数据
(1) 1990 年 12 月—1992 年 5 月,从 95 点上升至 1 429 点,18 个月,涨幅 1400%。
(2) 1992 年 11 月—1993 年 2 月,从 386 点上升至 1 558 点,4 个月,涨幅 304%。
(3) 1994 年 7 月—1994 年 9 月,从 325 点上升至 1 052 点,3 个月,涨幅 224%。
(4) 1996 年 1 月—1997 年 5 月,从 512 点上升至 1 510 点,16 个月,涨幅 195%。
(5) 1999 年 5 月—2001 年 6 月,从 1 047 点上升至 2 245 点,24 个月,涨幅 114%。
(6) 2005 年 6 月—2007 年 10 月,从 998 点上升至 6 124 点,28 个月,涨幅 514%。
(7) 2008 年 10 月—2009 年 8 月,从 1 664 点上升至 3 478 点,10 个月,涨幅 109%。
(8) 2013 年 6 月—2015 年 6 月,从 1 849 点上升至 5 178 点,24 个月,涨幅 180%。
上涨的平均周期为 16 个月,最短是 3 个月,最长是 28 个月。
平均涨幅为 380%,剔除第一次和最后一次,平均涨幅为 243%。

2. 八次下跌的时间和价格数据
(1) 1992 年 5 月—1992 年 11 月,从 1 429 点下跌至 400 点,5 个月,跌幅 72%。
(2) 1993 年 2 月—1994 年 7 月,从 1 553 点下跌至 325 点,18 个月,跌幅 79%。
(3) 1994 年 9 月—1996 年 1 月,从 1 053 点下跌至 512 点,16 个月,跌幅 51%。
(4) 1997 年 5 月—1999 年 5 月,从 1 510 点下跌至 1 047 点,24 个月,跌幅 31%。
(5) 2001 年 6 月—2005 年 6 月,从 2 245 点下跌至 998 点,48 个月,跌幅 56%。
(6) 2007 年 10 月—2008 年 10 月,从 6 124 点下跌至 1 664 点,12 个月,跌幅 73%。
(7) 2009 年 8 月—2013 年 6 月,从 3 478 点下跌至 1 849 点,46 个月,跌幅 47%。

（8）2015 年 6 月—2019 年 1 月，从 5 178 点下跌至 2 440 点，43 个月，跌幅 53%。

下跌平均周期为 26.5 个月，剔除第一次，平均周期 29.6 个月，最长 48 个月。

平均跌幅为 58%，最大跌幅是 79%，最小跌幅是 31%。

从上述数据中可以看出，股市趋势变化的周期越来越长，波动幅度也越来越大，为了能更准确地把握股市的长期趋势，需要从大的周期上观察和分析股市的变化。

3. 上证指数的月线走势

上证指数月线走势图如图 7-6 所示。

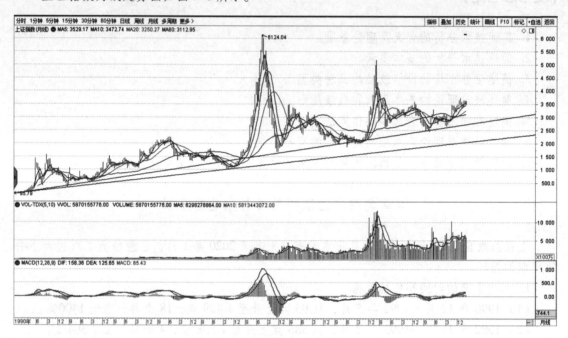

图 7-6　上证指数月线走势图

从月线走势图中可以看到，上证指数长期趋势是上涨的，底部越来越高，成交量也越来越大。如果沿 95 点、325 点、998 点画一条趋势线，可以看出未来股市的极限低点。如果沿 95 点、512 点、1 664 点画一条趋势线，可以看出股市的第二个低点。这两个位置都是可以考虑战略性建仓的点位。从目前趋势看，指数正沿着第二条趋势线运行上涨。

问题：

1. 在上证指数月线走势图上分析指数波浪的浪形，目前是上升浪中的第几大浪和第几小浪？

2. 请利用波浪理论和循环周期预测上证指数的未来走势，分析何时何价最有可能见顶见底。

第 八 章

K 线 理 论

第一节　K 线的起源和画法

K 线又称日本线，英文名称是蜡烛线（Candlestick），起源于日本德川幕府时代大阪堂岛的米市交易，距今已有 200 多年的历史。它采用图示的方法来计算米价每日的涨跌，创始人为本田宗久，其创立的"酒田战法"曾在米市交易中取得过连续 100 笔盈利的记录。后经过投资者的深入研究和改进，将其引入证券市场，出现了多种适合投资者买卖参考的 K 线图形，逐渐成为投资者广泛使用的短线操作工具。

K 线是将每日的开盘价、收盘价、最高价、最低价用蜡烛形连接起来的图形。K 线由影线和实体组成（见图 8-1）。影线在实体上方的部分叫上影线，在实体下方的部分叫下影线；

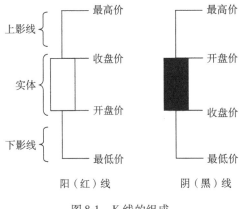

图 8-1　K 线的组成

实体分阳线和阴线，又称红线和黑线。

开盘价是指某个交易日第一笔成交的价格，是采用集合竞价的方式产生的。

最高价和最低价是某个交易日中曾经出现过的最高的和最低的一笔价格，反映了当天股票价格上下波动的幅度。如果这两个价格悬殊，则说明当天市场交易活跃，买卖双方争夺激烈。

收盘价是某个交易日中最后一笔成交的价格，反映的是多空双方交战的结果。收盘价上涨，代表多方占优势；收盘价下跌，表示空方暂时获胜。收盘价是最重要的价格指标，技术分析中所使用的价格通常是指收盘价。

一根 K 线记载的是股票在一个交易单位时间内价格变动的情况。若将各个交易时间的 K 线按时间顺序排列在一起，就组成了该股票的历史变动图形，即 K 线图。

分析 K 线图所表示的市场交易动态，可以看出买卖双方的力量强弱及竞争态势，并反映上涨、下跌、盘整三种基本行情变化的信息。投资者通过研究 K 线图，可以比较准确地判断股价的后期走势，进而决定自己的操作方向及买卖时点。

第二节　K 线的基本形态

单一 K 线有多种变形，投资者可根据实体的长度和上下影线的长短对多空双方力量进行衡量。

一般来说，阳线实体长，说明多方力量占优，阳线实体短，说明多方力量弱小；阴线实体长，说明空方力量强大，阴线实体短，说明空方力量相对较弱。

影线的情况稍显复杂：通常上影线长，下影线短，有利于空方，说明上方卖压大；上影线短，下影线长，有利于多方，说明下面有支撑。

单根 K 线主要有以下 14 种基本形状：

一、光头光脚大阳线（图 8-2）

开盘价为最低价，收盘价为最高价，表示多方势头强劲，空方毫无抵抗力。此形态经常出现在股价脱离底部的初期、回调结束后的再次上升以及高位的拉升阶段，有时也在股价严重超跌后的反弹中出现。

图 8-2　光头光脚大阳线

二、光头光脚大阴线（图 8-3）

开盘价为最高价，收盘价为最低价，表示卖方绝对占优，多方毫无抵抗力。此形态经常出现在头部形成后跌势的初期、反弹结束之后，或最后的打压过程中。

图 8-3　光头光脚大阴线

三、光头光脚小阳线（图 8-4）

没有上下影线，股价窄幅波动，表示买方力量逐步增加，多头暂时占优。此形态经常出现在上涨初期、回调结束或股价横盘的时候。

图 8-4　光头光脚小阳线

四、光头光脚小阴线（图 8-5）

没有上下影线，价格波动幅度有限，表示卖方力量有所增加，空方力量略占优势。此形态常出现在下跌初期、反弹结束或盘整时。

图 8-5　光头光脚小阴线

五、带上影线的阳线（图 8-6）

这是上升受阻型，表示多方在上攻途中遇到阻力。此形态经常出现在上涨途中、上涨末期，或股价从底部启动后遇到的成交密集区。上影线越长，表示上档压力越大；阳线实体越长，表示多方力量越强。

图 8-6　带上影线的阳线

六、带上影线的阴线（图 8-7）

它表示股价先涨后跌。阴线实体越长，表示空方势力越强。此形态常出现在阶段性的头部、庄家拉高出货或震仓洗盘时。

图 8-7　带上影线的阴线

七、带下影线的阳线（图8-8）

它表示股价先跌后涨，股价在低位获得支撑，卖方力量受阻。此形态常出现在市场底部区域或市场结束调整时。

图8-8　带下影线的阳线

八、带下影线的阴线（图8-9）

这是下跌抵抗型，股价下跌后获得支撑。它表示股价急跌后受到买方抵抗，可能会有反弹出现。此形态常出现在下跌中途或市场顶部附近。

图8-9　带下影线的阴线

九、带上下影线的阳线（图8-10）

它表示上有压力，下有支撑，但买方力量占优。此形态常出现在市场的底部，或股价上升途中。上影线长，表示上方阻力大；下影线长，说明下档支撑强。

图8-10　带上下影线的阳线

十、带上下影线的阴线（图8-11）

它表示上有抛盘，下有接盘，但空方占优。此形态常出现在市场顶部或股价下跌途中。阴线实体越长，表示空方做空的力量越大。

图8-11　带上下影线的阴线

十一、十字星形（图 8-12）

开盘价等于收盘价，并处于交易区间的中间，表示多空双方争夺激烈，即将分出胜负。此形态经常出现在市场的底部或顶部，是市场将要出现转折点的典型形态。

图 8-12　十字星形

十二、T 字形（图 8-13）

T 字形又称蜻蜓线，开盘价、收盘价、最高价相等，下影线表示下方有一定的支撑。此形态经常出现在市场的底部，有时也会出现在顶部，是市场的转折信号。

图 8-13　T 字形

十三、⊥ 字形（图 8-14）

⊥ 字形又称墓碑线，开盘价、收盘价、最低价相等或接近，上影线表示上方有一定的压力。如果上影线很长，则有强烈的下降含义。此形态经常出现在市场的顶部，偶尔也会出现在市场的底部。

图 8-14　⊥ 字形

十四、一字形（图 8-15）

开盘价、收盘价、最低价、最高价都相等时，就会出现一字形，一般是开盘后直接达到涨停板或跌停板，表示多方或空方力量绝对占优，涨跌停板全天没被打开。

———

图 8-15　一字形

投资者如果从涨跌概率的角度对单一 K 线进行归类，可将其分为两类：一是后市可能上涨的形态，包括光头光脚大阳线、带下影线的阳线、带下影线的阴线、T 字形、十字星形和一字形；二是后市可能下跌的形态，包括光头光脚大阴线、带上影线的阳线、带上影线的阴线、⊥字形、十字星形和一字形。

第三节　K线的组合形态

单根K线只反映股票单日的交易情况，不能充分说明市场趋势的持续和转折信息。实践中，投资者还需要研究K线组合形态，即通过观察多根K线组成的复合图形，分析市场多空力量的强弱，判断股价的后期走势。K线组合形态可分为反转组合形态和持续组合形态，常见的反转组合形态有12种，持续组合形态有4种。

一、早晨之星（图8-16）

早晨之星是典型的底部反转形态，通常出现在股价连续大幅下跌后的中期底部或数浪下跌后的大底部。

图8-16　早晨之星

早晨之星有三根K线。第一天为长阴线，为下降趋势的继续；第二天是带上下影线的十字星，与第一天之间有一向下跳空缺口，收盘价与开盘价持平；第三天是长阳线，实体长度已上推到第一天阴线实体的内部。

早晨之星的含义是黑暗已经过去，曙光即将来临，多空力量对比已开始发生转化，一轮上升行情将要展开。

二、黄昏之星（图8-17）

黄昏之星与早晨之星正好相反，是典型的顶部反转形态，通常出现在股价连续大幅上涨后的中期顶部或数浪上涨后的大顶部。

图8-17　黄昏之星

黄昏之星也由三根K线组成。第一天是长阳线，为上升趋势的延续；第二天是带上下影线的十字星，通常伴随着向上跳空缺口；第三天是长阴线，实体已深入到第一天阳线实体的内部。

黄昏之星的出现预示着黑夜已经降临，上涨行情即将结束，投资者应尽快抛股离场。

三、射击之星（图 8-18）

射击之星是一个小实体上面有一根长长的上影线，像古人拉弓射箭的形状。射击之星一般出现在连续上涨之后，是市场见顶的信号。

图 8-18　射击之星

射击之星是在上升趋势中，市场跳空向上开盘，出现了新的高点，最后收盘在较低的位置，留下长长的上影线。上影线长度是实体长度的三倍以上。

射击之星是市场失去上升动能的表现，是主力出货的常见图形。一般说来，后势如要突破射击之星创出的高点，往往需要相当长的时间。这时投资者应尽快退场观望，以免高位被套。

四、锤头（图 8-19）

锤头是一个小实体下面带有一根长长的下影线，似锤子带着锤把的形状。锤头的出现预示着下跌趋势即将结束，表示市场在用锤子夯实底部，是比较可靠的底部形态。

图 8-19　锤头

锤头是在下降趋势中，市场跳空向下开盘，疯狂卖出被遏制，市场又回到或接近当日最高点，留下长长的下影线。小实体在交易区域的上面，上影线没有或很短，常伴有底部放量，量能越大，信号越强烈。

五、吊颈（图 8-20）

吊颈是在高位出现的小阴实体，并带有长长的下影线，形状像一具上吊的尸体。它表示上涨趋势已经结束，主力正在出货。

图 8-20　吊颈

吊颈出现在上升趋势中，当天股价高开低走，盘中出现长阴线，主力尾市将股价拉起，几乎以最高点收盘，留下较长的下影线。吊颈欺骗性强，杀伤力很大，许多投资者会误以为下档有较强支撑，从而追涨被套。

吊颈形态出现的第二天多为阴线，且开盘价较低。阴线的长度越长，新一轮跌势出现的概率越大。

六、穿头破脚（图8-21）

穿头破脚有底部和顶部两种形态，是市场中最强烈的反转信号。顶部类似于"崩盘"，而底部多为"井喷"。

（顶部）　　　　　　　　（底部）

图8-21　穿头破脚

顶部穿头破脚是指股价经过较长时间的上升后，当天股价高开低走，收出一根长阴线，并将前日阳线全部覆盖，表示主力将股价推至高位后，高开制造假象，吸引跟风盘，随后大肆出货，将跟进者一网打尽。

底部穿头破脚是指股价经过一段时间的下跌后，当日股价低开高走，收出长阳线，这根长阳线将前日阴线全部覆盖，表示股价跌至低位后，再次杀跌引出割肉盘，随后将股价推高，一举收复前日失地，市场开始快速攀升。

七、乌云盖顶（图8-22）

乌云盖顶也属于拉高出货的顶部反转形态，预示在暴风雨即将来临的前夜，乌云压城城欲摧。乌云盖顶与顶部穿头破脚类似，只是在图形上阴线的收盘仅切入到阳线的2/3处，具有一定的不确定性，杀伤力也次于顶部穿头破脚。

图8-22　乌云盖顶

乌云盖顶是在市场上升后期，出现了一根长阳线，第二天股价跳高开盘，收盘价却下降到阳线实体中间之下，表示趋势反转已经发生，随后将出现较长时间的下跌，这时投资者应迅速离场。第二天阴线刺入前日阳线的程度越深，顶部反转的可能性越大。

八、双飞乌鸦（图8-23）

双飞乌鸦是指在市场的高位出现了两根并排的阴线，像两只乌鸦在摇摇欲坠的枯树枝上乱叫，预示"祸不单行"，市场将大幅下跌。

双飞乌鸦是在股价连续大幅上升之后，第一天是长阳线，第二天高开收出带缺口的阴线，表示向上攻击失败，第三天再次跳高开盘，收出阴线，收盘比前一日阴线低，但仍高于第一天阳线的收盘价。此形态说明牛市已被遏制，股价将下跌。

图8-23　双飞乌鸦

九、双针探底（图8-24）

双针探底是指两根有一定间隔的K线，都带有较长的下影线，下影线的位置非常接近。这是常见的底部反转形态。

图8-24　双针探底

双针探底出现在股价连续下跌之后，表示股价已经过两次探底，下档有较强的支撑，底部确认有效。双针探底经常由一个底部十字星和一个锤头组成，第二根K线的低点常比第一根K线低点高。

十、身怀六甲（图8-25）

身怀六甲是指在高位长阳线或低位长阴线之后，在实体中间部位出现的小阴或小阳线，好像前日K线怀中的胎儿。人们常把小阳线称为上涨孕，小阴线称为下跌孕。此形态一般预示着市场上升或下跌的力量已经衰竭，已有改变既有趋势的迹象。

图8-25　身怀六甲

身怀六甲常出现在涨势或跌势的后期。由于反转的速度较慢，所以许多投资者会以为市场处于休整状态而未能及时采取措施。投资者此时可观察成交量，如果前日成交量放大后又突然急剧萎缩，则市场反转的可能性大。

十一、三个白武士（图8-26）

三个白武士又称为红三兵，是指三根连续上升的小阳K线，收盘价一日比一日高。此形态表示多头力量聚集，武士稳扎稳打，步步进逼。

三个白武士一般出现在市场见底回升的初期，每日收盘价虽为当天最高点，但开盘价均在前一天的实体之内，因而总体升幅不大，是稳步向上推高的状态。这时投资者应逢低建仓，及时跟进以免踏空。市场底部出现此形态，常表示后势将加速上涨。

图 8-26　三个白武士

十二、三只黑乌鸦（图 8-27）

三只黑乌鸦是红三兵的反面"副本"，是指三根连续下跌的小阴 K 线，收盘价一日比一日低，表示空方力量在逐渐加强，后市看淡。

图 8-27　三只黑乌鸦

三只黑乌鸦一般出现在市场见顶之后，每日的收盘价均出现新低点，而每日的开盘价却在前一日的实体之内，下跌的节奏较为平缓，空方在慢慢杀跌，后势有可能加速下滑。这时投资者应果断决策，争取在第一时间平仓离场。

十三、上升三部曲（图 8-28）

上升三部曲是一种持续组合形态，是指一根长阳线后接三根较小阴线，再接一根大阳线的组合。这是典型的震荡洗盘手法，表示后市将会继续上涨。

图 8-28　上升三部曲

上升三部曲不是转势信号，而是表明升势将继续的持续整固信号。通常第一天为急升长阳线，随后是三根小阴线，实体都包含在第一天阳线之内，成交量萎缩，接着又一根阳线拔地而起，收盘价创出新高，市场重归升途。投资者应在整理结束时建仓或加码买进。

十四、下跌三部曲（图 8-29）

下跌三部曲也是持续组合形态，是指一根长阴线后接三根小阳线，再接一根大阴线的组合。此形态反映市场极度虚弱，股价大跌小涨，空方占有绝对优势。

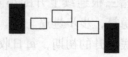

图 8-29　下跌三部曲

下跌三部曲发生在市场下跌途中，第一天为急跌长阴线，随后出现三根细小的反弹阳线，实体都包含在第一天阴线之内，接着又一根阴线破位而下，击穿市场多日形成的盘整巩固区间，市场重新步入下跌的轨道。

十五、两阳夹一阴（图 8-30）

两阳夹一阴属上升中继形态，是指在上升途中一根阴线夹在两根阳线中间，主力震荡洗盘的图形。

图 8-30　两阳夹一阴

两阳夹一阴是常见的上升形态，表示股价在盘升过程中不断遭到卖方打压，但逢低介入的买方众多，股价回档有限，且顽强上涨。擅长短线操作的投资者可利用冲高和回档之际做短差，但前提是不能丢掉筹码。

十六、两阴夹一阳（图 8-31）

两阴夹一阳属下跌抵抗形态，是指在下跌途中一根阳线夹在两根阴线中间，主力震荡出货的图形。

图 8-31　两阴夹一阳

两阴夹一阳是常见的下跌形态，表示股价在下跌过程中不断受到买方抵抗，但逢高出货者众多，股价反弹高度有限，且跌势不止。投资者应利用反弹机会逢高卖出，等股价跌到底部后，再重新进场承接。

K 线组合比单一 K 线有更强的实战意义。投资者既可以将 K 线组合划分为反转组合形态和持续组合形态，也可以将 K 线组合归纳为上涨形态和下跌形态。上涨形态主要有早晨之星、锤头、底部穿头破脚、双针探底、身怀六甲、三个白武士、上升三部曲、两阳夹一阴；下跌形态主要有黄昏之星、射击之星、吊颈、顶部穿头破脚、乌云盖顶、双飞乌鸦、身怀六甲、三只黑乌鸦、下跌三部曲、两阴夹一阳。

第四节　K 线的实际应用与应注意的问题

一、K 线的实际应用

K 线图表简洁直观，立体感强，而 K 线组合形态信息明确，判断后市准确率较高，故 K 线理论在股市中深受投资者的欢迎，使用者众多。但在实践中投资者要做到精通 K 线，利用 K 线跑赢市场，战胜庄家，并不是一件容易的事，需要有扎实的功底和娴熟的使用技巧。因此，投资者应在实践中不断学习，通过实战提高自己解析图表、把握大势的能力。

（一）利用 K 线组合判断大势走向（图 8-32）

上证指数自 2017 年 12 月 28 日开始走出一波上涨行情，经过 21 个交易日，从 3 296.38 点上涨到 3 587.03 点。当天大盘高开震荡回落，午盘翻绿杀跌，一根中阴线吃掉 3 根 K 线，K 线组合为顶部穿头破脚形态，成交量放大，该点构成了顶部，随后几天股市开始走低。

经过 5 天的震荡下跌，随后反弹出现一根光头阳线，但成交量并没有有效放大，次日大盘继续低开低走，成交量持续放大，表明主力再次大肆出货，散户可跟风杀跌。

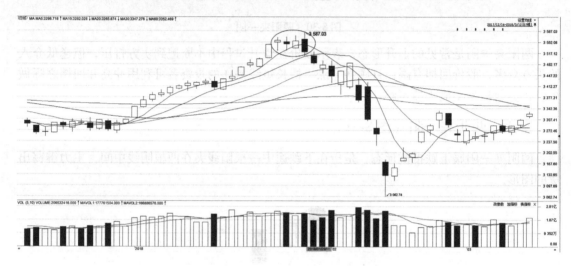

图 8-32　上证指数 K 线形态分析图

（二）利用 K 线组合判断个股走势（图 8-33）

航天彩虹（002389）在经过前期大幅上涨后，2017 年 10 月 16 日达到高点 29.97 元，

图 8-33　航天彩虹日 K 线形态分析图

当天收出一根高位墓碑线十字星，第二天一根阴线已插入十字星前一日的 T 形阳线内部，构成典型的黄昏之星形态，随后股价开始大幅下跌。

二、应用 K 线应注意的问题

K 线表现市场有很强烈的视觉效果，是最能够体现市场行为的图表之一。但是，由于 K 线是依靠人们的主观印象建立起来的，是人们对历史走势形态的一种归纳和表达方法，并没有严格的科学逻辑，因此它并非十全十美，也存在着一些缺陷。投资者在应用时应注意以下几个问题：

1. 单根 K 线分析的出错率是比较高的

K 线是一种短线分析方法，是试图用昨天的 K 线特征去描述今天的走势，再以今天的 K 线特征去预测明天的市场。而市场的实际变化是复杂的，经常会与投资者的主观判断出现偏差。在盘中操作时依据想象的、不确定的结果进行买卖，成功的概率不可能很高。

另外，用收市后的 K 线图形作为判断依据，经常会出现"顺势难为"和"逆势是否能为"的两难选择。例如对于已涨停的股票，不到收市前不能确定 K 线的性质，确定了 K 线的性质又买不进去，若涨停板打开又担心上影线过长，且害怕其进一步演变成射击之星等。

2. K 线方法只能作为战术手段，不能作为战略手段

K 线方法经常用于战术决策，并且是作为其他理论的辅助工具来使用的。在实践中，如果将 K 线与趋势分析或指标分析结合使用，优点会十分突出。例如，当使用波浪理论计算目前价位到了某一个技术阻力，又恰逢某个重要的时间窗口，K 线也发出卖出信号时，这时卖出一般不会错，投资者应当机立断采取行动。

3. 投资者要善于使用周 K 线，周 K 线对于中线投资者有较高的应用价值

在股市中，多数投资者都看日 K 线，用日 K 线指导股票操作。但日 K 线容易出错，且经常被庄家操纵做出骗线。而周 K 线反映的是中级行情，时间跨度长，庄家做出骗线的难度非常大，所以周 K 线的准确性远高于日 K 线。例如，当日 K 线是底部形态，而周 K 线是持续下跌形态时，说明股价并未见底。

在股市中，一般大周期管中周期，中周期管小周期，因此周 K 线管日 K 线。只有当周 K 线见顶或见底，日 K 线也见顶或见底时，这个顶部或底部才会真实可靠。

4. K 线组合形态要根据实际情况进行分析和使用

K 线组合形态是总结历史经验的产物。在实际市场中，完全符合前面所介绍的组合形态的情况并不多见，如果一成不变地进行照搬，有可能会错失买入或卖出的良机。如当 K 线组合形态出现平顶、圆弧顶或塔形顶时，同样投资者应该采取卖出行动。所以，投资者在实战中要根据具体情况灵活地调整操作策略。

【本章小结】

本章主要介绍了 K 线的含义和画法、单一 K 线的形状及多空含义、K 线组合的主要形态和意义以及应用 K 线应注意的问题。投资者在使用 K 线分析进行买卖操作时，要结合实际情况加以灵活运用。

【主要名词】

K线　实体　影线　早晨之星　黄昏之星　射击之星　双针探底　乌云盖顶　身怀六甲
红三兵　反转组合形态　持续组合形态

【复习思考题】

1. 简述K线的含义和画法。
2. 简述K线的基本形态及其所表示的多空含义。
3. 画出并解释单一K线上涨和下跌的几种形态。
4. 简述应用K线应注意的问题。
5. 试对12种K线反转组合形态和4种K线持续组合形态进行判断与分析。

本章案例　吉宏股份（002803）的送配炒作

吉宏股份（002803）注册地在福建厦门。公司的主要产品为彩色包装纸盒、彩色包装箱、塑料软包装等，广泛应用于快速消费品的外包装。公司注重产品研发，单独设立了研发设计部，较早实现了计算机直接制版（CTP）技术的开发与熟练应用，并掌握了多色、高速、自动、联动等先进印刷技术。通过持续加大对技术与产品研发的投入，公司的数字化技术和信息化水平得到有效提升，并于2011年被评为"高新技术企业"。公司于2016年7月14日在深交所上市。

公司于2020年4月15日公布年报，每股收益1.520 0元，每股净资产6.320 4元（见表8-1），每股资本公积金2.343 6元，年度分配预案为以董事会审议通过分配预案之日的总股本为基数，向全体股东每10股派发现金股利人民币1.00元（含税），同时以资本公积金向全体股东每10股转增7股。

表8-1　吉宏股份2019年度主要财务指标

基本每股收益（元）	1.520 0
加权平均净资产收益率（%）	28.63
归属上市公司股东的每股净资产（元）	6.320 4

公司2019年年报经审计，审计意见类型为：标准无保留意见。

2019年度资本公积金转增股本预案为：每10股派发股利1.00元（含税）并转增7股。

当天股价跳空高开，早盘有所冲高，接连2天的涨幅达10%左右，最高价触及32.64元。预示买盘意愿较为强烈，股价方向看涨，但因为当时市场整体情绪不佳，股价受外围环境影响，进入短暂下跌调整。刘先生在第二天以30.05元的开盘价买入，但未能及时获利出局，后来股价调整后再涨，直至6月5日，K线出现带上下影线的（近似）十字星，刘先生判断为"黄昏之星"，于是选择止盈离场，以43.30元抛掉手中股票，此间经历一个半月，收益达到 44.09%。

但刘先生未注意到该十字星成交量并没有放大，离场后股价小幅上涨，并在震荡调整了 17 个交易日后再次启动，7 月 7 日一根涨停大阳线突破震荡平台上沿 29.21 元，宣示填权行情拉开帷幕。从 6 月 29 日的最低价 24.60 元算起，到完成填权缺口回补，共用时 17 个交易日，期间涨幅达 52.12%，且保持继续上涨的趋势。刘先生踏空了填权行情（见图 8-34）。

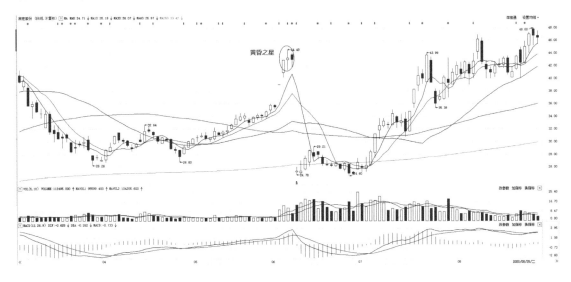

图 8-34　吉宏股份日 K 线

从该股走势中可得到如下启示：

（1）总股本和流通股本属于中小盘，或每股净资产和每股公积金高的股票，股本扩张潜力大，成为黑马的概率也大。

（2）庄家操作的个股走势有时会独立于大盘之外，不受大盘涨跌的影响。投资者一旦发现股票启动，可迅速出击，跟随持股。

（3）使用 K 线图进行投资时还要考虑均线系统和量价关系，特别是在震荡市中，按技术方法进行操作往往能获得超额收益。

（4）当股价涨幅已高时，送配股经常是庄家出货的机会，投资者此时应果断抛出股票，获利离场。

2018 年 11 月 23 日，沪深交易所发布了《上市公司高送转信息披露指引》，其核心要点是：高送转比例与业绩挂钩；高送转披露时间必须与限售股解禁避开；高送转披露时间必须与重要股东减持避开。上述高送转指的是：深市主板股票 10 送转 5 以上，中小板 10 送转 8 以上，创业板 10 送转 10 以上；沪市 10 送转 5 以上。

企业要实施高送转，需要满足的财务条件规定如下：

（1）最近两年同期净利润持续增长，且每股送转比例不得高于上市公司最近两年同期净利润的复合增长率。

（2）上市公司在报告期内实施再融资、并购重组导致净资产有较大变化的，每股送转比例可以不受前款规定的限制，但不得高于上市公司报告期末净资产较之期初净资产的增长率。

（3）上市公司最近两年净利润持续增长且最近三年每股收益均不低于1元，上市公司认为确有必要提出高送转方案的，每股送转比例可以不受前两款规定的限制，但应当充分披露高送转方案的主要考虑及其合理性，向投资者揭示风险，且其送转后每股收益不得低于0.5元。

问题：

1. 高送转新规颁布后，投资者如何参与送配题材股的炒作？

2. 很多人对赚钱的股票持有时间太短，而对赔钱的股票持有时间太长，请分析原因。

第 九 章

移动平均线

第一节　移动平均线的绘制方法

一、移动平均线的计算方法

　　利用统计学上移动平均的原理，将某股票连续若干交易日的收盘价（或股指）之和除以连续的交易日的天数，得到该股票的均价（或均股指），再按设定天数连续计算若干日，从而得到该股票的若干个均价（或股指），将得到的均价连接成一条股价（或股指）均线，即得到移动平均线（MA）。移动平均线可以消除小级别价格变动的影响，动态地反映股价（股指）的平均价格水平，主要用于观察股价（或股指）的变动趋势。

二、移动平均线的绘制举例

（一）算术移动平均线

$$\mathrm{MA}(n) = \frac{P_1 + P_2 + \cdots + P_n}{n}$$

式中，n 为设定的交易日天数；P 为收盘价（股指）。

　　例如，某股票的交易日收盘价如表9-1所示，则 $\mathrm{MA}(5) = (3.3 + 3.0 + 3.6 + 3.1 + 4.0)$ 元 $/5 = 3.4$ 元。

表 9-1　某股票的交易日收盘价（一）

日　期	收盘价（元）	MA(3)（元）	MA(5)（元）
1	3.3		
2	3.0		
3	3.6	3.3	
4	3.1	3.23	
5	4.0	3.57	3.4
6	4.3	3.8	3.6

（二）加权移动平均线

算术移动平均线没有考虑近期和远期的价格对股价（股指）的不同影响。为了反映近期与远期价格对股价（股指）的不同影响，根据移动平均线的原理构造出加权移动平均数。其计算公式为

$$A_n = \frac{1 \times P_1 + 2 \times P_2 + \cdots + n \times P_n}{1 + 2 + \cdots + n}$$

式中，$1, 2, \cdots, n$ 为设定天数。

例如，某股票的交易日收盘价如表 9-2 所示，则 $A_5 = (1 \times 3.3 + 2 \times 3.0 + \cdots + 5 \times 4.0)$ 元 $/(1 + 2 + 3 + 4 + 5) = 3.5$ 元。

表 9-2　某股票的交易日收盘价（二）

日　期	收盘价（元）	A_3（元）	A_5（元）
1	3.3		
2	3.0		
3	3.6	3.35	
4	3.1	3.25	
5	4.0	3.63	3.5
6	4.3	4	3.8

以股价（股指）为纵坐标，时间为横坐标，将每日的平均数分别标于图上，连接起来，就得到一条移动平均线。

三、移动平均线的种类

移动平均线根据计算周期的不同设定，一般可分为短期、中期和长期三种。

（一）短期移动平均线

短期移动平均线（简称短期均线）主要是 5 日、10 日移动平均线。我国证券市场每周 5 个交易日，所以 5 日移动平均线又称周线。5 日移动平均线可以与周 K 线相互印证，便于判断行情。但是它样本少，起伏较大，规律性不强，因而实用价值不大。10 日移动平均线简单易算，能比较准确地反映短期内股价平均成本的变动趋势，可作为短线买卖的参考依据，使用比较广泛。

（二）中期移动平均线

中期移动平均线（简称中期均线）取样是 20 日、30 日、60 日、90 日。20 日和 30 日移动平均线可作为月线，反映股价月平均变动成本，尤其是在股市走势尚未明确前，能预示股价未来的变动方向，有效性比较高；60 日和 90 日移动平均线是季线，由于其样本大小适中，波动幅度比短期移动平均线平滑且轨迹可寻，又比长期移动平均线敏感，对中期投资者效果明显。

（三）长期移动平均线

长期移动平均线（简称长期均线）取样是 120 日、150 日、200 日、240 日和 300 日。120 日移动平均线称为半年线，由于我国投资者注重短线差价利润，因而半年线的实用效果不明显。200 日移动平均线是葛兰维尔分析研究推出的，在欧美股市技术分析中经常采用，但在我国运用不普遍。240 日移动平均线称为年线，它的轨道相对平滑，偏差较低，反映了股价长期变动趋势，是机构和大户操作股票参考的重要依据。240 日移动平均线可用于判断当前市场是牛市或熊市：若股价在 240 日移动平均线之下，则是熊市；若股价在 240 日移动平均线之上，则是牛市。300 日移动平均线时间太长，价值不大。

在三种移动平均线中，短期均线波动幅度最大，中期均线其次，长期均线较平缓。取样太小，均线起伏不规则；取样太大，均线过于平滑，无明显转折点。因此，短、中、长期均线应配合使用，这样才具有客观准确的指导作用。此外，要注意短、中、长期的划分并不是固定的，要结合市场和个股的状况具体进行分析。

各类移动平均线如图 9-1 所示。

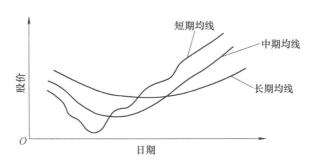

图 9-1　各类移动平均线

四、移动平均线的特性

移动平均线的基本思想是消除偶然因素的影响，尽可能地反映价格变动趋势的本质。移动平均线具有以下几个特性：

（一）趋势性

移动平均线与股价上升或下降的趋势线方向一致，能消除中间股价在这个过程中出现的上下起伏，与原始股价线相比，有反映股价趋势的作用。

（二）稳定性和滞后性

移动平均线比日线震荡幅度小，上升下降比较稳定，而且取样时间越长的移动平均线，稳定性表现得越明显。在股价开始变动的初期，移动平均线通常沿原来的方向移动，等到股价变动趋势比较显著的时候，移动平均线才开始沿变动的方向向下或者向上移动。因此，移动平均线在稳定的同时也表现出滞后性，在价格变动幅度已经很大的时候，平均线才能发出趋势反转的信号，而且取样时间越长的移动平均线滞后性越严重。

（三）支撑性和助涨性

股价从下向上突破移动平均线，移动平均线开始向上移动，说明此时多头力量占优势，价格有继续向突破方向行进的愿望。如果股价回跌至平均线附近，平均线会产生支撑力量，此时是买进时机，平均线不断上移，又支撑股价继续上升，这是平均线的助涨性。直到股价上升速度变慢甚至开始下跌，平均线上移减速，股价再次下跌至平均线附近，甚至有返回平均线下方的趋势，此时平均线将不再助涨，因而不能贸然买进。

（四）阻力性和助跌性

股价从上向下突破移动平均线，移动平均线开始向下移动，说明此时买方数量减少，空头力量占优势，股票有被抛售趋势，价格有继续下跌的愿望。如果股价回升至平均线附近，平均线会产生阻力，此时是卖出时机，平均线不断下移，又对股价产生出不断打压的作用，这是平均线的助跌性。直至股价下跌速度变慢甚至开始回升，平均线下移减速，股价再次升至平均线附近，甚至有重返平均线上方的趋势，此时平均线不再助跌，不必急于卖出。

第二节　葛兰维尔八大法则

美国著名股票分析家葛兰维尔（G. E. Granville）根据200日移动平均线与每日股价平均值的关系提出了买卖股票的八大法则，其中四条是买进时机，四条是卖出时机，如图9-2所示。

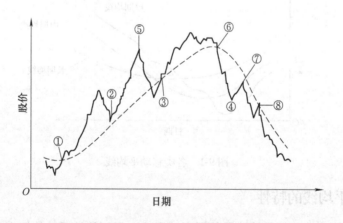

图9-2　葛兰维尔八大法则买卖示意图

一、买进法则

（1）当移动平均线持续下降结束后，进入平衡上升状态，而股价线（日线）从移动平均线下方突破并向上延升时，即为买进信号。这是因为移动平均线止跌转平，表示股价将转为上升趋势，而此时股价再突破平均线向上延升，则表示当天股价已经突破卖方压力，买方已处于相对优势地位，如图9-2中①所示。

（2）股价在移动平均线之上，且向移动平均线靠近，尚未跌破移动平均线又再度上升时，股价上升之初，即为买入点。因为这种情况往往表示投资者获利回吐，但由于承接力较强，股价在短期内经过重整后，又会强劲上升，如图9-2中②所示。

（3）股价线虽跌入平均线下方，而平均线依然上行，股价线也随之再转跌为升，穿破平均线，这时，如果股价绝对水平不是很高，那么这表明买力很大，是一种买进信号。因为移动平均线的移动较为缓慢，当移动平均线持续上升时，若股价急速下跌并跌至平均线之下，在多数情况下这种下跌只是一种假象，几天后股价又会回升至移动平均线之上。不过，在股价水平已经相当高时这并不一定是买进信号，如图9-2中③所示。

（4）股价线与平均线都在下降，且股价线在平均线之下迅速暴跌，远离平均线，两线分久必合，股价线极有可能再反弹趋向平均线，亦是买入良机。因为这是超卖现象，往往预示股价过度偏低，极有可能反弹至移动平均线附近，如图9-2中④所示。

二、卖出法则

（1）平均线上行，股价线在平均线的上方，且上升离平均线越来越远，这是卖出信号。因为股价在移动平均线之上，显示价格已经相当高，且移动平均线和股价之间的距离很大，意味着价格太高，刚刚买入者都可以卖出股票获利，随时都有大量卖出形成暴跌的可能。在这种情况下，股价一旦出现下降，即为抛售信号。如果股价还在继续上涨，那么可采用成本分摊式的买进，即随着价格上涨程度的提高，逐渐减少购买量，以减小风险，如图9-2中⑤所示。

（2）平均线从上升转为平缓且有下跌趋势，而股价线从平均线上方下落跌破平均线时，卖压渐重，为卖出时机。这是因为移动平均线开始下跌，表示股价将转为下跌趋势，此时股价再突破平均线而向下走，表示当天股价已经突破买方力量，卖方已处于相对优势地位，如图9-2中⑥所示。

（3）平均线下滑，股价线在平均线之下，稍现反弹的股价线无力突破平均线，且随下滑的平均线而再现下跌的趋势，须尽早卖出股票。因为这是下降趋势中的价格反弹，是一种短期现象，如图9-2中⑦所示。

（4）平均线继续下跌，股价线虽然上升突破平均线，但是很快又跌至平均线之下，而且随平均线继续下跌，这时宜尽快卖出股票。因为平均线持续下跌，如果股价急速上升并突破平均线，在多数情况下这种上升只是股价下降趋势中的暂时反弹，几天后股价又会下跌至移动平均线之下。不过，如果股价的下跌程度已相当深，那么这种规则就不一定适用，它可能是回升趋势中的暂时回落，如图9-2中⑧所示。

葛兰维尔法则中①、②是运用短期移动平均线操作的最佳买入时机，投资者可果断买入；⑥、⑦是运用短期移动平均线操作的最佳卖出时机，投资者可果断卖出；但法则③和⑧运用风险较大，未熟练掌握可暂时放弃运用；法则④和⑤没有明确股价偏离平均线多远时才可买卖，投资者需结合运用乖离率综合判断。

三、乖离率指标

（一）乖离率的定义和计算方法

乖离率（BIAS）是衡量股价和移动平均线之间距离远近的技术指标。理论基础主要从投资者的心理角度来分析，平均线可以代表平均持仓成本，利好利空的刺激会造成股价出现暴涨暴跌。当股价离平均线太远时，就会随时有短期反转的可能，乖离率的绝对值越大，股价向平均线靠近的可能性就越大。

$$乖离率 = \frac{当天收盘价 - N天内移动平均收盘价}{N天内移动平均收盘价} \times 100\%$$

股价在平均线之上，乖离率为正值；股价在平均线之下，乖离率为负值；股价与平均线一致时，乖离率为0。正乖离率越大，表示短期多头获利回吐的可能性大，是卖出信号；负乖离率绝对值越大，表示空头回补的可能性大，是买入信号。需要注意的是，对于投机性很强的市场和个股，乖离率弹性很大，不足以作为投资依据。

（二）乖离率的参考值

由于股价相对不同天数的平均线有不同的乖离率，因此，不同天数平均线买卖的乖离率参考值不同。通常，当BIAS（5）>3.5%、BIAS（10）>5%、BIAS（20）>8%、BIAS（60）>10%时是卖出时机；当BIAS（5）< -3%、BIAS（10）< -4.5%、BIAS（20）< -7%、BIAS（60）< -10%时是买入时机。

如果遇到特殊情况产生了暴涨暴跌，以上参考的数字要更大些。如对于综合指数，BIAS（10）>30%为卖出时机，BIAS（10）< -15%为买入时机。对于个股，BIAS（10）>40%为卖出时机，BIAS（10）< -20%为买入时机。

（三）乖离率曲线的形态

乖离率曲线在高位形成双重顶或三重顶等顶部反转形态时，可能预示着股价由强势转为弱势，股价即将大跌，应及时卖出股票；反之，如果乖离率曲线在低位出现双重底或三重底等底部反转形态时，可能预示着股价由弱势转为强势，股价即将反弹向上，可以逢低少量吸纳股票。判断股价走势时，应将乖离率曲线与股价线配合使用，如果股价线出现同样的形态，则涨势或跌势更可以确认。

第三节　移动平均线的组合分析

平均线的日数没有一定的标准和规定，短线投资者一般选用10日移动平均线，中线投资者选用60日移动平均线，长期投资者则选用120日移动平均线。为了判断现在的市场是牛市还是熊市，很多投资者也选用240日移动平均线。为了避免平均线的局限性，更有效地掌握买卖的时机，充分发挥移动平均线的功能，一般将不同期间的平均线予以组合运用，组合内移动平均线相交与同时上升排列或下跌排列均为趋势确认的信号。

一、各移动平均线、股价走势线运行方向趋于一致

（一）黄金交叉与多头排列

黄金交叉是指上升的初期，股价线、短期移动平均线、中期移动平均线、长期移动平均线依次有规则地由下往上穿，形成交叉，即股价线从下往上穿过短期、中期、长期移动平均线，短期移动平均线由下往上穿中期、长期移动平均线，中期移动平均线由下往上穿长期移动平均线，这样有规则地交叉将形成三角状的交叉，称为黄金交叉。它是一个重要的反转信号，预示行情可能会短期、中期反弹或反转上升，此时是风险较小的买点。黄金交叉与多头排列紧密相连，是确立多头排列行情成立的前期步骤，如图9-3所示。

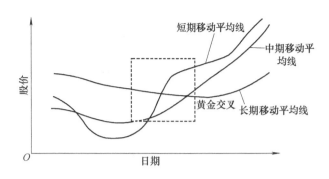

图9-3　均线黄金交叉与多头排列

多头排列是在上升行情进入稳定期，当股价线、短期移动平均线、中期移动平均线、长期移动平均线全部向右上方移动，而且股价线、短期移动平均线、中期移动平均线、长期移动平均线依次从上到下排列，这说明过去投资者购入股票成本较低，股价上涨趋势已经确认，做短线的、中线的、长线的投资者都可获利，是典型的牛市行情。

（二）死亡交叉与空头排列

死亡交叉是指在下跌的初期，股价线、短期移动平均线、中期移动平均线、长期移动平均线依次有规则地从上往下穿行，形成交叉，即股价线从上往下穿过短期、中期、长期移动平均线，短期移动平均线由上往下刺穿中期、长期移动平均线，中期移动平均线由上往下刺穿长期移动平均线，这样有规则地交叉将形成三角状的交叉，称为死亡交叉。它是一个重要的反转信号，预示着行情可能会短期、中期回调或反转下跌，此时是风险较小的卖点。死亡交叉与空头排列紧密相连，是确立空头排列行情成立的前期步骤，如图9-4所示。

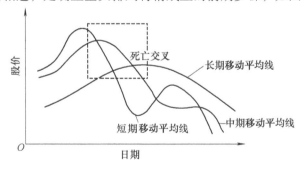

图9-4　均线死亡交叉与空头排列

空头排列是在下跌较稳定的时期，当股价线、短期移动平均线、中期移动平均线、长期移动平均线全部向下行，且股价线、短期移动平均线、中期移动平均线、长期移动平均线依次从下到上排列时，表明股价下跌趋势已经确认，行情在一段时间内会继续走低。这种情形说明过去买入的股票正在持续下跌，做短、中、长线的投资者都在做空抛卖，是典型的熊市行情。

二、各移动平均线、股价走势线运行方向不一致

（一）方向相反

各移动平均线、股价走势线运行方向不一致，表明股价行情可能属于回调或反弹。股价走势线、短期移动平均线向下行，而中长期移动平均线仍向上移动，上升趋势未改变，表明

只是短期回调，直到股价与短期移动平均线相继跌至长期均线下方，而中长期移动平均线亦有向下反转移动的迹象时，趋势才会改变；股价走势线、短期移动平均线向上行，而中、长期移动平均线反向下行，下跌趋势没有改变，表明股价只是暂时反弹，直到股价和短期移动平均线先后回到中长期移动平均线上方，而中长期移动平均线亦有向上反转的迹象时，趋势才会改变。

（二）互相缠绕，方向不明确

股价走势线、短期移动平均线与中、长期移动平均线不断上下交织，不规则缠绕运行，说明近期买进的股票平均成本趋于一致，表明行情处于盘整，多空对峙将持续一段时间，静待买方或卖方打破僵局，使行情再度上升或下降。

三、移动平均线操作方法

（一）一根均线法

一根均线法即选择一根移动平均线作为操作依据，线上持股，线下持币。

例如，短线投资者使用最多的是 10 日移动平均线，当收盘价在 10 日移动平均线上方时买入，在 10 日移动平均线下方时卖出。

如果买入后股价继续上升，则需要耐心持有，直到股价跌破 10 日移动平均线时再卖出。

如果买入后股价很快跌破 10 日移动平均线，则需要立即斩仓或平仓出局。

当然，投资者也可以选择 5 日移动平均线、20 日移动平均线或 30 日移动平均线；同时，要注意选择的股票应有较大的上升空间，如 20% 以上。

（二）双均线操作法

双均线操作法即利用两根移动平均线的交叉来指导买卖操作。

例如，短线操作时，当 10 日移动平均线走平，5 日移动平均线上穿 10 日移动平均线时买入。中线操作时，当 60 日移动平均线走平，30 日移动平均线上穿 60 日移动平均线时买入。长线操作时，当 120 日移动平均线从下跌开始走平，60 日移动平均线向上黄金交叉 120 日移动平均线时买入。

当股价呈单边走势时，投资者也可只看 5 日移动平均线和 5 周移动平均线，上穿时买入并持股，下穿时卖出并持币。

使用双均线操作法时，投资者要注意与 MACD 指标顶底背离结合起来使用，判断进场或出场的时机。

（三）使用要点

（1）移动平均线可以独立构造出一个操作体系，内容应包括周期时间、运动方向、级别大小、趋势拐点。

（2）在上涨趋势中，黄金交叉经常是趋势的加速点，死亡交叉经常是买点；在下跌趋势中，黄金交叉经常是卖点，而死亡交叉又经常是买点。

（3）注意当短期、中期、长期移动平均线都向上时，才是真正的黄金交叉。

（4）投资者可以在较大的周期上判断和跟随趋势，在较小的周期上寻找买卖点。

第四节 移动平均线的实战运用

一、运用移动平均线应注意的问题

首先，单一的移动平均线不足以确认趋势。投资者要结合短期、中期、长期移动平均线进行综合分析。但是，投资者也可以根据投资需求确认重点使用的移动平均线。短期、中期、长期移动平均线分别适用于短期、中期和长期投资者。

其次，移动平均线对盘局整理阶段不适用。在盘整阶段或趋势形成后的中途休整阶段，移动平均线的信号出现得很频繁，极易发出错误的信号。

再次，移动平均线发出的信号往往滞后，影响投资者对行情高峰和谷底的准确把握。

最后，移动平均线应和股价 K 线、成交量、乖离率等结合使用。

二、运用移动平均线判断大市和个股走势的实例

[**例 1**] 图 9-5 是上证指数 2018 年 9 月—2019 年 4 月的日 K 线，图中四条移动平均线的参数分别为 5、10、20、60。局部低点为 2 440.91，最高点为 3 288.45。2019 年 1 月 3 日—1 月 17 日，MA（5）、MA（10）、MA（20）分别调头向上，股价线上穿 MA（5）、MA（10）、MA（20）、MA（60），MA（5）上穿 MA（10）、MA（20）、MA（60），MA（10）上穿 MA（20）、MA（60），MA（20）上穿 MA（60），出现黄金交叉，形成多头排列，MA（60）走平并于 2 月 12 日上翘，各移动平均线在股价线下方运行，起着支撑上升的作用，股价走出不断上升的行情。

[**例 2**] 图 9-6 是上证指数 2017 年 12 月—2019 年 1 月的日 K 线，图中四条移动平均线的参数分别为 5、10、20、60。局部最高点为 3 587.03，最低点为 2 440.91。2018 年 1 月 29 日—2 月 28 日，MA（5）、MA（10）、MA（20）、MA（60）分别调头向下，股价线下穿 MA（5）、MA（10）、MA（20）、MA（60），MA（5）下穿 MA（10）、

图 9-5 上证指数 2018 年 9 月—2019 年 4 月的日 K 线

MA（20）、MA（60），MA（10）下穿 MA（20）、MA（60），MA（20）下穿MA（60），出现死亡交叉，形成空头排列，各移动平均线在股价线上方运行，起着阻力作用，股价走出不断下跌的行情。

图9-6　上证指数2017年12月—2019年1月的日K线

[例3]　图9-7是康泰生物（300601）2019年5月—10月的日K线。图中四条移动平均线的参数分别为5、10、20、60。局部最低点为43.87元，最高点为85.58元。2019年6月10日—7月5日，MA（5）、MA（10）、MA（20）、MA（60）分别调头向上，股价线上穿MA（5）、MA（10）、MA（20）、MA（60），MA（5）上穿 MA（10）、MA（20）、MA（60），MA（10）上穿MA（20）、MA（60），MA（20）上穿MA（60），出现了黄金交叉，形成多头排列，各移动平均线在股价下方运行，起着支撑上升的作用，股价走出不断上升的行情。

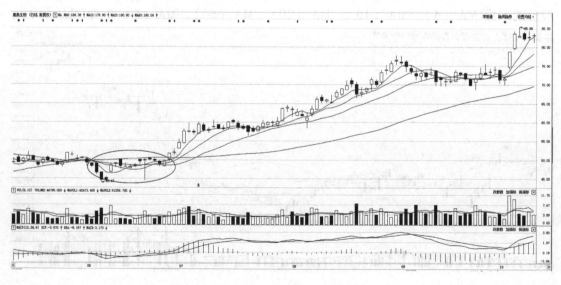

图9-7　康泰生物2019年5月—10月的日K线

[**例4**]　图9-8是上海银行（601229）2019年10月—2020年6月的日K线。图中四条移动平均线的参数分别为5、10、20、60。2020年1月2日股价达到局部高点，为9.28元，之后连拉多根阴线。2020年1月3日—1月23日，股价线、MA（5）、MA（10）、MA（20）、MA（60）全部调头向下，出现死亡交叉，形成空头排列，发出强烈的卖出信号。

图9-8　上海银行2019年10月—2020年6月的日K线

【本章小结】

本章首先介绍了移动平均线的计算方法和特性，接着阐述了葛兰维尔八大法则的内容与乖离率指标，并在此基础上对移动平均线的组合形态、操作方法及实战运用进行了分析。

【主要名词】

移动平均线　葛兰维尔八大法则　多头排列　空头排列　黄金交叉　死亡交叉
双均线操作法

【复习思考题】

1. 简述移动平均线的种类和特性。
2. 简述葛兰维尔八大法则的主要内容。
3. 如何利用移动平均线的排列与交叉判断行情？
4. 如何利用移动平均线构造自己的操作体系？
5. 试运用移动平均线分析未来上证指数的走势。

本章案例 双汇发展（000895）移动平均线分析

图 9-9 是双汇发展（000895）2019 年 8 月—2020 年 8 月的日 K 线。双汇发展股价从 2019 年 8 月 7 日的最低点 20.17 元开始启动，至 10 月下旬，股价线陆续上穿了 MA（5）、MA（10）、MA（20）、MA（60）、MA（120）、MA（250），移动平均线也完成了黄金交叉和多头排列，股价开始快速上行。至 2020 年 8 月 31 日，股价最高到达 65.65 元，涨幅已达 225.48%。之后股价开始调头，9 月，移动平均线陆续开始出现死亡交叉，股价步入下跌趋势中。

图 9-9 双汇发展 2019 年 8 月—2020 年 8 月的日 K 线

问题：

1. 观察分析图中移动平均线对股价的走势所起的作用（分短期、中期、长期三种移动平均线情况）。

2. 指出图中移动平均线的交叉方式与排列方式。

3. 运用葛兰维尔八大法则确定该股票的买卖时机。

第　十　章

技　术　形　态

第一节　切线理论与应用

　　证券投资的技术分析遵循三大基本假设：①市场行为涵盖一切信息；②价格沿趋势运动，并保持趋势；③历史会重演。趋势分析是技术分析的核心，主要解决入市时机选择的问题，即找出上升趋势的低点和下降趋势的高点。本节介绍了一些辅助判断趋势的方法：趋势线、轨道线、支撑线、阻力线、黄金分割线、百分比线等。这些参考线作为股价的支撑线或阻力线，可以帮助投资者判断价格运动的方向和幅度。

一、趋势分析

　　趋势分析主要是分析判断价格的波动是上升还是下降，是维持现有的方向还是调头反方向运动，走势是暂时的还是长期的。投资者必须准确把握大趋势，并根据大趋势制定投资决策。

（一）趋势的含义

　　趋势是指价格波动的方向或证券市场运动的方向。在既定的条件下，价格将沿着这个趋势运动，出现的曲折变化不是主流，不会影响趋势的大方向。

（二）趋势的方向

　　趋势有三种方向，如图 10-1 所示。

1. 上升方向

　　价格波动的峰和谷都高于前面的峰和谷，即一底比一底高，属于上升的方向。

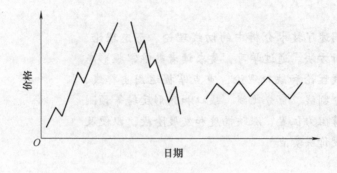

图 10-1　趋势的三种方向

2. 下降方向

价格波动的峰和谷都低于前面的峰和谷，即一顶比一顶低，属于下降的方向。

3. 水平方向

价格波动的峰和谷与前面的峰和谷没有明显的高低之分，呈水平延伸，属于水平方向。水平方向易被投资者忽视，但其出现的机会很多而且比较重要，因为市场正处于平衡状态，下一步如何运动的偶然性大，投资者需要密切关注。

（三）趋势的类型

按道氏理论分类，有三种趋势类型，如图 10-2 所示。

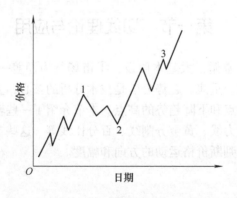

图 10-2　趋势类型

1. 主要趋势

主要趋势是价格波动的大方向，是持续时间较长的上涨或下降趋势，又叫长期趋势。投资者了解了主要趋势后才能顺势而为。

2. 次要趋势

次要趋势是在主要趋势过程中进行的调整，其方向与大方向相反，但时间相对较短，长度一般是大趋势的 $1/3 \sim 2/3$。

3. 短暂趋势

短暂趋势是指价格的日常波动，时间短暂，且波动没有规律。

（四）趋势实例

[**例1**]　图 10-3 是上证指数 2013 年 2 月—2019 年 4 月的日 K 线。2013 年 2 月—2014 年 7 月的主要趋势为下降，其中，2013 年 6 月—12 月的短期上涨属于次要趋势，是对主要趋势下降的反弹和修正。

2014 年 7 月—2015 年 6 月的主要趋势是上升，2015 年 6 月—2016 年 1 月的主要趋势为下降，其中，2015 年 8 月—12 月的短期上涨也是对主要趋势下降的修正，属于次要趋势。

2016 年 1 月—2018 年 1 月的主要趋势是上升，2018 年 1 月—2019 年 1 月的主要趋势转为下降，自 2019 年 1 月开始，指数突破前期下降趋势线后，其主要趋势转为上升。

图 10-3　上证指数 2013 年 2 月—2019 年 4 月的日 K 线

二、支撑线与阻力线

（一）支撑线与阻力线的概念

1. 支撑线

支撑又称抵抗，是指价格在某一区域所实际具有的或潜在的购买力，在相当长的时间内可以阻止或暂时阻止价格继续下降，即"集中需求区域"。这个阻止或暂时阻止价格继续下跌的价位就是支撑线所在的位置，可做出一条直线即支撑线来表示，如图 10-4 所示。

2. 阻力线

阻力又称压力，是指实际的或潜在的卖盘，其数量可以满足当时价位的所有买盘，并阻止或暂时阻止价格继续上升，即"集中供给区域"。这个阻止或暂时阻止价格继续上升的价位就是阻力线所在的位置，可做出一条直线即阻力线来表示，如图 10-4 所示。

其实，并非只在下跌行情中有支撑线，在上升行情中有阻力线，在上升行情中的回调也存在支撑线，在下跌行情中的反弹也存在阻力线。

（二）支撑线与阻力线的作用

支撑线和阻力线会阻止或暂时阻止价格沿原来的方向继续运动，价格要保持原来的变动

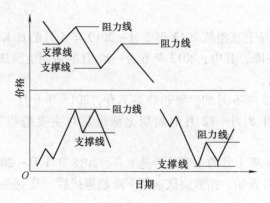

图 10-4 支撑线与阻力线的突破

方向，就必须冲破阻止其继续向前的障碍。因此，支撑线和阻力线有被突破的可能，它们不可能长久地阻止价格变动，或使价格固定不动，而只不过是使价格暂时维持而已。

同时，支撑线和阻力线又有彻底阻止价格沿原方向变动的可能，当一个趋势终结时，支撑线与阻力线就完全阻止价格创出新的低价或高价，这是取得巨大利润的重要位置。当然，趋势终结是相对的，没有绝对不能被突破的高点或低点，突破只是时间问题。

在上升趋势中，如果价格下一次未创新高，即未突破阻力线，上升趋势就处于关键的位置，如果后边价格又向下突破了该上升趋势的支撑线，就发出了上升趋势有变的强烈警告，意味着该上升趋势已结束，未来行情将下跌；相反，在下跌趋势中，如果价格下一次未创新低，即未突破支撑线，下降趋势就处于关键的位置，如果后边价格又向上突破了该下降趋势的阻力线，就发出了下降趋势将结束的强烈信号，价格下一步将是上升的趋势。支撑与阻力的突破如图 10-4 所示。

（三）支撑线与阻力线的相互转换、确认和修正

1. 支撑线与阻力线的相互转换

支撑线和阻力线是可以相互转换的：一条阻力线如果被突破，则这条阻力线将成为今后的支撑线；一条支撑线被突破，则这条支撑线将成为今后的阻力线。支撑与阻力的转换如图 10-5 所示。

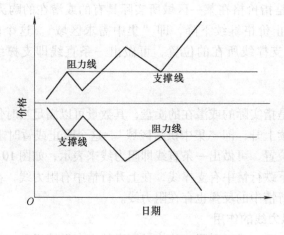

图 10-5 支撑线与阻力线的转换

[**例2**]　　图10-6是安道麦A（000553）2019年5月—12月的日K线，图中直线开始是下降的支撑线，被跌破后在9月16日成为上涨的阻力线，随后股价再次上涨时又受到其压制。

图10-6　安道麦A 2019年5月—12月的日K线

2. 支撑线和阻力线的确认、修正及方向

支撑线和阻力线主要是根据价格停留并转向的位置，画出直线加以确认的。一般来说，判断支撑线或阻力线重要性的方法是：价格在这个区域的停留时间越长，伴随的成交量越大，离当前时间越近，则支撑或阻力区域对当前的影响越大，反之就越小。

由于价格的变动，有时会发现原来确认的支撑线或阻力线并不真正具有支撑或阻力作用，这时就要对支撑线和阻力线进行调整，即对支撑线和阻力线进行修正。修正过程就是对现有支撑线和阻力线的重要性与影响力进行重新确认，并判断它们是否会被突破，为投资者进行买卖提供依据。支撑线与阻力线的修正如图10-7所示。

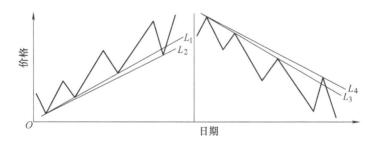

图10-7　支撑线与阻力线的修正

L_1——支撑线　　L_2——修正后的支撑线

L_3——阻力线　　L_4——修正后的阻力线

支撑线和阻力线有水平和倾斜两种方向。水平线通常表示静态的支撑或阻力价位，倾斜线通常表示支撑或阻力区域的动态变化。

三、趋势线与轨道线

（一）趋势线

1. 趋势线的确认

趋势线是表现股价波动趋势的直线，分为上升趋势线和下降趋势线。在上升趋势中，将两个上升的低点连成一条直线，就得到上升趋势线；在下降趋势中，将两个下降的高点连成一条直线，就得到下降的趋势线。趋势线的画法如图 10-8 所示。

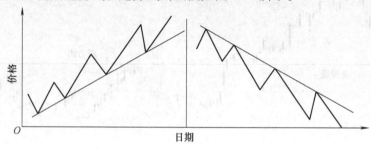

图 10-8　趋势线的画法

上升趋势线实际上是支撑线的一种，不断支撑价格形成上升趋势；下降趋势线实际上是阻力线的一种，不断阻压价格形成下降趋势。要得到准确预测后市的有效趋势线，必须验证确实存在趋势。在事先确认有趋势存在的前提下，作一条试验性的趋势线，以第三点验证这条趋势线的有效性。一般地，所画的直线被触及的次数越多，其作为趋势线的有效性越能得到确认，用它进行预测就越准确有效。

2. 趋势线的作用

有效的趋势线具有对价格进行预测的作用，一般表现在两个方面（见图 10-9）：

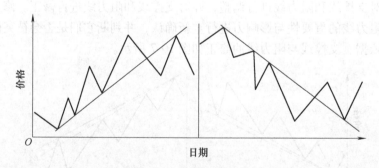

图 10-9　趋势线的作用

（1）对价格的变动起约束作用。上升趋势线起支撑作用，下降趋势线起阻力作用，价格将以同样的速率沿着趋势线前进。

（2）提示形态反转信号。趋势线被突破后，说明价格走势将要改变波动方向（反转）。越有效的趋势线被突破，其反转的信号越强烈。被突破的趋势线的作用将相互转化：原来是支撑作用的，现在将起阻力作用；原来是阻力作用的，现在将起支撑作用。

3. 趋势线的实例

［**例3**］　图 10-10 是尚品宅配（300616）2017 年 7 月—2019 年 1 月的日 K 线，其中，

2017 年 7 月 17 日从 65.08 元附近走出上升趋势，见上升趋势线；2018 年 6 月 8 日跌破上升趋势线下行，股价从高点 131.60 元走出下跌趋势，见下跌趋势线。

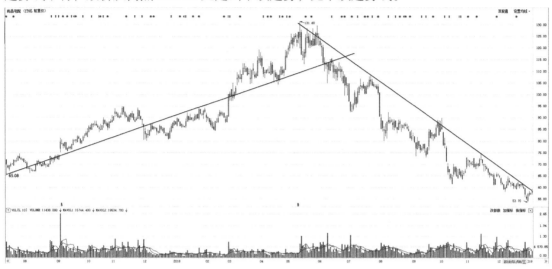

图 10-10　尚品宅配 2017 年 7 月—2019 年 1 月的日 K 线

[例 4]　图 10-11 是大唐电信（600198）2019 年 9 月—2020 年 7 月的日 K 线。该股票前期一直呈下降趋势，见下降趋势线；2020 年 6 月向上突破下降趋势线，开始向上飙升。

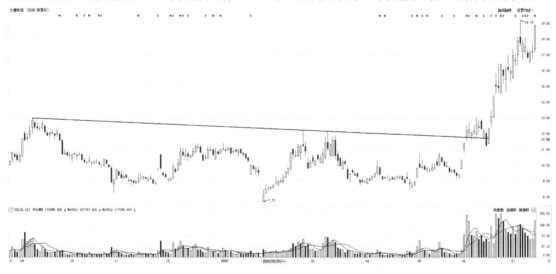

图 10-11　大唐电信 2019 年 9 月—2020 年 7 月的日 K 线

（二）轨道线

1. 轨道线的画法

轨道线又称通道线或管道线，是基于趋势线的一种支撑或阻力线。在得到趋势线后，以上升趋势的第一个峰或下降趋势的第一个谷，作出已有趋势线的平行线，即是轨道线。两条平行线组成一个轨道，即上升通道或下降通道，价格将在这个通道里变动，如图 10-12 所示。

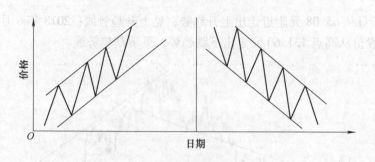

图 10-12　轨道线

与突破趋势线不同，对轨道线的突破并不是趋势反向的开始，而是原来趋势加速的开始，即原趋势线的斜率将会增加，趋势线的方向将更加陡峭。无力到达轨道线表示趋势减弱，是转势的预警信号，如图 10-13 所示。

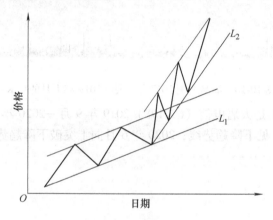

图 10-13　轨道线的突破

2. 轨道线的作用

轨道线的作用是限制价格的变动范围。一个轨道一旦得到确认，价格将在这个通道里变动。价格如果得到支撑或受到阻力而在轨道线处调头，并一直走回到趋势线上，这条轨道线就可被确认。轨道线被触及的次数越多，延续时间越长，其被认可的程度就越高。轨道线的另一个作用是提出趋势转向的预警。如果波动中未触及轨道线，离得很远就开始调头，则往往是原有趋势将要改变的信号。

轨道线和趋势线是相互配合发生作用的，显然，先有趋势线，后有轨道线，趋势线更重要，可独立存在，轨道线则不能。轨道有宽窄问题，各股票价格轨道的宽窄不可能统一，同一股票轨道也有宽有窄。一般情况下，价格沿趋势线运动，但在轨道线上可不遵守规矩，形成宽窄不同的轨道，如图 10-14 所示。

3. 轨道线的实例

［例 5］　图 10-15 是华大基因（300676）2020 年 2 月—7 月的日 K 线，其中，2020 年 3 月—7 月，该股票走在上升通道中，并形成了宽窄不同的轨道。

［例 6］　图 10-16 是中科曙光（603019）2018 年 11 月—2019 年 3 月的日 K 线，2018 年 11 月—12 月，该股票走在下降通道中，并形成相应的轨道。2019 年 1 月向上突破轨道线使上升趋势开始加速，2019 年 2 月上升再次加速。

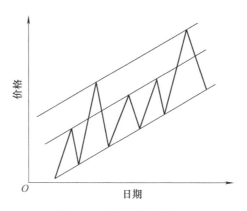

图 10-14　轨道线的宽窄

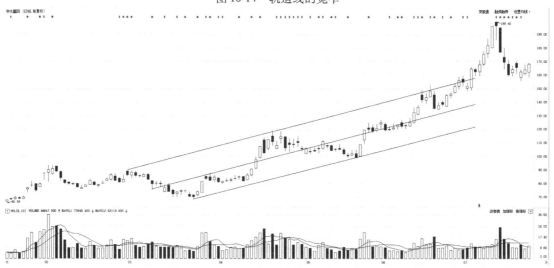

图 10-15　华大基因 2020 年 2 月—7 月的日 K 线

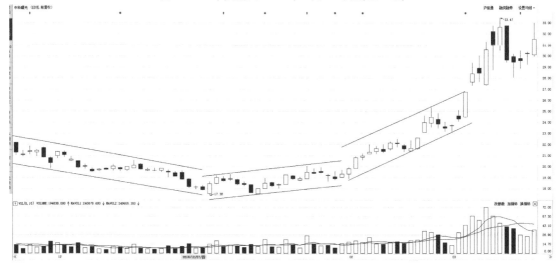

图 10-16　中科曙光 2018 年 11 月—2019 年 3 月的日 K 线

四、黄金分割线与百分比线

黄金分割线与百分比线是用水平线来表示支撑或阻力点的静态价位。实践中经常要画几条水平线对不断变化的支撑或阻力位置进行确认。

（一）黄金分割线

黄金分割数是自然界中出现频率较多、很神奇的一些数字，如0.382、0.618等。股价的支撑和阻力位置也往往与这些特殊的数字不谋而合，因此，可根据这些特定的数字来确认股价的支撑位或阻力位。

1. 单点黄金分割线

（1）单点黄金分割线的确定及运用。单点黄金分割的主要特殊数字有小于1的和大于1的。小于1的有0.191、0.382、0.5、0.618、0.809；大于1的有1.191、1.382、1.618、1.809、2、2.382、2.618、4.236、6.854等。价格运动极容易在0.382、0.5、0.618、1.618、2、2.618这六个数字产生的黄金分割位形成支撑和阻力。

在上升行情中，投资者关注上升趋势将在什么位置遇到阻力，可用本次上升开始前的最低价作为一个基点价，分别乘以上面大于1的黄金数字，就得到单点黄金分割线提供的未来可能成为阻力的几个价位。例如，本次上升的基点价为10元，则10元×1.618＝16.18元，10元×2＝20元，10元×2.618＝26.18元，10元×4.236＝42.36元，10元×6.854＝68.54元，这些价位可能成为未来阻力线的价位。其中，16.18元、26.18元和42.36元成为阻力线价位的可能性最大，如图10-17所示。

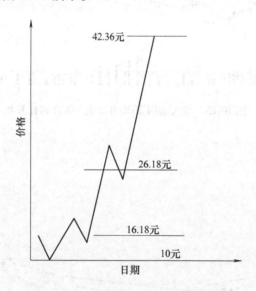

图10-17　上升行情的单点黄金分割线

在下降行情中，投资者则关注下降趋势将在什么位置遇到支撑，可用下降开始前的最高价作为一个基点价，分别乘以上面小于1的黄金数字，就得到单点黄金分割线提供的未来可能成为支撑的几个价位。例如，本次下降的基点价为10元，则10元×0.809＝8.09元，10元×0.618＝6.18元，10元×0.5＝5元，10元×0.382＝3.82元，10元×0.191＝1.91元，这些价位可能成为未来支撑线的价位。其中，6.18元、5元和3.82元成为支撑线价位的可能性最大，如图 10-18 所示。

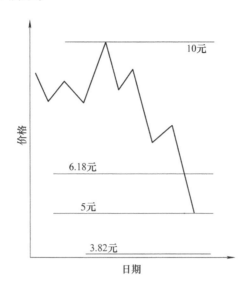

图 10-18 下降行情的单点黄金分割线

单点黄金分割线在长时间上升或下降的趋势过程中较为适用，成功率较高，但在价格趋势的早期是不适用的。在活跃程度很大的市场，这个方法也容易出错。

（2）单点黄金分割线的实例。

［例7］ 图 10-19 是科大讯飞（002230）2017 年 4 月—2018 年 6 月的日 K 线。2017 年 5 月股价从局部低点 17.77 元走出上升行情，在 1.382、1.618、2、2.382、2.618 的黄金分割线都形成了阻力位，其中在 46.52（17.77 的 2.618 倍）元卖出获利最大。

图 10-19 科大讯飞 2017 年 4 月—2018 年 6 月的日 K 线

［例8］ 图 10-20 是老板电器（002508）2018 年 1 月—2019 年 7 月的日 K 线。2018 年 1 月股价从局部高点 52.45 元开始下跌，黄金分割线提供的买点为 52.45 元 ×0.618 = 32.41 元，52.45 元 ×0.5 = 26.23 元，52.45 元 ×0.382 = 20.04 元，在 20.04 元以下买入获利最大。

图 10-20　老板电器 2018 年 1 月—2019 年 7 月的日 K 线

2. 两点黄金分割线

两点黄金分割线一般是选取 61.8% 和 38.2% 两条线来测算股价回调的深度或反弹高度。这种方法在实践中经常使用，它也是下面介绍的百分比线的一个特例。

（二）百分比线

1. 百分比线的确定及运用

百分比线是选取股价波动趋势中的最高点和最低点两个点的差价作为区间，在此区间内以一些百分数来确定支撑线或阻力线，以判断未来股价回落的深度或反弹高度。这些人们心理上惯用的、影响人们的投资行为的分数或百分数有 9 个：$1/8 = 12.5\%$、$1/4 = 25\%$、$3/8 = 37.5\%$、$1/2 = 50\%$、$5/8 = 62.5\%$、$3/4 = 75\%$、$7/8 = 87.5\%$、$1/3 = 33.33\%$、$2/3 = 66.67\%$。

以上升过程中的回落为例，先确定本次开始上涨的最低点和开始向下回落的最高点，得到两点之间的差价，分别乘以几个特定的百分数，就可得到未来回落受到支撑的可能位置，作出相应的水平线即是百分比线。例如，局部最低点是 10 元，最高点是 22 元，把 12 元（22 元 – 10 元）差价分别乘以上述 9 个百分数，再分别加上最低点价位，即是未来回落受到支撑的可能价位，作出相应的百分比线。在 9 条百分比线中，1/3、1/2、2/3 这三条线，即 $1/3 \times (22 - 10)$ 元 + 10 元 = 14 元、$1/2 \times (22 - 10)$ 元 + 10 元 = 16 元、$2/3 \times (22 - 10)$ 元 + 10 元 = 18 元最重要，因为人们的心理更倾向股价回落到 1/3、1/2、2/3 处的价位，如图 10-21 所示。

对于下降行情中的反弹，百分比线同样可以使用。

百分比线考虑问题的出发点是多空双方力量对比的暂时转化，以及人们在心理上倾向运用的百分数分界点，它仅适用预测上升过程中出现回落的深度和下跌过程中出现反弹的高度，对于趋势完全反转的情况不适用。

如果将百分比数字换成用黄金分割的数字，如 61.8%、50%、38.2% 等进行预测，就可得到两点黄金分割线，如图 10-22 所示。

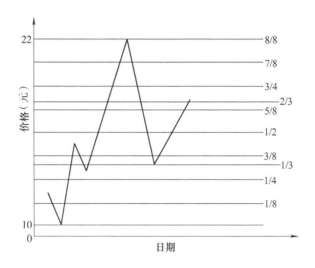

图 10-21 百分比线的画法

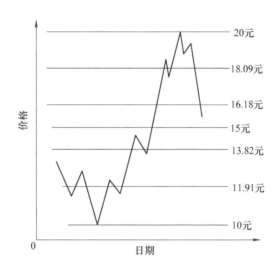

图 10-22 两点黄金分割线示意图

2. 百分比线的实例

[**例9**] 图 10-23 是长信科技（300088）2019 年 11 月—2020 年 9 月的日 K 线。2019 年 11 月股价从局部低点 6.39 元上升，2020 年 2 月到达局部高点 14.05 元后下落回调，在高低点差价的 1/2、1/3 和 1/4 处获得支撑，在高低点差价 1/4 处即 8.31 元买入获利较大。若以黄金分割数 0.382、0.5 等代替百分比数，就得到两点黄金分割线提供的买点。

[**例10**] 图 10-24 是华友钴业（603799）2020 年 2 月—9 月的日 K 线。2020 年 2 月股价从局部高点 58.61 元下跌，3 月到达局部低点 28.35 元后向上反弹，7 月 13 日在高低点差价的 2/3 = 66.7% 处受到阻力，理论上 48.53 元处卖出获利较大。若以黄金分割数 0.382、0.5、0.618 等代替百分比数，就得到两点黄金分割线提供的卖点，黄金分割点 0.618 处的卖价为 47.05 元，那么在 47.05 ~ 48.53 元的价格区间里择机卖出，都可获得较为理想的收益。

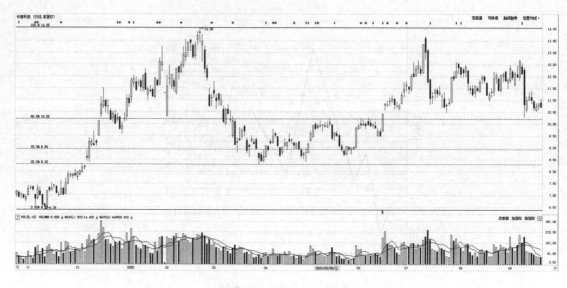

图 10-23　长信科技 2019 年 11 月—2020 年 9 月的日 K 线

图 10-24　华友钴业 2020 年 2 月—2020 年 9 月的日 K 线

切线理论除了上述切线，还包括扇形线、速度线和甘氏线，它们实际上是趋势线、支撑线、阻力线的进一步演变与运用，其画法较复杂，对使用者的技术要求比较高，对非专业的投资者不提倡使用。

五、应用切线应注意的要点

（一）支撑位和阻力位是否会突破

支撑位和压力位是否会被突破，需要根据当时具体的多空双方力量的对比来判断，实际中经常只能确定大概的位置。如在上升回调过程中，得到某个支撑线，获得支撑就可买入，向下突破就不应买入，甚至要"逃命"。这就要准确判断支撑线是否被突破。如果投资者认为价格到了预计的支撑价位，即使有下降的可能，有时也可以冒险买入。因为从各方面因素判断下降空间已经不大了，冒险也是值得的，坐等可能会失去机会。

（二）支撑线和阻力线的多样性

用各种方法得到的切线都提供了支撑和阻力可能出现的位置，这些价格是在某一特定情况下的参考价位。实际投资中往往只有一条支撑线或阻力线，一般触及点越多越有效，而且有时支撑或阻力会发生互换。各种切线方法仅作为参考，而不能当成万能的工具完全依赖。切线仅是市场分析的方法之一，只有同时考虑多种因素、运用多种方法，才能提高正确投资的概率。

（三）使用黄金分割线和百分比线的主观因素

具体使用这两种支撑阻力线时，会受到使用者主观因素的影响。一是高点和低点的选择。价格波动会出现多个高点和低点，应该选择成交密集区的低点，时间最好在 1 个月以上；高点应该等到已经下降了相当大的程度之后才进行确定，这样可以忽略很多的"小高点"，不要求在高点有成交密集区。二是数字的选择。市场复杂多变，应根据实际情况和价格的历史情况，结合其他方法来确定。三是资金投入量比例的选择。一般在相对比较可信的线上使用较大的资金比例，在把握不大的线上使用较小的资金比例。

第二节　技术形态的类型

价格曲线上下波动的实质是多空双方较量的结果。多空力量对比导致了价格波动趋势向上或者向下，而这个趋势的变化是有一个发展的过程的。研究价格曲线的不同形态，可以发现价格变化的规律，从而揭示和预测未来价格运动的趋向。

股价运动的规律表明，股价变动的方向是由多空双方力量较量的结果所决定的。如果多方力量处于优势，股价就会向上运动；如果空方力量处于优势，股价就会向下运动；如果双方力量势均力敌，股价就会在一定的价格范围内徘徊。股价波动的过程反映了多空力量维持平衡，以及多空力量平衡被打破、寻找新的平衡的过程。这种多空力量对比的不断变化，推动着股价曲线形态不断发生变化，将其归类后可分为两大类型：反转突破形态和持续整理形态。

一、反转突破形态

反转突破形态又称为反转形态，是指形态原来的平衡被打破以后，价格波动方向与平衡之前的价格趋势方向相反。就是股价由原来的涨势转为跌势，或由原来的跌势转为涨势。由于反转突破形态的突破可能是真正的突破，也可能是假突破，因此根据假突破做出的判断可能导致高价买入被套牢，或者低价卖出收益受损。因而判断反转突破形态要注意以下几个要点：

（1）股价原来已经存在涨或跌的趋势，之后发生了涨跌趋势的逆转。

（2）在股价涨或跌的过程中，某一条重要的支撑线或阻力线被突破，是反转形态突破的重要依据。

（3）某个形态形成的时间越长，规模越大，则越容易演变成反转突破形态且反转的力度越大。

（4）成交量是由跌反转向上突破的重要参考因素。由涨反转为向下突破时，成交量的参考作用不大。

二、持续整理形态

持续整理形态又称调整形态，是指多空平衡的状态被打破之后，价格波动方向与平衡之前的价格趋势方向相同，即多空力量对比仍与平衡之前相同，平衡只是价格运动形态的暂时休整。判断持续整理形态的要点是：

（1）股价前后变动的趋势是一致的。

（2）持续整理形态花费的时间较反转突破形态短，是短暂休整。

（3）多空平衡形态规模较小，股价窄幅波动，较快地失去平衡。

反转突破形态与持续整理形态的区分不是绝对的，在一定条件下两者可以相互包含、相互转化。在实际运动中，常常在一个大的反转形态中包含了若干个小的整理形态，而大的整理形态可以分解为几组小的反转形态。一个局部的三重顶反转形态在一个更大的范围内可以认为是矩形整理的一部分；而通常作为整理的三角形态，在一定条件下也可能演变成为反转形态。因此，要结合时期长短、规模大小以及其他技术分析方法，综合分析得出相对正确的技术形态判断，切忌照搬照套。

第三节 反转与整理的具体形态

一、反转突破的具体形态

反转突破形态就是股价波动方向发生逆转的形态。典型的反转突破形态有：头肩形、双重顶和双重底、圆弧形、V形、喇叭形和菱形等。

（一）头肩形

1. 头肩形的形态

（1）头肩形的基本形态。头肩形包括头肩顶和头肩底，是实际价格形态中最常见的反转突破形态，如图10-25所示。头肩顶（头肩底）会出现三个高点（低点），中间的高点（低点）比另外两个都高（低），称为头，左右两个相对较低（高）的点称为肩，头肩形由此得名。头肩形与支撑线和阻力线有密切联系，图中的直线 L_1 和 L_2 是头肩顶（头肩底）的两条支撑线（阻力线）。

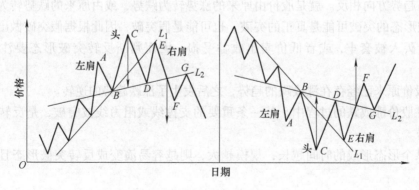

图 10-25 头肩顶和头肩底

（2）颈线。在头肩形图中，可以作出两条支撑线（阻力线），其中的直线 L_2 是头肩形的颈线，它是左肩与头和头与右肩之间的两个低点（高点）B、D 的连线。在头肩顶中，颈线是支撑线，起支撑作用；在头肩底中，颈线是阻力线，起阻力作用。颈线被突破后，反转就可确认，从而就可以判断股价运动的方向。

2. 头肩形的识别要点

（1）头肩形的两肩高度大多不相等。一般头肩顶颈线向右上倾斜，头肩底颈线向右下倾斜。

（2）判断突破时，需要成交量配合。在成交量方面，头肩顶和头肩底有区别。左肩、右肩和头三者相比，右肩成交量最少；左肩与头相比，成交量不确定，但一般认为左肩成交量大于头的成交量。突破颈线后，头肩底突破颈线向上要求大的成交量配合，而头肩顶没有这个要求。

（3）头肩形形成的时间越长，价格在此过程中的起伏越大，突破颈线后，价格反转的潜力越大。头肩形形成的时间一般从一个月到几年不等。

（4）头肩形有时也可能演变为整理形态。这主要发生在以下三种情况下：①上升趋势中出现头肩形，但颈线向右下倾斜；②下降趋势中出现头肩形，但颈线向右上倾斜；③头肩形形成的时间较短，且与形态之前的价格波幅相比，形成头肩形的波动区域太小。

3. 头肩形的应用

（1）市场操作。在头肩顶中，第三次股价无法回升到上次的高点，成交量继续下降，有经验的投资者可卖出。颈线被击破，就是真正的卖出信号。在头肩底中，第三次股价下降时买入有博弈性质，是否能按照头肩底形态预测方式来操作，需要更多局部走势与指标的配合来进一步确认。在向上有效突破颈线之后，投资者才有足够的依据买入。

（2）对颈线的反扑。颈线被突破后，价格可能不是一直按照突破的方向运行，而是有一定的回头，但这种反扑可能会被颈线阻止。反扑到颈线的时机是有效的卖出或买入机会，投资者可以在此时点逃命。

（3）测高。测高是测定从头顶、头底到颈线的距离（即图 10-25 中 C 点到颈线的高度，垂直于横坐标）。颈线突破后，反转形态确立，从突破点起，价格至少要下跌（上涨）至与形态测高相等的距离。头肩形测高是对投资者判断后市涨跌幅度给出的一个指导范围，价格实际涨跌幅度还要根据许多因素来确定。

4. 头肩形的实例

［例11］ 图 10-26 是风华高科（000636）2018 年 10 月—2019 年 8 月的日 K 线，在 2019 年 2 月—4 月形成了头肩顶反转形态，4 月 25 日向下跌破颈线走出下跌行情，5 月反扑颈线未果，之后继续下跌。

［例12］ 图 10-27 是桐昆股份（601233）2018 年 10 月—2019 年 4 月的日 K 线，在 2018 年 11 月—2019 年 2 月形成了头肩底反转形态，向上突破颈线走出上涨行情。

［例13］ 图 10-28 是上峰水泥（000672）2018 年 9 月—2020 年 1 月的日 K 线，在 2019 年 5 月—8 月形成了头肩顶整理形态，整理后继续保持上升的趋势。

（二）双重顶和双重底

1. 双重顶和双重底的形态

（1）双重顶和双重底的基本形态。双重顶和双重底是市场实际应用出现较多的反转形态，共出现两个高度基本相同的顶或底，又叫 M 头和 W 底，如图 10-29 所示。

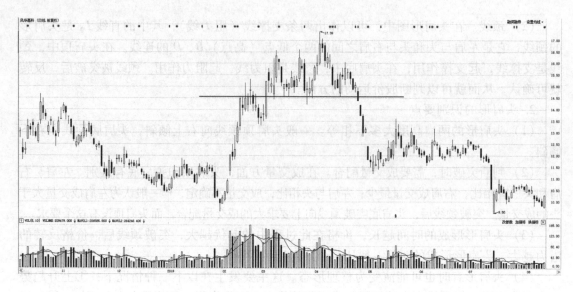

图 10-26　风华高科 2018 年 10 月—2019 年 8 月的日 K 线

图 10-27　桐昆股份 2018 年 10 月—2019 年 4 月的日 K 线

（2）颈线。如图 10-29 所示，以两个顶（底）点 A、C 之间的低点（高点）B 作平行于 AC 连线的平行线，就得到一条重要的颈线。AC 连线是趋势线，颈线是与趋势线对应的轨道线，这条轨道线起支撑（阻力）作用。要形成一个真正意义的双重顶和双重底的反转形态，除了必要的两个基本相同的高点（低点）外，还应突破 B 点颈线的支撑（阻力），否则可能演变成持续整理的三角形或矩形。

2. 双重顶和双重底的识别要点

（1）双顶（双底）的高度不一定完全相同，相差应在 3% 以内。一般来说，双顶的第二个顶比第一个高，双底的第二个底比第一个稍高。

（2）两个顶（底）可能是由多个小顶（底）组成的复合形状，价格可能经过多次冲击顶（底）形成一个复杂的波形。

图 10-28　上峰水泥 2018 年 9 月—2020 年 1 月的日 K 线

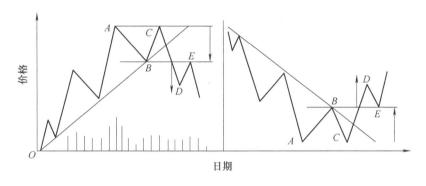

图 10-29　双重顶和双重底

（3）双重顶和双重底的形成对成交量有要求。双重顶的两顶位置成交量都很大，但第二个顶比第一个顶成交量少；双重底的第一个底成交量很大，但第二个底的成交量显著萎缩。双重底向上突破颈线必须有大成交量的配合，而双重顶向下突破颈线则不要求成交量的配合。

（4）两个顶或两个底距离越远，即形成的时间越长，则将来反转的潜力越大，波动越剧烈。

（5）头肩形、双重顶和双重底可进一步变形为三重顶或三重底形态。三重顶或三重底本质上与头肩形相似，其分析可参考头肩形，但与头肩形相比，三重顶和三重底更容易演变为整理形态。三重顶和三重底的基本图形如图 10-30 所示。

3. 双重顶和双重底的应用

（1）市场操作。双顶颈线跌破，就是一个可靠的多方卖出信号；而双底颈线冲破，则是一个空方买入的信号。

（2）对颈线反扑。颈线被突破后，价格通常会回头反扑，并受到颈线的阻挡。价格反扑时双重顶形态是多方"逃命"的机会，双重底形态是空方"逃命"的机会。

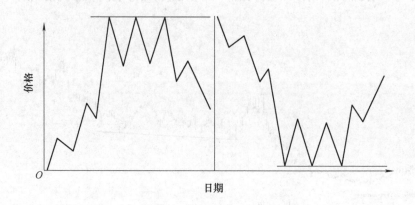

图 10-30　三重顶和三重底的基本图形

（3）测高。从 AC 连线到颈线的距离，是双重顶（底）的形态高度。双重顶和双重底一旦突破颈线，反转形态确立，从突破点起，价格至少要跌（涨）到与形态高度相等的距离。

4. 双重顶和双重底的实例

［**例 14**］　图 10-31 是中国联通（600050）2018 年 9 月—2019 年 8 月的日 K 线。在 2019 年 3 月—4 月形成了双重顶反转形态，2019 年 5 月向下跌破颈线，6 月和 7 月出现了两次"反扑"。

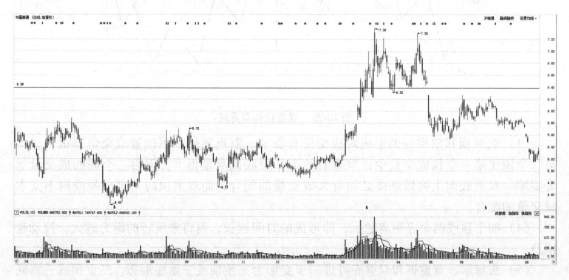

图 10-31　中国联通 2018 年 9 月—2019 年 8 月的日 K 线

［**例 15**］　图 10-32 是桃李面包（603866）2018 年 4 月—2019 年 9 月的日 K 线。在 2018 年 10 月—2019 年 2 月形成了双重底反转形态，2019 年 3 月向上突破颈线后走出上涨行情，之后两次反扑至颈线后继续上升。

［**例 16**］　图 10-33 是金风科技（002202）2017 年 4 月—2019 年 1 月的日 K 线。在 2017 年 11 月—2018 年 5 月形成了三重顶反转形态，向下跌破颈线后走出下跌行情。

图 10-32　桃李面包 2018 年 4 月—2019 年 9 月的日 K 线

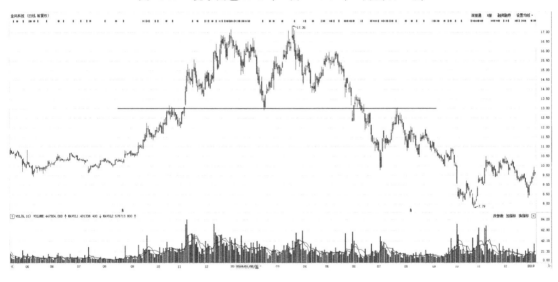

图 10-33　金风科技 2017 年 4 月—2019 年 1 月的日 K 线

（三）圆弧形

1. 圆弧形的形态

圆弧形又叫碗形、碟形，包括圆弧顶和圆弧底，如图 10-34 所示。将一段时间的价格顶部高点或底部低点连接起来，有时可能形成一条类似圆弧的弧线，若价格在平衡位置波动的幅度比较小，没有形成前述几种反转形态所需的几次大的"起伏"，就可能出现圆弧形。

2. 圆弧形的识别要点

（1）在圆弧形的形成过程中，成交量都是两头多、中间少，越靠近顶或底成交量越少。但圆弧底在达到底部时，成交量可能会突然放大一下，之后再恢复小成交量，在圆弧形突破后的一段时间里，有相当大的成交量。

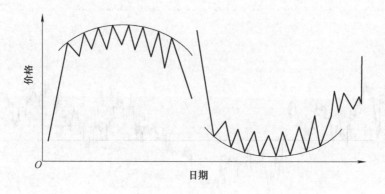

图 10-34　圆弧形

（2）形成圆弧所花的时间较长。

（3）趋势一旦形成，不管以前或者以后的成交量怎样变化，此时此刻的成交量必须放大，因为只有这样才能有效地配合其后市攻击的力度，否则即使是突破，也只是假突破。

3. 圆弧形的应用

（1）市场操作。当圆弧顶在形态开始形成迹象之时，投资者首先考虑卖出而不是买进，一旦向下的突破形成，就必须迅速清仓；而当圆弧底开始在形态上露出其形成的迹象时，对投资者而言是绝佳的买入时机，投资者可以充分利用缓慢转变过程，充分吸入，以把握好后市即将来临的上涨。

（2）判断圆弧的突破没有颈线可供使用，只有长期趋势线和原来的支撑线或阻力线可供参考。一般标志是：圆弧形最后边缘形成的平台被突破；圆弧形形成最初的价位被突破；圆弧顶（底）有一个向下回落（向上反弹）的低点（高点）价位被突破；突破后有巨大的成交量等。

4. 圆弧形的实例

［**例 17**］　图 10-35 是浪潮信息（000977）2018 年 4 月—2019 年 1 月的日 K 线，在 7

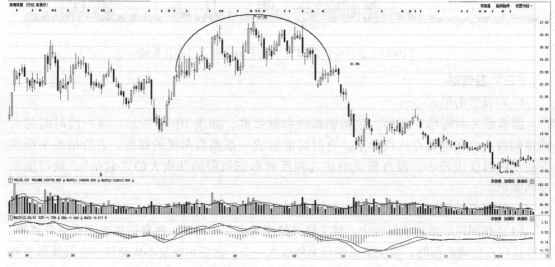

图 10-35　浪潮信息 2018 年 4 月—2019 年 1 月的日 K 线

月 2 日—9 月 27 日形成了圆弧顶反转形态，10 月 8 日向下突破走出下跌行情。

[**例 18**] 图 10-36 是光线传媒（300251）2019 年 2 月—2020 年 1 月的日 K 线。在 2019 年 4 月—7 月形成了圆弧底反转形态，之后向上突破走出一波快速上涨行情。

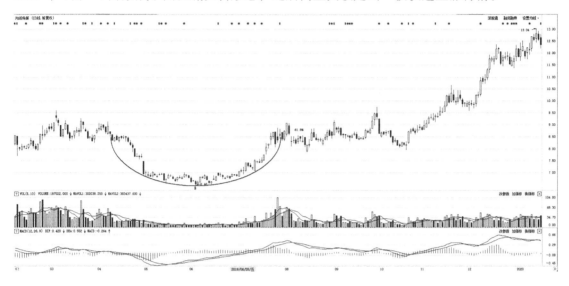

图 10-36 光线传媒 2019 年 2 月—2020 年 1 月的日 K 线

（四）V 形

1. V 形的形态

V 形反转出现在剧烈的市场动荡之中，迅速地到顶或底，又迅速地反转调头，形态似字母"V"，顶或底只出现一次，是形态中较难判断的一种，如图 10-37 所示。

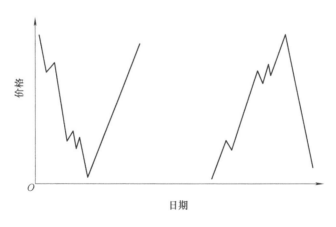

图 10-37 V 形

2. V 形的识别要点和应用

（1）涨跌幅度。一般来讲，短期内涨跌幅度越大、动力越强，出现 V 形反转的可能性也就越强。

（2）价量配合。正 V 形反转在转势时成交量明显放大；倒转 V 形反转不要求成交量配合，但通常情况下转势前成交量往往也会暴增。

（3）借助中长期平均线把握 V 形反转的机会。当股价第一次突破 20 日移动平均线时，虽不能明确 V 形反转能否确立，但这却是激进的做多或做空信号；一旦出现第二次突破 20 日移动平均线，基本上就可以确认反转趋势的确立，这是稳健的做多或做空信号。

（4）伸展正 V 形的横向波动为较好的介入时机。如在前期高点之上横盘，预示主力有极强的控盘能力，向上动力强；如在前期高点附近上下波动，则向上动力相对较弱。此外，横盘持续时间也十分重要。一般而言，横盘越久，向上的力度也就越小。

3. V 形的实例

［**例 19**］　图 10-38 是嘉元科技（688388）2019 年 8 月—2020 年 2 月的日 K 线。2019 年 8 月股价快速下跌，至 2019 年 11 月形成 V 形底反转形态后，股价又快速地上升。

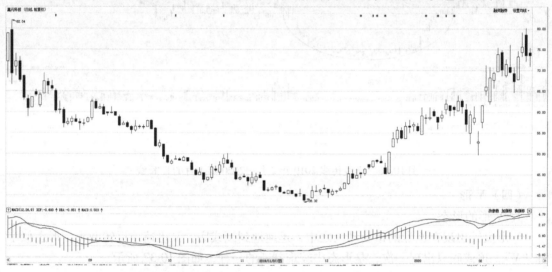

图 10-38　嘉元科技 2019 年 8 月—2020 年 2 月的日 K 线

［**例 20**］　图 10-39 是顾家家居（603816）2018 年 12 月—2019 年 6 月的日 K 线。2019 年 1 月股价快速上升，至 2019 年 3 月形成 V 形顶反转形态后，股价又快速地下跌。

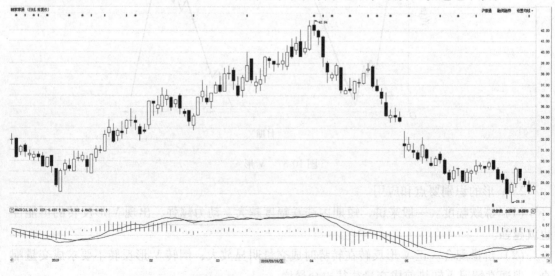

图 10-39　顾家家居 2018 年 12 月—2019 年 6 月的日 K 线

（五）喇叭形和菱形

喇叭形和菱形是三角形的变形体，在实际中出现次数不多，一旦出现则极为有用。两者的共同之处是：多出现在顶部，均为看跌，形成顶部反转形态；没有突破是否成立的问题，在形态完成后几乎总是下跌，因此在形态末期就可采取行动。

1. 喇叭形

（1）喇叭形的形态。喇叭形是头肩顶的变形，股价经过一段时间的上升后下跌，然后再上升再下跌，上升的高点较上次高，下跌的低点也较上次的低点低。也就是说，在完成左肩与头部之后，在右肩反弹时超越头部的高点创出新高。由于价格波动越来越大，形成了越来越高的三个高点及越来越低的两个低点，如图 10-40 所示。

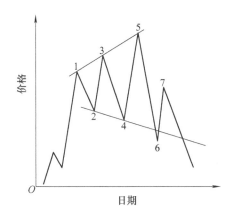

图 10-40　喇叭形

（2）喇叭形的应用。随着价格波动幅度的增大，成交量越来越大。经过剧烈的动荡之后，人们渐渐地远离市场，价格逐步下行。投资者应在第三峰调头向下时抛出手中的股票，如果价格进一步跌破第二个低谷，则喇叭形完成确认，投资者更应该马上清仓。喇叭形态形成后，价格下跌会遇到反扑，但只要反扑高度不超过下跌高度的一半，则下跌势头仍然存在。

需要注意的是，喇叭形也有可能作为持续调整形态出现，投资者需要将形态分析与其他分析手段相结合，综合判断。

（3）喇叭形的实例。

［例 21］　图 10-41 是森马服饰（002563）2018 年 9 月—2020 年 8 月的日 K 线，在 2019 年 5 月—2020 年 1 月形成喇叭反转形态，1 月 23 日破位下行。

2. 菱形

（1）菱形的形态。菱形又称钻石形，是另一种出现在顶部的看跌形态，比起喇叭形更有下跌的势头。如图 10-42 所示，它的前半部分类似于喇叭形，后半部分类似于对称三角形。前半部分的喇叭形预示着下跌的趋势，后半部分的对称三角形使这一下跌暂时推迟，但仍将是下跌的。

（2）菱形的应用。菱形形成过程中的成交量随价格的变化而变化，开始越来越大且无规则，而后越来越小，似对称三角形的成交量。菱形的测高功能是以它的最宽处的高度为形态高度，下跌的深度从突破点算起，至少下跌一个形态高度。菱形形态出现后，最佳的买卖点为股价和成交量突破菱形形态后半部分的对称三角形之时。

图 10-41　森马服饰 2018 年 9 月—2020 年 8 月的日 K 线

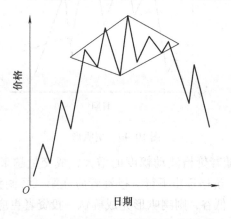

图 10-42　菱形

（3）菱形的实例。

[**例 22**]　图 10-43 是上海石化（600688）2019 年 1 月—11 月的日 K 线，在 2019 年 2 月—4 月形成菱形反转形态，股价走出下跌行情。

（六）反转形态的操作

上述是几种主要的反转形态，在特定的情况下，一些通常作为整理形态的三角形、矩形等也可能演变为反转形态，如三角形反转、矩形反转等。

反转形态的共同之处是：只有突破了某参考线，反转形态才算确立，可继续用测高预测反转的深度。但是等到确认反转成立时，往往价格已较低或较高，此时行动获利较小，而形态未能突破时采取行动的风险很大。投资者可以采取试探性的操作，先投入少量资金，形态突破确认后再使用大量资金。要密切关注形态完成反转的末期变化，形态完成末期往往不是一个方向的直线运动，而是有局部的曲折，可作出一些短期的支撑线或阻力线，这些参考线不断被突破，则说明形态反转的可能性越大，越可能是提前采取行动的机会。除了颈线是一条极重要的突破考虑线外，还可以结合百分比线、黄金分割线等技术分析方法所用的参考线，这些参考线的突破也是提示采取行动的信号。

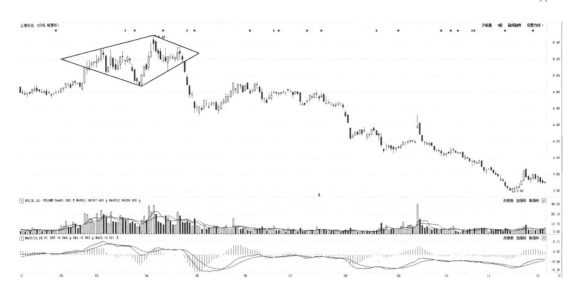

图 10-43　上海石化 2019 年 1 月—11 月的日 K 线

二、持续整理的具体形态

典型的整理形态有三角形、矩形、旗形和楔形等。

（一）三角形

在一般情况下，三角形属于持续整理形态；在特殊情况下，也可把三角形视为反转形态，即三角形波形位置越高或越低，波动的幅度越大，越倾向于反转形态。这里把三角形主要作为整理形态来考察，它具体又可分为对称三角形、上升三角形和下降三角形。

1. 三角形的形态

（1）对称三角形。对称三角形多发生在多头行情或空头行情的中段整理时期，它表明原有的趋势暂时处于休整阶段，之后再沿着原有趋势的方向继续运动。原有趋势是上升（下降）的，三角形完成后仍向上（下）突破。对称三角形有两条对称逐渐靠拢的直线：上面的向下倾斜，起阻力作用；下面的向上倾斜，起支撑作用。两条直线的交点叫顶点，如图 10-44 所示。

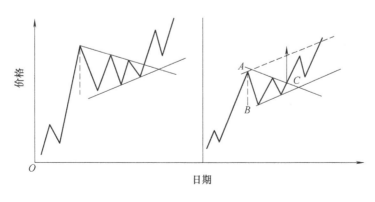

图 10-44　对称三角形

（2）上升三角形和下降三角形。上升三角形和下降三角形都是对称三角形的变形，如图 10-45 所示。

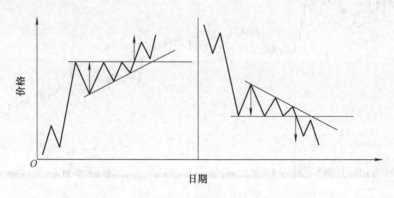

图 10-45　上升三角形和下降三角形

在上升三角形中，上边的直线即阻力线是水平的，而下边的直线即支撑线越撑越高。上升三角形比对称三角形有更强烈的上升意识，多方比空方更为积极，通常以三角形向上突破水平阻力线作为上升三角形的终止。

在下降三角形中，下边的直线即支撑线是水平的，而上边的直线即阻力线越来越低。下降三角形比对称三角形有更强烈的下降意识，空方比多方更为积极，通常以三角形向下突破水平支撑线作为下降三角形的终止。

2. 三角形的识别要点

（1）形成三角形的转折点至少应有四个，而确认三角形一般应有六个点，上下两条直线的支撑阻力作用才能得到验证。

（2）在三角形形成的过程中，成交量随着股价变动幅度变小而递减，在股价突破三角形后，向上的突破需要大成交量配合；如果成交量没有在突破的同时增加，突破可能是虚假的。向下的突破对成交量没有要求。

（3）持续时间过短的三角形可能是其他形态。

3. 三角形的应用

（1）对称三角形如果向上突破，是极佳的买进机会；如果向下突破，是很好的卖出机会。

（2）在上升或下降三角形中，一旦水平线被突破，股价可能会反扑，而这条水平线就能起到阻止回头的作用，此时错失突破时机的投资者可以补仓。

（3）三角形的测高。对称三角形测高的一个方法是：过 A 点作下边支撑线的平行线，即图 10-44 中的斜虚线，这就是今后价格至少要达到的位置。

对称三角形测高的另一个方法是：三角形被突破，从突破点 C 算起，未来价格至少要运动到与连接点 A、B 的虚线长度相等的距离。

上升三角形和下降三角形也有测高的功能，测高方法类似对称三角形。图 10-45 中的箭头范围将是今后价格波动至少要到达的位置。

4. 三角形的实例

［例 23］　图 10-46 是星网锐捷（002396）2019 年 5 月—2020 年 3 月的日 K 线。

2019 年 9 月—12 月形成对称三角形整理形态，12 月向上突破对称三角形继续走出上升趋势。

图 10-46 星网锐捷 2019 年 5 月—2020 年 3 月的日 K 线

［**例 24**］ 图 10-47 是中金岭南（000060）2019 年 3 月—2020 年 4 月的日 K 线。在 2019 年 5 月—6 月形成对称三角形整理形态，7 月向下突破继续走出下跌行情。

图 10-47 中金岭南 2019 年 3 月—2020 年 4 月的日 K 线

［**例 25**］ 图 10-48 是华夏航空（002928）2019 年 12 月—2020 年 9 月的日 K 线。2020 年 3 月—6 月形成上升三角形整理形态，之后向上突破上升三角形后继续上行。

［**例 26**］ 图 10-49 是市北高新（600604）2019 年 3 月—12 月的日 K 线。5 月—7 月形成下降三角形整理形态，在 7 月向下突破下降三角形继续走出下跌行情。

图 10-48　华夏航空 2019 年 12 月—2020 年 9 月的日 K 线

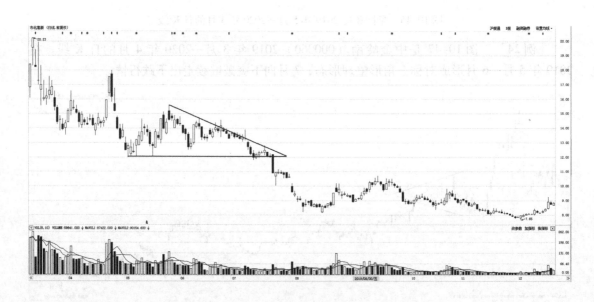

图 10-49　市北高新 2019 年 3 月—12 月的日 K 线

[**例 27**]　图 10-50 是城投控股（600649）2019 年 1 月—2020 年 1 月的日 K 线。在 2019 年 3 月—4 月形成顶部三角形反转形态，之后向下跌破三角形开始下跌行情。

[**例 28**]　图 10-51 是江铃汽车（000550）2017 年 6 月—2019 年 3 月的日 K 线。在 2018 年 9 月—12 月形成底部三角形反转形态，之后向上突破三角形走出上升行情。

（二）矩形、旗形和楔形

矩形、旗形和楔形三种技术形态都属于整理形态，在实际走势中出现较多，它们都是某个趋势运行过程中的暂时休整，但形态延续的时间较短。

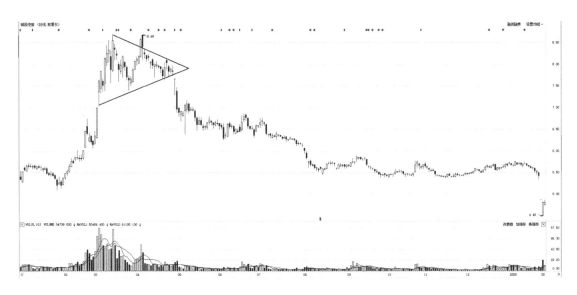

图 10-50 城投控股 2019 年 1 月—2020 年 1 月的日 K 线

图 10-51 江铃汽车 2017 年 6 月—2019 年 3 月的日 K 线

1. 矩形

（1）矩形的形态。矩形又名箱形，是典型的整理形态，表现为价格在上下两条水平直线之间上下波动，较长时间未能突破，持续做横向延伸运动，如图 10-52 所示。矩形表示多空双方力量相当，形成拉锯局面，都不能在市场中占据控制地位。矩形形态的成交量从左到右逐渐减少，向上突破后成交量增大，向下突破不要求成交量配合。

（2）矩形的应用。矩形在其形成过程中极有可能演变成三重顶（底）形态，改变原来趋势，成为反转形态，因而矩形的操作通常要等到突破后才能开始。矩形的形态高度就是矩形的上下界之间的高度，矩形被突破后，价格至少要移动到形态高度的位置。突破后价格反扑，矩形的上下界线同样具有阻止反扑的作用。

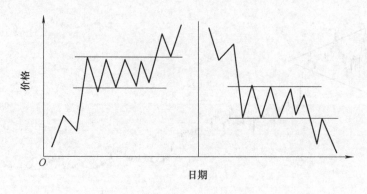

图 10-52　矩形

　　如果早期能预计价格将按矩形调整且矩形较宽，就可在价格接近矩形的下界线附近时买入，在接近矩形的上界线附近时抛出，来回做短线炒作，收益也是可观的。

　　（3）矩形的实例。

　　[**例 29**]　　图 10-53 是未名医药（002581）2019 年 7 月—2020 年 6 月的日 K 线。在 2019 年 8 月—2020 年 2 月形成矩形整理形态之后，股价突破矩形继续走出上升行情。

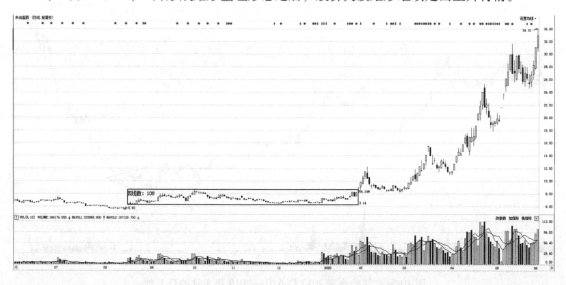

图 10-53　未名医药 2019 年 7 月—2020 年 6 月的日 K 线

　　[**例 30**]　　图 10-54 是佳都科技（600728）2019 年 3 月—8 月的日 K 线。在 2019 年 4 月—7 月形成矩形整理形态后，股价破位继续下行。

　　2. 旗形

　　旗形和楔形也是较常见的整理形态，出现频率较高。两者都是一个趋势的中途休整过程，之后还会继续保持原来的趋势方向。这两个形态的特殊在于，它们的形态方向明确，暂时与原有价格的涨跌趋势相反，形态突破之后再保持原价格趋势。从本质上讲，旗形和楔形没有根本区别。

　　（1）旗形的形态。它是一个下倾（上升旗形）或上倾（下降旗形）的类似平行四边形的旗，如图 10-55 所示。旗形大多发生在市场极度活跃、价格剧烈运动的情况下。

图 10-54 佳都科技 2019 年 3 月—8 月的日 K 线

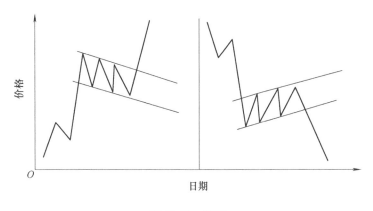

图 10-55 旗形

旗形出现前应有一个"旗杆",即价格近乎直线上升或下降的过程,这在行情火爆的时候常能看到。旗形持续的时间不能太长,否则,保持原来趋势的能力将下降。旗形形成之前和被突破之后,成交量都很大。在旗形形成的过程中,成交量从左到右逐渐减小。旗形的上下两条平行线起着支撑和阻力作用,其中上升旗形的阻力线或下降旗形的支撑线被突破是旗形完成的标志。

（2）旗形的应用。旗形的形态高度是平行四边形左右两边的长度,它是形态突破后价格至少要走的距离。另一种是运用"旗杆"的高度测高,旗形突破后,价格大多要运动到"旗杆"的高度,如图 10-55 所示。

（3）旗形的实例。

［例 31］ 图 10-56 是美年健康（002044）2020 年 4 月—9 月的日 K 线。2020 年 7 月—8 月形成上升旗形整理形态,突破后继续走出上升行情。

［例 32］ 图 10-57 是安琪酵母（600298）2017 年 11 月—2019 年 1 月的日 K 线。在 2018 年 2 月—6 月形成下降旗形整理形态,6 月突破旗形,之后继续走出下跌行情。

图 10-56　美年健康 2020 年 4 月—9 月的日 K 线

图 10-57　安琪酵母 2017 年 11 月—2019 年 1 月的日 K 线

3. 楔形

（1）楔形的形态。楔形和旗形极相似，有时也称第二旗形，如图 10-58 所示。楔形也有保持原有趋势的功能，突破和测高与旗形基本一致。

（2）楔形与旗形和三角形的区别。楔形上下两条边都朝同一方向倾斜且不平行，矩形、旗形的上下两条边接近平行，三角形上下两条边的倾斜方向相反。楔形比旗形形成所花费时间要长一些。楔形偶尔也可能出现在顶部或底部而作为反转形态，这一定出现在一个趋势经过了很长时间，接近尾声的时候。通常人们看到楔形，首先应把它看成整理形态。

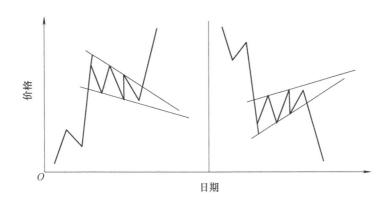

图 10-58　楔形

（3）楔形的实例。

[**例 33**]　　图 10-59 是科顺股份（300737）2019 年 12 月—2020 年 8 月的日 K 线。2019年 4 月—6 月形成上升楔形整理形态，7 月 1 日向上突破，继续走出上升行情。

图 10-59　科顺股份 2019 年 12 月—2020 年 8 月的日 K 线

[**例 34**]　　图 10-60 是中国核电（601985）2019 年 5 月—2020 年 2 月的日 K 线。在2019 年 8 月—10 月形成下降楔形整理形态，10 月向下突破，之后继续走出下跌行情。

（三）**持续整理形态的操作**

持续整理形态是整理后保持原有趋势，投资者一般应顺势而为，在上升趋势前期吸筹，在下降趋势前期抛出。在整理过程中，可做短线来回进出，低吸高抛，但要结合运用其他技术分析方法，以规避踏空或套牢风险。

图 10-60　中国核电 2019 年 5 月—2020 年 2 月的日 K 线

三、运用技术形态分析应注意的问题

形态理论是较早应用的较成熟的方法，但运用时还应注意以下问题：

（一）形态识别的多样性

形态的识别是相对的，考察的角度不同、时间区间不同，对同一位置的某一个形态可能有不同的结论。例如，在某个局部的顶部或底部的头肩形被认为是反转形态，但如果放宽时间区间，它可能仅是一个更大的波动过程中的中途整理形态，比如是个三角形或楔形。这是对波动趋势的"层次和级别"的判断问题，应尽可能使用包含信息更多的宽时间区间进行多角度考察。

（二）形态突破的真伪判断

在实际操作中，形态理论要等到形态完全明确后才行动，这就要判断形态是否真正被突破。投资者要运用颈线、支撑线、阻力线、黄金分割线、百分比线等作为参考线，并且注意成交量的变化，从多方面判断验证形态的突破。

（三）形态理论与其他方法结合使用

形态理论不能作为主要的战略手段，应用时要服从于趋势分析，结合切线理论、波浪理论、K 线理论、技术指标等理论方法进行多方面的判断与验证，才能做出相对正确的投资决策。

第四节　缺口理论

缺口是股市的跳空行情。在 K 线理论的一些组合形态中会涉及缺口、跳空、岛形反转等形态，因此缺口理论在实际分析中作用较大。

一、缺口的含义

缺口是指相邻两根 K 线之间出现没有交易的空白价格范围。在 K 线图上表现为连续两个交易日的 K 线上影线与下影线之间存在着间隙，如图 10-61 所示。

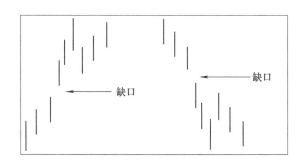

图 10-61 缺口

某天价格形成了缺口，如果后期价格回转，重新在缺口的价格区形成交易，就称为缺口的回补。缺口可能被完全回补或部分回补。从实际情况看，有些缺口可能短期内很快被回补，而有些缺口要经过很长时间后才能被回补，甚至一直无法回补。

缺口对日后的发展趋势具有很大的影响，通过对不同缺口的分析，投资者可掌握最有利的投资机会。

二、缺口的种类与应用

缺口分为有分析意义的缺口和无分析意义的缺口。有分析意义的缺口是指对市场操作有指导意义的缺口，分别是普通缺口、突破缺口、中继缺口、竭尽缺口；无分析意义的缺口是指跳空幅度小、出现频率大的缺口，还有非市场因素的除息、除权缺口。

（一）普通缺口（区域缺口）

普通缺口是出现在一个交易区域或价格持续形态之内的缺口，持续形态的特点之一是成交量逐渐减少，交易集中在形态的顶线和底线，中间区域无成交，从而形成区域缺口，缺口通常短时间被回补。在持续形态接近突破时，价格最后一次在该形态中波动，此时的缺口不被回补，预示持续形态将被突破。普通缺口的认定在于帮助人们识别一个正在形成的持续整理形态。

（二）突破缺口

突破缺口在价格突破持续整理形态后出现。在对水平持续形态边界的突破口处，几乎都会出现突破缺口；在价格脱离反转形态的时候也会产生突破缺口，它对是否反转具有预测功能。

有缺口时的买方（卖方）上升（下降）力量比没有缺口的上升（下降）力量大，价格会急速大幅上涨（下跌），这两种情况下都是买方（卖方）占优势。股价上升形成突破缺口要有大成交量做有力保证。出现突破缺口是股价进入急速上升或下降阶段的信号，投资者此时可坚定信心，加大买卖数量。

在多数情况下，突破缺口不易被回补，但如果离开缺口后成交量比突破前逐渐减少，则有一半的机会在未来的局部回落中使价格回到缺口位置。

（三）中继缺口

中继缺口又称持续缺口、度量缺口、逃逸缺口，出现的机会较少，但是其技术预测的价值比较大。它出现在一段完整走势的中途，即发生在股价某一剧烈变动开始和变动结束之间，因此中继缺口也叫持续缺口或度量缺口。投资者可根据缺口测量股价涨跌幅度，即股价到达缺口后，可以继续变动的幅度一般等于价格从开始变动到这一缺口的距离。在日线图中，收盘价为当天最高价或接近最高价时，可能发生中继缺口。

因为这种缺口发生在上升过程的中途，并且价格在中途回落，说明有一些投资者在卖出股票而逃命，所以这种缺口又叫逃逸缺口。

（四）竭尽缺口

竭尽缺口表示股价在一个大幅上升或下跌的变动趋势中，力量逐渐耗尽，涨或跌的势头即将停止，出现进入整理或反转形态前的最后一次价格跳跃。因此，竭尽缺口是股价上涨或下跌行情结束前的信号，是卖出点或买入点的标志。

竭尽缺口的特征有：直线型的上升或下降；缺口形成后的成交量异常大，而形成前价格没有成交量的配合；缺口已达到某一技术预测位置，或某个重要的支撑、阻力位置。

（五）除息、除权缺口

公司发放股息或派购红股时，都规定一个除息日或除权日，因此，每种股票的股价在除息日或除权日后，会在下面出现一段没有成交的价格区域，构成除息或除权缺口。它是由非市场化因素引起的，缺口的技术分析价值不大。

除了除息、除权缺口外，其他缺口的分析都是很重要的。普通缺口通常出现在价格密集的区域内部，形成持续的盘局；突破缺口表示原有形态的突破，价格要开始变动；中继缺口是快速变动的中点位置的信号；竭尽缺口的出现表示股价已走到了终点。当然，对这些缺口的判断还要结合对成交量的分析。

三、岛形反转

岛形反转是重要的顶部或底部反转形态。以岛形顶部为例，在它的左边，由一个竭尽缺口与之前的上升趋势所"隔离"；在它的右边，一个突破缺口使其与前面上升方向相反的下降趋势所"隔离"，岛形持续时间可长可短，其间的成交量总是比较大，如图 10-62 所示。

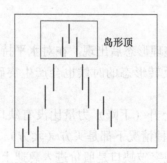

图 10-62　岛形反转

通常，岛形反转右边的突破缺口是不被回补的，只在个别情况下才可能在几天内被一次短暂的反弹或回落所回补。岛形反转将使价格完全回到竭尽缺口之前的小幅度运动的出发点。

缺口和岛形反转示意图如图 10-63 所示。

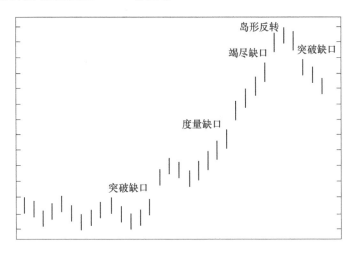

图 10-63 缺口和岛形反转示意图

四、缺口和岛形反转的实例

[例 35] 图 10-64 是中潜股份（300526）2020 年 1 月—5 月的日 K 线。股价 3 月 10 日从整理状态向上，3 月 25 日形成度量缺口，4 月 2 日向上形成竭尽缺口，最后股价到达最高点 182.77 元，4 月 17 日下跌留下突破缺口，形成岛形反转。

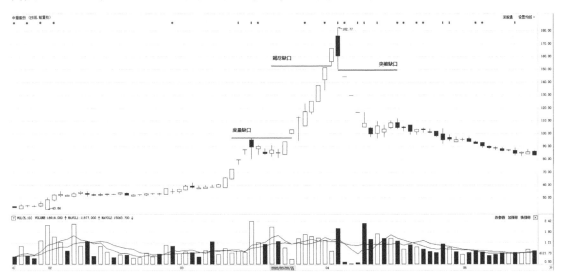

图 10-64 中潜股份 2020 年 1 月—5 月的日 K 线

[例 36] 图 10-65 是吉祥航空（603885）2019 年 1 月—5 月的日 K 线。股价在 2019 年 4 月 4 日到达最高点 17. 70 元，当日迅速下跌，形成单日岛形反转。

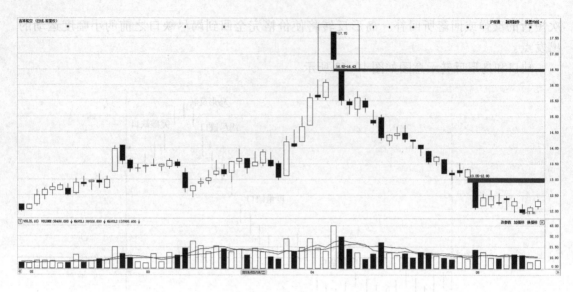

图 10-65　吉祥航空 2019 年 1 月—5 月的日 K 线

【本章小结】

本章主要阐述了切线理论、形态理论、缺口理论等技术分析方法。切线理论主要运用支撑线和阻力线作为依据，判断总体趋势是维持原方向运行还是调头反向运行。形态理论研究价格波动的轨迹，揭示多方和空方力量对比的结果，从而发现价格未来运动的方向。缺口理论以股价变动的跳空缺口为依据，识别判断行情发展的不同阶段。

【主要名词】

反转形态　整理形态　头肩形　双重顶和双重底　三角形　趋势线　支撑线　阻力线
普通缺口　突破缺口　中继缺口　竭尽缺口　岛形反转

【复习思考题】

1. 支撑线和阻力线起什么作用？
2. 如何用趋势线和轨道线描述价格波动的趋势？
3. 单点和两点黄金分割线的使用条件和方法是什么？
4. 反转形态的颈线与形态高度有什么作用？
5. 简述三角形的特点和功能。三角形作为整理形态和反转形态的条件是什么？
6. 简述缺口的种类与应用。

本章案例　大盘与个股形态分析

[**案例1**]　图 10-66 是上证指数 2014 年 6 月—2018 年 8 月的日 K 线。请分别指出图中

出现的各种形态，以及对后期股指走势有何指导意义。

图 10-66　上证指数 2014 年 6 月—2018 年 8 月的日 K 线

[**案例 2**]　图 10-67 是海油工程（600583）2018 年 12 月—2020 年 2 月的日 K 线。2019 年 1 月股价从局部低点 4.81 元上升，4 月到达局部次高点 6.77 元后下落回调，然后在 2020 年 1 月到达最高点 8.20 元，请分别用黄金分割数和百分比数提供买入点，并确定获利较大的买入点。

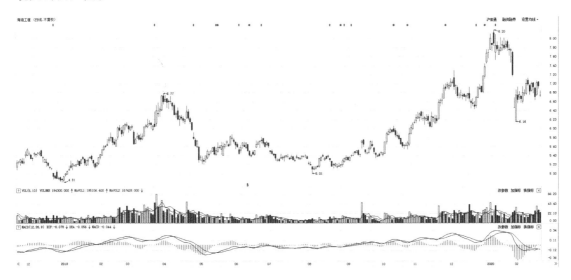

图 10-67　海油工程 2018 年 12 月—2020 年 2 月的日 K 线

[**案例 3**]　图 10-68 是贝瑞基因（000710）2019 年 12 月—2020 年 7 月的日 K 线。请分别指出图中出现的各种缺口形态，以及对后期股价走势有何指导意义。

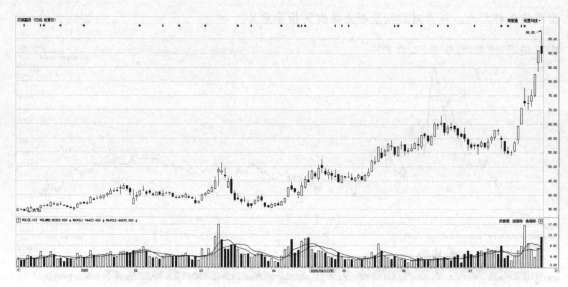

图 10-68　贝瑞基因 2019 年 12 月—2020 年 7 月的日 K 线

内容提示

技术指标是从定量的角度预测股市的变动趋势，是一种较为实用的分析方法。本章在介绍技术指标的含义与应用法则的基础上，对趋势型和超买超卖型两大类技术指标进行了重点讲解。投资者掌握了 MACD、RSI、KDJ、W%R、DMI、BIAS 等主要技术指标的应用方法和技巧，就能够对当前的股价运行状况进行客观的描述，并对未来的运行趋势做出合理的分析判断。

第十一章

主要技术指标

第一节 技术指标法概述

技术指标分析理论是技术分析理论中一个极为重要的分支，且是一种较为常用的分析理论。目前技术指标有上千种，并在实际应用中取得了一定的效果。

一、技术指标法的含义

所谓技术指标法，是指应用一定的数学公式，对原始数据进行加工处理，计算出指标值，并将指标值绘成图表，从定量的角度对股市的变化趋势进行预测的方法。这里的原始数据是指开盘价、收盘价、最高价、最低价、成交量和成交金额，有时还包括成交笔数。

技术指标法的本质是在原始数据的基础上，通过数学公式产生一些有别于原始数据的指标值。这个指标值反映了股市某一方面深层次的内涵，而这些内涵从原始数据上是很难看出的。技术指标法是一种定量分析方法，它克服了定性分析方法的不足，极大地提高了具体操作的精确度。虽然这种分析不是完全准确，但至少能使人们在采取行动前在数量方面得到帮助。

利用数学方法对原始数据进行处理，就是将这些数据的部分或全部进行变形、加工，使之成为人们希望得到的东西。不同的处理方法会产生不同的技术指标，从这个意义上讲，有多少处理原始数据的方法就会产生多少种技术指标，每一个指标都是从一个特定的方面对市场所进行的观察。尽管技术指标众多，但可以从不同的角度对其进行分类。以技术指标的功能为标准，可以将证券市场流行的技术指标分为趋势型指标、超买超卖型指标、量价型指标、人气型指标、路径型指标、图表型指标和大势型指标等。

二、技术指标的应用法则

无论什么样的技术指标，其应用法则基本上是相同的。技术指标就是根据这些法则向投资者发出买卖信号。

概括来说，技术指标的应用法则主要有：①指标的取值，也就是根据指标值的大小，反映市场所处的状态，指出市场是处于超买区还是超卖区，以此向投资者发出买卖信号；②指标曲线的交叉，是指同一种指标中不同参数形成的指标曲线之间发生的相交现象，它可以向投资者发出进行买卖操作的信号；③指标与股价的背离，即指标曲线走向与股价曲线走向出现了不一致，这往往是技术指标向投资者发出的较为强烈的买卖信号；④指标曲线的形态，是指指标曲线的图形所呈现的反转突破形态，它通常预示着股价趋势即将发生反转；⑤指标的转折，即指标曲线发生了调头现象，这种调头有时是一个趋势的结束和另一个趋势的开始，它一般先于股价趋势的转折，指标出现转折能够为投资者发出买卖操作的信号；⑥指标的盲点，也就是每个指标都有失效的时候，此时应考虑使用其他技术指标。

三、技术指标法与其他技术分析方法的关系

其他技术分析方法均有一个共同点，那就是过分重视价格，而对成交量重视不够。如果单纯从技术的角度看，即使没有成交量信息，很多技术分析方法照样能够对股价的趋势进行分析与预测。然而没有成交量信息，无疑是丢掉了一类十分重要的信息，分析预测的结果的可靠性将降低。

由于技术指标的种类繁多，因而考虑的方面也很多，凡是人们能够想到的，几乎都能在技术指标中得到体现，这是其他技术分析方法无法比拟的。

在进行技术指标研判时，也经常使用其他技术分析方法的基本结论，如形态理论、切线理论的分析方法在技术指标法中得到了广泛运用。比如，在使用 KDJ 等指标时，指标曲线所形成的反转突破形态（头肩形、双重顶或双重底）以及重要的支撑线（或压力线）被突破，都能够为投资者提供买卖操作的信号。因此，全面学习技术分析的各种方法至关重要。

四、应用技术指标时需注意的问题

（一）技术指标的适应范围和应用条件

任何技术指标都有其适应范围和应用条件，得出的结论也都有成立的前提和可能发生的意外。因此，在使用技术指标时，如果只是盲目机械地照搬结论，而不问这些结论成立的条件和可能发生的意外，则极易发生预测失误；但从另一个角度看，也不能因为技术指标有可能出错而完全否定技术指标的预测作用。

（二）多种指标的组合运用

每种指标都存在着盲点，也就是指标有失效的时候。在实践中，应不断地总结，并找出盲点所在，这对应用技术指标时少犯错误是很有益处的。

由于技术指标盲点的存在，应用一种指标容易发生预测失误，因而应使用多种指标以提高股价趋势预测的精度。但全面了解众多技术指标的精要并能够熟练运用有相当大的难度，因此，在实际应用技术指标时，通常是以四五个具有互补性的指标为主，辅之以其他的技术指标，用以提高预测的精度和决策的水平。技术指标的选择并不是一成不变的，而应根据实

战效果的好坏不断地变更指标组合。

第二节 趋势型技术指标

趋势型技术指标是用于判断证券价格变动趋势的指标。常用的趋势型技术指标有 MA（移动平均线）、MACD（指数平滑异同移动平均线）、DMI（动向指标）等。

一、MACD

（一）MACD 的含义

MACD 的中文名称为指数平滑异同移动平均线，自 1979 年发明以来，它逐渐受到股市中广大投资者的青睐，并已风靡世界，对于发展中的中国股市同样具有十分重要的参考作用。

指数平滑异同移动平均线是利用快速移动平均线和慢速移动平均线，在一段上涨或下跌行情中两线之间的差距拉大，而在涨势或跌势趋缓时两线又相互接近或交叉的特征，通过双重平滑运算后研判买卖时机的方法。这里的快速移动平均线与慢速移动平均线的区别在于，进行指数平滑时采用的参数（天数）大小不同，参数小的是快速移动平均线，参数大的是慢速移动平均线。

（二）MACD 的计算方法

MACD 指标由正负差（DIF）和异同平均数（DEA）两部分组成。DIF 是快速平滑移动平均线与慢速平滑移动平均线的离差值，是 MACD 指标的核心；DEA 则是 DIF 的移动平均值，在行情研判方面只起辅助作用，主要是为了消除偶然因素的影响，使结论更可靠而引入的一个指标。

在实际应用 MACD 时，通常以 12 日和 26 日的平滑移动平均线（EMA）为快速和慢速移动平均线，首先计算出两条移动平均线数值间的离差值（DIF），将其作为研判行情的基础，然后再求 DIF 的 9 日平滑移动平均线（DEA），将其作为买卖时机的判断依据。

$$今日\ EMA(12) = \frac{2}{12+1} \times 今日收盘价 + \frac{11}{12+1} \times 昨日\ EMA(12)$$

$$今日\ EMA(26) = \frac{2}{26+1} \times 今日收盘价 + \frac{25}{26+1} \times 昨日\ EMA(26)$$

在以上两个指数平滑的计算公式中，计算涉及的 EMA 初始值，一般以收盘价来代替。

$$今日\ DIF = 今日\ EMA(12) - 今日\ EMA(26)$$

$$今日\ DEA = \frac{2}{10} \times 今日\ DIF + \frac{8}{10} \times 昨日\ DEA$$

此外，在股市行情分析软件中，还有一个叫柱形指标（BAR）的指标，它是 DIF 值减去 DEA 值的差再乘以 2，即

$$BAR = 2 \times (DIF - DEA)$$

（三）MACD 的应用法则

1. 以 DIF 和 DEA 的取值及两者之间的相对取值对行情进行预测

（1）当 DIF 向下跌破 0 轴线时，意味着快速与慢速平滑移动平均线发生死亡交叉，此

为卖出信号；当 DIF 向上穿破 0 轴线时，即为快速与慢速平滑移动平均线发生黄金交叉，此为买入信号。

（2）当 DIF 和 DEA 均为正值时，表明快速平滑移动平均线比慢速平滑移动平均线高，此时属于多头市场。DIF 向上突破 DEA 是买入信号；若 DIF 向下跌破 DEA，则只能认为股价将回落，应获利了结。

（3）当 DIF 和 DEA 均为负值时，说明快速平滑移动平均线低于慢速平滑移动平均线，此时属于空头市场。DIF 向下跌破 DEA 是卖出信号，DIF 向上突破 DEA 则是行情将出现反弹的征兆。

2. 从指标与股价的背离方面研判行情

（1）顶背离。DIF（DEA）处于高位，并形成一峰比一峰低的两个峰，此时的股价却是一峰比一峰高，这叫顶背离，为卖出信号。如果此时出现 DIF 向下跌破 DEA，且连续形成两次以上的死亡交叉，则股价将大幅下跌。

（2）底背离。DIF（DEA）在低位形成两个底部抬高的谷底，而股价却不断地创出新低，这叫底背离，为买入信号。如果此时出现 DIF 向上突破 DEA，且连续形成两次以上的黄金交叉，则股价将大幅上涨。

3. 根据柱形指标（BAR）进行预测

根据柱形指标（BAR）可以捕捉股票的最佳买卖点，其要点是买"小"卖"小"。这里的"大"和"小"是指指标中的大绿柱、小绿柱，大红柱、小红柱。当股价经历一波下跌后处于低价区时，此时显现的是一波"大绿柱"，则不应考虑买进，而应等其第一波反弹过后（出现红柱），二次探底出现了"小绿柱"（绿柱比前面的大绿柱明显要小），且当小绿柱走平或收缩时，则为最佳买点，这就是所谓的买"小"（即买在小绿柱上）；当股价经历一波上涨后先不必考虑卖出股票，而应等其回档后再次冲高，指标显现出"小红柱"（红柱比前面的大红柱明显要小），此时意味着股价上涨动力不足，则应卖出股票，这就是所谓的卖"小"。

MACD 指标的优点是克服了移动平均线产生的频繁出现的买卖信号，可以避免一部分假信号的出现，应用起来比移动平均线更有把握。但是，由于 MACD 指标主要用于对中长期趋势进行预测，DIF 曲线和 DEA 曲线的移动相当缓慢，所以当股价在短时间内上下波动较大时，不会立即对股价的变动产生买卖信号；而且在股市没有明显趋势而进入盘整时，如果依据 MACD 的信号进行操作，极易出现投资失误。另外，MACD 指标对未来股价的上升和下降幅度也不能提供有效的建议。

MACD 虽然属于中长线指标，但在股票投资实践中也有一些投资者利用其作为短线操作的参考，这时应以 30min 或 60min 的 MACD 指标作为研判依据。

（四）实例分析

以韵达股份（002120）为例（见图 11-1），2019 年 5 月中旬，韵达股份股价由相对低点突破上行，此时的 DIF 与 DEA 发生黄金交叉，并渐渐运行至 0 轴线上方。经过四个多月的震荡上扬，韵达股份于 2019 年 8 月下旬创下本波行情 30.56 元的高点。而在此时，MACD 指标中的 DIF 和 DEA 却没有创出新高，与股价发生了明显的顶背离，并在相对的高位发生死亡交叉，红柱堆也在变小，绿柱堆不断放大，所有这一切均预示着韵达股份股价的后期走势不容乐观。其后的近一个月走势表明，在股价指数不断创出新高的情况下，韵达股份股价始终摆脱不了盘整的格局，最终呈现震荡下行的趋势。

图 11-1　韵达股份 MACD 实例

二、DMI

（一）DMI 的含义

DMI 的中文名称为动向指标，它是由美国的技术分析大师威尔斯·威尔德（Welles Wilder）首先提出的，又被称为移动方向指数或趋向指数。它是通过分析股票价格在上升或下降过程中多空双方力量的变化情况，进而推断股票价格变化趋势的一种技术指标。

在股票市场中，股价的变化永远是多空争斗的结果：从上升或下跌到供求趋于平衡，股价到达暂时均衡位置，横盘整理；经过短暂休整，随着供求的再次变化，股价也再度启动。此时的 DMI 可以用于辨别行情是否发生转变。一旦市场变得有利可图，DMI 立刻会引导投资者进场，并且在适当的时机提醒投资者退场。

动向指标图有三条线：上升方向线（PDI）、下降方向线（MDI）和动向平均线（ADX）。三条线均可设定参数，一般为 14 天。在现行的股票分析软件中，PDI 为白色曲线，MDI 为黄色曲线，ADX 为紫色曲线。此外，分析软件中还增加了一条绿色的 ADXR 曲线，称为评估线，它是对市场性质进行评估而设置的一条线。

（二）DMI 的应用法则

1. 根据 DMI 各线的交叉研判行情

（1）当 PDI 曲线由下向上突破 MDI 曲线时，是买入信号；当 PDI 曲线由上向下跌破 MDI 曲线时，是卖出信号。这一买卖法则在投机性较强的市场中不宜运用，以免造成投资损失。

（2）当 PDI 曲线与 MDI 曲线相交之后，ADX 曲线随后与 ADXR 曲线交叉，此时，若行情上涨，将是最后一次买入机会；如果行情下跌，则将是最后一次卖出机会。

2. 从 ADX 曲线的变动方面研判行情

ADX 曲线是为投资者设计的买卖线。无论是多头市场还是空头市场，ADX 均会向上运动，每当 ADX 曲线在 50 以上向下转折之际，也就是市场发生转变之时，即对上涨的股票来说此时可获利了结，而对连续下跌的股票来说则是买进的时机。ADX 曲线运行到低位，说明 PDI 与 MDI 接近，多空双方势均力敌，此时股价即进入盘整状态而方向不明。通常 ADX 的应用法则具有较高的准确性。

3. 从 DMI 各线的关系方面研判行情

当 PDI 曲线与 MDI 曲线形成黄金交叉后，ADX 曲线能够伴随上升，则股价涨势会很强劲；当 PDI 曲线与 MDI 曲线形成死亡交叉后，ADX 曲线能够伴随上升，股价的跌势会加剧。

值得注意的是，DMI 只适用于市场行情的发展期，而在牛皮盘局时，该技术指标略显不足。当 ADXR 在 25 以上时，表示市场比较活跃；若 ADXR 逐渐下跌至 25～20 时，表明市场已经进入了无趋势状态，即牛皮市，此时应立即停止使用 DMI。

（三）实例分析

以中海油服（601808）为例（见图 11-2），中海油服股票 2019 年 8 月以后曾走出一波翻番行情。从 DMI 图中可以看到，在 2019 年 8 月中旬和 2020 年 1 月上旬，PDI 与 MDI 发生黄金交叉后，ADX 曲线均随之出现上升，先后两次发出了明确的介入信号。2020 年 1 月，伴随着股价的急剧上涨，ADX 曲线却出现滞涨甚至缓慢下跌，预示着股价的上涨已经缺乏动能，2020 年 1 月 8 日，中海油服在创出 21.04 元高点后开始一路回落，PDI 与 MDI 形成死亡交叉，股价的跌势逐渐加速。之后 ADX 曲线很快下跌到低位，对股价失去引擎作用，股价就此进入了下降通道。在实战中，既要注重 PDI 与 MDI 的交互关系，也要注意 ADX 曲线的位置高度，才能做出更好的决策。

图 11-2　中海油服 DMI 实例

第三节　超买超卖型技术指标

超买超卖型技术指标是判断市场价格走势的强弱和超买超卖现象，并以此作为短中期投资信号的一类技术指标。常用的超买超卖型技术指标有 KDJ（随机指标）、RSI（相对强弱指标）、W％R（威廉指标）、BIAS（乖离率）等。

一、KDJ

（一）KDJ 的含义

KDJ 指标中文名称为随机指标，最早起源于期货市场，由乔治·莱恩（George Lane）发明，是股票市场上最常用的技术分析工具之一。

随机指标是通过计算当日或最近数日价格波动的真实波幅，反映价格走势的强弱和超买超卖现象，并在价格升降前发出买卖信号的一种技术指标。它在设计过程中主要研究高低价与收盘价的关系，同时融合了动量观念、强弱指标和移动平均线的一些优点，因而是一种较为敏感且具有较强实用性的中短期测市工具。

（二）KDJ 的计算方法

在产生 KDJ 指标之前，先产生了一个未成熟随机值 RSV。其计算公式为

$$\mathrm{RSV}(n) = \frac{C - L_n}{H_n - L_n}$$

式中，C 为当日收盘价；H_n 和 L_n 分别为最近 n 日内的最高价和最低价。

对 RSV 进行 3 日指数平滑移动平均得到 K 值，再对 K 值也进行 3 日指数平滑移动可以得到 D 值。即

$$今日 K 值 = \frac{1}{3} \times 今日 RSV + \frac{2}{3} \times 昨日 K 值$$

$$今日 D 值 = \frac{1}{3} \times 今日 K 值 + \frac{2}{3} \times 昨日 D 值$$

上式中的 1/3 是平滑因子，可以人为选择，但目前已经约定俗成，固定为 1/3 了。另外，初始的 K、D 值，可以用当日的 RSV×100 或 50 代替。

在实际使用随机指标时，常称 K 指标为快指标，D 指标为慢指标。K 指标反应敏捷，却容易出错；D 指标反应稍慢，却稳重可靠。另外，还引进了一个附带指标 J，它实际上反映的是 K 值与 D 值的乖离程度，能够领先 K、D 值找出股价的头部和底部。其公式为

$$J = 3D - 2K = D + 2(D - K)$$

（三）KDJ 的应用法则

KDJ 指标由三条线组成，KDJ 体现出的取值、形态、交叉和背离等信息是技术指标中最重要的应用法则。

1. 根据 K、D 数值的大小研判行情

K 和 D 的取值范围都是 0～100，可以将其划分为三个区域：80 以上为超买区域，20 以下为超卖区域，其余为徘徊区域。

当 K、D 值超过 80 时，为卖出信号；低于 20 时，则为买入信号。需要指出的是，这一应用法则只是 KD 指标的初步应用，它所提供的仅仅是信号，若投资者完全以此操作则容易招致损失。

2. 根据 K、D 曲线形态研判行情

当 K、D 曲线在较高或较低位置形成头肩形态或多重顶（底）形态时，是采取行动的信

号。这些形态必须在较高或较低位置出现，位置越高或越低，买卖信号的可靠性就越高。这一法则能够帮助投资者找出股票正确的买点和卖点，具有较高的可靠性。

3. 从K、D曲线的交叉方面研判行情

当K线由下向上突破D线形成黄金交叉时，为买入信号；当K线由上向下跌破D线形成死亡交叉时，为卖出信号。但是，这里交叉原理的应用相对复杂，还附带很多其他条件。比如，以黄金交叉作为买入信号，还应部分满足以下条件：

（1）黄金交叉的位置要低。黄金交叉的位置应处于超卖区域，且越低越好。

（2）黄金交叉应多次出现。黄金交叉出现的次数以两次为最少，次数越多信号越可靠。

（3）交叉点符合"右侧相交"原则。K线在D线已经抬头向上时与D线发生的右侧交叉，比D线还在下降时发生的左侧交叉要可靠得多。

4. 从K、D指标与股价背离方面研判行情

简单地说，背离就是指标与价格走势的不一致。当K、D指标在高位与股价走势出现顶背离时，为卖出信号；当K、D指标在低位与股价走势出现底背离时，为买入信号。

5. 根据J值研判行情

J指标是一种良好的短线操作指标，时常领先于K、D指标显示曲线的头部和底部。它的使用方法很简单，就是"高抛低吸"。J指标的取值大于100和小于0，都意味着股价处于非正常区域。其中，J值大于100为卖出信号，小于0为买入信号。

随机指标的优点在于反应敏感，能够给出非常明显的买卖信号。但是，它有一个使用范围：通常股价或指数如果在一定幅度的箱形之中波动，KDJ将发出准确的买卖信号，投资者按此信号操作可以做到胜多输少；而在极强或极弱市道中，KDJ必然发生高（低）位钝化的情况，出现"骗线"问题，致使投资者蒙受不必要的损失。实战中，可以利用两种方法解决钝化和骗线问题。一是放大法。针对KDJ指标容易给出杂信的特点，应放大一级来确认买卖信号的可靠性，将会有较好的效果。例如，在日K线图上KDJ指标产生低位黄金交叉，可以把它放大到周K线图上。若周K线图上的指标曲线也是在低位产生黄金交叉，那么这个买入信号可靠性高，可以大胆地买入股票；若周K线图上显示的指标曲线处于下降途中，那么日K线图上黄金交叉提供的买入信号不可靠，有可能是主力的骗线手法。二是趋势线法。在K线图上画出股价上涨或下跌的趋势线，在股价或股指没有突破趋势线前，KDJ发出的一切信号都不考虑，只有当股价或股指突破趋势线后，再不折不扣地按照KDJ指标提供的买卖信号进行操作。

（四）实例分析

以中国巨石（600176）为例，图11-3是中国巨石2019年8月—2020年1月的日K线。其股价自2019年8月的7.68元起步，在不到半年的时间里走出了一轮漂亮的多头行情。从图中可以看到，随着股价的新高不断，2020年1月2日，短线指标KDJ与股价首次呈现背离走势，多头行情出现隐忧。但股价在小幅回调后重拾升势，于2020年1月14日创出11.39元的新高点。而与屡创新高形成鲜明对比的是，KDJ指标再次与股价形成背离走势，预示短期走势不容乐观。之后，K、D指标在80以上超买区域迅速形成死亡交叉，且是右侧死亡交叉，于是中国巨石股价的向下破位也就不可避免。

图 11-3　中国巨石 KDJ 实例

二、RSI

（一）RSI 的含义

RSI 是由发明 DMI 的技术分析大师威尔斯·威尔德首先提出的，其中文名称为相对强弱指标，是目前最为流行、使用最多的技术指标之一，时常被作为捕捉短线买卖时机的优选指标。它是以一特定时期内股价的变动情况推测价格未来变动的方向，并根据股价涨跌幅度及波动幅度显示市场强弱的一种技术指标。

（二）RSI 的计算方法

RSI 通常采用某一时期内收盘价（指数）的结果作为计算对象，来反映这一时期内多空力量的强弱对比。在计算过程中，首先找出包括当日在内的连续 $n+1$ 日的收盘价（指数），用每日的收盘价（指数）减去上一交易日的收盘价（指数），可以得到 n 个有正有负的数字。其中，正数（当日收盘价高于前日收盘价）表示买方力量；负数（当日收盘价低于前日收盘价）表示卖方力量。然后，在得出买方总力量 A 和卖方总力量 B 的基础上，就可以计算出 RSI 值。具体公式为

$$A = n \text{ 个数字中正数之和}$$
$$B = n \text{ 个数字中负数之和}$$
$$\text{RSI}(n) = \frac{A}{A+B} \times 100$$

式中，n 为 RSI 的参数（天数），一般有 5 日、9 日、14 日等；A 表示 n 日内股价向上波动的幅度；B 表示 n 日内股价向下波动的幅度；$A+B$ 表示股价总的波动幅度。

RSI 实际上是表示股价向上波动幅度占总的波动幅度的百分比。数值大就是强势市场，否则就是弱势市场。

（三）RSI 的应用法则

1. 根据 RSI 的取值研判行情

RSI 的取值为 0～100，50 为强弱分界线。RSI 大于 50 为强势市场，高于 80 以上进入超买

区域，容易形成短期回档；RSI 小于 50 为弱势市场，低于 20 以下进入超卖区域，容易形成短期反弹。为了确认 RSI 是否进入超买区域或超卖区域，应尽量使用长期 RSI，以减少骗线的发生。

2. 从两条或多条 RSI 曲线的交叉方面研判行情

在股票分析软件中，一般有两条 RSI 曲线，参数小的为短期 RSI，参数大的为长期 RSI。当短期 RSI 在超卖区域内向上突破长期 RSI 时，为买入信号；当短期 RSI 在超买区域内向下跌破长期 RSI 时，为卖出信号。

3. 根据 RSI 曲线的形态研判行情

形态理论的操作原则在 RSI 对股市行情预测方面同样适用。当 RSI 在较高或较低位置形成头肩形或多重顶（底）形态，是采取行动的信号。应注意这些形态一定要出现在较高位置和较低位置，离 50 越远越有效，结论越可靠。

4. 根据趋势线原理研判行情

RSI 在一波又一波的上升和下降过程中也会提供画趋势线的机会。连接 RSI 的两个连续低点，画出一条由左向右上方倾斜的切线，当 RSI 向下跌破这条切线时，为卖出信号；连接 RSI 的两个连续峰顶，画一条由左向右下方倾斜的切线，当 RSI 向上突破这条切线时，为买入信号。事实上这只是短线买卖信号，中线效果并不理想。

5. 从 RSI 与股价的背离方面研判行情

股价曲线逐波升高，而 RSI 曲线不是同步上升却是逐波下降，与股价走势形成顶背离，股价很容易反转下跌；股价曲线逐波下行，而 RSI 曲线不是同步下降却是逐波上升，与股价走势形成底背离，则股价很容易反转上升。

值得注意的是，RSI 面对极强或极弱的市场，经常会出现超买而不跌、超卖而不涨的指标钝化现象，这主要是由指标本身的缺陷造成的。RSI 说到底是一个力度指标，是买卖双方在图形上的较量，如果市场主力用小单操作，就会导致 RSI 的呆滞和不敏感，从而使其不能正确反映股价的未来走势，此时应放弃使用 RSI。

（四）实例分析

以三环集团（300408）为例（见图 11-4），2019 年 9 月 10 日，三环集团股价在创出

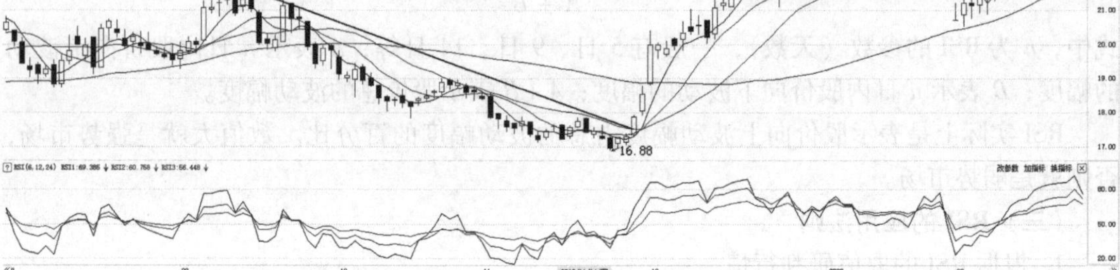

图 11-4　三环集团 RSI 实例

21.80 元的局部新高后，震荡下行。但从 11 月上旬开始，伴随股价的进一步下跌，RSI 曲线却震荡上行，与股价呈现出背离走势，发出了明确的买入信号。就在股价于 2019 年 11 月 25 日创出 16.88 元新低的数日后，RSI 突破了由 2019 年 9 月 10 日、2019 年 9 月 23 日和 11 月 19 日等指标高点连接所形成的下降趋势线，再次向投资者发出了介入信号，三环集团的一轮多头行情呼之欲出。

三、W%R

（一）W%R 的含义

W%R 指标的中文名称为威廉指标，它最早起源于期货市场，是一种兼具超买超卖和强弱分界的指标，现已成为期货市场和股票市场上最常用的技术测试工具。该指标通过分析过去一段时间内股票高、低价与收盘价之间的关系，借以说明当天的收盘价在过去的一段时日股价波幅内所处的相对位置，来度量股市的超买超卖状态，以作为短期投资信号的一种技术指标。

（二）W%R 的计算方法

若以 n 表示选定的时间参数，H_n 和 L_n 分别表示最近 n 日内（包括当天）出现的最高价和最低价，C_t 表示当天的收盘价，则

$$W\%R(n) = \frac{H_n - C_t}{H_n - L_n} \times 100$$

由公式可知，W%R 的数值大小不仅依赖于当日的收盘价，而且取决于给定的时间参数内的最高价和最低价。最高价与最低价的大小决定于时间参数的大小。因此，W%R 的指标值与时间参数有着比较直接的关系。事实上，参数的选择在 W%R 指标中的作用十分重要。人们普遍认为，W%R 参数的选择应该至少是循环周期的一半，因为取循环周期的前半部分或后半部分能够包含这次循环的最高价和最低价。国外的分析专家一般将 W%R 的参数定为 14 日或 20 日。而我国证券市场由于历史较短，股市的循环周期尚未取得明确的共识，因此在应用 W%R 时应该多选择几个参数进行尝试。

（三）W%R 的应用法则

1. 根据 W%R 的取值研判行情

W%R 的取值为 0~100。与 RSI 和 KDJ 有一点重要的区别是，W%R 指标 0~20 之间的区域为超买区域，80~100 之间的区域为超卖区域，50 为强弱分界线。

当 W%R 进入超买区域后，再度击破 20 超买线，是卖出信号；当 W%R 进入超卖区域后，再度突破 80 超卖线，是买入信号（这里的 20 和 80 只是经验数据，并不是绝对数值）。

应当注意的是：在股价盘整阶段，W%R 的准确性高；而在上升或下降趋势中，不能仅以 W%R 的超买超卖信号作为行情判断的依据。

2. 根据 W%R 的曲线形状研判行情

（1）当 W%R 进入超买区域后，如果此时股价还在继续上升，就会产生顶背离，是卖出信号；当 W%R 进入超卖区域后，如果此时股价仍在继续下降，就会产生底背离，是买入信号。

（2）由于 W%R 是一个试图摸顶或抄底的逆市操作指标，单纯依其操作的风险很大，因此，只有在 W%R 连续冲击高点或低点之后，出现逆转信号，风险才会相对降低。也就是说，当 W%R 向上撞顶四次，则第四次是一个较好的卖点；当 W%R 向下触底四次，则第四次是一个较好的买点。

3. W％R 与其他指标的配合使用

（1）W％R 主要辅助 RSI 确认市场的强弱转化。当 RSI 上穿或下穿 50 分界线时，观察 W％R 是否同步上穿或下穿 50 分界线，如果同步则可靠，如果不同步则应参考其他指标信号再做决定。

（2）W％R 进入超买超卖区域后，结合 MACD 决定买点或卖点的研判效果较好。比如，当 W％R 进入超买区域时，仅仅只能将其作为预警信号，投资者必须依据 MACD 指标研判行情，此时的 MACD 指标中的 DIF 向下交叉 DEA，则为明确的卖出时机；反之，当 W％R 进入超卖区域时，道理同样适用。

（四）实例分析

以圣邦股份（300661）为例，从图 11-5 中可以看出，股价自 2019 年 5 月—2020 年 2 月走出了一波多头行情。行情启动之初，就在股价出现低点 80.87 元的次日，W％R 指标由超卖区域突破了 80 超卖线，发出了买入信号。此后，随着股价的节节攀升，W％R 基本上运行在强势区域。2020 年 2 月 3 日，W％R 指标值在首次达到 100 的情况下，开始与股价走势相背离。经过 20 多天的时间，股价在创出 369.00 元天价的第二天，W％R 指标突破了 20 超买线，向投资者发出卖出信号。

图 11-5 圣邦股份 W％R 实例

在这里，需要强调两点。一是在现行的技术分析软件中，W％R 指标的天线与地线的设置正好相反。本例由于将 100 作为天线、0 作为地线，因而 W％R 曲线与股价曲线是否发生了背离走势不是很直观，运用起来存在着一定的难度。二是在行情发展阶段，W％R 指标的准确度不高，只能作为 MACD、RSI 的辅助指标来使用，切不可单独用来研判行情。

四、BIAS

（一）BIAS 的含义

乖离率（BIAS）又叫偏离率，是测算股价与移动平均线偏离程度的指标，以得出股价在剧烈波动时因偏离移动平均趋势而造成的可能回档或反弹，以及股价在正常范围内继续原有趋势的可信度。

BIAS 表示的是股价偏离移动平均线的百分比，从而说明股价与移动平均线之间差距的大小。BIAS 最早来源于葛兰维尔的平均线定律，它的理论应用主要是从投资者的心理角度来分析。因为移动平均线可以代表平均持仓成本，当股价跌到移动平均线以下很远时，表示大多数投资者损失巨大，他们出于低价买入股票以求摊低成本的考虑，很容易将股价推至移动平均线附近，导致股价反弹；当股价涨至移动平均线以上很远时，表示大多数投资者获利丰厚，有落袋为安的想法，会对股价上涨造成压力，容易引致股价回档。因此，BIAS 的原理在于：如果股价偏离移动平均线太远，无论是在移动平均线的上方还是下方，都有向移动平均线回归的要求。

（二）BIAS 的计算方法

若以 C_t 表示 n 日中第 t 日的收盘价，$MA(n)$ 表示 n 日的移动平均值，n 表示 BIAS 的参数，则有

$$BIAS(n) = \frac{C_t - MA(n)}{MA(n)} \times 100\%$$

从计算公式中可以看出，BIAS 是当天收盘价距当天移动平均线的相对距离。BIAS 的参数就是移动平均线的参数，因此，参数大小的选择必然影响移动平均线和 BIAS。通常情况下，参数选得越大，允许价格远离移动平均线的程度越大。

（三）BIAS 的应用法则

1. 根据 BIAS 的数值研判行情

当股价在移动平均线之上时，为正乖离率；反之，则为负乖离率；当股价与移动平均线相交时，乖离率为零。

在实际应用中，一般预设一个正数或负数，只要 BIAS 超过这个正数，股价可能回档，应考虑卖出股票；只要 BIAS 低于这个负数，股价可能反弹，应考虑买入股票。问题的关键是找到这个正数或负数，它是采取行动与等待观望的分界线。尽管许多相关书籍都给出了基本一致的分界线的参考数字，但由于这些数字缺乏实战的检验，并不可靠，投资者可凭经验和对行情强弱的判断得出结论。运用 BIAS 时，必须对以下因素全面考虑才能提高成功率：

（1）股票流通市值的大小。BIAS 的形成是投资者面对股价波动造成盈利和亏损产生的本能反应的结果。流通市值越大的股票，散户的比重往往越大，也就越能遵循投资者的本能反应，使用 BIAS 的成功率也就越高。

（2）BIAS 宜在低位成交密集区使用，尽量不要在高价区使用。因为在高价区，市场主力控股很充分，股价容易在其操纵下暴涨暴跌，使用 BIAS 容易操作失误。

（3）股票业绩的优劣。股票业绩越好，持股者的心态越稳定，股价下跌时 BIAS 值通常不是很低就开始反弹；而业绩较差的股票，通常在 BIAS 值很低时，股价走势才开始好转。因此，对于业绩不同的股票，投资者应灵活运用 BIAS。

2. 从 BIAS 曲线的形状研判行情

形态学和切线理论在 BIAS 上同样适用，主要是顶（底）背离的原理。

3. 结合两条 BIAS 曲线研判行情

当短期 BIAS 曲线在高位下穿长期 BIAS 曲线形成死亡交叉时，是卖出信号；当短期 BIAS曲线在低位上穿长期 BIAS 曲线形成黄金交叉时，是买入信号。

（四）实例分析

以成都银行（601838）为例（见图11-6），成都银行于2019年11月上旬和2020年1月初，分别创出8.98元和9.27元两个局部高点，与这两个高点连线形成的上升直线不同的是，BIAS的两个高点连线却是一条下降的直线。很显然，BIAS曲线与股价曲线在高价区出现了相互背离的走势，预示着成都银行的后期走势不容乐观，随后股价开始快速下跌。

图11-6　成都银行 BIAS 实例

【本章小结】

（1）技术指标法是一种较为常用的分析方法。它考虑的因素较多，并能克服其他技术分析方法忽视成交量的缺陷。在利用技术指标对行情进行分析与判断时，除了自身的分析手法外，形态学理论与切线理论中的一些结论也在此得到了广泛应用。由于任一技术指标都有自己的适应范围和应用条件，因此应把多个具有互补性的指标结合起来研判行情。

（2）趋势型技术指标主要有 MA、MACD 和 DMI 等。MACD 指标主要根据 DIF、DEA 的取值和相对取值，以及指标曲线与股价曲线的背离情况对行情进行研判。DMI 则依据 PDI 曲线与 MDI 曲线的交叉、ADX 曲线与股价曲线的关系研判行情。

（3）超买超卖型技术指标主要有 RSI、KDJ、W％R 和 BIAS 等。这些指标主要根据指标取值、指标曲线形态、指标曲线与股价曲线的关系来研判行情。应当注意的是：RSI 和 KDJ 指标在极强与极弱市场中容易出现高（低）位钝化的现象；W％R 主要辅助 RSI 来确认市场的强弱转化；BIAS 研判行情的经验数据需根据实际情形进行修正。

【主要名词】

技术指标法　MACD　DMI　KDJ　RSI　W％R　BIAS

【复习思考题】

1. 简述技术指标法的含义及在应用过程中应注意的问题。
2. 如何应用 MACD 指标？
3. RSI 的应用法则有哪些？
4. KDJ 指标的买卖信号是如何产生的？
5. 利用随机指标预测行情，K、D 两线交叉的应用条件是什么？
6. 何谓顶背离和底背离？利用某一技术指标举例进行说明。

本章案例　奥美医疗（002950）走势分析

（一）基本面综述

奥美医疗（002950）全称为奥美医疗用品股份有限公司，隶属医疗保健设备行业。主营业务是医用敷料等一次性医用耗材的研发、生产和销售，为国际知名医疗器械品牌厂商提供贴牌生产服务。公司于 2019 年 3 月 11 日在深圳证券交易所上市。上市后，公司进行了一次分红以及一次高比例转增股本。2020 年半年报中股本总额 63 327 万股，每股收益 1.12元，每股净资产 3.98 元，每股资本公积金 0.90 元，每股未分配利润 1.93 元。公司是国内医用敷料行业的龙头企业，具有较强的竞争优势，其医用敷料产品连续 11 年出口第一。

（二）股价走势

奥美医疗为次新股，自上市后就一直震荡调整。该股自 2020 年 4 月 28 日创出 19.59 元新低后，一路震荡上行。2020 年 6 月 1 日涨停突破均线压力，迎来了送转股炒作行情。6 月5 日，奥美医疗实施了 10 股转 5 股派 6 元，该股继续向上突破，走出了一波强劲填权行情。图 11-7 显示的是奥美医疗 2020 年 3 月—9 月的前复权股价走势。

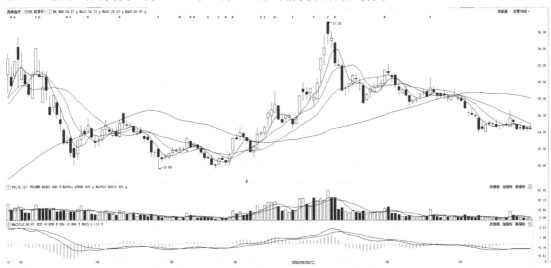

图 11-7　奥美医疗 2020 年 3 月—9 月的前复权股价走势

（三）指标的运用

1. 三次黄金交叉买入信号

奥美医疗股价 2020 年 6 月 1 日脱离盘整向上突破时，移动平均线、均量线和 MACD 指标都发出了明确的买入信号。

（1）在股价突破之前，短中期移动平均线相互缠绕在一起，股价趋势不明。就在股价以一根长阳线向上突破多条移动平均线的当日和次三日，5 日和 10 日移动平均线均与其他各条中期移动平均线发生了黄金交叉，确立了股价的向上趋势。

（2）股价向上突破的当日，5 日均量线与 10 日均量线发生了黄金交叉，意味着股价的上扬得到了成交量的有效配合。

（3）在股价突破的当日，MACD 指标中的 DIF 与 DEA 在 0 轴线下方第三次发生黄金交叉，发出了中长期买入信号。三日后，DIF 与 DEA 向上突破并站在 0 轴线上方，预示着多头行情的到来。

移动平均线、均量线和 MACD 指标的三次黄金交叉买入信号，在把握股票的买入时机方面具有较高的可信度。这里的三次黄金交叉虽然不必强求在同一天发生，但黄金交叉出现的时间间隔不能过长，最好是在三日之内。

2. 反转突破形态的研判

从图 11-7 中可看出，2020 年的 7 月上旬—8 月上旬股价进行了高位整理，在整理的初期，移动平均线、MACD 指标均发生了死亡交叉，而且随着楔形形态的延续，5 日、10 日、30 日移动平均线相继失守，预示着后市行情不容乐观。但此时由于股价仍处于持续上涨的 60 日移动平均线的上方，股价的中长期趋势未发生改变。直到 8 月 27 日股价跌破所有的中、短期移动平均线，MACD 指标出现第二次死亡交叉，且运行到 0 轴线以下，说明多头行情已经结束，投资者应果断卖出股票。综合对移动平均线指标和 MACD 指标进行分析，高位的楔形形态有可能演变为反转突破形态，而非持续整理形态，投资者需要对此提高警惕。

（四）分析评价

通过对奥美医疗股价走势的技术研判，可以得到以下启示：

（1）次新股且所属行业具有竞争优势的企业，股本扩张潜力大，送股除权后往往能够走出大幅填权的行情。因此，投资者应树立长期持有成长股的理念。

（2）投资者选好股票后，应利用技术分析把握买卖的时机。一旦发现行情启动要果断介入，在卖出信号出现前要一路持有。

（3）利用技术指标研判行情时，需要明确指标的使用范围和条件。比如，所运用的指标是短线指标还是中长线指标，是趋势类指标还是震荡类指标，这对股票投资操作至关重要。

（4）切忌采用单一指标研判行情，而应当选择不同类型具有互补性质的指标组合来分析行情。这样才能从各个角度把握行情的演变，减少投资失误。

问题：请举例说明 MACD 指标的应用法则。

内容提示

本章主要介绍人气型、大势型、路径型等证券市场上一些常用的技术指标，并对这些指标的应用法则和使用技巧进行讲解。投资者学习领会这些指标的精髓，掌握其运用技巧，便能正确预测股价的变动趋势，及时把握买卖时机，从而提高自身的投资水平。

第 十 二 章

常用技术指标

第一节 人气型技术指标

从某种意义上讲，任何影响市场行情变动的因素只有转换为人气，才能最终发挥其作用，证券行情每次大的波动都直接建立在人气的旺盛和低迷的转换上。人气型技术指标就是反映市场上人气聚散程度的技术指标，常见的有 AR、BR、CR 和 PSY 等。

一、AR

（一）AR 的含义与计算方法

在证券市场上，多空双方每个交易日都要进行较量。多空双方的争斗是从某一个基点水平（或者均衡价位）开始的。股价若在这个基点水平的上方，说明多方处于优势，反映的是多方的力量；反之，股价若处于这个基点水平的下方，则说明空方处于优势，反映的是空方的力量。因此，正确恰当地找到这个基点水平是非常重要的。

AR 指标的中文名称为人气指标，又称买卖气势指标，它选择的基点水平（均衡价位）是每一个交易日的开盘价，利用开盘价与最高价和最低价的相互关系，建立一段时间内多空双方进行争斗的简单的数学模型，并利用这个模型对股价变动进行预测。

若以 H 为当日最高价，L 为当日最低价，O 为当日收盘价，则 AR 的计算公式为

$$\mathrm{AR}(n) = \frac{\sum (H - O)}{\sum (O - L)} \times 100$$

式中，n 为参数，一般设定为 26 天；$\sum (H - O)$、$\sum (O - L)$ 分别为 n 天内多方强度和空方

强度的总和。

因此，AR 指标表示 n 天以来多空双方总的强度的比值。AR 值越大，说明多方的强度越大；AR 值越小，说明空方的强度越小。

（二）AR 的应用法则

1. 根据 AR 的数值研判行情

（1）AR 指标以 100 为多空力量分界线，100 以上是多方占优势，100 以下则是空方占优势。如果 AR 值在 80～120（经验数据，需视情势修正）波动时，属于盘整行情，股价走势比较平稳，不会出现剧烈波动。

（2）AR 值走高表示行情活跃、人气旺盛，但过高则表示股价已进入高价区域，应择机退出。当 AR 值逐渐上升到 180 以上时，股价回跌的机会相当大，是良好卖点。

（3）AR 值走低表示行情低迷、人气涣散，但过低则表示股价可能跌入底部区域，应伺机进场。当 AR 值逐渐下跌至 50 以下时，代表能量已累积到成熟程度，是良好买点。

2. 从 AR 与股价的背离方面研判行情

同大多数技术指标一样，AR 具有领先股价达到峰顶和谷底的功能。当出现 AR 曲线与股价曲线相互背离的现象时，可以应用背离原则进行分析。

二、BR

BR 指标的中文名称是买卖意愿指标，与 AR 同为反映当前股市情况下多空双方相互较量结果的指标。BR 指标与 AR 指标极为相似，区别在于 BR 指标选择的是以前一交易日的收盘价作为基点水平，比 AR 指标更能全面地反映股价暴涨暴跌水平，AR 指标则忽略了开盘后股价跳空的信息。

（一）BR 的计算方法

若以 H 为当日最高价，L 为当日最低价，Y_c 为上一交易日收盘价，则 BR 的计算公式为

$$\mathrm{BR}(n) = \frac{\sum (H - Y_c)}{\sum (Y_c - L)} \times 100$$

式中，n 为参数，一般设定 26 天；$H - Y_c$ 为多方强度；$Y_c - L$ 为空方强度。

由于公式中的分子、分母分别是 n 日内多方强度和空方强度的总和，因此 BR 指标反映的是 n 日以来多空双方总强度的比值。BR 值越大，说明多方的强度越大；BR 值越小，说明空方的强度越小。

（二）BR 的应用法则

1. 根据 BR 的数值研判行情

BR 指标也以 100 为多空力量分界线，100 以上是多方占优势，100 以下则是空方占优势。

BR 指标较 AR 指标敏感。当 BR 值在 70～50（经验数据，需视情势修正）波动时，属于盘整行情，应保持观望；当 BR 值高于 300 时，股价可能随时下跌，应择机卖出；当 BR 值低于 40 时，股价可能随时反弹上涨，应逢低买入。

2. 从 BR 与股价的背离方面研判行情

BR 指标具有领先股价达到峰顶和谷底的功能，当出现 BR 与股价曲线相互背离的情形

时，是一个强烈的买卖信号。

3. BR 指标与 AR 指标的配合运用

一般来说，AR 指标可以单独使用，而 BR 指标应同 AR 指标结合使用。这是因为，BR 指标上下波动的范围比 AR 指标大得多，不好掌握，需要用 AR 指标进行"控制"。

（1）若 AR、BR 曲线同时急剧上升，则说明股价离顶峰已经不远，投资者应考虑卖出股票。

（2）若 BR 曲线由高位下穿 AR 曲线，而此时的 AR 值低于 50，则是极佳的买入股票的机会。

（3）若 BR 曲线急剧上升，AR 曲线却未配合上升，而是盘整或小回，则是逢高出货的信号。

（三）实例分析

以碧水源（300070）为例（见图 12-1），2019 年 8 月，随着碧水源股价不断创出新低，AR、BR 曲线却呈现出底部抬高的走势，预示着股价即将见底。股价在探底 5.95 元后，一路震荡上行。2020 年 2 月，碧水源股价进入急速上涨阶段，此时的 AR、BR 指标却出现了相反的走势，AR 指标随股价上扬，而 BR 指标却开始下跌，表明市场人气涣散，筹码开始松动，这是逢高出货的信号，其后股价的下跌也验证了这一判断。

图 12-1　碧水源 AR、BR 实例

三、CR

CR 指标的中文名称为中间意愿指标，是与 AR、BR 指标类似的指标，所不同的是 CR 指标选择前一交易日的中间价作为基点水平，来分析多空双方力量的对比情况。它在测量人气的热度、价格动量的潜能、显示压力区域和支撑区域方面弥补了 AR、BR 指标的不足。

（一）CR 的计算方法

若以 H 为当日最高价，L 为当日最低价，Y_m 为上一交易日的中间价，则 CR 指标的计算公式为

$$CR(n) = \frac{\sum (H - Y_{\mathrm{m}})}{\sum (Y_{\mathrm{m}} - L)} \times 100$$

由计算公式可以看出，CR 与 AR、BR 指标反映的都是 n 日以来多空双方总的强度的比值，但 CR 的计算过程较为复杂，式中的 Y_{m} 是由上一交易日的开盘价、最高价、最低价和收盘价四个价格通过加权平均得到的。

与 AR、BR 指标不同的是，CR 指标包括五条曲线，即 CR 曲线和 CR 的 10 日、20 日、40 日和 60 日四条平均线。CR 的四条平均线依次被称为 a 线、b 线、c 线和 d 线。其中，a、b 两线所夹区域称为"副地震带"，c、d 两线所夹区域称为"主地震带"，它们在行情预测方面具有独特的作用。

（二）CR 的应用法则

1. 根据 CR 的数值研判行情

CR 的特征介于 AR 与 BR 之间，一般比较接近 BR。当 CR 下跌至 40 以下时，股价形成底部的机会相当大；当 CR 高于 300 时，股价很容易向下反转。

2. 从 AR 曲线与股价曲线背离方面研判行情

指标与股价的背离原则在 CR 应用法则中同样适用，但 CR 与股价曲线的顶背离研判原则的准确性要远远高于底背离原则。

3. CR 曲线与其平均线的配合使用

（1）当 CR 曲线由下向上欲穿越副地震带时，股价会受到次级压力的干扰；欲穿越主地震带时，会遇到强大压力的干扰。

（2）当 CR 曲线由上向下欲穿越副地震带时，股价会受到次级支撑；欲穿越主地震带时，会遇到强大支撑。

（3）当 CR 曲线进入地震带上下频繁震动时，应采用 W%R 指标判断股价走势的强弱。

（4）如果 a、b、c、d 四条线在 CR 曲线前方若干天处几乎交叉成一点，则是极难遇见的上涨或下跌行情的开始，该交叉点被称为起涨点或起跌点。

需要注意的是，同多数技术指标一样，当行情处于盘整期时，CR 指标预测的准确度不高。

四、PSY

PSY 指标的中文名称为心理线指标，它是在研究投资者心理趋向的基础上，将一定时期内投资者看多或看空的心理事实转化为数据，据以判断股价未来走势的技术指标。

（一）PSY 的计算方法

PSY 的计算公式为

$$PSY(N) = \frac{A}{N} \times 100$$

式中，N 为 PSY 的参数，参数选择得越大，PSY 的取值越集中、越平稳，一般将其定为 12 天；A 为 N 日中股价上涨的天数，表示多方的力量。

这里的上涨和下跌以收盘价为准，今天的收盘价比上一交易日的收盘价高，则今天就定为上涨日；反之，就是下跌日。从公式可以看出，PSY 反映的是一定时期内上涨的天数所占的比例。

（二）PSY 的应用法则

1. 根据 PSY 的数值研判行情

PSY 的取值为 0～100。其中在 25～75 为常态分布，表明多空双方基本处于平衡状态。如果 PSY 的数值超出了这个范围，则是超买或超卖。

（1）PSY 的数值过高或过低，都是行动的信号。当 PSY 值大于 90 时，是强烈的卖出信号；当 PSY 值小于 10 时，是强烈的买入信号。

（2）PSY 数值第一次进入超买超卖区域所提供的操作信号并不可靠，只有进入高位或低位两次以上才能采取买卖行动。这一点对于 PSY 指标研判行情尤为重要。

2. 根据 PSY 的曲线形态研判行情

（1）PSY 曲线在高位或低位出现明显的双重顶或双重底形态，则是卖出或买入信号。

（2）PSY 曲线可以同股价曲线配合使用，背离原则在这里同样适用。

（三）实例分析

以捷佳伟创（300724）为例，从图 12-2 中可以看到，伴随着股价的上涨，PSY 曲线呈现出不断上扬的走势。2019 年 12 月，股价阶段高点 37.99 元，PSY 指标值为 91.66。2020 年 1 月，股价阶段高点 56.60 元，PSY 指标值为 75.00，此时已形成明显的背离信号。接着在 2020 年 2 月，股价在经过急速拉升后，达到了历史性的高点 82.21 元，而此时的 PSY 指标值只有 75.00，与股价形成了背离走势，预示着股价头部的形成。

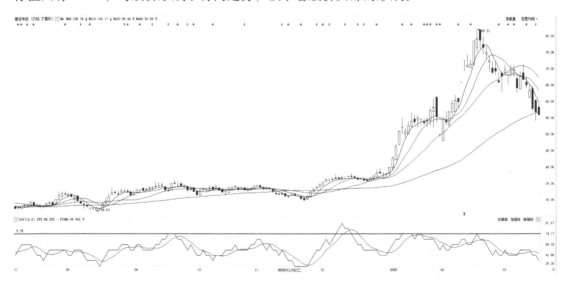

图 12-2　捷佳伟创 PSY 实例

第二节　大势型技术指标

大多数技术指标既可应用于个股，又可应用于大盘指数。而大势型指标主要是对整个证券市场的多空状况进行描述，它只能用于研判证券市场的整体形势，而不能应用于个股。大势型指标是通过计算每日上涨股票和下跌股票家数的累计情况的对比，来反映市场人气兴衰和大势走向的技术指标。常用的大势型指标有 ADL、ADR 和 OBOS。

一、ADL

ADL 的中文名称为腾落指数，即上升下降曲线的意思。腾落指数是以股票每天上涨或下跌的家数作为观察对象，通过简单的算术加减来比较每日上涨股票和下跌股票家数的累计情况，形成升跌曲线，并与股价指数相互对比，对大势的未来趋势进行预测。

（一）ADL 的计算方法

ADL 的计算方法采用递推方式。假设已经知道了上一交易日的 ADL 的数值，那么，今日 ADL 的计算公式为

$$今日\ ADL\ =\ 昨日\ ADL\ +\ N_A\ -\ N_D$$

式中，N_A 为当日市场上所有上涨股票的家数；N_D 为当日市场上所有下跌股票的家数。

这里涨跌的判断标准是今日收盘价与上一交易日收盘价的比较（无涨跌者不计）。ADL 的初始取值可为 0。

（二）ADL 的应用法则

1. 根据 ADL 曲线走势研判行情

（1）在多头市场中，ADL 呈现上升趋势，如果突然出现急速下跌现象，接着又立即扭转向上并创下新高点，则股价指数可能再创新高峰。

（2）在空头市场中，ADL 呈现下降趋势，其间如果突然上升，接着又调头向下突破先前的低点，则表示股价指数新的下跌趋势产生。

2. ADL 曲线与股价指数曲线的配合使用

（1）如果 ADL 曲线与股价指数曲线同步上升并创新高点，则短期内股价指数继续上升的可能性大；如果 ADL 曲线与股价指数曲线同步下降并创新低点，则短期内股价指数继续下跌的可能性大。

（2）如果 ADL 曲线连续上涨数日（一般为 3 天），而股价指数曲线却向相反的方向运动，则此种背离现象是买入信号，表示股价指数随时会上涨；如果 ADL 曲线连跌数日（一般为 3 天），而股价指数曲线却向上运动，则此种背离现象是卖出信号，表示股价指数随时会回档。

（3）在多头（空头）市场持续发展较长时间时，一旦 ADL 曲线开始下降（上升），则显示多头（空头）市场已进入尾声，股价指数在近日内可能出现反转。

应当注意的是，ADL 指标的应用重在相对走势，而并不看重其数值的大小；ADL 指标对预测多头市场的结果具有相当高的准确性，但是确认空头市场结束的结果并不十分理想。

（三）实例分析

以上证指数为例，从图 12-3 中可以看到，与一路走熊的上证指数相随的 ADL 曲线迭创新低，验证了熊市的低迷和持续。2018 年 1 月—8 月，上证指数经历了长期的破位下跌。其间，指数曾经出现了几次反抽走势。在 2018 年 6 月的指数下探过程中，ADL 指标不仅创出新低，同时领先指数破位下跌，表明前面的反抽行情是下跌中继，上证指数的新低点指日可待，熊市依然没有改变。

图 12-3　上证指数 ADL 实例

二、ADR

ADR 的中文名称为涨跌比率，又称回归式腾落指数。它是根据一定时间内股票的上涨家数和下跌家数的比值，推断市场上多空双方力量的对比，进而判断出股价指数运行趋势的指标。

（一）ADR 的计算方法

ADR 的计算公式为

$$ADR(N) = \frac{\sum N_A}{\sum N_D}$$

式中，$\sum N_A$ 为 N 天内股票上涨家数之和；$\sum N_D$ 为 N 天内股票下跌家数之和；N 为 ADR 的参数，目前一般设定为 10 天。

选择一定时间内股票上涨和下跌家数的和，是为了避免由于某一天的特殊表现而误导投资者的判断。ADR 的参数选择很重要，参数选得越小，ADR 波动的空间就越大，曲线的起伏就越剧烈；反之，ADR 波动的幅度就越小，曲线上下起伏越平稳。

（二）ADR 的应用法则

1. 根据 ADR 的数值研判大势

（1）一般来说，ADR 的数值在 1 附近变化，其取值在 0.5 ~ 1.5 为常态分布，表示多空双方处于均衡状态。在极端特殊情况下，如出现突发利多、利空消息引起股指暴涨暴跌时，常态分布的区间应修正为 0.4 ~ 1.9。ADR 数值突破常态状况的上下限，则为买卖信号。

（2）在多头市场，ADR 值低于 0.5 的现象极少出现，一旦出现则是极佳的买入信号。

2. 根据 ADR 的曲线形态研判大势

（1）ADR 曲线从高向低下降至 0.75 之下，是短期反弹的信号，这一点几乎无例外。ADR 曲线从低向高超过 0.5，并在 0.5 上下往来几次，是空头市场即将结束的信号。

（2）ADR 曲线先下降到常态状况的下限，但不久就上升并接近常态状况的上限时，如果 ADR 曲线无法突破该上限，则说明股价指数上涨的气势不足；如果 ADR 曲线能够突破该上限，则显示股价指数的上涨至少具有两波以上的力量。

3. ADR 与股价指数的配合使用

ADR 与股价指数配合使用时，其应用法则与 ADL 相同。特别是当股价指数与 ADR 产生相互背离的现象时，大势即将反转。

三、OBOS

OBOS 的中文名称为超买超卖指标，它是运用一定时间内股票上涨和下跌家数的差距，来反映当前股市多空双方力量的对比和强弱，进而对股价指数运行趋势进行分析的技术指标。与 ADR 指标相比，其含义更直观，计算更简便。

（一）OBOS 的计算方法

OBOS 与 ADR 都是利用股票上涨和下跌家数的关系反映股市多空双方力量强弱的，只不过 ADR 选择的是两者相除，而 OBOS 选择的是两者相减。OBOS 的计算公式为

$$OBOS(N) = \sum N_A - \sum N_D$$

式中，$\sum N_A$ 为 N 天内股票上涨家数之和；$\sum N_D$ 为 N 天内股票下跌家数之和；N 为 OBOS 的参数，目前一般设定为 10 天。

（二）OBOS 的应用法则

1. 根据 OBOS 的数值研判大势

当市场处于盘整时期时，OBOS 的数值应在 0 附近变化；当市场处在多头市场时，OBOS 应该是正数，并且距离 0 较远；当市场处在空头市场时，OBOS 应该是负数，并且距离 0 较远。

当 OBOS 值达到一定正数时，说明大势处于超买状态，可择机卖出；当 OBOS 值低于一定负数时，说明大势处于超卖状态，可伺机买入。至于 OBOS 的超买超卖区域的划分，与上市股票总的家数、参数的选择直接相关。其中，参数的选择可以确定，参数选得越大，OBOS 一般越平稳；但上市股票的总家数则是个不能确定的因素。

2. 根据 OBOS 的曲线形态研判大势

（1）当 OBOS 曲线与股价指数曲线呈现背离走势时，是采取行动的信号，大势随时可能发生反转。

（2）OBOS 曲线高位 M 头和低位 W 底分别是卖出和买入信号。

在对股价曲线变动趋势进行预测时，由于 OBOS 计算简单、直观易懂，因此许多相关书籍均建议，研判大势时应以 OBOS 为主、ADR 为辅。但我们认为，在实际应用中，ADR 比 OBOS 具有更多的优点：ADR 能够提供较明确的超买超卖区域，而 OBOS 则不能；况且，ADR 是研判大势短期变动的极佳指标。

（三）实例分析

以上证指数为例（见图 12-4），在处于熊市中的 2018 年，上证指数从 1 月下旬起，一度经历了长达数月的下跌整理行情。从图 12-4 中可以看到，指数从 1 月最高点 3 587.03 点下跌到 7 月 6 日的 2 691.02 点，随后股价开始反弹，于 7 月 26 日反弹到 2 915.30 点阶段高

点，与其同步上升的 OBOS 曲线也同时创出新高点。随后指数回落，OBOS 曲线又拐头向下，在高位下穿 MAOBOS 曲线形成死亡交叉，表明上证指数将会继续下跌，突破行情的产生仍然遥遥无期。

图 12-4　上证指数 OBOS 实例

第三节　其他技术指标

一、OBV

OBV 是量价型指标之一，它的中文名称为平衡交易量。人们把每一天的成交量看成是海的潮汐，形象地称 OBV 为"能量潮"。该指标的理论基础是市场价格的有效变动必须有成交量的配合，量是价的先行指标。利用 OBV 可以验证当前股价走势的可靠性，并可以由 OBV 得到趋势可能反转的信号。比起单独使用成交量来，OBV 看得更清楚。

（一）OBV 的计算方法

OBV 的计算公式为

今日 OBV = 昨日 OBV ± 今日的成交量

公式中的成交量是指股票成交的手数，而非成交金额。如果今日的收盘价高于昨日的收盘价，则今日的成交量就计入多方的能量，计算时应当用" + "号；如果今日的收盘价低于昨日的收盘价，则今日的成交量就计入空方的能量，计算时则应当用" – "号。

计算 OBV 时的初始值可自行确定，一般用第一日的成交量代替。

（二）OBV 的应用法则

1. OBV 曲线与股价曲线的配合使用

（1）OBV 曲线对进一步确认当前的股价趋势有着十分重要的作用。如果股价曲线上升（下降），OBV 曲线也相应地上升（下降），则可确认当前的上升（下降）趋势。

（2）OBV 曲线与股价曲线呈现背离走势时，股价趋势有发生反转的可能。如果股价上升，而 OBV 曲线却下降，则表示买盘无力，为卖出信号；如果股价下降，而 OBV 曲线却上升，则表示逢低买盘力量强劲，为买入信号。

（3）OBV 指标对双重顶（底）形态的确认有较高的可信度。当股价创出新高（新低）后回落（回升），再次上升（下跌）时，OBV 曲线不能同步配合，原则上第二个高峰（谷底）即将形成，从而完成双重顶（底）形态。

（4）在股价进入盘整区后，OBV 曲线会率先显露出脱离盘整的信号，向上或向下突破，且成功率较高。

2. 根据 OBV 曲线的"N"字波研判行情

许多相关书籍都强调，OBV 指标不能单独研判行情，这是认识上的误区。OBV 曲线的运行轨迹原则上呈现"N"字形，"N"字波的大小及其数目可以为投资者提供买卖信号。

（1）当 OBV 曲线的"N"字波超过前一次高点，视为一个向上"箭头"；反之，则视为向下"箭头"。若"N"字波向上的箭头不能超过上一次高点，此时为量价背离，股价有随时反转的可能；若"N"字波回档的下跌箭头低于前一波的低点，此时确认反转下跌，为卖出信号；在连续下跌之后，反弹的"N"字波箭头如果超过上一个"N"字波的高点，则表明股价见底即将反转，为买入信号。

（2）当 OBV 产生 5 个向上或向下的小"N"字波箭头时，为短线卖出或买入信号；当产生无规则的小"N"字波时，为盘整信号。

（3）当 OBV 曲线由连续的小"N"字波演变成一个大"N"字波时，上涨行情多半已接近尾声，应立即获利了结。

（4）当 OBV 曲线横向走平 3 个月以上，应注意大行情随时会出现。

（三）实例分析

以新宝股份（002705）为例（见图 12-5），从 2019 年 8 月开始，新宝股份不断上涨，连续站上多个股价台阶，与之对应的 OBV 指标同样呈现出平台上涨的特征。每一个台阶相连之处，均有 OBV 曲线上穿 MAOBV 曲线的技术金叉，预示着做多能量正在迅速积聚。就

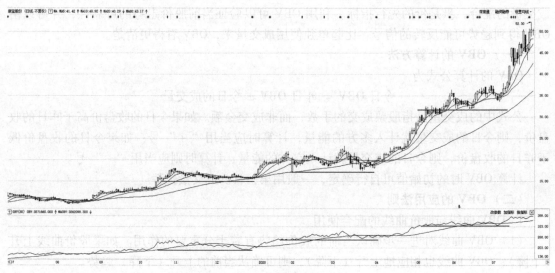

图 12-5　新宝股份 OBV 实例

在 OBV 曲线横向走平 2 个月后的 2020 年 4 月初，股价即将向上突破多条移动平均线的前夕，OBV 曲线率先向上突破，向投资者发出了一波大行情将要出现的信号。

二、TOWER

（一）TOWER 的含义与构造

TOWER 的中文名称为宝塔线指标，是以不同颜色（或虚实体）的棒线来区分股价涨跌的一种图表型指标。TOWER 主要是将股价多空之间的争斗过程和力量的转变表现在图表中，借以研判未来股价的涨跌趋势，并选择适当的买卖时机。

TOWER 主要是应用趋势线的原理，引入支撑区和压力区的概念，来确认行情是否反转。对于行情的发展所可能产生的变化方向，不做主观臆测，而是做客观承认，这点与其他指标是不同的。TOWER 认为，如果一个股票价格的上升趋势已经确认，就应该买进股票并持股，而不去主动预测股价的高点在哪里，只是在股价从高位出现反转向下的征兆时开始小心，一旦确认股价头部出现而发出卖出信号时，才做出相应的卖出动作；反之，如果一个股票价格的下跌趋势形成，就应卖出股票、离场观望，而不去轻易预测底部在哪里，只是在股价由低位向上反转并出现买入信号时才开始采取买入行动。

TOWER 是以股票的收盘价作为参照的，股价上涨时用红色棒线，股价下跌时用黑色棒线，从而通过黑红棒线的变化情况来研判股价的未来走势。和其他技术分析指标不同的是，TOWER 没有计算公式，而是靠选用画图表的方式形成的。在绘制 TOWER 时，一般将股价的上涨画为红线，将股价的下跌画为黑线，这里的涨跌是以收盘价做比较的。

（二）TOWER 的应用法则

1. TOWER 与 K 线的配合使用

（1）当股价在底部横盘很久后，突然出现一根实体很长的向上突破的大阳线，如果 TOWER 也出现实体较长的向上红色棒线，就说明股价的涨势开始确立，投资者可以及时买进。

（2）当股价在中长期上升途中，股价的 K 线出现小阴大阳相互交替的向上态势时，只要 TOWER 一直维持红色棒线的状态，就说明股价涨势强劲，投资者应坚持一路持股待涨。

（3）当股价在中长期下降途中，股价的 K 线出现大阴小阳相互交替的向下态势时，只要 TOWER 一直维持黑色棒线的状态，就说明股价跌势绵绵，投资者应坚决一路持币观望。这点和上面一点对于股价走势研判的准确率极高。

（4）当股价经过一段时间的幅度较大的上涨行情后，股价的 K 线在高位突然出现一根实体较长向下突破的阴线，如果 TOWER 也出现一根实体较长的向下黑色棒线，就说明股价的跌势已经开始，投资者应及时卖出。

2. 根据 TOWER 的三平顶、三平底形态研判行情

（1）三平顶形态是指股价经过一段短时间内的快速上升行情后，TOWER 图表中出现了连续三个或三个以上，几乎处于同一水平位置的实体很长的黑色棒线，或棒体下部为黑色、上部为红色的混合棒体线的形态。

三平顶有两种类型。其一，当股价经过急速拉升行情后（涨幅 30% 以上，越大越有效），在高位出现三平顶翻黑的形态时，预示着股价的强势行情已经见顶，应果断及时地短

线卖出全部股票而离场观望；其二，股价在中高位盘整一段时间后，一旦 TOWER 指标出现三平顶翻黑形态，并且股价也几乎同时向下跌破中长期均线，这种三平顶形态的出现意味着股价的一轮新跌势已经开始，应及时清仓观望。

（2）三平底形态是指股价经过一段比较长时间的快速下跌行情后，TOWER 图表中出现了连续三个或三个以上，几乎处于同一水平位置的实体较长的红色棒线，或棒体下部为黑色、上部为红色的混合体棒线的形态。

三平底有两种类型。其一，股价中长期的跌幅已经很大而且是近期的。其研判方法概括如下：当股价经过一段较短时间的暴跌行情（跌幅超过 30%）后，股价在低位出现三平底翻红的形态时，预示着股价已经严重超跌，短期内可能产生一波短线的反弹行情，投资者可以适量地买入股票，做短线反弹行情。其二，股价在上涨中途进行了一段比较长时间的盘整后，一旦 TOWER 指标出现三平底翻红形态，并且股价也同时依托中长期移动平均线向上扬升，这种三平底形态的出现意味着股价的一轮新涨势已经开始，应短线及时逢低买入或持股观望。

TOWER 是实战价值较高的技术指标，其极高的市场敏感性适合短线操作之用，能够有效辅助投资者避险。但是，最好能够将其与 K 线、移动平均线及其他指标配合使用，这样可以减少误判的机会。

（三）实例分析

以福莱特（601865）为例（见图 12-6），福莱特 2020 年 4 月 1 日在底部出现了三平底翻红信号，考虑到该股前期一直下跌，当前并不能判断完全止跌，需要谨慎对待，故可试探性买入部分仓位。6 月 16 日，股价经过一路小涨，突然在此缩量出现四个调整 K 线，此时宝塔线出现四平底信号，不排除后期走强可能，故可在此处进行加仓。随后连续大涨，一度两日涨停，由于该股已创出阶段新高，移动平均线系统全部多头排列形成重要支撑，故在涨停价处仍可买进，之后一路持有至 23.20 元，股价在高位出现大阴线，TOWER 指标三平顶翻黑时才获利了结，从而利用 TOWER 把握住了启动的牛股。

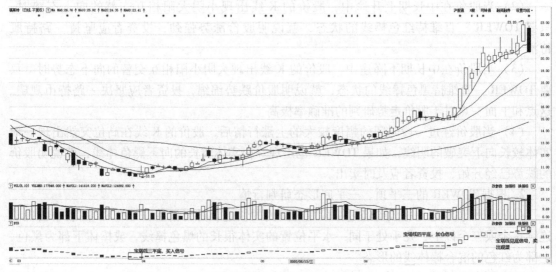

图 12-6　福莱特 TOWER 实例

三、BOLL

（一）BOLL 的含义

BOLL 是路径型指标之一，它的中文名称为布林线指标。BOLL 是一个利用统计学原理计算股价的标准差，以此来求得股价在运行中可以信赖的波动区间的指标。有关 BOLL 的计算方法比较烦琐，如果完全依靠手工计算，难度则很大，所幸股票分析软件有现成的数据可供查询。

BOLL 由上轨、中轨和下轨构成，上轨是阻力线，中轨是平衡线，下轨则是支撑线。BOLL 正是利用这三条线所组成的波带来显示股价的各种价位的。一般情况下，股价大多在波带之内波动。BOLL 波带的宽度可以随着股价的变化而自动调整位置。由于这种变异使 BOLL 具有灵活和顺应趋势的特征，因而它既具备了通道的性质，又克服了通道宽度不能变化的弱点。

BOLL 提供的买卖信号明确，使用起来有效方便，因而是证券市场上经常使用的技术指标。像 MACD、KDJ 等主要技术指标，虽然在股市行情研判方面都有独到的作用，但它们有一个缺点，就是在股价盘整时会失去作用或产生骗线。而 BOLL 则恰恰可以在这时发挥警示作用。

（二）BOLL 的应用法则

1. 根据 BOLL 的轨道线研判行情

（1）通常情况下，股价应始终在 BOLL 的波带内运行。当股价在中轨线上方运行时，股价属于强势；当股价在中轨线下方运行时，股价属于弱势。BOLL 指标的上轨线对股价的运行有阻力作用，下轨线则有支撑作用，中轨线既是股价运行的阻力线又是支撑线。如果股价脱离了 BOLL 的轨道运行，则意味着行情处于极端的状态。

（2）当 BOLL 的上轨线、中轨线和下轨线同时向上运行时，表明股价强势特征非常明显，股价短期内将继续上涨，投资者应坚决持股待涨或逢低买入；反之，则应坚决持币观望或逢高卖出。

（3）当 BOLL 的上轨线向下运行，而中轨线和下轨线却还在向上运行时，表明股价处于整理态势之中。如果是多头市场，则表明股价是上涨途中的强势整理，投资者可以持股观望或逢低短线买入；如果是空头市场，则表明股价是下跌途中的弱势整理，投资者应以持币观望或逢高减仓为主。

2. 根据 BOLL 波带的张合研判行情

（1）当股价经过长时间的底部整理后，BOLL 的波带逐渐变窄，上、下轨线之间的距离越来越小，随着成交量的逐渐放大，股价突然出现向上急速飙升的行情，此时 BOLL 的上轨线也急速向上扬升，而下轨线却加速向下运动，预示着多头力量逐渐强大而空头力量逐步衰竭，股价短期内将有一波大幅拉升行情。

（2）当股价经过短时间的大幅拉升后，BOLL 波带的开口会很大，上、下轨线会相距较远，之后，随着成交量的逐步减少，股价在高位急速下跌，BOLL 的上轨线也开始急速调头向下，而下轨线却在加速上升，预示着空头力量逐渐强大而多头力量开始衰竭，股价短期内将会大幅下挫。

（3）股价经过长时间的下跌后，BOLL 的波带开始变窄，上、下轨线之间的距离越来越小，随着成交量的萎缩，股价在低位反复振荡，此时 BOLL 的上轨线还在向下运动，而下轨线却在缓慢上升，预示着多空双方的力量逐步趋于平衡，股价将会经历较长时间的横盘整理。

（三）实例分析

以迈克生物（300463）为例，从图 12-7 中可以看出，进入 2019 年 12 月以后，迈克生物股价展开了 4 个月的横向整理行情，股价一直运行在 BOLL 的波带之内，在上下轨之间震荡调整。2020 年 4 月中旬，BOLL 开始张口，预示着股价在寻求突破方向。此时，股价黏合在 BOLL 中轨上，呈明显的抗跌特征。在 BOLL 的上轨线、中轨线向上扬升的同时，下轨线却加速向下运动，预示着多头力量逐渐强大而空头力量逐步衰竭，股价短期将有一波大幅拉升行情。其后股价的强势运行验证了这一判断。

图 12-7　迈克生物 BOLL 实例

【本章小结】

（1）人气型技术指标是反映市场上人气聚散程度的技术指标。其中 AR、BR、CR 指标的构造原理一致，应用法则也基本相同。在实际应用中，将 AR、BR 结合起来研判行情效果会更好，CR 也可以借助"主、副地震带"的支撑和阻力作用对行情做出判断。另一常用的人气指标是反映投资者买卖趋向心理的 PSY 指标，它的应用主要也是从取值、与股价的背离等方面来考虑的。需要注意的是，在投机气氛浓厚、人们心态浮躁的股市状况中，PSY 的运用有其局限性。

（2）大势型技术指标 ADL、ADR、OBOS 是用以反映股市整体形势的，不能应用于个股行情的研判。在具体应用时，主要是根据指标曲线与股价曲线的走势是否一致来研判行情。此外，指标曲线的形态对行情研判也具有一定的指导意义。

（3）其他常用的技术指标还有 OBV、TOWER、BOLL 等。OBV 是量价型指标之一，利用它不仅可以验证当前股价走势的可靠性，而且可以由 OBV 得到趋势可能反转的信号；特别值得一提的是在股价进入盘整区后，OBV 曲线会率先显露出脱离盘整的信号。TOWER 属于图表型指标，它是利用线路翻红、翻黑研判行情的，其中三平顶翻黑和三平底翻红具有较高的可信度。BOLL 属于路径型指标，它由上、中、下三条轨道构成，三条轨道均会对股价构成支撑和阻力作用，从而发出买卖信号。另外，三条轨道组成的波带开口的张合与方向对股价趋势同样具有积极的预警作用。

【主要名词】

AR PSY ADL ADR OBOS OBV TOWER BOLL

【复习思考题】

1. 简述 AR、BR 指标的构造原理。如何结合使用 AR、BR 这两个指标？
2. 何谓大势型指标？如何利用它们预测股价指数的运行趋势？
3. OBV 的理论基础是什么？它的应用法则是什么？
4. 浅谈 TOWER 的应用。
5. 简述 BOLL 的含义和应用法则。

本章案例　深证成指技术指标分析

进入 2020 年后，我国经济出现出口增速下降和消费下滑的双重压力，加上突如其来的新冠肺炎疫情的冲击，股价指数暂时中止了自 2019 年 1 月开始的缓慢上涨行情，春节后出现了较大的向下跳空缺口，市场弥漫着悲观情绪，很多投资者卖股离场。

（一）深证成指走势

深证成指从 2019 年 1 月 7 日开始走出了一波缓慢上涨的慢牛行情，但在 2020 年 1 月 23

图 12-8　深证成指 2019 年 9 月—2020 年 7 月的 K 线与 ADR、OBV 指标曲线

日开始出现较大幅度下跌，最低下探到 9 578.87 点。图 12-8 显示的是深证成指 2019 年 9 月—2020 年 7 月的 K 线与 ADR、OBV 指标曲线。

（二）指标的运用

从 K 线图上可以看出，2020 年 2 月—3 月，深证成指在探底 9 578.87 点后出现上涨，形成了小双头形态，但在没有跌到双头形态最小量度跌幅时，又重拾升势。到底是下跌途中的反弹还是一波新的上升，这一点可以从技术指标中做出判断。由 ADR 指标的应用法则可知，ADR 曲线从低向高超过 0.5，并且在 0.5 附近出现底部形态时是空头市场将要结束的信号，另外，当股价指数与 ADR 产生背离的时候，大势即将反转。本例中的深证成指在探底 9 578.87 点时，ADR 曲线从 0.49 开始上升，在指数第二个低点 9 634.97 点时只下探到 0.59，出现双底形态，且后底比前底高，表明指数将会重新上涨。

再从 OBV 指标看，当股价创出新低后回升，再次出现下跌时，OBV 曲线不能同步配合，表示第二个低点即将形成，从而完成双重底形态。深证成指在 2020 年 3 月 24 日第二个低点 9 634.97 点时，OBV 指标数值远高于第一个低点数值，表明做空的力量已经衰竭，之后又在盘整区率先脱离横盘走势，股价出现向上突破。

（三）分析评价

通过对深证成指走势的技术研判，可以得出股市将会上涨的结论，并且可以得到以下启示：

（1）行情趋势形成以后，总要经历相当长的时间。只要趋势形成的基础没有变化，趋势就不会轻易发生改变。

（2）注重多种技术分析方法的综合运用，这样可以取长补短，减少误判的概率。

（3）各种技术指标在行情研判方面都有独到之处。比如，本例中 ADR 指标发出的见底信号和 OBV 指标对双底有效性的确认。一种技术指标的研判法则尽管有很多，但可信度高的往往只有一个。

问题：请对近期的上证综合指数进行技术指标分析。

在金融投资理论与实践中，证券组合通常是指个人或机构投资者所拥有的由股票、债券以及衍生金融工具等多种有价证券构成的一个投资集合。组合理论是建立在对理性投资者行为特征的研究基础之上的。

本章主要介绍现代金融经济学中资产定价研究领域的几个经典理论，要求读者重点掌握资本资产定价模型和套利定价模型，力求通过对证券投资进行组合管理，降低资产组合风险，实现收益最大化。

第 十 三 章

证券投资组合管理

第一节　证券投资组合理论概述

一、证券组合管理的意义及其必要性

在金融投资理论与实践中，证券组合通常是指个人或机构投资者所拥有的由股票、债券以及衍生金融工具等多种有价证券构成的一个投资集合。

（一）证券组合管理的意义

证券组合管理的重要意义之一在于它带来了一次投资管理理念的革命。对证券组合进行管理与对证券组合进行组合管理是两个不同的概念：传统证券尽管投资管理所管理的也是一种证券的组合，但是，其思维方式和着眼点都在于证券个体，是个体管理的简单集合；而组合管理则是以资产组合整体为对象和基础，或者说以拥有整个资产组合投资者的效用最大化为目标所进行的管理，资产个体的风险和收益特征并不是组合管理所关注的焦点，组合管理的重点应该是资产之间的相互关系及组合整体的风险收益特征，即风险与收益的权衡。

（二）组合管理的必要性

组合理论是建立在对理性投资者行为特征的研究基础之上的。在经典经济理论中，厌恶风险和追求收益最大化是理性投资者最基本的行为特征。对证券投资进行组合管理，可以在降低资产组合风险的同时实现收益最大化。

1. 降低风险

为什么说构建资产组合可以降低投资风险呢？人们常常用篮子装鸡蛋的例子来说明：如

果把鸡蛋都放在同一个篮子里，万一这个篮子不小心掉在地上，所有的鸡蛋就都可能摔碎；而如果把鸡蛋分放在不同的篮子里，一个篮子掉了，并不会影响到其他篮子里的鸡蛋。资产组合理论证明，资产组合的风险随着组合所包含的证券数量的增加而降低，资产间相关度极低的多元化资产组合可以有效地降低非系统性风险。

2. 实现收益最大化

理性投资者都厌恶风险，同时又追求收益最大化。就单个资产而言，风险与收益是成正比的，高收益总是伴随着高风险。但是，各种资产不同比例的组合，可以使证券组合整体的收益风险特征达到在同等风险水平上收益最高和在同等收益水平上风险最小的理想状态。

二、证券组合的基本类型

证券组合通常以组合的投资目标为标准进行分类。以美国为例，证券投资组合可以分为避税型、收入型、增长型、收入-增长型、货币市场型、国际型及指数化型等。

（一）避税型证券组合

该种证券组合以避税为首要目的，主要服务于处于高税率档次的富人，通常投资于政府债券，因为这种债券在大多数国家都是免税的。在西方国家，投资管理要考虑的一个重要因素就是投资者的税收地位。

（二）收入型证券组合

该种证券组合追求的是低风险和基本收益（即利息、股息收益）的稳定。能够带来基本收益的证券有附息债券、优先股及一些避税债券等。一般而言，年纪较大的投资者、需要负担家庭生活及教育费用的投资者及有定期支出的机构投资者（如养老基金等）会偏好这种组合。这种组合的主要功能是为投资者实现基本收益的最大化，定期从组合获得的收入可能要用于满足投资者的部分或全部日常开支的需要。

（三）增长型证券组合

该种证券组合以资本升值（即未来价格上升带来的价差收益）为目标，投资者往往愿意通过延迟获得基本收益来求得未来收益的增长，投资风险较大。增长型证券组合的管理要想获得成功，就一定要严格遵守组合管理的基本步骤和基本原则。所谓增长，是指收益要远远高于市场，因此选股极为重要。在分析中，可借助预期收益、标准差、贝塔值等工具。多元化的原则也不应忽视，因为证券太少风险太大，证券太多又影响效益。此外，还需对企业进行深入细致的分析，如产品需求、竞争对手的情况、经营特点、公司管理状况等。

（四）收入-增长型证券组合

该种证券组合试图在基本收入与资本增长之间、收益与风险之间达到某种均衡，因此也称为均衡组合。二者的均衡可以通过两种组合方式获得：一种是使组合中的收入型证券和增长型证券达到均衡；另一种是选择那些既能带来基本收益，又具有增长潜力的证券进行组合。

（五）货币市场型证券组合

该种证券组合是由各种货币市场工具构成的，如国库券、高信用等级的商业票据等。货币市场交易具有规模大、价差波动小的特点，不适宜小额投资，中小投资者可以通过货币市场基金参与货币市场投资。

（六）国际型证券组合

该种证券组合投资于海外不同国家或地区，是组合管理的时代潮流，是经济、金融全球化和国际资本流动的必然结果。实证研究结果表明，这种证券组合的业绩总体上强于只在本土投资的组合，因为它可以减弱国家或地区的风险，在世界范围内追求收益最大化。

（七）指数化型证券组合

该种证券组合模拟某种市场指数，信奉有效市场理论的机构投资者通常会倾向于这种组合，以求获得市场平均的收益水平，因此它也常被称为追踪基金或被动基金。根据模拟指数的不同，指数化型证券组合可以分为两类：一类模拟内涵广大的市场指数，这属于人们常说的被动投资管理；另一类模拟某种专业化的指数，如道琼斯公共事业指数，这种组合不属于被动管理之列，因为它对指数是有选择的。

三、证券组合管理的基本步骤

（一）确定组合管理目标

所谓组合管理目标，从大的方面讲，可以以收入、增长或均衡为目标，从小的方面讲，可以是在大目标下具体设定收益率水平等。

组合管理目标对外是证券组合及其管理者特征的反映，在组合营销（如基金营销）时为组合管理者吸引特定的投资者群体；反过来说，则是便利投资者根据自身的需要和情况选择基金。组合管理目标对内可以帮助组合管理者明确工作目标，以便为实现一定风险下的收益最大化而努力，也可为组合管理者的业绩评估提供一种基准。

（二）制定组合管理政策

组合管理政策是为实现组合管理目标、指导投资活动而设立的原则和方针。证券组合的管理政策首先要规定的是投资范围，即确定证券组合所包含的证券种类。例如，是只包括股票，还是进行股票、债券等多种证券的投资。更具体一些，还要决定投资于哪些行业或板块的股票、哪些种类的债券，亦即资金在它们之间的分配。

（三）构建证券组合

证券组合的构建首先取决于组合管理者的投资策略。投资策略大致可分为积极进取型、消极保守型和混合型三类。采取积极进取型投资策略的组合管理者会在选择资产和买卖时机上下大功夫，努力寻找价格偏离价值的资产；采取消极保守型投资策略的组合管理者则相反，只求获得市场平均的收益率水平，一般模拟某一种主要的市场指数进行投资；混合型的组合管理者介于二者之间。

选择哪一种投资策略主要取决于两个因素：一是组合管理者对市场效率的看法，相信市场是有效率的管理者就会选择消极保守型投资策略，反之就会选择积极进取型投资策略；二是组合负债的性质和特点，如养老金基金就比较适合消极保守型投资策略，因为它有定期的负债支付要求。

（四）修订证券组合资产结构

证券组合的目标是相对稳定的，但是，个别证券的价格及收益风险特征是可变的。根据上述原则构建的证券组合，在一定时期内应该是符合组合投资目标的，但是，随着时间的推移和市场条件的变化，证券组合中一些证券的市场情况与市场前景也可能发生变化。例如，某一企业可能出现购并事件，导致生产和经营策略发生变化等。当某种证券收益和风险特征的变化足以影响到组合整体发生不利的变动时，就应当对证券组合的资产结构进行修订，或剔除该证券，或增加有抵消作用的证券。

（五）证券组合资产的业绩评估

对证券组合资产的经济效果进行评价是证券组合管理的最后一环，也是十分关键的一环，它既涉及对过去一个时期组合管理业绩的评价，也关系到下一个时期组合管理的方向。评价经济效果并不是仅仅比较一下收益率就够了，还要观察资产组合所承担的风险。风险度不同，收益率也不同，在同一风险水平上的收益率数值才具有可比性。而资产组合风险水平的高低应取决于投资者的风险承受能力，如果超过投资者的风险承受力进行投资，即使获得高收益也是不可取的。对于收益的获得，也应区分哪些是组合管理者主观努力的结果，哪些是市场客观因素造成的。

四、现代证券组合理论体系的形成与发展

现代证券组合理论最早是由美国著名经济学家哈里·马科维茨（Harry Markowitz）于1952年提出的。他在1952年3月《金融杂志》发表的《资产组合的选择》论文中提出了确定最小方差资产组合集合的思想和方法，开了对投资进行整体管理的先河，奠定了现代投资理论乃至金融经济学发展的基石。在此之前，经济学家和投资管理者一般都仅致力于对个别投资对象的研究与管理。马科维茨在创立组合理论的同时，也用数量化方法提出了确定最佳资产组合的基本模型。在以后的岁月中，经济学家们一直在利用数量化方法不断丰富和完善组合管理的理论与实际投资管理的方法，并使之成为投资学中的主流理论。

马科维茨的模型的计算结果是十分精确的。但是，这一方法涉及计算所有资产的协方差矩阵，面对上百种可选择资产，其计算量是相当可观的，在当时的技术条件下难以应用，也不利于组合管理者对市场整体进行分析和研究。1963年，马科维茨的学生夏普（Sharpe）根据马科维茨的模型建立了一个计算相对简化的模型——单一指数模型。这一模型假设资产收益只与市场总体收益有关，使计算量大大降低，打开了当代投资理论应用于实践的大门。如今，马科维茨的模型被广泛应用于不同类型的资产组合，而夏普的模型则被广泛应用于同类资产内部不同资产的组合。

20世纪60年代初期，金融经济学家们开始研究马科维茨的模型是如何影响证券的估值的，这一研究促使资本资产定价模型（CAPM）得以产生。这一模型阐述了在投资者都采用马科维茨的理论进行投资管理的条件下市场价格均衡状态的形成，它把资产预期收益与预期风险之间的理论关系用一个简单而又合乎逻辑的线性方程式表示出来。在实践中，很多专家用它来估计资产收益，指导投资行为，确定投资策略。

尽管CAPM由于其假设条件的超现实性而一直难以验证，但对它的讨论却长盛不衰。1977年，当罗尔（Roll）对其有效性质疑后，这种讨论发展到了一个新的阶段。一方面，其他资产定价模型开始出现，其中以套利定价理论（APT）为最著名，发展至今，其地位已不亚于CAPM；另一方面，人们通过释放传统CAPM的假设条件而发展了多种CAPM，以使其更接近现实。资产组合理论和资产定价模型的发展为科学评价职业货币经营者的业绩提供了依据。

经过众多学者的逐渐完善、深化，这些理论目前已经成为投资理论的经典内容，或者说成为投资的主流思想。这些理论不仅以各种方式被应用到实际投资管理中，还被编入投资学教科书中。

第二节 马科维茨资产组合理论

一、单个资产的收益和风险特征

在购买风险资产之前，投资者首先应对资产未来收益做一个估计，估计值与实际值总是会有偏差的，这种偏差会有多大，也应心中有数。我们把收益估计的偏差作为衡量资产风险的标准。风险和收益的估计要用到概率论的一些基本知识。

（一）预期收益

资产的未来收益是一个不确定的因素，在不同的经济状况下，会对资产的未来收益做出不同的估计。每一种经济状况及在该状况下资产的收益率的出现，都有自己可能发生的概率，把所有可能出现的资产收益率按其可能发生的概率进行加权平均计算，便对这一资产未来可能出现的收益率有一个综合的估计，这便是预期收益率的含义所在。

数学期望为人们估计未来收益提供了一个科学的工具。根据不同的经济状况，人们会对资产未来收益做出不同的估计，每一种估计的出现都有自己的概率，二者的加权平均就是数学期望。其计算公式为

$$E(r) = \sum_{i=1}^{n} h_i r_i$$

式中，r_i 为第 i 种收益预期；h_i 为 r_i 可能发生的概率；$E(r)$ 为预期收益率。

表 13-1 是计算数学期望的一个例子。计算结果表明，证券甲的预期收益率为 19% 的可能性最大。

表 13-1 证券甲预期收益率的估算

经济状况 i	可能的收益率 r_i（%）	概率 h_i（%）	$h_i r_i$（%）
1	0	20	0
2	10	10	1
3	20	40	8
4	30	20	6
5	40	10	4
预期收益率			19

（二）风险-方差

方差反映的是随机变量对数学期望的离散程度。我们把投资的风险定义为实际收益偏离预期收益的潜在可能性，因此，可以借预期收益的方差作为衡量风险的标准。其计算公式为

$$\sigma^2 = \sum_{i=1}^{n} h_i [r_i - E(r)]^2$$

$$\sigma = \sqrt{\sum_{i=1}^{n} h_i [r_i - E(r)]^2}$$

方差的平方根为标准差。方差（标准差）越大，随机变量与数学期望的偏离越大，风险也就越大。

根据表 13-1 中的数据计算，证券甲的方差为 0.0149，标准差为 0.122。具体计算过程为

$$\sigma^2 = \sum_{i=1}^{n} h_i [r_i - E(r)]^2$$

$$= 20\% \times (-19\%)^2 + 10\% \times (-9\%)^2 + 40\% \times (1\%)^2 +$$
$$20\% \times (11\%)^2 + 10\% \times (21\%)^2$$
$$= 0.0149$$
$$\sigma = 0.122$$

二、资产组合的收益和方差

前面已经学习了计算单个资产的收益和风险的方法，当面对资产组合时，人们关心的将不仅是单个资产的收益和风险，更主要的是资产组合作为一个整体的收益和风险，还需要决定在各种资产上各投资多少资金。

（一）资产组合的收益

资产组合的预期收益 $E(r_p)$ 是资产组合中所有资产预期收益的简单加权平均值，其中的权数 x 为各资产投资占总投资的比率。其计算公式为

$$E(r_p) = E(x_1 r_1 + x_2 r_2 + \cdots + x_n r_n)$$
$$= x_1 E(r_1) + x_2 E(r_2) + \cdots + x_n E(r_n)$$
$$= \sum_{i=1}^{n} x_i E(r_i)$$

式中，$x_1 + x_2 + \cdots + x_n = 1$。

假设某资产组合由两项资产组成，两者各占投资总额的一半，甲资产的预期收益率为 10%，乙资产的预期收益率为 20%，则该资产组合的预期收益率为

$$E(r_p) = 0.5 \times 10\% + 0.5 \times 20\% = 15\%$$

（二）卖空与权数

上例中的权数均为正数，这是因为我们预测这两种资产的收益率都将上升，故分别买入的缘故，这时我们处在多头的状态。有时，投资者预测到某种资产价格将会下跌，他就可能到证券商那里去借这种股票，按现行的行市售出，等以后再以低价购回，从中赚取价差，这种投资策略叫卖空。卖空时，投资的权数为负值。

假设投资者有 100 万元的本钱，投资于证券 1，证券 1 的收益率为 20%；投资者还要在证券 2 上做 30 万元的卖空，即借 30 万元证券 2 售出，假设证券 2 的收益率为 10%，售后收入全部投资于证券 1。试问，这一资产组合的预期收益率如何呢？

$$E(r) = x_1 r_1 + x_2 r_2$$
$$= 1.3 \times 20\% + (-0.3) \times 10\%$$
$$= 23\%$$

x_1 为 1.3 是因为对证券 1 的投资除投资者自己的 100 万元以外，还有 30 万元证券 2 的售后收入，总额相当于投资者本钱的 130%；售出证券 2 收入 30 万元，相当于本钱的 -30%，权数的合计仍为 100%。

投资的损失是有限的，最多为100%，即投资者花100元买的证券跌得一文不值；卖空的损失则是无限的，因为价格的上涨是无限的。在实际经济环境中，把借入证券的售后收入全部投资的做法，也只有大的机构投资者可以做。

（三）资产组合的方差

资产组合的方差不是各资产方差的简单加权平均，而是资产组合的收益与其预期收益偏离数的平方。即

$$\sigma_P^2 = E[r_{Pi} - E(r_P)]^2$$

式中，i 为假设状态；r_{Pi} 为资产组合 P 在 i 状态下的收益率。

对于 n 个资产的组合来说，计算方差的一般公式为

$$\sigma_P^2 = \sum_{i=1}^{n} \sum_{j=1}^{n} x_i x_j \text{Cov}(r_i, r_j)$$

式中，$x_1 + x_2 + \cdots + x_n = 1$。

由于当 $i = j$ 时，$\text{Cov}(r_i, r_j) = \sigma_i^2$，$N$ 个资产组合方差的一般公式也可表示为

$$\sigma_P^2 = \sum_{i=1}^{n} x_i^2 \sigma_i^2 + \sum_{i=1}^{n} \sum_{\substack{j=1 \\ i \neq j}}^{n} x_i x_j \text{Cov}(r_i, r_j)$$

该公式表明，资产组合的方差是资产各自方差与它们之间协方差的加权平均值。

由 A、B 两资产组成的资产组合的方差的计算公式为

$$\sigma_P^2 = E[r_{Pi} - E(r_P)]^2$$
$$= x_A^2 \sigma_A^2 + x_B^2 \sigma_B^2 + 2x_A x_B \text{Cov}(r_A, r_B)$$

方差是一个无限的量，当人们需要有限的量时，相关系数就是很有用的。相关系数反映两个随机变量的联系程度，其计算公式为

$$\rho_{AB} = \frac{\text{Cov}(r_A, r_B)}{\sigma_A \sigma_B}$$

式中，σ_A 为资产 A 的标准差；ρ_{AB} 为资产 A 与 B 的相关系数。

ρ_{AB} 的最大取值为 $+1$，最小取值为 -1，正号表示正相关，负号表示负相关。ρ_{AB} 越是接近于 $+1$，A 与 B 的正向相关度越大；ρ_{AB} 越是接近于 -1，A 与 B 的负向相关度越大；当 $\rho_{AB} = 1$ 时，A 的变动与 B 的变动绝对一致，称为完全正相关；当 $\rho_{AB} = -1$ 时，A 的变动与 B 的变动绝对相反，称为完全负相关；当 $\rho_{AB} = 0$ 时，A 与 B 毫无关系，称为互不相关。

三、马科维茨选择资产组合的方法

马科维茨以理性投资者及其基本行为特征为基本假设，论述了建立有效资产组合边界（即在一定风险水平上收益水平最高的资产组合的集合）的思想和方法。

马科维茨考虑的问题是单期投资问题，投资者拥有一笔资金，从现在起投资于一特定长的时间（称为持有期），在期初投资者需要做出决定购买哪些证券及其数量，并持有到期末。分别以一定资金比例购买的一组证券称为一个证券组合（Portfolio），因而投资者的决策就是要从一系列可能的证券组合中选择一个最优的证券组合，这样一个决策问题被马科维茨称为证券组合选择问题。

（一）理性投资者的行为特征和决策方法

马科维茨对投资者的决策方法和行为特征做了如下假设：①每一种投资都可由一种预期收益的可能分布来代表；②投资者都利用预期收益的波动来估计风险；③投资者仅以预期收益和风险为依据决策，在同一风险水平上，投资者偏好收益较高的资产或资产组合，在同一收益水平上，投资者偏好风险较小的资产或资产组合；④投资者在一定时期内总是追求收益最大化。

从理论上说，具有独立经济利益的投资者的理性经济行为有两个特征：其一为追求收益最大化，其二为厌恶风险。二者的综合反映即为追求效用最大化。

追求效用最大化就是要选择能带来最大满足的风险与收益的资产组合。效用由无差异曲线表示。图 13-1 是一组风险厌恶投资者的无差异曲线。

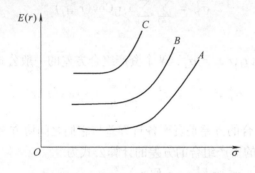

图 13-1　风险厌恶投资者的无差异曲线

不同水平的曲线代表着效用的大小，水平越高，效用越大，这里曲线 C 显然代表着最大效用。

曲线的凸向反映了资金供应者对风险的态度。由于横轴是风险变量，纵轴是预期收益变量，因此，曲线右凸反映风险厌恶偏好。风险厌恶者要求风险与收益成正比，曲线越陡，风险增加对收益补偿要求越高，对风险的厌恶程度越强烈；曲线斜度越小，风险厌恶程度越弱。风险中性投资者的无差异曲线为水平线，风险偏好投资者的无差异曲线为左凸曲线。

（二）资产组合的有效率边界

在资产组合理论中，假设资产互不相关，三个以上风险资产进行组合时，各种不同风险与收益水平的资产组合分布在一个双曲线上，或者如伞形的区间内，如图 13-2 所示。

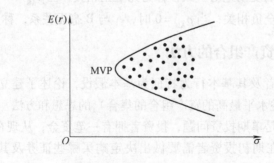

图 13-2　风险资产组合的分布

伞形区间边缘上的资产或资产组合都是在同等收益水平上风险最小的资产组合，因此，伞形区间边缘被称为最小方差资产组合的集合。伞形左侧端点处的资产组合又是所有最小方差资产组合集合中方差最小的一个，被称为最小方差资产组合（MVP）。这一端点将伞形区间分为上、下两部分，上半部分边缘上的各种资产和资产组合不仅满足同等收益水平下风险最小的条件，还满足同等风险水平上收益最大的条件，是理性投资者的理想选择，因此，伞形（双曲线）区间上半部分边缘被称为资产组合的有效率边界（或有效率资产组合的集合）。由于有效率边界的收益和风险是对称的，因此，理想投资者到底选择有效率边界上的哪一点，取决于投资者风险厌恶程度的强弱。风险厌恶程度较强的，可选择靠近端点的资产组合；风险厌恶程度较弱的，可选择高风险高收益的资产组合。在本小节中，主要借助"效用最大化"这一概念来描述投资者最佳资产组合的选择过程。

（三）效用最大化

把图 13-1 和图 13-2 叠加起来，由于与有效率边界相切的无差异曲线是有效率边界所能遇到的效用最高的无差异曲线，因此，二者的切点 F 便是能够给投资者带来最大效用的有效率资产组合——最佳资产组合，如图 13-3 所示。

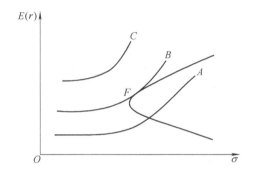

图 13-3　最佳资产组合的确定

（四）资产组合中资产数量与资产组合风险的关系

费马（Pierre de Fermat）在他 1976 年出版的 *Foundations of Finance* 一书中，对资产组合风险与资产组合中证券数量的关系做了实证研究。他首先计算了 50 种从纽约证券交易所随意选出的股票在 1963 年 7 月—1968 年 6 月间月收益率的标准差，然后逐一计算 1～50 种资产的资产组合的标准差。他先选了一种标准差为 11% 的股票，然后又随机选了另一种加进去，权数相同的这两种股票组合的结果使资产组合的标准差降到 7.2%。以此类推，一种一种地增加股票，分别计算出各种组合的标准差。结果，费马发现：在最初几种股票被加入资产组合时，对标准差的降低作用非常大；当股票从 4 种增加到 5 种时，标准差的降幅最大；当股票数增加到 20 种时，再增加股票，对资产组合标准差的降低作用就不大了；而当股票数从 30 种增加到 34 种时，出现风险边际下降（即增加股票种类对风险的降低作用不敌成本）的情况。研究表明，资产组合中的资产种类选 15～25 种就可以了。

（五）无风险资产与风险资产的组合

上面介绍的是风险资产进行组合后的风险与收益状况，如果把资产分投在一种风险资产和一种无风险资产上，那么情况会怎样呢？

假设一种股票 A 的收益率为 8%，标准差为 6%，一种国库券 B 的收益率为 4%，由于国库券是由政府担保的，因此可以认为是无风险的，这样，国库券预期收益的标准差等于 0。这两种资产进行组合的预期收益和风险为

$$E(r_P) = x_A E(r_A) + x_B E(r_B)$$

因为

$$x_A + x_B = 1$$

所以

$$x_B = 1 - x_A$$

$$E(r_P) = x_A E(r_A) + (1 - x_A) E(r_B) = [E(r_A) - E(r_B)] x_A + E(r_B)$$

$$\sigma_P = \sqrt{x_A^2 \sigma_A^2 + (1 - x_A)^2 \sigma_B^2 + 2 x_A (1 - x_A) \rho_{AB} \sigma_A \sigma_B}$$

因为

$$\sigma_B = 0$$

所以

$$\sigma_P = \sqrt{x_A^2 \sigma_A^2} = x_A \sigma_A$$

根据上述计算资产组合预期收益和风险的公式，便可以在确定 x_A 的取值后，计算出 A 和 B 资产各种组合的预期收益与风险值，如表 13-2 所示。

表 13-2 几种资产组合的收益和风险值

x_A	$E(r_P)$	σ_P	x_A	$E(r_P)$	σ_P
0	0.04	0	1.5	0.10	0.09
0.5	0.06	0.03	2	0.12	0.12
1	0.08	0.06			

从上述计算资产组合预期收益和风险的公式不难推断，上述资产组合预期收益和风险之间是线性关系。也就是说，当人们对无风险资产和风险资产进行组合投资时，由这两种资产组合的预期收益和风险数据所构成的图形是一条直线，如图 13-4 所示，线段上的各种组合是按不同比例同时投资 A、B 这两种资产的情况。M 点右方的射线代表对 B 资产做卖空，并将收益全部投资于 A 资产的情况。很显然，只要卖空无风险资产，就可以有效改善资产组合风险和收益状况。直线特征在无风险资产与风险资产的组合中也同样存在。

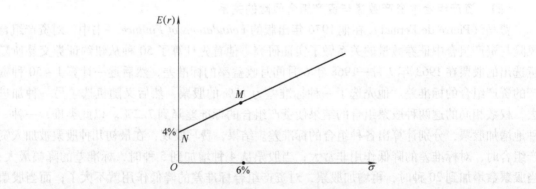

图 13-4 无风险资产和风险资产的组合线

第三节 传统资本资产定价模型

一、传统资本资产定价模型的假设

传统资本资产定价模型（CAPM）是建立在多种假设基础之上的，这些假设使传统 CAPM 中资产收益与风险之间的关系得以清楚地反映在资本市场的均衡状态下。

传统 CAPM 的假设包括以下几点：

（1）所有投资者都依据马科维茨模型选择资产组合，即投资者使用预期收益率和标准差这两个指标来选择投资组合，选择资产和资产组合的决策过程是一样的。

（2）所有投资者都具有相同的投资期限，即投资者行为短视，不考虑投资决策对投资期限届满之后的影响。

（3）所有投资者都以相同的方法对信息进行分析和处理，具有相同的预期。所有投资者对风险资产的预期收益、方差和协方差的估计是统一的，进而形成了对风险资产及其组合的预期收益率、标准差以及相互之间协方差的一致看法。

（4）资本市场是完全的，没有税负，也没有交易成本。

（5）所有资产都是无限可分的，即资产的任何一部分都是可以单独买卖的。

（6）所有投资者都具有风险厌恶的特征，即当面临其他条件相同的两种组合时，他们将选择具有较低风险也就是标准差较小的组合。

（7）投资者永不满足，当面临其他条件相同的两种组合时，他们将选择具有较高预期收益率的组合。

（8）存在无风险利率，且所有投资者都可以这一利率水平不受限制地贷出（即投资）或借入资金。

（9）市场是完全竞争的，即市场中存在着大量的投资者，每个投资者所拥有的财富在所有投资者财富的总和中只占很小的比重，是价格的接受者（Price Taker）。

（10）信息充分、免费并且立即可得。

二、传统资本资产定价模型的推导

传统资本资产定价模型（CAPM）是通过资本市场线（CML），借助市场组合这一概念推导出来的。

1. 资本市场线

资本市场线是在以预期收益和标准差为坐标轴的图上，表示风险资产的有效率组合与一种无风险资产再组合的有效率的组合线。

如果以 $E(r_{P1})$ 表示风险资产组合的预期收益，σ_{P1}^2 表示风险资产组合的方差，r_f 表示无风险资产的收益率，则无风险资产和风险资产组合再组合后的新的资产组合的预期收益和方差的计算公式分别为

$$E(r_P) = x_{P1}E(r_{P1}) + (1 - x_{P1})r_f$$

$$\sigma_P^2 = x_{P1}^2 \sigma_{P1}^2 + (1 - x_{P1})^2 \sigma_f^2 + 2x_{P1}(1 - x_{P1})\rho_{P1f}\sigma_{P1}\sigma_f$$

因为 $\qquad\qquad \sigma_f = 0$

所以 $\qquad\qquad \sigma_P = x_{P1}\sigma_{P1}$

把 $\sigma_P = x_{P1}\sigma_{P1}$ 代入新资产组合预期收益，得到组合线方程为

$$E(r_P) = r_f + \frac{E(r_{P1}) - r_f}{\sigma_{P1}}\sigma_P$$

可见，同前面提到的无风险资产与风险资产的组合一样，无风险资产与风险资产的组合

进行再组合的组合线也是直线，直线的截距为 r_f，斜率为 $\dfrac{E(r_{P1}) - r_f}{\sigma_{P1}}$，由于 r_f 是常量，所以组合线的截距是固定的，斜率则取决于风险资产组合的选择。由于有效率边界上的所有资产组合都可供选择，因此斜率就有一组值。也就是说，无风险资产与有效率资产组合集合再组合后的组合是一组截距相同、斜率不同的组合线集合，如图 13-5 所示。

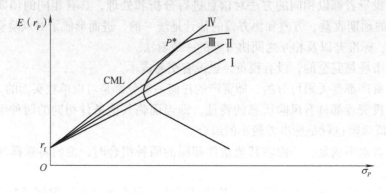

图 13-5　资本市场线

这一集合内部各组合线之间的风险和收益当然是有差别的，根据理性投资者在风险相同的情况下会选择收益率较高的资产组合的标准，第Ⅱ线优于第Ⅰ线，第Ⅳ线是组合线所能达到的最高点——与有效边界相切，因此，如果没有限制的话，第Ⅳ线显然是无风险资产与风险资产的有效率组合在组合后的有效边界，理性投资者都会选择该线上的资产组合，因此第Ⅳ线便是资本市场线（CML）。这条线的表达式为

$$E(r_P) = r_f + \frac{E(r_{p*}) - r_f}{\sigma_{P*}}\sigma_P$$

CML 上的 r_f 点是投资者将资金全部投资于无风险资产的情况，即 $x_{p*} = 0$，新的资产组合的收益和风险特征就是无风险资产的收益和风险特征。

P^* 点是投资者将全部资金投资于有效率风险资产组合 P^* 的情况，即 $x_{p*} = 1$，新的资产组合的收益和风险特征就是风险资产组合 P^* 的收益和风险特征。

r_f 与 P^* 之间的点集是投资者同时投资于风险资产和无风险资产的情况，即 $0 < x_{P*} < 1$。在这种情况下，新的资产组合的收益率和风险都低于风险资产组合的收益和风险，也都高于无风险资产的收益和风险。

P^* 点右上方的点集是投资者卖空无风险资产后，将借入资金连同本金全部投资于风险资产组合 P^* 的情况，即 $x_{p*} > 1$。这种投资策略既增加了新的资产组合的收益，也增加了新的资产组合的风险。

CML 是有效率资产组合的集合，理性投资者可选择上面任意一种组合进行投资，具体如何选择取决于投资者的风险偏好。风险厌恶程度强的投资者，将选择靠近 r_f 的资产组合；风险厌恶程度弱的投资者，会选择 P^* 点右上方的资产组合。

CML 在传统 CAPM 推导过程中的重要意义在于，在引入一项可以无限制卖空的无风险资产的条件下，所有投资者都必将选择同一个风险资产组合 P^*，因为只有 P^* 可以使无风险资产和风险资产的再组合有效率。这时，人们对最优风险资产组合的选择与人们对风险的态度无关，进而可以说，投资者持有哪几种风险资产组合与确定拥有几种无风险资产的决策也是无关的。

2. 市场组合

CML 代表了所有无风险资产和有效率风险资产组合再组合后的有效率资产组合的集合。投资者如果像假设中那样，具有相同的预期，那么他们的 CML 将是同一条线，要选择的风险资产组合也是共同的 P^*。

如果资本市场是均衡的，这意味着资本市场上的资产总供给等于总需求，且每一种资产都有一个市场清算价格——均衡价格。由于投资者都将持有风险资产组合 P^*，市场处于均衡状态的条件就意味着 P^* 必须包括市场上所有风险资产在内，因为，只要有一项风险资产没人要，市场供求就不是均衡的。市场组合是由所有证券构成的一个组合（这里以 M 表示）。从理论上说，M 应包括全世界的各种风险资产在内，即不仅包括股票、债券这类金融资产，还包括不动产、人力资本、耐用消费品等非金融资产。当市场处于均衡状态时，在市场组合中，投资于每一种证券的比例等于该证券的相对市值，而一种证券的相对市值简单地等于这种证券总市值除以所有证券的市值总和。

以 M 替换 P^* 后，CML 的公式就可表示为

$$E(r_P) = r_f + \frac{E(r_M) - r_f}{\sigma_M}\sigma_P$$

这是在市场均衡状态下的资本市场线的表示式，反映的是在市场均衡条件下，无风险资产与市场组合在组合后产生的新的有效率资产组合的收益与风险的关系。

3. 由 CML 和市场组合 M 推导出的传统 CAPM

CAPM 要回答的是在市场均衡状态下，某项风险资产的预期收益与其所承担的风险之间的关系，这种关系可以利用 CML 和市场组合 M 推导出来，结果形成证券市场线（SML）。

假设要建立一个风险资产 I 和市场组合 M 的新的组合 P，则 P 的预期收益和标准差的计算公式分别为

$$E(r_P) = x_i E(r_i) + (1 - x_i)E(r_M)$$

$$\sigma_P = \left[x_i^2 \sigma_i^2 + (1 - x_i)^2 \sigma_M^2 + 2x_i(1 - x_i)\mathrm{Cov}(r_i, r_M) \right]^{\frac{1}{2}}$$

很显然，在允许卖空的条件下，I 资产与 M 的有效资产组合的集合应在 IMI' 线上，如图 13-6 所示，与 IMI' 相切的资本市场线与前面推导的资本市场线是重叠的，二者的斜率相同。即

$$\frac{\partial E(r_P)}{\partial \sigma_P} = \frac{\partial E(r_P)}{\partial x_i} \div \frac{\partial \sigma_P}{\partial x_i} = \frac{E(r_M) - r_f}{\sigma_M}$$

从风险资产 I 和市场组合 M 再组合后形成的新的资产组合 P 的预期收益和标准差的计算公式可推导出

$$\frac{\partial E(r_P)}{\partial x_i} \div \frac{\partial \sigma_P}{\partial x_i} = \frac{E(r_i) - E(r_M)}{x_i \sigma_i^2 - \sigma_M^2 + x_i \sigma_M^2 + (1 - 2x_i)\mathrm{Cov}(r_i, r_M)}\sigma_P$$

$$= \frac{E(r_M) - r_f}{\sigma_M}$$

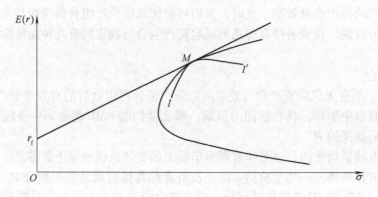

图 13-6　资产 I 与 M 的组合

由于在切点 M 处，$x_i = 0$，$\sigma_P = \sigma_M$，所以上式可变为

$$\frac{E(r_i) - E(r_M)}{\mathrm{Cov}(r_i, r_M) - \sigma_M^2}\sigma_M = \frac{E(r_M) - r_f}{\sigma_M}$$

变形后得

$$E(r_i) = r_f + [E(r_M) - r_f]\frac{\mathrm{Cov}(r_i, r_M)}{\sigma_M^2}$$

$$= r_f + [E(r_M) - r_f]\beta_i$$

这便是 CAPM 的传统形式。

4. 传统 CAPM 的含义

从传统 CAPM 可以看出，风险资产的收益是由两个部分组成的：无风险资产的收益 r_f 和市场风险补偿额 $E(r_M) - r_f$。它说明了两个问题：一是风险资产的收益率要高于无风险资产的收益率；二是并非风险资产承担的所有风险都要予以补偿，给予补偿的只是系统性风险。这是因为，非系统性风险是可以通过多元化投资分散掉的，当投资者持有市场组合时，可以说是没有非系统性风险的，既然没有，就无须补偿，而市场风险是无法靠多元化投资来降低的，因此需要补偿。

此外，由于风险资产实际获得风险补偿额的大小取决于 β 值，因此，β 值在传统 CAPM 中成为衡量市场风险的一个标准。

5. 传统 CAPM 表示的 SML

传统 CAPM 的公式显示，风险资产的预期收益与其所承担的市场风险 β 值之间呈线性关系，把这一线性关系表示在以预期收益和 β 值为坐标轴的坐标平面上，就是一条以 r_f 为起点的射线，如图 13-7 所示，这条射线被称为证券市场线（SML）。由于 β 值是资产的市场风险度，所以 SML 反映的是资产的市场风险与其预期收益之间的关系，斜率为 $E(r_M) - r_f$，这一线性关系适合于所有风险资产的收益-风险关系的说明。

SML 充分体现了高风险高收益的原则。市场组合或与市场收益完全正相关的资产或资产组合的 β 值等于 1。

当 $\beta_i > 1$ 时，$E(r_i) > E(r_M)$；当 $\beta_i < 1$ 时，$E(r_i) < E(r_M)$；当 $\beta_i = 0$ 时，$E(r_i) = r_f$。

应注意区分 SML 和 CML。

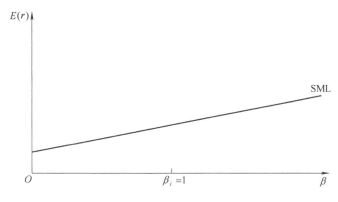

图 13-7　证券市场线（SML）

首先是两者的使用范围不同。CML 只适合于描述无风险资产与有效率的风险资产组合再组合后的有效率风险资产组合的收益和风险关系，SML 描述的是任何一种资产或资产组合的收益和风险之间的关系。

其次是二者选择的风险变量不同。CML 以总风险 σ 为横坐标，SML 以市场风险 β 为横坐标。

6. 传统 CAPM 的应用

由于传统 CAPM 早期的检验结果是支持模型的，加上 CAPM 对收益与风险关系的描述简单而合乎逻辑，因此，20 世纪 70 年代，CAPM 和 β 值的概念受到职业组合管理者的青睐，尤其是 β 值的概念一直被一些资产组合管理者和投资公司采用，Value Line 和 Merrill Lynch 公司还计算、出版与出售了一些公司的 β 值。

从理论上说，传统 CAPM 至少可以有两种用途：资产估值和资源配置。

（1）资产估值。在 SML 上的各点，或者说根据 CAPM 计算出来的资产预期收益是资产的均衡价格，即市场处于均衡状态时的价格，这一价格与资产的内在价值是一致的。但市场毕竟是相对的，在竞争因素推动下，市场永远处于从不均衡向均衡转化，再到均衡被打破的过程中，因此，实际市场中的资产收益率往往并非均衡收益率，可能比其高，也可能比其低。如果人们相信用 CAPM 计算出来的预期收益是均衡的，那么就可以将它与实际资产的收益率进行比较，从而发现价值高估或低估的资产，并根据低价买入、高价卖出的原则指导投资行为，如图 13-8 所示。

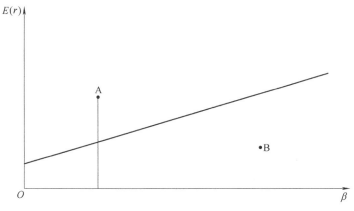

图 13-8　资产实际价格与均衡价格的比较

资产 A 的均衡价格低于实际价格，资产 A 的价值被市场高估了，应卖出；资产 B 的均衡价格高于实际价格，资产 B 的价值被市场低估了，应该买入。

（2）资产配置。CAPM 的思想在消极的和积极的组合管理中都可以应用。在消极的资产组合管理中，根据 CAPM，投资者可以按照自己的风险偏好选择一种或几种无风险资产和一个风险资产的市场组合进行资产配置，只要投资偏好不改变，资产组合就可不变；积极的组合管理者是那些喜欢追踪价格、赚取价差的人，利用 CAPM 的理念，他们可以在预测市场走势和计算资产 β 值上下功夫，根据市场走势，调整资产组合的结构。

7. 传统 CAPM 的有效性问题

早在 20 世纪 70 年代末期，有关 CAPM 的有效性以及在投资管理中应用 β 值的合理性问题就被提出了。人们对传统 CAPM 有效性问题的质疑是由模型推导过程中一些不现实的假设引起的。不过从经济理论和现实的一般关系来看，只要模型预测反映的是现实世界的真实情况，假设是否现实就无关紧要了。所以，传统 CAPM 检验主要回答的是：在现实生活中，β 值是不是衡量资产风险的相对标准，资产收益是否与 CAPM 确定的收益-风险关系相符合。在大量检验中，结果是不一致的，有些检验结果，特别是早期的检验结果是支持模型的，有些则不支持。

传统 CAPM 缺乏一致的有效性检验结果的主要原因有：一是资本市场非常复杂，传统 CAPM 的很多假设在现实社会中都被搅乱了，所以，传统 CAPM 这样的简单模型尽管反映了由理性投资者构成的资本市场中预期收益与风险的内在逻辑关系，但也不足以概括复杂的资产价格形成的过程；二是受实证检验所用的统计技术的限制。

传统 CAPM 有效性问题的关键在于市场组合和 β 值的衡量标准。从理论上说，市场组合应包括全世界范围内的各种风险资产，不仅包括金融资产，还应包括非金融资产，即使能够搜集到所有资产，也未必能搜集到衡量所有这些资产的数据。通常，人们以某一市场指数来作为市场组合的代用品，这自然就使 CAPM 的检验大打折扣了。

上述有关传统 CAPM 的争论给人们的启示是：对 CAPM 的应用应持慎重态度，要充分认清传统 CAPM 的限制，避免简单、机械地应用 CAPM。

第四节　套利定价模型

套利定价理论（Arbitrage Pricing Theory，APT）是由美国经济学家斯蒂芬·罗斯（Stephen Ross）于 1976 年提出的。在给定投资人风险、预期报酬抵换关系的偏好水平下，CAPM 阐述了当市场均衡时，资产价格将会在何种价位上成交，但对于哪些因素可能会并且在哪种程度上（即敏感性）影响投资人对投资报酬的预期，却没有进一步阐述。而作为 CAPM 的一种延伸，APT 在很大程度上填补了这个缺口。它提供了一个方法来衡量通货膨胀、利率、风险预期的改革，以及经济增长等经济因素的变动是如何影响资产价格的变化的。应该说，相对于传统 CAPM 而言，APT 更现实、更一般化，进而也是更具有解释力的资产定价理论模型。在一定条件下，甚至可以把传统的 CAPM 视为 APT 模型的特殊形式。经过发展，APT 在资产定价理论中的地位已不亚于 CAPM。

APT 的出发点是假设资产的收益率与未知数量的未知因素相联系，其核心思想是对于一个充分多元化的大组合而言，只需几个共同因素就可以解释风险补偿的来源以及影响程度。

此外，每个投资者都想使用套利组合在不增加风险的情况下增加组合的收益率，但在一个有效益的均衡的市场中，不存在无风险的套利机会。

一、套利定价理论的研究思路

套利定价理论要研究的是，在每个投资者对各种证券的预期收益和市场敏感性都有相同估计的情况下，各种证券的均衡价格是如何形成的。研究者拓展问题的思路是：①分析市场是否处于均衡状态；②如果市场是不均衡的，分析投资者会如何行动；③分析投资者的行动会怎样影响市场并最终使市场达到均衡；④分析在市场均衡状态下，证券的预期收益由什么决定。

所谓套利行为，是指利用同一实物资产或证券的不同价格来赚取无风险利润的行为。最典型的例子就是利用同一种货币在不同市场上的价格差异，在价格水平较低的市场上买入该种货币，再在价格水平较高的市场上卖出，以获取价差收益的行为。这种套利行为直接改变了这两个市场上该种货币的供求，最终促使二者供求实现均衡。正是这种套利行为推动着有效率市场的形成，在证券市场体系中也是如此。

而且，套利机会不仅存在于单一证券上，还存在于相似的证券或组合中。也就是说，投资者还可以通过对一些相似的证券或组合部分买入、部分卖出来进行套利。对于套利行为可以有多种定义方式，其中之一是用广泛影响证券价格的因素来解释的。

因素模型表明：具有相同因素敏感性的证券或组合，除了非因素风险外，将以相同的方式行动，因而具有相同因素敏感性的证券或组合，必然要求有相同的预期收益率，不然"准套利"机会便会存在，投资者必将利用这一机会，而他们的行动将会最终使套利机会消失，均衡价格得以形成。这就是套利定价理论逻辑推演的核心。

二、套利定价模型概述

（一）套利定价模型的假设

套利定价模型（APT Model）的假设条件和价格形成过程与 CAPM 相比存在较大的差异。在这些差异中，最重要的一点在于，APT 既不像 CAPM 那样依赖市场组合，也没有假设只有市场风险影响资产的预期收益，而是认为资产的收益可能会受到几种风险的影响，到底是几种风险以及这些风险具体是什么则无关紧要。因此，APT 限制条件不像 CAPM 那样严格。此外，APT 也没有下列 CAPM 所需要的假设：只是一个时期的投资水平；不考虑税收因素；以无风险利率借贷；投资者根据预期收益和方差选择资产组合。

APT 与 CAPM 相同的假设包括：投资者都有相同的预期；投资者追求效益最大化；市场是完美的。

APT 最基本的假设就是投资者都相信证券 i 的收益随意受 k 个共同因素的影响，证券 i 的收益与这些因素的关系可以用下面这个 k 因素模型表示出来：

$$r_i = E(r_i) + \beta_{i1}F_1 + \beta_{i2}F_2 + \cdots + \beta_{in}F_n + \varepsilon_i$$

式中，r_i 是任意一种证券 i 的收益；$E(r_i)$ 是证券 i 的预期收益，包含了到目前为止所有可知的信息；β 是证券 i 相对 F 因素的敏感度；ε_i 是误差项，也可以认为是只对个别证券收益起作用的非系统因素；$F_k(k=1, 2, \cdots, n)$ 是对所有资产都起作用的共同因素，也称系统因素。

由于已知的信息都已包含在 $E(r_i)$ 中了，所以，这里的 F_k 因素都是不可测的，在将来发生纯属意外。若有意外发生，就会改变 r_i 和 $E(r_i)$ 之间的关系；若没有意外发生，从 $\beta_{i1}F_1$ 到 $\beta_{in}F_n$ 都将是 0。由于 F_n 是随机变量，所以 $E(F_n) = 0$。不过，APT 并不在意一共会有多少因素以及这些因素是什么之类的问题。

（二）套利定价模型的内容

因素模型并没有对均衡状态进行描述，当我们把上述因素模型转换成一个均衡模型的时候，讨论的就是证券的预期收益。根据上述对市场套利行为及其影响的分析，罗斯是基于以下两个基本点来推导 APT 模型的：

（1）在一个有效率的市场中，当市场处于均衡状态时，不存在无风险的套利机会。

（2）对于一个高度多元化的资产组合来说，只有几个共同因素需要补偿。证券 i 与这些共同因素的关系为

$$E(r) = \lambda_0 + \beta_{i1}\lambda_1 + \beta_{i2}\lambda_2 + \cdots + \beta_{ik}\lambda_k$$

式中，λ_0 表示既定的常数；λ_k 表示投资者承担 1 单位 k 因素风险的补偿额；β_{ik} 表示风险的大小，当资产对所有 k 因素都不敏感时，这个资产或资产组合就是零 β 资产或资产组合。

这便是套利定价模型。

（三）单因素资产组合

假设资产组合 P_1 只与因素 1 有 1 单位的敏感度，即 $\beta_{i1} = 1$，$\beta_{i2} = \beta_{i3} = \cdots = \beta_{ik} = 0$，则

$$E(r_{P_1}) = \lambda_0 + \lambda_1$$

$$\lambda_1 = E(r_{P_1}) - \lambda_0$$

这就是说，风险补偿可以被理解为预期收益超过零 β 资产组合收益率的部分，P_1 称为单因素资产组合。以此类推其他 λ 值后，可以把上面的 APT 模型改写为

$$E(r_i) = \lambda_0 + \beta_{i1}[E(r_{P_1}) - \lambda_0] + \beta_{i2}[E(r_{P_2}) - \lambda_0] + \cdots + \beta_{ik}[E(r_{Pk}) - \lambda_0]$$

显然，资产 i 预期收益的计算取决于以下两点：

（1）确定系统因素，准确估计各 β 值。

（2）确定各单因素资产组合的预期收益。

下面是一个建立单因素资产组合的例子：

在一个多元化的资产组合中，由于各资产对某种因素有着不同的敏感度，因此从理论上说，人们可以通过对资产进行适当的组合而使资产组合对这一因素的敏感度即 β 值为 1 或 0。

已知 A、B、C、D 四个资产的 β 值如表 13-3 所示。

表 13-3　A、B、C、D 四个资产的 β 值

资产	A	B	C	D
β_{i1}	0.5	-1.9	-3.3	3
β_{i2}	0.7	-2.9	2.3	-0.4

可以通过让 A、B、C、D 四个资产的权数分别为 10%、10%、20%、60%，使该资产组合对第一个因素的 β 值等于 1，即

$$\beta_{P1} = 0.5 \times 0.1 + (-1.9) \times 0.1 + (-3.3) \times 0.2 + 3 \times 0.6 = 1$$

这样的组合还可以使资产组合对第二个因素的敏感度为零，即

$$\beta_{P2} = 0.7 \times 0.1 + (-2.9) \times 0.1 + 2.3 \times 0.2 + (-0.4) \times 0.6 = 0$$

三、套利定价理论的应用

套利定价模型的优点之一是能够处理多个影响，在实践中的应用一般有以下两个方面：

（1）事先猜测某些因素可能是证券收益的影响因素，但并不确定这些因素中哪些因素对证券收益有广泛而特定的影响，哪些没有。于是可以运用统计分析模型对证券的历史数据进行分析，以分离出那些统计上显著影响证券收益的主要因素。

（2）明确有些因素与证券收益有关，于是对证券的历史数据进行回归，以获得相应的灵敏度系数，再运用公式预测证券的收益。

假设某研究表明，以下几个宏观经济变量影响证券收益：工业产值指数、未预期的通货膨胀率、投机级债券与高等级债券收益率差额、长期政府债券与短期政府债券收益率差额。假定某一种股票对上述四个因素的 β 值分别是 $\beta_1 = 1.2$，$\beta_2 = -0.6$，$\beta_3 = 0.4$，$\beta_4 = 0.8$。已知无风险利率为 5%，工业生产增长从预期的 4% 升至 6%，通货膨胀率预期为 3%，实际为 -1%，投机级债券与高等级债券收益率差额为 3%，长期政府债券与短期政府债券收益率差额为 -2%，那么，预期该股票的收益率为

$$5\% + 1.2 \times 2\% - 0.6 \times (-4\%) + 0.4 \times 3\% + 0.8 \times (-2\%) = 9.4\%$$

第五节 证券组合业绩评估

一、业绩评估原则

评估证券组合的运行状况是组合管理者经常要面临的问题。习惯上，评估组合管理业绩的标准很简单，仅是比较不同组合之间收益水平的高低，收益水平越高的组合越优秀。然而，一方面，收益水平较高不仅仅与管理者的技能有关，还可能与当时市场整体运行的环境有关，因而在后一种情况发生时，就不能排除组合管理者无视风险盲目决策却偶然获得成功的可能性；另一方面，如果实现的组合收益水平达到或超过组合管理者在投资期初所设定的收益目标，即使实现的收益水平较低，却是胸有成竹，自然也是无可厚非的。可正因为如此，评估组合业绩应本着"既要考虑组合收益的高低，也要考虑组合所承担风险的大小"的基本原则。而资本资产定价模型为组合业绩评估者提供了实现这一基本原则的多种途径。譬如，可以考察组合已实现的收益水平是否高于与其所承担的风险水平相匹配的收益水平，也可以考察组合承受单位风险所获得的收益水平的高低，高者则优，低者则劣。这就是所谓的评估组合业绩的风险调整法。下面将要介绍的三种指数就是基于风险调整法思想而建立的专门用于评估证券组合优劣的工具。

二、业绩评估指数

（一）夏普指数

夏普（Sharpe）指数是 1966 年由夏普提出的，它以资本市场为基准，指数值等于证券组合的风险溢价除以标准差，即

$$S_P = \frac{r_P - r_f}{\sigma_P}$$

式中，S_P 为夏普指数；r_P 为证券组合 P 的实际平均收益率。

夏普指数以资本市场线为评估的基点，用投资组合的超额收益除以其标准差，求出单位风险水平上获得的风险溢价收益，并据此评判投资绩效。夏普指数越大，说明单位总风险获利能力越高，从而投资绩效就越好。

夏普指数存在如下缺点：①没有考虑借入和贷出差异，而通常在货币市场借入利率高于贷出利率；②由于各个基金的信用等级不同，借入利率不同；③实际获得投资组合的方差相对困难，限制了其使用范围。以上原因降低了夏普指数在不同基金之间的可比性。

（二）特雷诺指数

特雷诺（Treynor）指数是 1965 年由特雷诺提出的，它用获利机会来评价绩效。

和夏普指数的思想类似，特雷诺也试图将基金的收益率与风险水平联系起来。但与夏普不同，特雷诺认为足够多的股票组合可以消除非系统性风险，因此与收益率变动相联系的应为系统性风险。特雷诺指数的计算公式为

$$T_P = \frac{r_P - r_f}{\beta_P}$$

式中，T_P 表示特雷诺指数；β_P 表示基金 P 的 β 值。

特雷诺指数的含义是每单位系统风险资产所获得的超额报酬（超过无风险利率）。特雷诺指数越大，基金的绩效就越好。因此，可以根据特雷诺指数的大小对不同的基金进行排序。

（三）詹森指数

詹森（Jensen）指数是 1969 年由詹森提出的，它以证券市场线为基准，指数值实际上就是证券组合的实际平均收益率与由证券市场线所给出的该证券组合的期望收益率之间的差，即

$$J_P = r_P - \{r_f + [E(r_M) - r_f]\beta_P\}$$

式中，J_P 表示詹森指数；r_P 表示证券组合 P 的实际平均收益率。

可见，詹森指数就是证券组合所获得的高于市场的那部分风险溢价，风险由 β_P 系数测定。直观上看，詹森指数代表证券组合与证券市场线之间的落差。如果证券组合的詹森指数为正，则它位于证券市场线的上方，绩效好；如果证券组合的詹森指数为负，则它位于证券市场线的下方，业绩劣于整个证券市场绩效。

三、市场时机选择

对于实施市场时机选择策略的投资者而言：当投资者预期证券价格将上升时，他将选择 β 值相对较大的证券组合；而当他预期证券价格将下降时，将选择 β 值相对较小的证券组合。这就意味着：在预期市场回报率高于无风险回报率时，投资者将选择高 β 值的证券组合，因为这类证券组合比低 β 值的证券组合具有更高的预期回报率；反之，在预期市场回报率低于无风险回报率时，投资者将选择低 β 值的证券组合，因为这类证券组合比高 β 值的证券组合具有更高的预期回报率。如果投资者对预期市场回报率的预测是正确的，那么其证券组合的业绩表现将超过该组合的平均 β 值相同的基准组合。

在实施市场时机选择策略时，既可以改变组合中所持有的风险证券的平均 β 值，又可以改变投向风险证券和无风险证券的相对资金数量。例如，为了增大证券组合的 β 值，可以卖出公司债券或者低 β 值的股票，再将收回的资金用于购买高 β 值的股票；同时，也可以卖出组合中的国库券（或者借入资金），再把取得的资金投向股票。

四、业绩评估中应注意的问题

使用夏普指数、特雷诺指数和詹森指数评估组合业绩固然有其合理性，但也不能忽视这些评估方法的不足。其不足主要表现在以下三个方面：

（1）三类指数均以资本资产定价模型为基础，而资本资产定价模型隐含与现实环境相差较大的理论假设，可能导致评估结果失真。

（2）三类指数中都含有用于测度风险的指标，而计算这些风险指标有赖于样本的选择，这可能导致基于不同的样本选择得到的评估结果不同，也不具有可比性。

（3）三类指数的计算均与市场组合发生直接或间接关系，而现实中用于替代市场组合的证券价格指数具有多样性，这同样会导致基于不同市场指数得到的评估结果不同，也不具有可比性。

正因为如此，实际应用中应当注意评估指数在理论假设方面存在的局限性，以及在组合风险估值和市场指数选择方面的多样性，并多做一些研究，在实践中不断摸索，以获得更为科学的评价结果。

【本章小结】

本章在阐述证券投资组合理论概述的基础上，介绍了马科维茨的资产组合理论、资本资产定价模型，以及证券组合业绩评估等现代金融经济学中资产定价研究领域的几个经典理论。

【主要名词】

资本市场线　市场组合　证券市场线　夏普（Sharpe）指数　特雷诺（Treynor）指数
詹森（Jensen）指数

【复习思考题】

1. 传统资本资产定价模型（CAPM）的假设条件有哪些？
2. 简述资本市场线（CML）的推导过程。
3. 简述证券市场线（SML）的推导过程。
4. 请分析资本资产定价模型（CAPM）与套利定价理论（APT）的异同。
5. 已知两种股票 A、B，其收益率标准差分别为 0.25 和 0.6，与市场的相关系数分别为 0.4 和 0.7，市场指数的回报率和标准差分别为 0.15 和 0.1，无风险利率为 $r_{\mathrm{f}} = 0.05$。

（1）计算股票 A、B 和 A/2 + B/2 组合的 β 值。

（2）利用 CAPM 计算股票 A、B 和 A/2 + B/2 组合的预期收益率。

6. 证券投资组合业绩评估中应注意哪些问题？

本章案例 兴全趋势投资混合基金（163402）的投资组合

兴全趋势投资混合基金（163402）是兴证全球基金发行的一只混合型的基金理财产品，自 2005 年 11 月成立以来，累计净值增长 2 186%，投资业绩一直名列前茅。

基金主要精选在各行业中具有领先地位的大型上市公司，如中国平安、永辉超市、紫金矿业、保利地产等，通过对其股票的投资，分享公司持续高增长所带来的盈利，实现基金资产的长期增值。

基金的投资理念是"顺势而为"，只有当趋势确定，而且是各种趋势得到相互印证后，才采取相应的投资行动，尽可能地降低投资失误的可能性，加强组合收益的确定性。

基金的投资策略主要体现在资产配置和单个投资品种选择两个层面，包括根据对股市趋势分析的结论实施灵活的大类资产配置；运用兴业多维趋势分析系统，对公司成长趋势、行业景气趋势和价格趋势进行分析，并运用估值把关来精选个股。在固定收益类证券投资方面，主要运用"固定收益证券组合优化模型"，在固定收益资产组合久期控制的条件下追求最高的投资收益率。

基金 2020 年 6 月 30 日的投资组合内容如表 13-4 ~ 表 13-8 所示。

表 13-4 期末按行业分类的股票投资组合

证监会行业代码	行业名称	基金行业配置	同类平均	比同类配置相比
A	农、林、牧、渔业	0.04%	2.00%	−1.96%
B	采矿业	7.17%	2.11%	5.06%
C	制造业	39.49%	42.20%	−2.71%
D	电力、热力、燃气及水生产和供应业	0.02%	0.45%	−0.43%
E	建筑业	0.27%	1.52%	−1.25%
F	批发和零售业	11.95%	2.66%	9.29%
G	交通运输、仓储和邮政业	5.61%	3.10%	2.51%
H	住宿和餐饮业	0.09%	1.08%	−0.99%
I	信息传输、软件和信息技术服务业	0.56%	7.17%	−6.61%
J	金融业	6.92%	7.32%	−0.40%
K	房地产业	9.13%	3.95%	5.18%
L	租赁和商务服务业	0.58%	2.71%	−2.13%
M	科学研究和技术服务业	0.18%	2.46%	−2.28%
N	水利、环境和公共设施管理业	—	1.01%	−1.01%
O	居民服务、修理和其他服务业	—	—	0.00%
P	教育	—	1.25%	−1.25%
Q	卫生和社会工作	3.40%	2.68%	0.72%
R	文化、体育和娱乐业	4.50%	2.46%	2.04%
S	综合	0.01%	1.21%	−1.20%
ZZZ	合计	89.92%	64.54%	25.38%

表 13-5　期末按行业配置明细

序号	行业类别	占净值比例	市值（万元）
1	制造业	39.49%	868 583
2	批发和零售业	11.95%	262 900
3	房地产业	9.13%	200 798
4	采矿业	7.17%	157 599
5	金融业	6.92%	152 241
6	交通运输、仓储和邮政业	5.61%	123 419
7	文化、体育和娱乐业	4.50%	98 979
8	卫生和社会工作	3.40%	74 765
9	租赁和商务服务业	0.58%	12 856
10	信息传输、软件和信息技术服务业	0.56%	12 372
11	建筑业	0.27%	5 847
12	科学研究和技术服务业	0.18%	3 901
13	住宿和餐饮业	0.09%	1 982
14	农、林、牧、渔业	0.04%	774
15	电力、热力、燃气及水生产和供应业	0.02%	525
16	综合	0.01%	139

表 13-6　期末股票投资前十名股票持仓明细

序号	股票代码	股票名称	占净值比例	持股数（万股）	持仓市值（万元）
1	601933	永辉超市	9.35%	21 922	205 632
2	601899	紫金矿业	7.13%	35 655	156 882
3	601318	中国平安	6.58%	2 026	144 662
4	600048	保利地产	6.10%	9 082	134 244
5	600703	三安光电	5.71%	5 019	125 478
6	002352	顺丰控股	5.57%	2 251	122 478
7	600031	三一重工	4.73%	5 542	103 980
8	300144	宋城演艺	4.26%	5 414	93 671
9	300054	鼎龙股份	3.41%	4 513	74 921
10	002044	美年健康	3.37%	5 144	74 132

表 13-7　期末主要财务指标

期间数据和指标	2020 - 06 - 30	2019 - 12 - 31	2019 - 06 - 30	2018 - 12 - 31
本期已实现收益（元）	1 045 551 151	1 816 170 563	492 341 546	655 406 658
本期利润（元）	2 851 981 545	5 783 045 904	3 621 033 018	- 2 806 384 320
加权平均基金份额本期利润（元）	0.12	0.24	0.16	- 0.16
本期加权平均净值利润率	14.52%	33.30%	22.39%	- 20.17%
本期基金份额净值增长率	15.80%	42.69%	27.68%	- 17.64%

表 13-8　期末债券投资明细

序号	债券代码	债券名称	占净值比例	持仓市值（万元）
1	128022	众信转债	0.07%	1 288.81
2	128098	康弘转债	0.00%	80.99

问题：

1. 基金投资组合应该如何按行业进行配置？

2. 兴全趋势投资混合基金的投资组合给投资者的选股及投资组合管理带来哪些启示？

第 十 四 章

证券投资策略与操作技巧

第一节　证券投资策略

　　西方哲人有句名言："做正确的事比正确地做事更重要。"这句话运用到证券投资上，就要求人们首先要有正确的投资原则和策略，只有这样，才能有较好的投资回报。

　　证券投资是一个比较复杂的过程，是一场有输有赢的竞争。它不仅需要投资者有承担风险的胆略、充沛的精力、丰富的知识和经验、稳定的心态，而且还要针对复杂多变的具体情况制定相应的股票投资策略，并采取灵活多样的投资方法与技巧，适时适度地把握股票买卖的对象和时机，以获取投资资金的最大增值。

一、选股策略

　　"股票投资好比是选美投票"，这句话是现代西方著名经济学家、股票投资专家凯恩斯的一句名言。凯恩斯不仅是经济学理论的天才，还是一位成功的投资实践者。作为经济学家，他以一本《就业、利息和货币通论》引起了经济学的"凯恩斯革命"；作为投资家，他创立了"空中楼阁"投资理论，并在 1924 年—1937 年间获得平均每年 17% 的复利收益率。"空中楼阁"理论注重心理价值，主张把投资策略看成是预测其他参与者将如何行动的一种策略。这也就是说，投资股票如同参加选美比赛，你必须从 100 张照片中挑选 6 张最漂亮的脸蛋，而只有那些选择最接近大众总体审美水平的人方能获胜。这就要求投资者把自己的喜好放在其次，了解股市投资大众的动态，培养预测大多数人喜好的习惯。

　　当前关于股票价格波动的主流理论大体可以分成两类：基本分析和技术分析。那么，注重心理因素研究的"空中楼阁"理论属于哪一类呢？需要指出的是，"空中楼阁"理论不但不属于任何一类，而且还是基本分析和技术分析的理论基础。基本分析假定股票具有真实的基本的价值，并且假定股票的价格会逐渐趋向于基本价值，这当中已经暗含了"空中楼阁"理论所强调的心理因素：正是因为大多数人都相信基本分析，并通过基本分析计算出了股票的内在价值，把其当成股票市场价格的标尺，最终结果是通过大众的努力，股票价格和其内在价值逐渐相等。对于技术分析，也可以做类似的分析：技术分析通过股票价格的变动趋势，配合成交量和时间因素来预测市场中供给与需求的实力对比，进而预测股价的走势。技术分析的假设条件之一就是"历史会重演"，也就是说，大多数投资者在投资时都倾向于对同一种状况采取同一种策略，因此股价的走势在某种情况下是可预期的。因此，选股时应顺应多数人的意见。比如说，牛市最重要的特征是板块轮动，因此在牛市中，投资者应随着市场的大势在正在上涨的板块中选择股票，并随着板块的轮动更换股票，以赚取最大的收益。

二、止盈与止损策略

股票市场风云变幻，起伏震荡无常，股市中盈利和亏损往往只在一线之间，无法完全掌控。由于大多数投资者在认知程度、信息资源上的不足，以及市场上时刻存在着各种系统性和非系统性风险，投资者的愿望随时都可能落空。因此，无论是炒股新手还是老手，都不可能做到百战百胜。所不同的是：当老手发觉自己搭错车时，会迅速割肉，把损失降到最低程度；炒股新手则不同，虽然他们搭错车时可能也意识到了自己的错误，却总希望下跌的股票有朝一日会重新上涨，迟迟握着不卖，等到信心消磨殆尽时才卖出，结果造成了更大的损失。对于盈利的处理也是一样，老手绝不贪心，新手却常常贪婪过度，结果鸡飞蛋打。所以，止盈与止损对投资者来说是非常重要的。

止盈和止损可以分为以固定点位止盈止损、以资金总量比例止盈止损，以及以支撑和阻力止盈止损三种方式。究竟哪一种方式更合适，应根据具体情况而定。同时，投资者要明白的是，止盈和止损仅仅是进行证券投资的一种合理的技术手段，是进行风险管理的措施之一，其结果却并不一定正确，止盈和止损点位也要随着客观情况的变化而不断修正，以期达到最佳的效果。

三、操作心态

人与人之间生理上的差异可能很小，但股票投资活动的结果却表现出天壤之别。面对同样的股市，有的人赚得盆满钵满，有的人钱却越炒越少，有的人因炒股成为百万富翁，有的人却因炒股倾家荡产。那么，成功者成功的秘诀是什么？失败者失败的原因在哪里？

许多投资者都有这样的体验：事前对行情进行了认真分析，也制定了合理的投资策略，甚至设置了止损点，但却依然赔多赚少。产生这种情况的原因就在于，投资者没有一个良好的心态。有人形象地指出：如果你种下的是一粒草籽，那么，不管你如何辛勤地浇水、施肥，实行最好的管理，也不管你多么投入，它都不会长成大树；但是，如果你种下的是一粒树的种子，在精心呵护下，它一定可以成长为参天大树。基因的不同决定了结果的不同。在股票市场上，一个投资者是赢家还是输家，也是由基因造成的，而这个基因，就是他的心态。

人的任何思维和行动都受到自身心理状态的影响和左右，心态的好坏直接决定着行为的成败。心态不仅影响着投资者的一时一事，而且左右着投资活动的全过程，无论投资者是否自觉。这也就是说，心态是一个人进行股票投资的幕后策划者。在经历了股市的挫折后，投资者常会自问：这炒股票到底是玩股票还是被股票玩？常常是拿着不涨，一抛就涨；卖出不跌，买进就跌。技术面、消息面、政策面、资金面都分析得头头是道，怎么就斗不过这股价之手呢？许多人开始感悟，炒股票就是炒心态。很多投资者都有着在顶部追涨、在底部杀跌的行为，这可能并不是他们的本意，而是受市场气氛影响的结果。问题正是出在投资者的心态上。

对于投资者来说，要培养一个好的心态，首先要战胜自己的贪婪。在股票投资中，常常因贪心而买不到合适价格的股票，因为还想等更低的价格出现；也常常因贪心而卖不掉股票，因为还想等更高的价格出现；更常常因贪婪失去理性而盲目追高。要想战胜自己的贪婪，必须要能够让自己时刻保持冷静。有人形象地把股市的运动形容为"在恐慌中见底，在谨慎中上升，在疯狂中结束"，投资者一旦无法冷静地分析问题，无论他有多么渊博的投资知识、多么独到的投资理念，通通都将失去作用。一旦头脑发热，贪婪心就会充斥在投资者的思想当中，让其无法正确分析问题，最终疯狂的投资者必将会跟随疯狂的股市一起坠入深渊。

投资者要懂得休息。股市行情涨涨跌跌，股价有时处于"波谷"，有时处于"波峰"，有时处于"半山腰"。当你对股市走向不抱乐观态度或感到无所适从时，不妨暂且住手，因为"休息是为了走更远的路"。在"休息投资"这点上做得最好的无疑是巴菲特，他大多数时间都只是到企业调研和读书看报，以一个旁观者的身份来审视股海翻滚的浪花。他不断地寻找市场迟早会给他的机会，施展他独特的价值投资策略。巴菲特指出：股市投资就像棒球赛一样，要耐心等待投球手那令人叫好的一球，它总会来的，而且，那完美的一球总是在股市悲观的时候才会投来，而不会是在股市乐观的时候。

第二节　证券投资方法

证券投资是一项非常复杂的活动。投资者都想寻求一种正确的方法来确定何时能以低价买进，何时又能以高价卖出，以取得丰厚的投资报酬。但事实上，谁也没有绝对的把握来保证投资行为一定能获得成功。这就需要投资者借助适用性很强的投资策略和投资方法来弥补这一不足，尽可能减少投资失误。下面介绍几种根据市场变动规律而设计的固定的投资方法。需要注意的是，要想成为一个成功的投资者，除了需要了解这些固定的证券投资方法以外，还需要掌握一些成功有效、随机应变的投资方法和策略。

一、趋势投资法

道氏理论认为，一旦股价变动形成一种趋势，便会持续相当长的时间。趋势投资法就是道氏理论的具体应用，指示人们在多头市场做多，在空头市场做空，以达到既获取利润又规避风险的目的。针对股市价格发展的趋势特点，相应的操作方法是：投资者顺应股价走势买进股票后，应保持其在市场上的投资地位，只有在股价走势出现明确的反转向下的信号时，才卖出股票来观望，耐心等到股市出现好的转机时，再顺应趋势买进股票。

股市上的普通投资者，由于没有力量操作股市行情，最基本的投资方法是根据道氏理论，顺应趋势变化做出投资决策。哈奇（Harch）是发明和运用这一方法的典范。他在1882年—1936年长达半个多世纪的时期里，一直执行着根据趋势投资法制订的哈奇计划，结果是他的资产由10万美元增加到1400多万美元。直到哈奇去世后，伦敦金融界才公布了他的计划，并将其命名为"哈奇计划"。哈奇的方法就是在每个周末计算出所持有的股票的平均市值，到了月底再将每周的平均数相加，求出一个月的平均市价，并以此作为衡量股市趋势的指标。如果本月市值平均数比上月的市值平均数下降了10%，他就将所持有的股票全部卖出，不再购买。等到他卖出股票时的市值平均数由低点回升了10%后，再考虑买进。很明显，"哈奇计划"的核心在于把握股市变化的趋势，当市场趋势发生了10%的反向变动时，便改变其投资方向。

这一计划的特点在于根据股票市场的长期趋势改变投资策略，而不为短期波动所左右。在"哈奇计划"实施的半个多世纪里，他共44次改变自己的投资方向，所持有股票的期限最短为三个月，最长则达六年之久。

二、定式法

定式法是以股价上涨过度必定要回跌、股价下跌过度必定会回涨为依据的一种投资方法。具体的操作过程是：先制订一套固定的投资计划，之后不论股价如何涨跌，一律要按投资计划自动进行买卖。这种投资方法又被称为"自动投资法"和"不费思考的投资方法"。定式法的具体方法很多，它们的共同特征是将投资资金分为进攻和防守两部分，并设置一定的基准，当股价上涨时减少进攻部分、增加防守部分，股价下跌时则减少防守部分、增加进攻部分，随着行情变化而自动调整投资结构。

（一）平均成本法

平均成本法是以低于股票平均价格的平均成本来购买股票的一种方法。具体方法是先选好某种有长期增长前景而价格波动幅度又不很大的股票，然后在间隔相等的固定日期以固定金额逐项买进这种股票，不管当时股票价格的高低及变化趋势。由于每次以固定金额投资，因此在股价高时买进的股数较少，在股价低时买进的股数较多，使购买的平均成本低于当时股票的平均价格。

平均成本法的优点是：方法简便，不用选择购买时机，在股票价格变动的任何时候都可以开始，也可以在需要资金时停止投资收回本金；可消除股价短期波动的影响，享受股价长期增值的收益。但这一方法也有不足之处：①使用这种方法，市场价格必须有涨有跌，如果价格稳定，就不能达到使平均成本下降的目的，如果市场价格长期下跌也不大适用，因找不出合适的卖出时机而影响投资效果；②分次购买股票交易费用相对较高；③每次买卖股票的时间并不是最佳时机，只是相对降低了成本，扩大了收益。

（二）固定金额投资法

固定金额投资法又称常数投资法，采用这一方法的投资者在自己的投资总额中以固定的资金投资于股票，其余的投资于债券或其他金融资产。当股价上升时，将所持股票市值超出计划投资数额部分出售，买入债券或其他投资工具；当股价下降时，则卖出债券等，买入股票以补足计划的固定金额。实际上，投资者遵循着高卖低买的投资原则，并始终持有一定数额的股票。

这种方法简单方便，能及时将股票中增值获利部分转为安全性较高的债券，也是一种不动脑筋的投资方法。这一方法的关键在于如何确定股票的涨跌幅度问题：如果股价略有涨跌就卖出买进，会因需要支付过多的手续费而减少收益；如果确定的涨跌幅度过大，又容易失去账面利润及较好的买卖时机。一般认为，股价上涨25%就应出售，下跌20%就应买进。

（三）固定比率法

固定比率法是将全部投资资金组成一个投资组合：一部分是防守部分，由价格相对稳定的债券组成；一部分是进攻部分，由普通股股票组成。两部分保持一定的比率关系，在证券行情的变动过程中，投资者要对组合中的证券做必要调整，使之经常保持这一固定比率。例如，投资者以10万元开始投资，组成一个股票和债券各占50%的证券组合，即开始时买入5万元市值的股票和5万元的债券。如果股票价格下降，市值跌至4万元，为保持固定比率，就应卖出0.5万元债券，并买入0.5万元股票；如果股票市值升到7.5万元，则需要卖出1.25万元股票并用这笔资金买入债券，这样两者之间又恢复各占投资总额50%的比率。这样，股价上涨即自动卖出，股价下跌即自动买进，遵循高卖低买原则。

固定比率法简便易行，在股价小幅度波动时也能获利。采用这一投资方法，要注意以下几点：①要选择好股票与债券。②根据自己的投资目标确定两者之间的比率关系，这一比率一旦确定就不要轻易改变。如果投资目标是资本的增长，可确定股票占70%、债券占30%的比率；如果投资目标是经常性收入，则可确定股票占30%、债券占70%的比率。具体比率依据投资者的实际要求而定。③确定股票市值涨跌幅度时，需要对组合中的证券进行调整。如果这一幅度定得过小，会造成买卖频繁，交易费用增加，可根据市场情况定为5% ~ 20%不等。

（四）可变比率法

可变比率法是允许投资组合中进攻部分和防守部分的比率随证券价格的变动而变化，从而获取较大收益的方法。采用这一方法的基础是以股票的某一价格水平为中心价格并以此画出一条趋势线，通常以若干年的股票价格平均数或股价指数为依据，利用统计技术，如回归分析法画出股价变动的趋势线。投资者应注意股票价格如何围绕着趋势线而上下波动，并根据变动的程度调整股票在组合中应占有的比率。例如，当股票价格超出趋势线或在趋势线附近时，投资组合中股票和债券各占50%。当股票价格超出趋势线10%时，就卖出股票使股票市值比率降为40%，债券升为60%，当股票价格高出趋势线20%时，股票比率降为30%，债券比率为70%，以此类推；反之，当股票价格低于趋势线10%时，则买入股票使之在组合中的比率升为60%，等等。这样，当股市处于上升趋势时，投资者不断地卖出股票、买入债券，在牛市即将结束时，投资组合中股票的比率将很小，债券的比率却很大；而在股市处于下跌趋势时，投资者则不断买入股票，在熊市即将结束时，投资组合中股票的比率可能会很大，而债券的比率相应缩小。这种方法使投资者顺应大势而贱买贵卖，自然可降低风险并获得较多收益。

可变比率法有两个缺点：①趋势线较难确定。如果趋势线出现差错，就可能在不恰当的时候买卖股票，这个问题可用技术分析中的图表分析以及趋势线、阻力线等解决。②投资者必须持续监控股票价格的变化。当股票价格达到预定价格时，必须做出买卖决策。对于没有足够时间跟踪股价变化的投资者，可用停止损失委托指令和期权交易锁定价格。

（五）分级投资法

分级投资法又称等距等量投资法，是定式法中最常用的一种方法，是依据股价动向适时地买进卖出固定股数的投资方法。采用这一方法时，通常选择某一种股价经常起伏变动的普通股为投资对象，以它的平均价格或接近平均价格为起始点，然后确定股价升降的等级标准，可以以若干元为一级，也可以以涨跌若干百分点为一级。当股价下降一级时买进一定股数的股票，上升一级时则卖出一定股数的股票，要使卖出的价格高于买进的价格，使平均卖出价高于平均买入价，以获取差价收益。

这种投资方法适合在股市趋势不明朗、股票价格在某一区间上下盘整时使用，投资者低买高卖，风险小又可获得一定的收益。而在长期下降或长期上升的市场中则不能使用这一方法，因为在长期下跌的市场中，分级出售则会丧失可能得到的更大收益。为防止投资者在买入股票后股价连续下跌，可配合使用停止损失委托，当股价连续下降时应取消投资计划。

三、实例分析：华数传媒（000156）的分级投资法

华数传媒是 2000 年 9 月上市的传媒股，2015 年 5 月涨到 62.13 元的最高价后一路下跌，2018 年 10 月最低跌到 6.75 元企稳，之后股价一直在 8～13 元波动。图 14-1 为华数传媒 2018 年 10 月—2020 年 10 月的股价震荡走势。

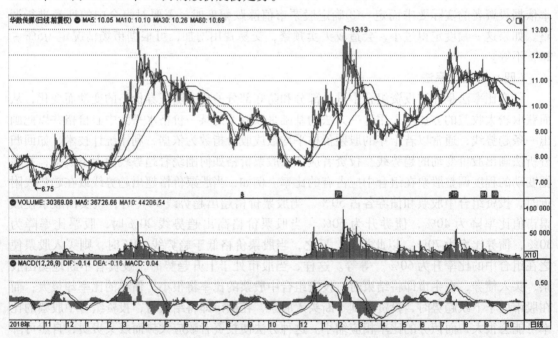

图 14-1　华数传媒 2018 年 10 月—2020 年 10 月的股价震荡走势

假设投资者采用分级投资法进行投资，如表 14-1 所示，股票分三次买入，1 元为一级，一次 500 股，则可在股价跌到 10 元时买进 500 股，9 元时买入 500 股，8 元时再买进 500 股。卖出时也同样，当股价涨至 9 元时卖出 500 股，10 元时卖出 500 股，11 元时再卖出 500 股，一次操作可获利 1 500 元。

表 14-1　华数传媒分级投资法明细

股票价格	买入股数	买入金额	卖出股数	卖出金额
10 元	500 股	5 000 元		
9 元	500 股	4 500 元		
8 元	500 股	4 000 元		
9 元			500 股	4 500 元
10 元			500 股	5 000 元
11 元			500 股	5 500 元
合计	1 500 股	13 500 元	1 500 股	15 000 元

分级投资法是投资者在震荡市中常用且非常有效的一种投资方法。

第三节　证券投资技巧

一、牛市和熊市中的操作技巧

（一）牛市中的操作技巧

牛市是指买方力量强劲、股价连连上扬、股市普遍看涨的市场行情，也称为多头市场。其特征是买多卖少，人气旺盛，交易活跃，股价大涨小跌。牛市中的操作技巧如下：

（1）牛市不言顶，要捂股到底。因为不断创新高是牛市的主基调，尤其对于强势市场。一轮大行情中，捂住股票比争取一点点利润重要得多。

（2）牛市第一波，多为轧空行情，须及早介入，尤其是经过长期深幅下跌后，在底部巨量急升的初期阶段。

（3）牛市中，往往上影线指向哪里，以后就会达到哪里。

（4）大牛市启动时多是先集中力量炒高价股。因为只有将一线股炒上去，二、三线股才有上升空间，故牛市初期应买一线高价股。

（5）兵法中挽弓当挽强，擒贼先擒王。在大牛市的初期就去买补涨股的策略是错误的，而应该勇于追涨，追最强势股，最好追龙头股。因为龙头股多是真正有题材的股票，而跟风的补涨股的题材多为昙花一现。大多数人认为安全的补涨股，主力是不会为它们抬轿的。大行情的典型特征是强者恒强，因此强势行情中追涨是非常必要的。

（6）一路持有绩优股或高成长股。

（7）单边升势中，坚决买进强势股，且一路持有，直至大盘波段结束。

（8）牛市中要有一些基本仓位——有业绩和有题材的股票。牛市中题材比业绩更重要，因涨时重势。

（9）牛市中要买一些高送配题材的股票，因为牛市的特征是抢权填权。

（10）不管风吹浪打，待所持股涨 50% ~ 100% 时，可考虑卖出换股，应付轮炒，获取更大利润。决不空仓等待调整，以免利润断层。

（11）一轮牛市从启动到结束，都有一个主流板块贯穿其中，可把大部分资金放在主流板块上，小部分资金放在一些滞涨的板块上。尽量不要买冷门板块，追涨热门板块股应适可而止，留出部分资金准备在调整时低位补仓。

（12）牛市中重仓持有的主流板块，也可采用长、中、短线相结合的战术。

（13）牛市中应捂住刚从底部放量上涨的个股。

（14）从底部涨了一段时间之后，到了中部时，对于非常看好可做长线的个股，如两天之中获利15%左右，可采取短线先卖掉，即换买未涨之股，待原股调整两三天后再换回的滚动操作战术。这样既避开短线调整的风险，又不失去原先的筹码。

（15）牛市最典型的特征是板块轮动，个股轮流上涨，投资需要精选行业、题材和个股。

（16）牛市中板块普涨，暂时滞涨的板块一般都有一个补涨的机会，再冷门的股票往往也有与大盘涨幅相当的升幅。而板块内的个股又存在梯度空间，即存在先涨后涨的时间差，可采取卖已涨买未涨、不断滚动操作的战法。

（17）大牛市中，只要处于低位没动的股票都有上涨机会。最简单但也最有效的操作手法是在个股历史低位埋伏，耐心等待主力抬轿。

（18）一些已形成良好的升势或是在上升通道中运行已有一定涨幅的个股，明显属于有主力运作的庄股。这种股票是否值得参与，可以简单地以绝对涨幅估算：如目前价位离底部涨幅不超过30%，则说明主升段也就是高潮尚未到来，参与的安全性较高。因为大牛市中主力一旦介入，一般都会有一倍左右的升幅。

（19）高价股打开空间后，可对低价股进行价值再发现。

（20）牛市中要有经济学家的脑袋加上良好的心态，才能获得高收益。

（21）牛市中技术面风险无所谓。牛市套的是"金项链"，除非面临政策面风险和基本面风险。

（22）牛市中出利空消息是买入机会。

（23）牛市中不涨不卖，小涨小卖，大涨大卖；不跌不买，小跌小买，大跌大买。

（24）牛市中股指在顶部区域逗留的时间较长，而回调一般以凶猛快速的方式出现，因此投资者卖出后要耐心等待回调，顺势而为，波段操作。

（25）牛市中每一次缩量跳水都是买入的良机。

（26）牛市中的长阴（大盘调整10%左右），即是绝好的买入机会。

（27）牛市中大盘回调15%左右，调整时间1～1.5个月后，底部缩量整理时即可坚决入场。

（28）以5日移动平均线为上攻依托，以10日移动平均线为回调极限，曾数次出现于沪深股市的上攻行情之中，因此可将5日、10日移动平均线作为操盘线，线上持股，线下持币。

（29）如还有一半人清醒就没有见顶。股市谚语：行情在绝望中产生，在犹豫中发展，在欢乐中死亡。投资者的情绪可以作为投资的参考指标。

（30）牛市的主要特征是持续走强，大的调整只有在短期大幅度上升后才有可能出现。

（31）冲关前或冲击历史高位时，先退出观望。

（32）大盘指数创了历史新高，成交量创了历史天量时，先退出观望。

（33）从本波启动的最低点算起，如整个大盘指数升了30%左右，先退出观望。

（34）当各种热点、各个板块都已轮炒过时，应退出。

（35）连续大涨一段时间之后，在普天同喜的时候，一轮下跌风暴正在逼近，应退出。股市谚语：行情在欢乐中死亡。

（二）熊市中的操作技巧

熊市是指卖方力量强劲、股价连连下挫、股市普遍看跌的市场行情，也称为空头市场。其特征是卖多买少，人气低迷，交易清淡，股价小涨大跌。熊市中的操作技巧如下：

（1）板块或个股会轮涨补涨是牛市的特征，板块或个股会轮跌补跌是熊市的特征。熊市中，即使是绩优股和高成长股也照跌不误，因为"覆巢之下焉有完卵"，所以熊市要清仓，而不要抱侥幸心理。

（2）股市谚语：牛市进场，熊市放假。只有这样，才能避免手痒乱动。因此，熊市尽量不要操作。

（3）在熊市中操作，不仅需要高超的短线技巧，而且利润十分有限。因为只能靠抢反弹，稍不及时退出就要长期被套，所以熊市操作劳心费力，还往往得不偿失。

（4）在熊市，保住本钱为第一位，赚钱为第二位。如果参与操作，只能保持少量仓位。如果满仓杀进，失败的概率极大。

（5）熊市中，下影线指向哪里，以后就会达到哪里。

（6）熊市中每一次带量的反弹，都是出货的机会。

（7）在熊市中，投资者的板块组合应紧跟热点走，市场中耐不住寂寞的资金在适当时机总会营造熊市中的短暂板块行情。投资者只能用一半的资金参与，并要在热点板块上捕捉战机，特别是以不同时期的热点板块中的龙头股为重点突击对象，快进快出。因为在大盘趋势整体向淡的时候，在貌似呈强的形态后面，往往蕴含着更大的风险。

（8）熊市中的择股标准：①庄股，可能逆市表现；②两次触及 30 日均线而不破；③没有经过快速拉升。

（9）熊市中，高价股一般没人要，炒作主要集中于低价股。

（10）熊市末期，即经过持续下跌一大段时间后，要重视利多传言，反看利空传言。因为此时市场几乎全是套牢盘，不会轻易割肉，因此庄家要编造各种利空传言，以引诱散户恐慌抛股。所以，不要轻易相信空头市场末期的坏消息。

（11）股市谚语：利空出尽是利多。经过连续的跌、跌、再急跌后的极度悲观气氛中的熊市末期，再听到大的利空消息时，就要果断建仓。

（12）当大多数人都失去信心的时候，就是新一轮上涨的机遇。股市谚语：行情在绝望中爆发。

（13）周 K 线运行的转折点通常发生在黄金比率时间。单边下跌 5 周、8 周、13 周、21 周、34 周前后变盘的概率最高，都可能发生逆转，要特别关注。

二、盘整市和震荡市的操作技巧

（一）盘整市的操作技巧

盘整市是指股价起伏不大、股市前景暧昧的市场行情。其特征是交易萎缩，观望气氛浓厚，股价难以出现令人心跳的波动。在盘整市中的操作应注意以下几个方面：

（1）盘整市中，大量股票涨跌空间均不大，股指上下两难，但股指的相对平稳并不意味着板块的沉寂，也不意味着个股的风险均已降低。

（2）炒作理念上应注意以下几点：

1）多看少做，善于休养生息，利用盘整行情，多做些研究，以待行情明朗之时有备而上。

2）注意政策导向，多研究近期和下一阶段政策面的动向以及对相关板块可能带来的影响。

3）短线为主，有利就跑，决不恋战。

4）多关注那些业绩尚可、严重超跌、处于底部区域但近期逐步放量的中低价个股，尤其是生不逢时、上市一路下跌后盘稳的次新股。

（3）操作时应把握以下几点：

1）人弃我取，人取我予，不追涨杀跌，高不贪，低不惧。盘整市操作要运用相反理论。例如，有些质地不错而股价跌幅已深或两三年没炒作的股票，趁低买进；而有些质地不佳近期已连涨几天的股票，应趁高卖出。

2）多看基本面，少看技术面，不盲目听信小道消息及股评家推荐的个股。盘整市中，许多短线技术指标提示往往是颠倒的。主力出货前，可以把图形做得好看，做成欲上攻状，诱使一些功力不深的股评家推荐，散户一进去，主力就派发。有些基本面不错又长期超跌的股票，则很容易被庄家选中，短线炒作一下。但主力进货前，往往又把图形做得极其难看。因此切忌心浮气躁，频繁进出，宜耐心等待风水轮转。

3）顺应政策导向，长线眼光选股，适当滚动操作。投资者如果关心当前宏观面和政策面，选择国家政策扶持的产业，则获利的机会无疑要大得多。因此，对高科技股、环保产业股、教育产业股、资产重组股、房地产股及建材行业股等，应坚持跟踪。特别是这几类股中的领头羊，连跌一段时间后逐步买进，即使一时被套也不用担心。

4）捕捉热点板块时要敏锐迅捷。因为在盘整市下，不同板块之间的短期轮动现象加剧。操作方法是：突然急涨不追，无故急挫不杀；连拉阳线获利了结，连续暴跌分批买进。

（二）震荡市的操作技巧

震荡市是指股价跌宕起伏、股市前景不明的市场行情。其特征是短线投资增多，市场人气不稳，股价大起大落。在震荡市中的操作应注意以下几点：

（1）如果是宏观基本面、政策面的利空引起的震荡，则时间会比较长，幅度会比较大；如果是供求面、市场面引起的震荡，则时间不会太长，幅度也不会太大。

（2）一轮行情的序幕、发展、高潮与结束，普遍经历过筑底吸货的震荡阶段、拉升途中的震荡阶段、高位出货的震荡阶段和下跌途中的震荡阶段。不同阶段的震荡在操作上应用不同的方法。

（3）震荡市中很重要的一点是心态要稳。如果大盘有可能较大幅度下跌，就是觉得很好的股票也不可以买。如果大盘可能震荡，一定不要心急，而要看看股价的通道和支撑在哪里，在通道的中轨以上不买，只可逢低吸纳。

买入股票之后一定要设置止损点，只要在止损点之上，就一定要有耐心，要有进二退一的思想准备，只有持有一段时间才会有利润空间。在震荡市中，只在移动平均线附近吸纳，只在历史支撑位附近吸纳，只在通道下轨吸纳。

（4）不要有短期速富心理，如对大盘趋向无把握，可先观望。

（5）在震荡市中，单边上行的个股较少，操作上可采取低吸高抛，即跌多进货、涨多出货的战术，盈利的期望值不要太高。若在短时间内获利 10%，或碰到涨停板，就应先落袋为安，因为短线较大的升幅意味着风险即将来临。

（6）在震荡市中，不明朗因素较多，波幅巨大，控制好仓位十分重要，这时最好采取半仓投资法。

半仓投资法具有以下优点：

1）保持主动。行情上涨，有高位追仓的机会，可以扩大战果；行情下跌，也有低位补仓的资金，可以摊低成本。

2）规避风险。股市是高风险的投资场所，投资者必须对风险保持高度警惕，半仓投资法无疑坚持了这样的原则。

半仓投资法具有以下缺点：

1）不能充分发挥全部资金的使用效率，会丧失掉一些利润。

2）在行情争跌时，可能会因为清仓不及时从而被套牢。

但半仓投资法仍不失为一种稳健、实用的投资方法。当然，半仓投资法也不排除行情特别火爆或行情特别低迷时，完全满仓或完全清仓。通常情况下，在震荡箱体底部可满仓，在中部宜半仓，在顶部宜清仓。

（7）在震荡市中，要买强势股，买有基本面支持的抗跌品种，买每天有量、有强主力在其中的个股。如在震荡下跌中保持横盘整理或小幅攀升状态的个股，说明主力实力较强，一旦大市转好应有上佳表现。

（8）在震荡市中，市场总体以过渡性热点为主，难有明显而持久的板块效应，此时市场有炒新、炒低的偏好。关键要踏准市场起伏节奏、紧跟新的热点，可追逐长期筑底、从底部启动的热点板块，当领涨的热点接近顶部而大盘又滞涨时，行情即将结束，即追逐热点要快进快出。震荡市的特征是热点转换极快，个股行情只有一两天。

（9）低位震荡时要坚定持股，不为小利卖出。主力建仓后，为了不在拉升途中耗费太高的成本，必然要进行一次或几次震荡洗盘。若发现成交量极度萎缩，KDJ 和 RSI 在 20 以下，指数受压于各均线，各种指标均呈底背离状态，扩容节奏放慢，利好政策不断，就应持筹不动，越跌越买。

（10）中位震荡时要灵活操作。此时进入波段中位，主力为了节省拉升的成本，必然要制造震荡，使意志不坚者低抛筹码，再在拉升中去高追。

这个阶段具备一切强势市场的特征：成交量连续温和放大，KDJ 和 RSI 在 50～60，MACD 红色柱状持续放大，指数在 5 日、10 日、20 日移动平均线之上，周 K 线拉出中大阳线，扩容又恢复正常。这时可灵活操作：卖出涨到山顶区域的个股；对手中未涨的有潜力的个股应耐心等待，坚信迟早要拉升；对即将启动的强势股可及时买入；对手中没有潜力的个股可及时换股。

这个阶段个股有轮涨特点，应捂紧筹码。强势市场是强者恒强，但任何强势股都会有整理，从其整理形态中可以看出其有无再度涨升潜力。一只强势股在第一攻击波之后会有两种整理形态：一种是沿 5 日、10 日移动平均线整理后拉升，此为超强势股；另一种是沿 30 日移动平均线整理后拉升，此为强势股。

（11）高位震荡时要果断退出。当股指或个股长时期大幅度拉升后，已接近顶部区域，主力为达到出货目的，必然会散布利好消息，或以重大利好事件在后为由，制造股市将要大涨的气氛。而主力乘机在高位震荡中，或拉高，或拉平台，或压低大量派发手中的获利盘。

此时的横盘有时是缩量的横盘，主要是让散户中胆小的再胆大起来，卖出的再买回来，本已恐惧的再贪婪起来。主力最终的目的是把散户套住。主力无法出局时就用对倒拉高，能不放量对倒时就缩量对倒，这主要看控盘能力的大小。缩量对倒更容易麻痹市场；缩量上涨能骗得了一时，持续不了长久，其结果是缓升急跌。

在高位横盘阶段，散户往往被热闹的补涨行情吸引，没有比较盈利和风险的概率哪个更大一些。投资者若发现放巨量，KDJ 和 RSI 在 80 以上，指数远离 5 日、10 日、20 日移动平均线之上，扩容节奏加快，就应逢高果断卖出。当大盘破位下行时，应当机立断地卖出手中的所有筹码，以避免即将到来的连续长阴的巨大损失。

（12）下跌休息区震荡时要忍住冲动。从顶部下跌，往往会出现一个下跌休息区或中途整理区，这个阶段同样震荡剧烈。如贸然去抢反弹，可能在次高点上被套。这时应逢高继续派发手中筹码，哪怕是割肉筹码。即使发现逆势个股，也不能参与，因为逆势庄也很难做。这些逆势庄多是短庄，做庄周期不长，往往一两个月即完成建仓、拉高、派发的全过程；所选个股流通盘通常较小；控制筹码不多，往往仅掌握流通盘的 15% 左右；利润达到 15% 左右即撤庄；一次放量就能把手中筹码出光；周末技术图形漂亮，形成向上突破，使众多股评推荐；周一大幅高开，第二天继续高开，造成轧空走势，第三天用对倒大幅高开，使跟风盘争先恐后，但好景不长，午盘后突然变脸，庄家把筹码全部倒给了散户，伴随着巨量，股价大幅下跌；此后一路阴跌，把追高盘层层套牢。因此，除非是在整轮行情中走下降通道、现处于底部启动阶段，并且有可能成为下一波市场热点的逆势牛股，才能适当买入。但在大盘止跌之前，这类股一般也涨不高。

三、跟庄与逃庄的操作技巧

所谓庄家，是指持有巨额资金，掌握着某种股票较多的流通筹码，在一定时期内对该种股票进行集中操作，以从中牟取利润的机构投资者或大户，也称为做市商。那么，应该怎样跟庄和逃庄呢？

（一）不同类别的庄家

不同的庄家有不同的个性，也有不同的操作方法。按照操作周期可以将庄家分为三类：短线庄、中线庄和长线庄。短线庄操作过程最长不超过一个月，最短只需一两天；中线庄短则一个月，长则半年；而长线庄做庄的时间较长，通常在经济周期谷底或公司经营处于复苏初期进庄，在经济周期见顶或公司经营高速成长后期出货。对于散户来说，了解不同庄家的特点，制定好相应的跟庄策略是取胜之道。

（1）一般来说，短线庄对长期走势信心不足，只想短线操作及时获利了结，因此收集的筹码不多，约在流通股的 10% 左右，时间持续几天。短线庄按技术形态操作，强调短平快，以急涨式拉抬，因炒作时间极短，升幅一般只有 15% 左右。跟短线庄时应果断，发现盘口异动，有大手笔吃货要及时介入，但期望值不能太高，有获利要及时退出，以免错过盈利机会。这种庄风险较大。

（2）中线庄炒作时间相对较长，有明显的收集期。盘面上有主要收集的痕迹，即股价处于相对底部，大盘跌它不跌，大盘盘整它温和上涨。这类个股因收集期长，升幅约在50%。庄家往往采取波段操作，同时伴有洗盘行为。跟中线庄要有较高的期望值，经得住洗盘的煎熬,不见庄家放大量出货,不要为盘中震荡所动。但如果庄家已经拉了两个波段就不要再介入,因风险已很大。

(3) 长线庄炒作时间以年计,庄家往往选择基本面有很大改观的股票,建仓时不计较价位成本。由于基本面的支持,主力一般决心很大,股价几年内都在上升通道中运行,一个周期下来涨幅惊人。长线庄也经常采取"熊市做庄,牛市发牌"的技巧,长期潜伏不动,但"横有多长,竖有多高"。对于这类庄股,掌握基本面的变化是重中之重,而一旦参与,最好是从头跟到尾。

(二) 跟庄的技巧

(1) 要明白庄家进庄的时机并紧跟之。庄家进庄一般选在下列时机:

1) 股价在股票低价区域或者有投资价值之时。

2) 股价底部构筑完整之时。

3) 恐慌性暴跌或长期下跌之后。

4) 严重超跌之后。

5) 了解到公司有重大利多消息之时。

6) 可能有股权争夺之时。

(2) 跟庄之前要判断清楚庄家的意图。主力炒作某只股票总是有其理由,如有资产重组、业绩大幅增长、行业政策扶持、前景看好、股本扩张等题材,并且其题材还必须是市场的热点,能得到市场的认同,能吸引跟风盘。绝大多数情况下庄家是不会盲目做庄的。因此,研究庄股题材的价值与市场的认同程度就是决定能否跟庄的首要问题。

(3) 跟踪被庄家相对控盘的股票。个股的涨跌由持有该股流通筹码的投资者的合力决定。若筹码集中在少数人手中,持股者齐心合力,自然有所作为;若筹码分散,犹如一盘散沙,股价自然难有作为。因此,筹码集中的个股犹如"不倒翁",是跟庄的首选品种。控盘类个股的走势往往具有以下特征:

1) 从分时图上看,分时图断断续续,极不连贯。有时隔几分钟才有一笔成交,显示成交不甚活跃。仅仅几十手的买单便可将股价拉高一大截,或是几十手的卖单便可将股价快速打低,显示市场的浮筹极其有限,筹码已集中在少数人手中。

2) 从日 K 线图上看,假如某股每天的开盘价和收盘价都比较接近,较长的时间波幅都不大,股价呈原地踏步状态,这也说明筹码锁定性强。该股票有时一度快速下探,但很快便被拉起,收出长长的下影线,则股价明显有人关照。

出现类似的走势,一般可确定主力持筹量较大。但是否值得参与,还需参考以下因素:

1) 股价重心是否逐渐上移。若从较长的时间看股价逐渐上移,说明主力有做高的欲望;如重心下移,则可能是主力边打边撤。

2) 整理期间一般成交量极其萎缩,表明主力无法脱逃,日后多有再来一波的可能。

3) 在大盘走弱或是整理期间,此股表现为横盘整理、原地踏步的形式时不要急于介入,待重新放量或是大阳突破盘局时即可跟进。

(4) 用逆向思维思考题材或消息的另一面。股市做庄,犹如做戏。每当重大利空或利多公布时,庄家就开始做戏了。做戏必有台前与幕后。散户除了有台前意识之外,还应有幕后思维,即要有逆向思维。

(5) 要判断庄家实力的大小与做庄的手法。某股主力实力大小直接关系到该股发展后劲是否充足，是处于强势还是弱势状态。但这仅从日 K 线图上较难判断，一些信息往往通过盘面显露出来。

主力实力较强大的个股走势往往强于同板块其他个股，在突发性利空冲击下多数个股连续暴跌，该股却能不跌或小跌，说明其实力非同一般，此时即可重点关注。

投资者可密切跟踪以下情形出现时的个股表现：

1）在突发性利空打击下该股表现如何。

2）在板块退潮时该股表现如何。

人们习惯将个股表现与大盘相比，即根据升幅判断走势强于大盘或是弱于大盘。其实还可将个股与板块其他个股相比，若某股不仅走势持续强于大盘，在该板块退潮时亦保持强势，则可判断主力实力较强。一般来说：超级主力都习惯于选择流通盘不太小、紧跟市场热点的股票做大庄、做长庄，这些股票启动后一般炒作时间较长，跟庄者出货机会较多；而实力较弱的小机构则喜欢选择小盘题材股做小庄、做短庄，往往拉高就跑，跟这类庄家的投资者相对风险较大，宜快进快出，切不可贪婪。

（6）踩准庄家"吸筹、拉升、出货"的三个节奏。吸筹时往往较隐蔽，不容易被发现。但仍可通过个股题材与投资价值的研究，结合股价与成交量的变化情况来寻找庄家的蛛丝马迹，逢低介入，采取守株待兔的手法，是中线投资者跟庄的好办法。

短线投资者跟庄应选在庄家开始拉升时，即当成交量突然比昨天和近几天放大一两倍或几倍，越多倍越好，而股价又处在相对低位区域，此时庄家行为已完全暴露，跟庄可靠。但准确判断庄家做庄的目标位置是跟庄成败的关键。如判断是被套庄家的自救行为，拉高时切勿参与，因为拉升的幅度与时间都非常有限，在"T + 1"的交割制度和交易成本较高的情况下，往往难以出逃。而那些有实质性利好题材支撑的庄股，拉升后仍在大成交量的配合下做强势整理时，则可持股耐心等待再涨，力争做足行情。庄家出货一般在大盘进入高位、市场信心充足时进行。

（三）逃庄的操作技巧

为了能够及时逃庄，必须清楚庄家的各种出货手法。

（1）快速下跌出货法。连续将大笔筹码抛出，使股价快速下跌。这一方法常见于前期已有较大升幅的股票。以这种方式出货可迅速落袋为安，但股价下跌幅度较大，庄家获利相对减少。一般在大盘疲软、市场对后市预测趋淡时运用这种手法，表明庄家急于了结的心态。这时庄家往往集中出货，连拉数根阴线，人气需要一段时间的修整，因此不宜过早介入抢反弹。

（2）无量阴跌出货法。在正常情况下，许多庄家是以较温和的成交量慢慢阴跌出货的，这种手法较隐蔽，不易引发跟风出货。这种出货方式与震荡蓄势行情表现相似，很难区别。区分两者的关键是：股价前期有过较大拉抬，且下跌时无明显支撑，一般可认定为出货；反之，该股的回调可以判断为上升途中的正常震荡，逢低可以择机介入。

（3）边拉边出出货法。这种出货手法即大笔资金出货，小笔资金拉抬。这样既可以实现部分利润，又可为以后继续在更高的位置出货创造条件。此种方法一般常见于强庄，同时，股票本身有较好的后续题材配合。

如果已经确定庄家正在逃庄，应该毫不犹豫地清仓。

四、底部与顶部的操作技巧

底部和顶部的操作实际上就是如何抄底和逃顶，说穿了就是"买"和"卖"的问题。低吸高抛是股市投资的一般性原则。因此，对底部和顶部的判断尤为重要。

（一）**底部的判断**

（1）所有坚实的底部，都会出现成交量剧减的局面。这种现象表示抛压已经消竭。

（2）成交量的底部出现的时候，往往就是股价的底部。

（3）当成交量的圆弧出现之后，显示股价将反转回升。

（4）底部的重要形态就是：当股价从高位往下经过连续一段时间下跌后，股价的波动幅度越来越小。

（5）连跌一段时间之后，又突然暴跌之时，即为底部之日。

（6）持续下跌一段后出现地量，股价横走，在黄金比率时间附近有两次以上探底，底部逐步抬高。黄金比率时间是指持续下跌 8 周、13 周、21 周、34 周、55 周。沪深两市历史上单边下跌后出现概率最高的是 21 周。

（7）成交量出现低量后，股价不创新低，股市对利空已经麻木，绝大多数股评认为还没跌到底。

（8）是底不反弹。所有弱市不抢反弹，只要反弹，就可能还要创新低。等大盘跌得面目全非、无人敢抢反弹了，底部就到了。

（9）KDJ、RSI、MACD 等指标出现底背离。

（10）底部的基本特征是：所有板块基本上都轮跌一遍，绝大多数个股已跌无可跌，第二次探底没创新低。

（11）要离开顶部较长一段距离。如果没有一定的空间，主力完成不了高抛低吸的波段性操作，则不会大举建仓。

（12）底部的产生还需要市场空仓人数的增多。因为空仓人数的多少决定大盘反弹的力度，市场资金面越宽裕，反弹的力度就越大。

（13）一般来说，每一轮行情，领头羊都不尽相同。当市场新的领涨板块领先出现大幅上扬时，也是大盘将要从底部走出的重要标志。

（二）**顶部的判断**

（1）一段连续涨升之后，突然出现快速拉升一两天（即涨—涨—急涨），放出天量拉出长阳。

（2）连涨之后，在高位出现剧烈震荡，且量极大，是市场步入调整的一个前兆和信号。也可能成交量越来越少，且量价背离，即成交量在股价第二次上升时明显减少，下跌时反而增大，尤其是跌破颈线时。

（3）连涨之后的某一天突然没有高涨之股。

（4）连涨之后，全面启动，涨停个股较多，一天大盘升幅 4% 左右，就是主力急流勇退、行情告一段落的预兆。

（5）股指涨得太多，股价已升得太高。股指连创阶段性新高或历史新高。

（6）大盘在高位连续放巨量上涨，一天上一个台阶，股指连创新高，则为见顶征兆。例如 2015 年 6 月 15 日上证指数出现 10 650 亿天量之后，大盘上涨之中却伴随着多数个股的普跌，显示主力已经开始离场。

（7）连涨之后，各项技术指标在高位出现明显的顶背离。

（8）当人们终于相信牛市中指标可以超买再超买时，当人们对高位钝化的指标不屑一顾时。

（9）指数、个股放量挂出黄昏之星，大盘当日收出巨量十字星。

（10）一般而言，在成交量连续创下 3 ~ 6 个新高后，便会显示出动量不足的状态。连涨之后，大盘成交量日增 30% 或周增 50% 左右，均是极危险的大资金出货的信号。

（11）第一根跳水阴线为转势信号。放巨量，拉长阴。

（12）市场一片疯狂和欢乐。市场充斥投机心态，蓝筹股出现过分投机。

（13）大行情历来都是在市场气氛狂热，谁都不知道会涨到什么地方的时候而在不知不觉中到顶。彼得·林奇、巴菲特的一个重要投资原则是："当一个市场因各种利好消息连原本不太关心股市的其他行业人士都买进股票时，顶部就会出现。"

（14）大盘有一种飘忽不定的感觉，市场心态很容易出现突变，尤其是处在连涨之后的高位。

（15）股评叫好热度不减，市场各类股票似乎都有价值待于挖掘，黑马乱跳。

（16）政策面沉默一段时间后突然提出要降低风险，并随之推出一系列降温措施。

（17）弱势市场补涨（特别是大面积补涨时，短线行情即结束）。短期顶部——从最低点开始，弱势市场约升 20%，强势市场约升 30%。

（18）中国股市走势基本呈现一种"牛短熊长"的规律。周 K 线运行的转折点通常发生在黄金比率时间。沪深两市中级以上行情阶段性顶部多出现在 5 周、8 周、13 周、21 周、34 周、55 周前后。

（19）当股票市值总额等于或大于居民储蓄存款总额时，有可能下跌。

（20）热点变换过快，热点过于分散，短线客疲于奔命，大盘不得不进入深幅回调。

（21）无论是大盘还是个股，顶部较有效的技术信号如下：

1）K 线形态方面：一般在上涨一个箱体或一个黄金空间点位后，K 线做小双头，股指不再创新高，或创新高时量不能再次放大（超过前几日的第一个头），或高位巨量大阴线，都可能是顶部。

2）移动平均线方面：在上述情况下，5 日移动平均线向下调头，或与 10 日移动平均线形成交叉，10 日移动平均线无望再向上而开始走平，20 日移动平均线等也无力再向上升。

3）成交量方面：成交量放出近期天量后，无论涨跌，几日内都无法超过此量，即为天量天价。

4）周 K 线方面：上涨 5 周、8 周、13 周、21 周、34 周、55 周后，出现大量，周 K 线带较长上影线或成阴线。

5）长线形态一旦高位走平或死亡交叉，就不能再对大市抱任何幻想，而应坚信该指标提示，立即卖出所有股票。

6）关注周线技术分析：当 KDJ 指标进入超卖区域时，当 J 线和 K 线两次与 D 线出现死亡交叉时，表明离顶部不远了。但两次死亡交叉的时间距离应该比较近，一般在 8 ~ 13 周之内，如太长则失去了意义。

（三）逃顶的技巧

会出货才会赚钱，逃顶才是投资者真正应该关注的问题。如何逃顶，可以从以下几方面进行操作：

（1）逃顶的两种情况：

1）逃大盘之顶。在大盘阶段性顶部形成后，大多数股票都会下跌。

2）逃个股之顶。大势上涨时也有下跌的股票。只要某只股票从上升通道转为下跌通道，其特点就是顶部。

（2）经过连续一段时间的涨升，股指或股价屡创新高，成交量屡放天量之后：

1）行情走到敏感区域，后市发展方向极难判断，则坚决离场观望。

2）好消息如与大盘或个股走势反向，则应退出。

3）高量本身就表明筹码的锁定性差，应先退出。

4）5日乖离率在+5%以上，则派发为主；在+8%以上，则坚决退出。

5）创新高后，拉出长阴，应迅速退出。若当天来不及，次日要及早逃出。

6）一、二、三线股，基金，新股，庄股，如已轮炒一遍，即要退出。

7）大盘当日收出巨量十字星，投资者应在估计出当时形态完成之前（约14点以后）择机离场。如果当天错过，可观察次日早开盘，如低开，而且竞价量突然大幅萎缩，此时应立即低挂卖单，果断离场。

8）股价跌破长期上升趋势线后两天不能拉回，应果断出逃，即使割肉也要坚决做空，因为此时经常是短暂横盘后急跌。

9）覆巢之下，焉有完卵。当大盘顶部出现时，应清掉手中所有的品种，不要对任何所谓的强势股抱有侥幸心理。强市中会轮涨补涨，同理弱市中会轮跌补跌。

10）双顶形成后，投资者应在跌破颈线时及时离场，因为一个中长期的下跌趋势已确立。所以，能够及时、正确地识别双顶形态极为关键。

11）如果顶部已经明确形成，此后的走势必定是一波弱于一波。因此顶部如未能及时出逃，则必须抓住次顶的机会，反弹时果断卖出，切莫犹豫。

12）次顶产生的时间大约为8~13个交易日，其高度在顶点与第一次下探的低点的1/2~1/3的位置，大多在1/3的位置。

13）真正能逃顶的很少，而及时在次顶时警觉逃命却是可以做到的。

五、实例分析：积弱成强，物极必反

弱势股是股市中备受冷落的群体，然而，这一群体中常常能孕育出表现惊人的"黑马"。由于积弱已久，因此一旦转强，力度通常很大。如果能抓住其由弱转强的契机，投资者将受益颇丰。

图14-2是英科医疗（300677）2018年10月—2020年10月的股价走势。从图中可以看到，股价长期在9~14元弱势横盘，直到2020年1月，英科医疗技术底部结构形成，股价开始启动，成交量也迅速放大，到2020年7月，股价最高涨到119.58元，7个月上涨了11倍。

股市谚语："横有多长，竖有多高。"这反映了股市中积弱成强的辩证规律。投资者在介入弱势股之前，注意掌握以下操作技巧：

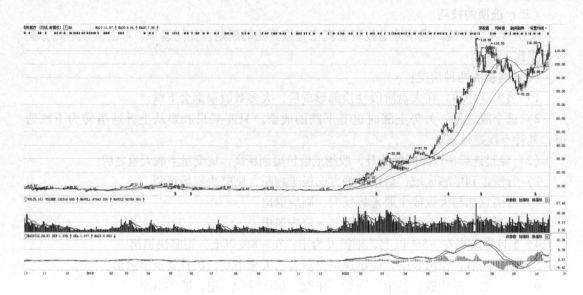

图 14-2 英科医疗 2018 年 10 月—2020 年 10 月的股价走势

（1）不要过早介入。极弱股一旦形成，通常在下跌惯性作用下，技术支撑位会被轻易击破。投资者不能被其屡创新低的价格诱惑，以防买入后被套过久。

（2）关注成交量变化。弱势股要由弱转强，必须有成交量的配合。只有成交量持续放大，才说明有新的做多资金加入，弱势股才会由此走强。

（3）关注形态变化。弱势股转强之前，通常会在低位徘徊很久，底部形态常常是圆弧、头肩形、W 底等。如能在底部形态初见端倪时介入，往往能使收益最大化。

（4）根据横盘长度测量上升高度。在底部横盘的时间越长，积累的上攻能量越大。因此选股时可关注在底部横盘时间很长的冷门股，一旦转强可果断买入。

第四节 证券投资的决策过程

证券投资是一个复杂的决策过程，需要投资者小心谨慎地对待每一个步骤，一旦其中任何一个环节出了差错，都将极大地影响到投资者的投资结果。大体上讲，证券投资的决策过程可以分为买入原因、买入对象、买入时机、买入地点、买入过程、买入结果和买入评价七个步骤。

一、买入原因

买入原因是指为什么要选择投资股票，而不是选择储蓄或投资债券等投资方式。一般来说，投资者选择投资股票的原因都是宏观经济因素向好。这是因为，宏观经济情况与股市的发展的关联性很强，股市价格指数已被视为宏观经济波动的先行指标，股市的长期走势和宏观经济的走势基本一致。因此，当宏观经济处于复苏和高涨阶段时，将资本投资于股票所获得的收益将会远大于储蓄或投资债券等其他投资方式（由于利率调整的滞后性，在宏观经济由萧条变为复苏、高涨时，储蓄和债券的收益提高幅度相对较小）。

宏观经济因素从不同的方向直接或间接地影响公司的经营及股票的获利能力和资本的增

值，从不同的侧面影响居民收入和心理预期，因而会对股市的供求产生相当大的影响。在宏观经济因素中，对股票市场影响最大的主要是以下几个方面：

（一）经济周期

经济周期表现为扩张和收缩的交替出现，在经济的收缩、复苏、繁荣和衰退四个阶段内，股市也随之周期性波动，成为决定股价长期走势的最重要的因素。通过对 GDP、经济增长率、通胀率、失业率、利率等指标的分析，可以判断出经济周期的发展阶段。

（二）通货变动

通货变动包括通货膨胀和通货紧缩。通货膨胀对经济的影响是多方面的，总的来看会影响收入和财产的再分配，改变人们对物价上涨的预期，影响到社会再生产的正常运行。因此，通货膨胀对股价的影响是复杂的。通货紧缩会降低流动性，因此会对股票市场产生负面影响。

（三）国际贸易收支

当出口大于进口时，国际贸易对国内经济产生积极的影响，使股价上升；相反，则使股价下跌。2008 年的美国金融危机，使我国的外贸出口增长大幅下降，影响了我国的经济增长，因而对我国股票市场相关行业和上市公司产生了负面影响。

（四）国际收支

国际收支差额通过影响一国的国内资金供应量，从而对股价产生间接影响。经常项目和资本项目保持顺差，外汇储备充足，国内资金供应量增加，使可用于购买股票的资金来源扩大，促使股价上升。

如果投资者通过分析认为宏观经济各因素将会朝着有利于股票市场的方向发展，则应该准备将资金投入到股票市场中。

二、买入对象

在确立了投资股票的想法之后，下一步应该对投资对象进行选择。选择投资对象就是对上市公司的选择，一般而言，成长性好的企业股票升值的可能性最大。公司分析主要包括行业分析、公司行业地位分析、公司经济区位分析、公司产品分析、公司经营能力分析、公司经营战略分析等内容。

1. 行业分析

一个行业的发展一般要顺次经历以下四个阶段：萌芽期、成长期、成熟期和衰退期。投资者在选择行业时，应首先判断该行业所处的阶段。

2. 公司行业地位分析

公司行业地位分析的目的是找出公司在所处行业中的竞争地位。衡量公司行业竞争地位的主要指标有行业综合排序和产品的市场占有率。

3. 公司经济区位分析

经济区位是指地理范畴上的经济增长点及其辐射范围。公司经济区位分析主要有以下三条途径：

（1）区位内的自然条件与基础条件（包括矿产资源、水资源、能源、交通、通信设施等）。比如长三角区域交通的便利、通信设施的先进以及区域关联程度发达等条件，体现出其独特的区位优势。

（2）区位内政府的产业政策。比如土地建筑规划费优惠、税收优惠等有利于公司发展的产业政策。

（3）区位内的经济特色。比如区位内经济与区位外经济的联系和互补性、龙头作用及其发展活力与潜力的比较优势（包括区位的经济发展环境、条件与水平、经济发展现状等有别于其他区位的特色）。

4. 公司产品分析

（1）产品的竞争能力。产品的竞争能力主要表现在成本优势、技术优势和质量优势三方面。成本优势是指公司的产品依靠低成本获得高于同行业其他企业的盈利能力。技术优势是指公司拥有的比同行业其他竞争对手更强的技术实力及其研究与开发新产品的能力。在与竞争对手成本相等或成本近似的情况下，具有质量优势的公司往往在该行业中占据领先地位。

（2）产品的市场占有率。市场占有率是指一个公司的产品销售量占该类产品整个市场销售总量的比例。考察产品市场占有情况一般有两个途径：①公司产品销售市场的地域分布情况；②公司产品在同类产品市场上的占有率。

（3）产品的品牌战略。品牌是指一个商品名称和商标的总称，可用来辨别一个卖者或卖者集团的货物或劳务，以便同竞争者的产品相区别。品牌具有三大功能：创造市场的功能、联合市场的功能和巩固市场的功能。

5. 公司经营能力分析

公司经营能力主要体现在公司法人治理结构、公司经理层的素质以及公司从业人员的素质和创新能力这三个方面。

6. 公司经营战略分析

经营战略是指企业面对激烈的变化与严峻挑战的环境，为求得长期生存和不断发展而进行的总体性谋划。在符合和保证实现企业使命的条件下，在充分利用环境中存在的各种机会和创造新机会的基础上，应确定企业同环境的关系，规定企业的经营范围、成长方向和竞争对策，合理地调整企业结构、分配企业资源。

投资者应该综合考虑以上六个方面的因素，选择优秀的公司进行投资，以达到承担最小风险、获取最大收益的目的。

三、买入时机

买入时机是指选择投资股票的时机。在选择好将要投资的公司之后，下一步就是选择一个合适的时机买入。对于时机的选择，主要是靠技术分析完成的。技术分析主要是从股票的成交量、价格、达到这些价格和成交量所用的时间、价格波动的空间几个方面分析股价走势并预测未来。目前常用的技术分析理论有 K 线理论、波浪理论、形态理论、趋势线理论和技术指标分析等。

需要注意的是，技术分析是通过过去的事件预测未来的走势，考虑问题的范围相对较窄，未来的种种不确定因素都有可能导致技术分析结果与现实发生偏差。因此，最稳妥的办法就是使用不同的技术分析方法对股票进行综合分析，如果多种技术分析方法都提示该股票价格向上的趋势已经确立，那么这时买入获利的可能性就比较大。

四、买入地点

买入地点是指选择股票交易中介和交易方式。股票交易中介主要是证券公司及其营业部，选择证券公司需要考虑的因素有证券公司的信誉、信息传递快慢、抽取佣金的比例、交易地点、交易软件速度等诸多方面。交易方式的选择主要是依据投资者的便捷程度。目前，证券公司提供的委托交易方式主要有电话委托、计算机自助委托和远程终端委托等。

五、买入过程

买入过程就是持股过程。投资者在买入股票之后，应该持续关注以下几个方面的内容：宏观经济的变动情况；股票所属公司的基本面变动情况；公司股价、成交量、时间、股价波动空间等技术因素的变动情况。这实际上是对买入原因、买入对象和买入时机的跟踪分析，所不同的是，现在的分析是为卖出服务的。一旦发现买入原因、买入对象和买入时机等相关因素已经发生变动并提示股票的价格将会下跌，投资者应该选择将股票卖出，然后对买入原因、买入对象和买入时机的变动和现状进行分析，决定是离开股票市场进入其他市场投资，还是重新选股、选时，再一次进行股票投资。

六、买入结果

买入结果就是一个完整的投资过程最后所获得的收益或遭受的损失。买入结果是投资过程的总结，投资者之前所付出的一切努力都是为了追求一个好的买入结果。投资的结果主要取决于前面几步的执行情况，如果投资者之前的分析无误并且没有意外因素干扰，买入结果应该是值得期待的。

七、买入评价

买入评价就是在经历一个完整的投资过程之后，对整个交易的过程进行分析总结，自省一下投资过程中成功的经验和失败的教训。虽然事后对投资进行评价无法改变之前的投资结果，但买入评价仍然是整个投资过程中非常重要的一个环节，只有通过分析评价，投资者才会有所进步，才能在下一次投资中做得更好。通过对投资的自我评价，投资者一方面可以确认自己投资理念中正确的部分，另一方面可以发现自己的不足并进行相应的改进。在这两个方面中，投资失败的经验显得尤为重要。

华尔街投资大师罗杰斯在中欧国际工商学院演讲时，有人希望罗杰斯说几个成功和失败的案例，罗杰斯却并没有讲自己投资生涯中那些辉煌的战例，他说："从成功的故事里学到的东西有限。"罗杰斯凭借着自己的智慧创造了无数个投资奇迹，但最令他难以忘怀的却是他年轻时的一次失败的做空。也正是因为罗杰斯没有忘记那次失败，他才能走出失败，在失败中成熟，并在之后创造出一个又一个投资奇迹。

【本章小结】

本章主要介绍了选股策略、止盈和止损策略、操作心态等证券投资策略，并对趋势投资法和定式法这两种重要的证券投资方法进行了介绍。在此基础上，详细介绍了牛市、熊市、盘整市和震荡市中的操作策略，并对跟庄、逃顶及证券投资决策的过程进行了详细的分析和论述。

【主要名词】

止盈　止损　趋势投资法　定式法　哈奇计划　板块轮动　盘整市　震荡市　跟庄
逃庄　逃顶　抄底

【复习思考题】

1. 如何制定选股和选时策略？
2. 为什么要采取止盈与止损策略？
3. 为什么说心态决定成败？如何做好交易中的情绪管理？
4. 什么是"哈奇计划"？
5. "半仓投资法"应用的主要时机及优缺点是什么？
6. 简述庄家选择股票的基本条件及进庄时机。
7. 以深沪股市的某种具体股票为例，试述证券投资的全过程。

本章案例　交易系统及盈利模式

交易系统是客观的，符合投资者心理特点，有正确的市场分析、操作方法及风险控制的一整套交易规则体系，包括买入法则、卖出法则、抄底逃顶、止损方法、解套方法、资金管理、仓位控制、投资策略。

交易系统的特征主要有：

（1）计划性：买卖之前要制订有效的交易计划与策略，要计划每笔交易，交易每项计划。

（2）简单化：天道酬勤，股道至简，复杂的思维经常会导致关键时刻丧失决断能力。要将正确的想法模型化后一目了然地表达出来，容易操作和执行。

（3）纪律性：研究要有标准，交易要守纪律，买卖要有依据，止损需要程式化。遵守纪律才能克服贪婪、战胜恐惧，才能遵守原则、战胜自己。

（4）定量化：使操作理由充分，操作思路量化，如止盈止损的幅度，要使操作分析和操作策略全部数字化。

（5）开放性：要有开放的心态，有科学的标准，要接受他人正确的思想和方法，不断修正和完善自己的指标体系和投资策略。

交易系统是投资者长期和稳定获利的基础，它有助于投资者克服心理和性格弱点，解决操作计划与操作执行经常脱节的问题，也有助于投资者将投资活动从由情绪支配的处于模糊状态的选择过程转变为定量的数值化的决策过程。

1. 买入方法

（1）选择估值指标：PE、PB、PS、ROE、市盈增长比率（PEG）、贴现现金流（DCF）、用户数、用户收入、网络流量等。

（2）分批买入：金字塔式买入，越跌越买。

（3）技术买入：突破均线、底部形态，底背离结构买入。

（4）利空时买入：利空寻宝，选择市场以"危机模式"估值的企业。

（5）择时出击：涨市经常是周末买周初卖；跌市经常是周中买周末卖。

（6）牛市持股：牛市初中期回调时买入。

（7）底部放量：量价背离、供不应求时买入。

（8）投资性买入：选具有宽阔护城河和竞争优势的公司买入。

（9）长期持有：选择能够跨越牛熊的消费龙头股。

2. 卖出方法

（1）止盈卖出：高点回落7%卖，卖出比例由小到大。

（2）止损卖出：买价下跌10%卖，卖出比例由大到小。

（3）期望值卖出：设立盈利目标位，如股价上涨30%、50%、100%分批卖出。

（4）均线卖出：盘中到达目标后没有继续放量上涨；股价不能突破前一日高点；最后跌破5日线。

（5）技术指标卖出：周KDJ中D值大于80；股价冲破布林线上轨又跌回；BIAS过高；击穿均线未收回。

（6）阻力位卖出：前期高点；整数位；成交密集区。

（7）分批卖出：分批等量卖出；倒金字塔卖出；越涨越卖。

（8）高位放量卖出：连续上涨后单日巨量成交，高位K线长上影线，或传言消息增多时。

（9）通道卖出：跌破上升通道下轨，或反弹到下降通道上轨。

（10）换股卖出：有更好的投资机会，或有性价比更高的股票时。

3. 抄底逃顶

（1）形态抄底：根据K线组合、头肩底、圆弧底、持续地量、MACD底部结构进行抄底。

（2）指标抄底：KDJ中J值处于低位（或负值）；CCI值达到−200或底背离；MACD出现底背离或DIF上穿DEA；BOLL位于下轨或从下轨启动。

（3）趋势线抄底：股价向上突破下降趋势线。

（4）数值寻底：26日BIAS达到−15%以下；14日RSI达到25以下；25日VR达到70以下。

（5）形态逃顶：根据单顶、双顶、头肩顶、K线组合、顶背离结构来逃顶。

（6）指标逃顶：KDJ中J值在100以上；CCI值达到200或顶背离；MACD出现顶背离或DIF下穿DEA；BOLL处于上轨或从上轨滑落。

（7）趋势线逃顶：股价向下跌破上升趋势线。

4. 止损方法

（1）空间止损：跌到某一事先设定价格时斩仓。

（2）时间止损：根据时间周期设计止损，如斐波那契数列和卢卡斯数列。

（3）固定止损：买价下跌某一百分比时卖出，如7%、10%、15%。

（4）跟单止损：股价处于高位，盘中下跌3%卖出。

（5）技术止损：在关键的技术位置设定止损，如均线、趋势线、通道下轨、缺口位置等，跌破即止损。

（6）平衡点止损：买入后设一个止损位，股价上涨后上移该位置，跌破即清仓出场。

（7）公司止损：买入理由过期，基本面发生变化，逐步止损。

（8）资金止损：亏损达到总资金的5%，无条件止损。

（9）灵活止损：买入即跌使用固定止损，短线交易使用跟单止损，中线交易采用趋势线止损。

《专业投机原理》作者维克托·斯波朗迪（Victor Sperandeo）谈道：如果最初头寸不超过总资本20%，并设定停损而将潜在损失控制在15%～20%，则根据该项设计，最终亏损不会超过总风险资本的3%～4%。保护本金及健康的连续性的交易情绪像保护生命一样重要。

5. 解套技巧

（1）向下差价法：判断后市向下，先高位卖出股票，等下跌到一定价位再买回，高卖低买，降低成本。

（2）向上差价法：判断后市向上，先低位买入股票，等反弹到一定价位再卖出，低买高卖，降低成本。

（3）降低均价法：股票每跌一个区间，就加倍买入，降低均价，等到反弹或上涨，即解套出局。

（4）单日T+0法：先买后卖（库存股票），或先卖后买，股数不变，现金增加。

（5）换股法：等价或基本等价换入上涨趋势的股票，用后者上涨的利润抵消前者下跌的亏损。

（6）坐等法：满仓并深套时坐等，前提是公司没有大的问题。

（7）半仓滚动法：一半股票一半现金，防止对后市的判断出错。

6. 资金管理

资金管理内容包括投资品种的组合、每笔交易资金的使用大小、加码的数量等。

（1）五五配置：资金投入始终半仓，如出现亏损，也五五配置补仓。

（2）三分法：将资金划分为三份，建仓行为也分三次完成，逐次介入，后者在前者获利的基础上投入。

（3）六分法：将资金分为六份，每一个价格区间买入一份，也可以按123、222比例组合使用，适合基金投资。

（4）时间组合投资：按长中短投资日期划分资金，如四三二一（四长三中二短一机动），或五三二（五长三短二机动）分配资金。

《期货市场技术分析》一书的作者约翰·墨菲（John Murphy）的资金管理原则为：投资额限制在全部资本的50%内；单一市场所投入的总资金限制在10%～15%；单一市场最大总亏损限制在总资本的5%以内；任何一市场所投入保证金总额限制在总资本的20%～25%。

威廉指标的发明人拉瑞·威廉姆斯（Larry Williams）曾说过："资金管理是我投资生命中最重要的秘诀，除此以外，再也没有更重要的东西了。"

7. 仓位控制

（1）持仓调整：牛市持股，熊市持币，不要每日操作，追涨杀跌。

（2）耐心等待机会：很多机会是等出来的，如好企业出现重大利空时，经常是买入股票的好时机。

（3）持股适中：持股分激进型和稳健型两类，激进型相对集中，稳健型相对分散。相对集中可增加研究企业的深度，提高快速反应能力，但持股风险较高；相对分散能降低风险，但容易顾此失彼，行情突变时难以及时应变。

（4）灵活控制：根据行情变化进行仓位调整，行情好时重仓，重拳出击；行情不稳定时轻仓，只持有少量股票操作。

（5）及时止损：当发现指数破位、技术指标顶背离结构、持股利润大幅度减少，甚至出现亏损时，就需要采取止损和空仓策略，防止损失进一步扩大。

8. 操作策略

（1）组合投资：选择不同行业、不同地区、不同规模的公司；投资组合的相关性越低越好；组合投资可过滤掉市场的非系统性风险；复杂的资产定价模型可帮助投资者进行决策。

（2）价值评估：一个投资组合在某一既定时刻的价值，应是原来投入资本的价值，加上市场的平均表现，再加上通货膨胀所带来的增值。

（3）分次买入法：分三次进场，获利后平仓一半，赚回成本后，再等待更多额外的利润。

（4）成本归零法：股价翻倍后卖掉一半，成本降为0，然后利用差价技术不断挣股票，直到出现月线卖点，全部清仓。

（5）差价操作法：选择一两只"股性"活跃的股票，横盘时箱底箱顶做差价。

（6）翻倍卖出法：组合股票由一年内最低价格上涨100%时减半卖出，后长期持有，或持续上涨幅度与前一次相同时继续减半卖出。

（7）5月均线法：5月线下行不参与；5月线上扬、指数突破5月线回踩不破时进入，到顶部附近左侧出掉部分；回落至5月线时再入，当5月线再次下拐，退出。

（8）短线操作法：牛市选涨幅第一版股票操作，调整期在长线仓中做T；熊市在指数触及准熊底时做短线，或在较大级别底背离后，右侧参与反弹。

（9）渔翁撒网法：分散买入多种股票，哪只股票上涨到目标价位，就卖掉哪只股票，一般是资金较多时采用。

（10）好股票与好时机：在"买得好"的前提下，尽可能选择好的公司；在符合投资标准和投资准则的前提下，尽可能选择时机更好的股票。

《股市作手回忆录》中杰西·利弗摩尔（Jesse Livermore）的操作原则为：保护你的资金——在操作时使用试探系统；遵守最大亏损10%的规则；准备好备用资金；放逐利润，截断亏损；拿出盈利的50%，放到安全的地方。

交易系统是适合投资者个性，有完善交易思想、细致市场分析的整体操作方案。建立操作系统和盈利模式需要根据投资者对股市的理解、投资理念、个人阅历、性格特点、风险偏好、心理承受能力，以及对热点的把握和实盘中的分析判断能力而个性化确定。交易系统可以帮助投资者控制市场风险，它可以计算每次交易的预期收益率、预期损失金额、最大亏损幅度、连续赢利次数、连续亏损次数等，这些都是投资风险管理和资金管理的重要参数。

问题：

投资者如何建立自己的交易系统和盈利模式？

内容提示

　　本章主要介绍了巴菲特、索罗斯、格雷厄姆、彼得·林奇、罗杰斯、江恩和纽伯格等华尔街投资大师的投资理念与投资经历。希望读者在掌握各位投资大师的投资理念的基础上，找到适合自己的投资方式，进行正确的投资决策。

第 十 五 章

投资大师的投资理念

第一节　巴菲特的投资原则与方法

　　沃伦·巴菲特是当今世界具有传奇色彩的证券投资家。他用 100 美元开始投资生涯，3 年后，赚取了 2 500 万美元，20 年后，他拥有了 120 亿美元。2012 年，他以 440 亿美元位居《福布斯》杂志全球富豪排行榜第三。巴菲特拥有华盛顿邮报、美国广播公司、可口可乐公司、吉列公司、迪士尼公司等世界知名企业的股权，他和比尔·盖茨被誉为世界上最富有的人。在金钱世界的顶峰，人们看到过石油大王、房地产大亨、船王及强盗式的富商，但他是仅仅通过挑选股票到达山顶的第一人。

一、巴菲特的投资理念

　　巴菲特的投资理念，比起随机漫步、有效市场假说以及资本资产定价理论要平实得多。但平实的东西不一定不深刻，在不少人眼里，巴菲特就等于绩优加长线，其实事情远非这么简单。

　　巴菲特的投资理念大致可概括为 5 项投资逻辑、12 项投资要点、8 项选股标准和 2 项投资方式。

（一）5 项投资逻辑

　　（1）因为我把自己当成企业的经营者，所以我成为优秀的投资人；因为我把自己当成投资人，所以我成为优秀的企业经营者。

　　（2）好的企业比好的价值更重要。

　　（3）一生追求消费垄断企业。

　　（4）最终决定公司股价的是公司的实质价值。

(5) 没有任何时间适合将最优秀的企业脱手。

(二) 12 项投资要点

(1) 利用市场的愚蠢，进行有规律的投资。

(2) 买价决定报酬率的高低，即使是长线投资也是如此。

(3) 利润的复合增长与交易费用和税负的避免使投资人受益无穷。

(4) 不在意一家公司来年可以赚多少，仅留意未来 5 ~ 10 年能赚多少。

(5) 只投资未来收益确定性高的企业。

(6) 通货膨胀是投资者的最大敌人。

(7) 价值型与成长型的投资理念是相通的；价值是一项投资未来现金流量的折现值，而成长只是用来决定价值的预测过程。

(8) 投资人财务上的成功与他对投资企业的了解程度成正比。

(9) "安全边际" 从两个方面协助你的投资，首先是缓冲可能的价值风险，其次是可获得相对高的权益报酬率。

(10) 拥有一只股票，期待它下星期就上涨，是十分愚蠢的。

(11) 即使美联储主席告诉我未来两年的货币政策，我也不会改变我的任何一个作为。

(12) 不理会股市的涨跌，不担心经济形势的变化，不相信任何预测，不接受任何内幕消息，只注意两点：买什么股票和买入价格。

(三) 8 项选股准则

(1) 必须是消费垄断企业。

(2) 产品简单、易了解、前景看好。

(3) 有稳定的经营历史。

(4) 管理层理性、忠诚，以股东的利益为先。

(5) 财务稳健。

(6) 经营效率高，收益好。

(7) 资本支出少，自由现金流量充裕。

(8) 价格合理。

(四) 2 项投资方式

(1) 一次买入、终生持有，每年检查一次以下数字：初始的权益报酬率、营运毛利、负债水准、资本支出、现金流量。

(2) 当市场过于高估持有股票的价格时，也可考虑进行短期套利。

概括而言，巴菲特的投资理念就是：注重投资的安全性，利用基本分析找出市场上价值被低估的股票然后长期持有，并且重视企业的盈利能力。这就是巴菲特的价值投资理念。其精髓在于：质好价低的个股的内在价值在足够长的时间内总会体现在股价上，利用这种特性使本金稳定地复利增长。巴菲特正是靠着他的价值投资理念，创造了 39 年投资盈利 2 595 倍的业绩，同时期标准普尔 500 指数内的股票平均上涨不到 50 倍。也正是因为巴菲特始终坚持价值投资理念，其掌管的伯克希尔·哈撒韦公司才能够历经 1969 年、1987 年及 2000 年等数次熊市而一枝独秀，依然保持着平均 29.5% 的年利润增长速度，击败了华尔街所有的投机时代的佼佼者。

二、巴菲特在牛市中的急流勇退

20 世纪 60 年代，华尔街又一次进入了投机时代。然而，这时市场的主导力量却已经不再是那些证券商，而是林林总总的各种基金。操作这些基金的，是那些毕业于名牌商学院的精明能干的年轻人。但是在运作这些资金时，大家理念的不同日趋明显。

巴菲特毕业于哥伦比亚大学商学院。从 1957 年开始，巴菲特成立了自己的基金。与其他基金经理不同的是，巴菲特一直坚持自己的老师本杰明·格雷厄姆的价值投资理念，这在当时的市场上显得格外与众不同。巴菲特的基金连续 10 年以将近 30% 的复利速度膨胀，其 4 400 万美元的资产规模及其连续 10 年的业绩，在 1966 年年初已足以使公众将其视为美国最成功的投资企业之一。

1966 年，一直走牛的道琼斯指数在越南战争的推动下，首次突破了 1 000 点这个以往无人敢想的大关。而此时的巴菲特却陷入了深深的忧虑当中。市场上符合巴菲特投资理念的股票已经越来越少，他开始缩小投资规模，并下调对盈利的预期。

当时，美国 1929 年的股市大崩溃已经过去了将近 40 年，那场使道琼斯指数十几年没有恢复元气的崩盘只能出现在当时的书本上，而不是投资者的记忆中。当股指在 1966 年从 1 000 点跌到 700 点时，一些新进场的资金反而推动了新一轮的疯狂。到 1967 年，"投机"已经是非常时尚的行为，连以往保守主义的代表——福特基金也生怕被时代抛弃，声称谨小慎微比承受过度风险带来的损失更大。

投机时代的领风骚者绝不可能是巴菲特这种价值投资者，于是，一种叫作"业绩基金"的东西粉墨登场了。他们虽然从组织形式上和传统的基金如出一辙，但经营者却大都是些一心要以最快速度挣钱的饕餮之徒，他们希望能够在每个月、每天甚至每个小时都能获利。这些操盘手频繁地买进卖出，不停地追逐市场热门股，以试图抓住市场的每一个小波动。在他们的字典里是没有"投资"这个词的，只有"业绩""概念""革新""组合"等看似时髦的陈词滥调。

这些人里的杰出代表，就是弗雷德·卡尔。作为新崛起的典范人物，卡尔投资于一些很小的，但据说是突然成长的公司，以及成堆的未登记的信件股票。这种信件股票常常是由很多不确定的公司发行的，而且没有作价市场，因此其价值波动幅度往往很大。卡尔对外宣称，他的策略非常简单："我们不会爱上任何东西。每天早晨起来，每样东西都是要出售的——证券组合里的每一张股票乃至我的衣服和领带。"

巴菲特的投资原则之一就是：决不投资于自己不了解的行业。所以在那些稀奇古怪的新概念流行时，他仍然只持有他已经持有并打算长期持有的那几只股票。而在 1967 年，弗雷德·卡尔获得的利润竟高达 116%。这种业绩对于一个相当大规模的基金来讲，简直就是梦想突然成了现实，也是巴菲特从来没有达到过的高度。在各种媒体的吹捧下，弗雷德·卡尔俨然成了时代的领头人。他"冷酷而果断"的投机成功，引导公众以及其他基金也日益热烈地投入到各种投机活动中。

1968 年，巴菲特所控制的资产获得了 4 000 万美元的利润，但巴菲特却对在疯狂中寻找理智彻底失望了。他认为，这种胜利就像"一局桥牌赢 13 墩一样"，他不打算把这样的行为继续下去了。

1969 年 5 月，弗雷德·卡尔被《商业周刊》称为"美国最优秀的投资组合经理"，各种基金还在买进市盈率已经四五十倍的"蓝筹股"。恰好在同一个月,巴菲特宣布他要引退了。他把除了伯克希尔·哈撒韦和戴维斯·费尔德零售店以外的巴菲特合伙企业的各种投资都做了清算,合伙人可以选择持有股票或拿走现金。

6月,道琼斯指数下跌了100点,一只只高高在上的股票开始了像瀑布一样的走势,一些曾经充当市场领头羊的股票纷纷出现了70%、80%乃至90%的跌幅。紧接着,业绩基金开始了负业绩的竞争。到了年底,尽管道琼斯指数在那年只下跌了11%,但业绩基金却已溃不成军。刚刚在5月还被奉若神明的弗雷德·卡尔,到12月时便发现,其资产价格已经下跌了26%。卡尔不愧是聪明人物,他洗手不干了。可他给基金留下的资产,在此之后又下跌了50%之多。

在这崩溃的一年里,巴菲特仍然取得了7%的收益。到他结束合伙企业时,获得了长达13年的连续赢利记录。更令人吃惊的是,他的投资组合以29.5%的年利速度增长,13年里翻了14倍,而同期的道琼斯指数只增长了53%,年利只有7.4%。

清算投资组合后,巴菲特以伯克希尔·哈撒韦公司董事长的身份继续着他的金融生涯。此时的伯克希尔·哈撒韦公司,已经逐渐变为一家具有深远影响的投资控股公司。巴菲特继续按他的价值投资理念进行投资:只要发现经营状况和价格符合自己要求的企业,他就大量买进并长期持有;而当没有符合他要求的企业时,他就耐心等待。不管华尔街的专家怎么评价,巴菲特的资金仍然一年又一年地赢利。表15-1是巴菲特的部分成功的价值投资战绩。

表 15-1 巴菲特的部分成功的价值投资战绩

年份	战　　绩
1973 年	当华盛顿邮报的股价下跌到 4 美元 1 股时,巴菲特花 1 060 万美元买下了该报 10% 的股票。到 1985 年,这些股票已价值 2.5 亿美元,他的利润是当时投资的 20 多倍
1974 年	以 4 500 万美元买下了一家政府雇员保险公司,到 1989 年,这些股票已价值 14 亿美元
1986 年	以 5 亿美元购买 18.7% 的美国广播公司的股票,到 1986 年年底,这些股票已价值 8 亿美元
1989 年	以 10 亿美元购买可口可乐公司 6.3% 的股票,到 1989 年年底,这些股票已价值 18 亿美元
1992 年年中	以 74 美元 1 股购买 435 万股美国高技术国防工业公司——通用动力公司的股票,到 1992 年年底股价上升到 113 元。1993 年巴菲特在半年前拥有的 3.2 亿美元的股票已价值 4.9 亿美元

再来看精明的弗雷德·卡尔。经过一番努力,他成了美国最高人寿保险公司的老板,他的手里又一次控制了大把的资金。到了 20 世纪 80 年代,大额债券(又称垃圾债券)风行时,卡尔又一次成了先行者,并把他控制的保险基金变成了存放垃圾债券的仓库。

第二节 索罗斯的投资理念与投机术

索罗斯在大学学的是经济学专业,却一直梦想成为一个哲学家,然而最后,他却成为一个成功的投资家。他建立了一个 20 年资产增值 300 倍的基金,提出了独具一格的股市反身性原理,他又在一夜之间,几乎摧毁了英格兰银行……学者们在研究这位投资大家后发现,真正促使其成功的法宝是隐藏在他的投资策略和投资理论下的哲学思想。

一、索罗斯的哲学思想和投资理念

索罗斯的哲学思想是其 1947 年移居英国后就读于伦敦经济学院时萌发，并在唯心主义哲学家卡尔·波普的影响下经过后期的实践验证后逐步形成的。卡尔·波普的证伪主义哲学认为，人类的认知活动具有本质的不完备性，人们只能在一个不断批判的过程中接近真理，在这个过程中，一切判断都只是暂时有效的并且都是证伪的对象。索罗斯在波普的理论基础上又有了进一步的突破，索罗斯认为，对自然现象的研究同对社会现象的研究有着根本的区别，因为在后者中，参与者的思想成为所要认识的事态的一个不可分割的组成部分，事态的发展并不具有对于思想的独立性，因此，在自然科学中适宜的方法，在社会现象的研究中不再适宜。在此基础上，索罗斯形成了自己独特的哲学理论——反身性原理。

反身性原理认为，参与者的思想和他们所参与的事态都不具有完全的独立性，二者之间不但相互作用，而且相互决定，不存在任何对称或对应。比如说，公司的经营状况（基本面）决定了——尽管可能存在滞后——其在股票市场上交易的股票的价格，但与之对应的是，股票价格可以影响一家公司的地位，更微妙的方式还有信用评级、消费者接受程度、管理者信誉等，这些因素都会对公司的基本面产生影响。这种思想与思想所参与的事态相互作用、相互决定的理念与正统的古典经济学理论完全不同，古典经济理论认为参与者的偏好与机会成本相互独立，价格是由这两个因素作用达到某一均衡的结果。因此，根据古典经济学理论也可以推导出，公司在股票市场上交易的股票价格仍然由公司的基本面决定，但公司的基本面却是由其他因素决定的，与股票价格无关。

索罗斯同时认为，虽然反身性原理和古典经济学的理论看似矛盾，但却可以在同一体系下共存：反身性之中最重要的双向反馈机制虽然可以随时运作，但它在大多数情况下都是十分微弱的，以至于可以忽略它的影响，在这个时候，古典经济学是适用的。但是在其他情况下，诸如金融市场，均衡理论就已经不再适用，市场上参与者的预期将不仅影响市场价格，而且影响所谓的基本面，这才是反身性变得重要的时刻。

在反身性原理的基础上，索罗斯形成了自己对股市波动的独特看法。索罗斯认为，由于股市上参与者的预期在股票价格的形成过程中起着非常重要的作用，因此古典的均衡经济理论对股票市场并不适用，"市场永远正确"这一传统观点对于股票市场而言是错误的。索罗斯还认为，股票市场总是表现出某种主流偏向，这种主流偏向是市场参与者各种分散的观点的合力，并且正的偏向将引起价格上涨，负的偏向将导致价格下跌，主流偏向和市场基本发展趋势（上市公司的经营状况的变化趋势）共同决定股票价格的运动。在这里存在着这样一种"反身性"的关系，股票价格取决于两个因素——基本趋势和主流偏向，这两个因素又反过来受股票价格的影响。在股票市场向前发展的过程中，其中没有一个变量——股票价格、基本趋势、主流偏向——可以保持不变。这三个变量先在一个方向上彼此加强，到了某一个转折点后又接着在另一个方向上彼此加强，这就形成了股票市场在"反身性"驱使下繁荣和萧条的交替运动。

由此，索罗斯认为股市波动模型可以分为以下五个阶段：

1. 某个趋势尚未得到确认

这是过程的开始阶段，市场表现出的趋势尚不足以为投资者所觉察。这时，主流偏向是消极的，基本趋势也并不明显，两者虽然能够推动股票价格缓慢上涨，但是缓慢上涨的股票价格暂时还无法"反身"加强主流偏向和基本趋势。如果股票价格始终无法"反身"加强主流偏向和基本趋势，则股票市场将一直在低位徘徊，直到情况发生改变，进入下一阶段。

2. 开始自我强化

人们开始觉察这种趋势并付诸行动（趋势开始加强偏向），一个积极的偏向发展起来，它引起股票价格的进一步上涨（偏向加强股票价格），上升的股价又加强了基本趋势（股票价格"反身"加强趋势），这就形成了市场趋势和人们的偏向互相强化。这时，股票价格进一步上涨，主流偏向变得越来越积极，基本趋势得到加速发展。只要偏向是自我加强的，预期就会比股票价格升得更快。随着股票价格的不断升高，其上涨越来越依赖主流偏向的支撑，从而造成基本趋势与主流偏向两者同时滑入极其脆弱的状态。

3. 进入矫正阶段

当股票价格的变化无法支撑主流偏向的预期时，失望的预期对股票价格有一种消极的影响（股票价格开始波动），不稳定的股票价格的变化削弱了基本趋势，于是进入了矫正阶段（股票价格的回调）。在股价回调之后，趋势、股价和偏向三者的互相强化过程将得到巩固和持续，大盘将继续上扬。

4. 转折阶段

当股价上扬到一定程度时，基本趋势已经过度依赖股票价格的变化，这时一次矫正就可能成为彻底的逆转。在这种情况下，市场将出现转折，股票价格下跌，基本趋势反转，预期则跌落得还快一些。这样，自我加强的过程就朝着相反的方向启动了。

5. 衰落达到极限，并使自己重新反转过来

图 15-1 是索罗斯在其 1987 年所著的《金融炼金术》一书中所使用的描述反身性的图形。图中一条曲线代表股票价格，另一条曲线代表每股收益。索罗斯将每股收益曲线拟想成基本趋势的一个标度，两条曲线的差距则是主流偏向的标度。在图中可以清楚地看到基本趋势、股票价格和主流偏向的互相强化的过程。由此，索罗斯认为股票市场的波动是可以预测的，并可以根据波动进行相应的买卖以赚取差价。

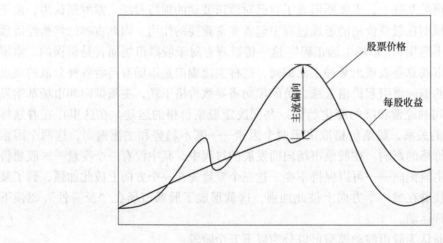

图 15-1　股票市场中的反身性

索罗斯的反身性原理并没有达到成熟的阶段，他的理论也未组成一个系统的体系。即使是《金融炼金术》一书，也没有将反身性原理讲述透彻，诸如股票价格对趋势（公司经营

状况）的反身性作用有多大，这种反身性作用对市场的波动起多大影响，在什么条件下矫正阶段才会发生，在什么情况下矫正会转化成彻底的逆转，这些问题在书中都被"忽视"了。

但是，索罗斯的理论仍然有其参考价值，他对市场的非均衡性和反身性的论述为经济理论的研究提供了一个新的视角。而且，中国股市 2013 年 6 月—2015 年 6 月的走势在一定程度上验证了反身性理论的核心部分。当时上市公司之间交叉持股的现象比较普遍，特别是上市公司对券商的大量持股，市场开始发掘和炒作"参股券商"概念。由于自 2013 年 6 月开始的牛市行情，上市券商的收益较往年大幅增加，大幅增加的收益拉升了上市券商的股票价格，提升的股价又通过"反身性"产生了两个结果：一是提升了"参股券商"的上市公司的投资收益，增加了基本趋势；二是使投资者大幅提升了对"持股券商"的上市公司的基本面的预期，强化了主流偏向。强化的趋势和偏向又作用于股票价格，使股票价格进一步提高。结果是，上证指数从 2013 年 6 月 25 日的 1 849.65 点上升到 2015 年 6 月 12 日的 5 178.19点，其间 90% 以上的有"参股券商"概念的股票价格都至少翻了四番，如参股国泰君安的大众交通股价从 4.86 元上涨到 27.95 元。而在 2015 年 6 月由清查场外配资引发的股灾发生后，有多家"参股券商"的股票价格出现了大幅下跌，甚至跌停。以上事例说明，在某些特定的条件下反身性原理是正确的，但是反身性原理是否适用于大多数甚至所有的股市运行情况，还需要进一步的实证检验。

二、索罗斯的传奇经历

（一）从梦想开始

大学时期的索罗斯虽然学的是经济学专业，却一直梦想成为一个哲学家，成为一个像苏格拉底、柏拉图那样的智者，为了解释世界贡献自己的智慧。他一直把自己视为经济学领域的旁观者，经济学让其失望的地方就在于经济学家总是无视现实的经济运行，在一种假设的理想状况中构造概念体系，总是假定世界是理性的，是可以预测的。索罗斯之所以选择就读伦敦经济学院，在很大程度上是为了实现自己成为一个哲学家的梦想。

当索罗斯沮丧地意识到自己无法征服知识世界、无法像儿时偶像爱因斯坦那样建构一个近于完美的知识体系时，他只好去追寻一个自己有能力征服的世界、一个自己能挥洒自如的天地。

20 世纪 50 年代中期，为了生存，索罗斯收拾起哲学家之梦，受雇于一家美国证券公司做证券分析员，为美国投资机构提供欧洲股票市场的投资建议。当时全球金融市场的一体化程度并不高，华尔街的投资人对大洋彼岸的投资机会兴趣不大，且缺乏必要的了解，美国投资人只讨论美国股市，欧洲投资人只关心欧洲行情。索罗斯的不懈努力，使美国越来越多的人意识到欧洲股票市场也有不少机会，他的工作在美国带有开创性，并且索罗斯还是华尔街为数不多的几个能在纽约市场和伦敦市场之间做跨市套利的投资人之一。

1960 年，索罗斯在外国金融市场有一次漂亮的出击。他通过认真分析一家德国保险公司的财务状况及业务前景，在投资分析报告中指出该公司的价值被低估了，并力劝一家证券机构和一家基金大量购入该公司的股票。但索罗斯的投资分析报告引起了那家德国保险公司的不满，并投诉他有误导投资人的成分。市场最终证明索罗斯的分析是正确的，德国保险公司的股价涨了三倍，索罗斯也由此在华尔街名声大震，让人不得不佩服他把握欧洲金融市场投资机会的能力。

尽管索罗斯作为职业投资人的前景越来越光明，但他仍割舍不了成为哲学家的梦想。是做职业投资人，还是做一个哲学家？索罗斯仍在两个职业之间犹豫不决。从 1961 年开始，索罗斯利用做职业投资人的业余时间撰写和修改自己的哲学文稿《意识的责任》（*The Burden of Consciousness*），并把此手稿寄给多年前的导师、著名哲学家卡尔·波普教授，得到波普教授热情的鼓励。令人不解的是，索罗斯一直未试图将这部手稿付印，但他的思考并没有白费，《意识的责任》中的思想萌芽在他晚年的几本著作中得到了充分的发挥。

或许梦想只不过是一个梦想，或许索罗斯天生属于证券市场，1963 年，索罗斯转到一家专门从事外国证券投资的机构做分析师，重新回到了华尔街，投身于金钱游戏。该机构的老板对索罗斯十分赏识，认为他作为职业投资人，不仅是十分优秀的，而且是少见的杰出人才，具备职业投资人所需的各种素质：冷静、思路清晰、自信、敏锐……

（二）量子跳跃

索罗斯自己的"索罗斯基金管理公司"成立于 1973 年，刚开始运作时只有三个人。虽然规模不大，但是对于自己的公司，索罗斯很投入，努力抓住每一个赚钱的机会。

除了正常的低价购买、高价卖出的投资招数以外，索罗斯还特别善于卖空。其中的经典案例就是索罗斯与雅芳化妆品公司的交易。为了达到卖空的目的，索罗斯以市价 120 美元/股借了雅芳化妆品公司 1 万股股份，一段时间后，该股票开始狂跌。两年以后，索罗斯以 20 美元/股的价格买回了雅芳化妆品公司的 1 万股股份。从这笔交易中，索罗斯以 100 美元/股的利润为基金赚了 100 万美元，盈利几乎是投入的 5 倍。

1979 年，索罗斯把组建的投资基金改名为"量子基金"（Quantum Fund），来源于海森堡量子力学的测不准定律。索罗斯认为，市场总是处于不确定的状态，总是在波动。"量子基金"却并不是像量子一样波动不定。1969 年"量子基金"推出时，只是一个仅 400 万美元的小基金，到 20 世纪 90 年代初，短短 20 年左右的时间内，其资产值已增至 20 亿美元。该基金的第一批投资者 20 年时间的投资回报高达 300 多倍，"量子基金"也一跃成为全世界公认的曾经最成功的共同投资基金之一。

（三）狙击英镑

1992 年，索罗斯抓住时机，成功地狙击英镑。这一石破天惊之举，使得惯于隐于幕后的他突然聚焦于世界公众面前，成为世界闻名的投资大师。

20 世纪 90 年代初，英国经济长期不景气，英国不可能维持高利率的政策，要想刺激本国经济发展，唯一可行的方法就是降低利率。但假如德国的利率不下调，英国单方面下调利率，将导致资本在英、德两国之间流动，使英国无法维持与德国挂钩的固定汇率制度，迫使英国退出欧洲汇率体系。英国政府需要贬值英镑，刺激出口，但英国政府却受到欧洲汇率体系的限制，必须勉力维持英镑对马克的汇率在 1:2.95 左右。高利率政策受到许多金融专家的质疑，国内的商界领袖也强烈要求降低利率。1992 年夏季，英国首相梅杰和财政大臣虽然在各种公开场合一再重申坚持现有政策不变，英国有能力将英镑留在欧洲汇率体系内，但索罗斯却深信英国不能保住其在欧洲汇率体系中的地位，英国政府只是虚张声势罢了。

1992 年 9 月 15 日，索罗斯决定大量放空英镑。英镑对马克的汇率一路下跌至 1:2.80，虽有消息说英格兰银行购入 30 亿英镑，但仍未能挡住英镑的跌势。到傍晚收市时，英镑对马克的汇率差不多已跌至欧洲汇率体系规定的下限。英国政府动用了价值 269 亿美元的外汇储备，但最终还是遭受惨败，被迫退出欧洲汇率体系。随后，意大利和西班牙也纷纷宣布退出欧洲汇率体系，意大利里拉和西班牙比塞塔开始大幅度贬值。

索罗斯从英镑空头交易中获利已接近 10 亿美元，在英国、法国和德国的利率期货上的多头和意大利里拉上的空头交易使他的总利润高达 20 亿美元，其中索罗斯的个人收入为 1/3。在这一年，索罗斯的基金增长了 67.5%，他个人也因净赚 6.5 亿美元而荣登《金融世界》杂志的华尔街收入排名表的榜首。

（四）席卷东南亚

早在 1996 年，国际货币基金组织的经济学家莫里斯·戈尔茨坦（Morris Goldstein）就曾预言在东南亚诸国，各国货币正经受着四面八方的冲击，有可能爆发金融危机。但戈尔茨坦的预言并未引起东南亚各国的重视，反而引起它们的反感。东南亚各国仍陶醉于自己所创造的经济奇迹中。

1997 年 3 月，当泰国中央银行宣布国内 9 家财务公司和 1 家住房贷款公司存在资产质量不高以及流动资金不足的问题时，索罗斯认为千载难逢的时机已经到来。索罗斯及其他套利基金经理开始大量抛售泰铢，泰国外汇市场立刻波涛汹涌、动荡不安，泰铢一路下滑。1997年 6 月下旬，索罗斯筹集了更加庞大的资金，再次向泰铢发起了猛烈进攻，7 月 2 日，泰国政府由于再也无力与索罗斯抗衡，不得已改变了维系 13 年之久的货币联系汇率制，实行浮动汇率制，泰铢更是狂跌不止。泰国政府被国际投机家一下子卷走了 40 亿美元，许多泰国人的腰包也被掏了个精光。

索罗斯初战告捷，但他并不以此为满足，决定席卷整个东南亚。索罗斯飓风很快就扫荡到了印度尼西亚、菲律宾、缅甸、马来西亚等国家。印度尼西亚盾、菲律宾比索、缅甸元、马来西亚令吉纷纷大幅贬值，这些国家几十年的经济增长一夜之间化为乌有。

不管是被称为金融奇才还是金融杀手，索罗斯的金融才能是公认的。他的资产富可敌国，这是对他金融才能的充分肯定。

第三节　其他投资大师的投资理念

美国纽约华尔街是一个神奇的地方，这里不仅是世界金融的中心，也是全球经济的心脏。华尔街的魅力不仅在于每天有上万亿美元的资金融通，而且还在于能不断造就成千上万的暴富神话。现在的华尔街已经成为全球资本市场的代名词：一方面，它通过全球资本市场这只"看不见的手"引导着全球经济资源的优化配置，发挥着全球经济"晴雨表"的功能；另一方面，它也成就了数不清的英雄人物。格雷厄姆、彼得·林奇、江恩、罗杰斯……他们用天才般的智慧和严谨的工作态度，为华尔街留下了数不清的财富。

一、本杰明·格雷厄姆：股价短期内是一个计数器，长期内是一架称重机

"如果证券分析可以算是一种职业，那么这个职业中只有一个教头。本杰明之所以无可争议地获得了这个地位，是因为在他之前并没有这种职业，而在他之后，人们开始将它视为一种职业了。"

——亚当·斯密《超级金钱》

行业教父，通常是指对所从事的行业产生巨大的指导性作用的人。他所采用的标准，会成为这个行业通用的标准；他所发表的言论，也会成为这个行业的行业规范。本杰明·格雷厄姆就是这样一位制定标准的人，他的继承者按照他的教导积累了大量财富。

本杰明·格雷厄姆 1894 年 5 月 9 日出生于伦敦。在婴儿时期，伴随着美国的淘金热潮，他随父母移居纽约。格雷厄姆的早期教育是在布鲁克林中学完成的。1914 年，格雷厄姆以荣誉毕业生和全班第二名的成绩从哥伦比亚大学毕业。之后，格雷厄姆来到纽伯格－汉德森－路德公司做了一名信息员，不久，他就被提升为证券分析师。

从此，格雷厄姆获得了释放能量的空间。伴随着美国经济的繁荣，格雷厄姆在华尔街大展宏图。从发觉古根海姆勘探公司、日本债券和美国胜利公债的"秘密"，到杜邦－通用套利，充当标准石油公司的清算者；从为亲戚朋友们代理投资，成为纽伯格－汉德森－路德公司的合伙人，到开创自己的第一个公司"格雷哈"，而后成立本杰明·格雷厄姆联合账户，格雷厄姆不断寻找公司的隐藏资产，发掘可能的套利机会，在低价时买入，以获得高额利润。虽然格雷厄姆善于进行深刻复杂的思考，但其方法的魅力却是它的简洁性。"他之所以会买，是因为便宜。"就是遵照这条看上去浅显易懂的道理，格雷厄姆在华尔街上声名大振。

格雷厄姆在其所著的《证券分析》一书中开创性地提出了普通股投资的数量分析方法，解决了投资者的迫切问题，使投资者可以正确判断一只股票的价值，以便决定对一只股票的投资取舍。在《证券分析》出版之前，尚无任何计量选股模式，格雷厄姆可以称得上是运用数量分析法来选股的第一人。格雷厄姆认为股票投资有三种方法：横断法、预期法和安全边际法。横断法相当于现代的指数投资法。格雷厄姆认为，应以多元化的投资组合替代个股投资。例如，投资者平均买下道琼斯工业指数所包括的 30 家公司的等额股份，则获利将和这 30 家公司保持一致。预期法是指根据对未来股价的预期来进行投资。安全边际法是指投资者通过对公司内在价值的估算，比较其内在价值与公司股票价格之间的差价，当两者之间的差价达到某一程度（即安全边际）时，就可选择该公司的股票进行投资。

除了判断股票价格的方法，格雷厄姆还为后人提供了投资的选时理论。格雷厄姆有一句名言："股价短期内是一个计数器，长期内是一架称重机。"这也就是说，股票在短期看经常会出现不合理价格，只有从长期角度考虑，股票价格才与其内在价值相符。股票之所以出现不合理的价格，在很大程度上是由于人类的惧怕和贪婪情绪。极度乐观时，贪婪使股票价格高于其内在价值，从而形成一个高估的市场；极度悲观时，惧怕又使股票价格低于其内在价值，进而形成一个低估的市场。投资者正是在缺乏效率市场的修正中获利，所以在面对股票市场时必须具有理性。格雷厄姆提请投资者们不要将注意力放在行情机上，而要放在股票背后的企业身上，因为市场是一个理性和感性的混合体，它的表现时常是错误的，而投资的秘诀就在于：当价格远远低于内在价值时投资，等待市场对其错误进行纠正；而当市场纠正错误之时，便是投资者获利之时。

二、彼得·林奇：不做研究就投资，和玩扑克牌不看牌面一样盲目

彼得·林奇出生于 1944 年，1968 年毕业于宾夕法尼亚大学沃顿商学院，取得 MBA 学位；1969 年进入富达管理公司研究公司成为研究员，1977 年成为麦哲伦基金的基金经理人。在 1977 年—1990 年彼得·林奇担任麦哲伦基金经理人职务的 13 年间，该基金的管理资产

由 2 000 万美元成长至 140 亿美元，基金投资人超过 100 万人，成为富达的旗舰基金，并且是当时全球资产管理金额最大的基金，其投资绩效也名列第一。13 年间的年平均复利报酬率达 29%，之后他成为富达公司的副主席，也是富达基金托管人董事会成员之一。

1977 年，已经成为富达公司研究室主任的林奇接管了富达麦哲伦基金，开始了其基金经理生涯。林奇终于有了把其多年研究总结出的投资策略用于实战的机会，开始按照自己的理念和习惯运作资金，从事股票投资。

彼得·林奇十分重视信息的搜集。他曾说："不做研究就投资，和玩扑克牌不看牌面一样盲目。"为了搜集信息和研究，林奇成了一个工作狂，每天的工作时间长达 12h，他投入了自己所有的心血和精力。他每天要阅读几英尺⊖厚的文件，每年要旅行 16 万 km 去各地进行实地考察。此外，他还要与 500 多家公司的经理进行交谈，在不进行阅读和访问时，他则会几小时、几十个小时地打电话，从各个方面来了解公司的状况以及投资领域的最新进展。

林奇还创造了常识投资法。他认为普通投资人一样可以按常识判断来战胜股市和共同基金，而他自己对于股市行情的分析和预测往往会从日常生活中得到有价值的信息。他特别留意妻子卡罗琳和三个女儿的购物习惯，每当她们买东西回来，他总要问上几句。1971 年的某一天，妻子卡罗琳买"莱格斯"牌紧身衣，他发现这将是一个走俏的商品。在他的组织下，麦哲伦当即买下了生产这种紧身衣的汉斯公司的股票，没过多久，股票价格竟达到原来价格的 6 倍。在日常小事中发现商机，这就是林奇获利的秘籍。

在林奇的投资组合中，他最偏爱两种类型的股票：一类是中小型的成长股股票。在林奇看来，中小型公司股价增值比大公司容易，一个投资组合里只要有一两家股票的收益率极高，即使其他的赔本，也不会影响整个投资组合的成绩。同时他在考察一家公司的成长性时，对单位收入增长的关注甚至超过了对利润增长的关注，因为高利润可能是由于物价上涨，也可能是由于巧妙的买进造成的。另一类是业务简单的公司的股票。一般人认为，竞争激烈的领域内有着出色管理的高等业务公司的股票，例如宝洁公司、3M 公司、得州仪器、道化学公司、摩托罗拉公司等，更有可能赚大钱。但在林奇看来，作为投资者不需要固守任何美妙的东西，只需要一个低价出售、经营业绩尚可而且股价回升时不至于分崩离析的公司就可以了。

对于很多人而言，彼得·林奇是一个没有"周末焦虑症"的"死多头"，股市调整对他而言只意味着廉价建仓的机会到了。他都不太像一个股市中人，因为他的心态是如此的平和，但也正是因为这样，他才取得了如此巨大的成就。

三、吉姆·罗杰斯：寻找不被别人关注的股票

吉姆·罗杰斯是赫赫有名的美国"量子基金"的创办人之一，著名的国际投资家和金融学教授。"量子基金"的复合收益高达 37%，超过同期巴菲特的 29% 和彼得·林奇的 30%。巴菲特盛赞罗杰斯"对市场大趋势的把握无人能及"。

1982 年，罗杰斯开始分批买入联邦德国股票，于 1985 年与 1986 年分批卖出，获得三倍利润。

1984 年，外界极少关注、了解的奥地利股市暴跌，罗杰斯亲往奥地利实地考察，认定

⊖　1 英尺 = 0.3048m。

机会来了。第二年，奥地利股市起死回生，罗杰斯大有斩获，并被人敬称为"奥地利股市之父"。

1991 年在非洲的博茨瓦纳，罗杰斯惊奇地发现城里到处是高级轿车，货币可以自由兑换，国家有三年的外汇储备，而股票市场只有 7 只股票，股价很低还有现金红利。罗杰斯当即购买了全部股票，并买下以后上市的每一只股票。结果在 2002 年，博茨瓦纳被《商业周刊》评为 10 年来经济增长最快的国家。

1999 年，罗杰斯在其第二次环球投资旅行时曾在上海证券交易所开户，他指出 B 股股指已从高位下跌 85%，投资价值不言而喻。他预计如果政府有鼓励投资 B 股的政策出台，B股将大涨。此后事情的发展验证了他的判断。

当被问及中国流行的合格的境外机构投资者（QFII）概念时，罗杰斯认为，不要听从你的同行的意见，这往往不可靠。当外国投资者大规模进场的时候，并不是买入股票的最好时机。每个人应该有自己的投资方式和理念，不管是投资股票还是货币或其他，关键是要独立思考。罗杰斯的投资理念就是"寻找不被别人关注的股票"。当所有人都看好一只股票时，这只股票的投资价值已经不多了；只有在还没有人关注时买入的股票，才能获得不菲的收益。可以看到，罗杰斯的辉煌战绩大多都是通过"逆市而行"取得的。罗杰斯指出，要做到这一点，需要的是不断地搜集信息和研究，"回家作业做得不好，投资肯定有问题，你不能怪任何人"。

四、威廉·江恩：不要过度交易

威廉·江恩是 20 世纪最著名的投资家之一。他在股票和期货市场上的骄人成绩至今无人可比，他所创造的把时间与价格完美地结合起来的江恩理论，至今仍为投资界人士津津乐道。江恩是一个以市场操作为生的人，他在华尔街 45 年的传奇生涯中总共赚取了 5 000 多万美元，相当于现在的 5 亿多美元。

江恩理论的支持者大多以江恩利用自己独创的理论在 286 次交易中达到 92.3% 的胜率为荣，但这并不是江恩成功的主要原因。江恩曾经出版过一些股票书籍，其中《华尔街四十五年》透露了江恩成功的真正秘密。江恩给投资者开列了 24 条长胜规则，认为任何人只要遵守它们，就会在股市中获取成功。其中，"不要过度交易"是排在最前面的单独的一条，而且还有几条也体现了这一精神，如："将你的资金分成 10 等份，永不在一次交易中使用超过 1/10 的资金""平均分摊风险，如果可能的话，只交易 4 只或 5 只股票，避免把所有的资金投到一只股票上""避免出入市过于频繁""避免在长期的成功后增加交易"，这几条规则都很好地解释了"不要过度交易"的内在含义。

江恩不过度交易原则的核心是保障资本的安全。他认为，投资者首先要考虑的不是赚钱，而应是保护资本，尽可能安全地交易。过度交易主要发生在一些不成熟的投资者（特别是新股民）身上，他们总是无法控制自己急躁的情绪，无法耐心地拿住任何一只股票，结果就是在市场上频繁地杀进杀出，动辄就满仓操作，给自己的投资带来了极大的风险。

江恩从不幻想在市场上冒大风险而博取巨大利润，他要的是持续稳定地获利。他首先要求在市场中生存，这是基础和前提，然后才是发展。他顺应市场，尊重市场，不和市场抗衡。实际上，他的整个投资思想体现了这样一种精神——敬畏市场，这一点尤其值得中国的散户投资者学习。

五、罗伊·纽伯格：无论怎样，你应该正确了解自己

罗伊·纽伯格，一个将 15 万美元增值到 16 亿美元的投资大师，生于 1903 年，20 世纪 20 年代从巴黎来到了华尔街，并且成为 1929 年经济大萧条的直接见证人。后来他成为合股基金的开路先锋，并大胆地提出投资成功的十大原则。

在纽伯格为投资者提出的忠告之中，有一条十分特别："无论怎样，你应该正确了解自己。"这条忠告与投资理念、投资方法本身无关，却对一个投资者的成功至关重要。纽伯格建议投资者："在开始做公司分析之前，先研究一下你自己。对一个投资者来说，你自身的力量可以帮助你走向成功。"

纽伯格在谈到自己时还说过：

"我认为我自身的素质适合在华尔街工作。当我还是 B. 奥特曼的买家时，我把所有的股票转换成现金，又把现金转换成股票。对我来讲，交易更多是出于本能、天分和当机立断。它不像长期投资需要耐心。在分析过各种纷乱交织的因素后，如果你能做出有利的决定，那么，你就是那种适合入市的人。测试一下你的性情、脾气。你是否有投机心理？对于风险你是否会感到不安？你要百分之百地、诚实地回答你自己。你做判断时应该是冷静的、沉着的，沉着并不意味着迟钝。有时一次行动是相当迅速的。沉着的意思是根据实际情况做出审慎的判断。如果你事先准备工作做得好，当机立断是不成问题的。"

"如果你觉得错了，赶快退出来，股市不像房地产那样需要很长时间办理手续，这样才能改正错误。你是随时可以从中逃出来的。"

"你需要有较多的精力，以及具备对数字快速反应的能力，更重要的是要有常识。"

"你应该对你做的事情有兴趣。最初我对这个市场感兴趣，不是为了钱，而是因为我不想输，我想赢。"

纽伯格的话告诉人们：在决定为证券公司的收入做出贡献之前，投资者不仅要掌握金融、证券等一系列的知识，更重要的是要了解自己。在真正成为投资者之前，检查一下自己的身体和精神是否合格，并找出适合自己性格和能力的证券投资方法。这一忠告对于急躁、盲目的入市者来说尤为重要。

尽管各位投资大师的投资理念和投资经历不尽相同，但他们在某些方面还是可以达成共识的：

1. 只有在较长时期内股票价格才会符合其内在价值

这句话还可以从另一个角度来说：股票市场是不完善的，在短时期内，股票价格受投资者偏见的影响，经常会与其内在价值不符，甚至被严重低估或高估。因此，投资者所要做的就是在股价被低估时买入，然后耐心等待，在股价恢复正常值甚至被高估时卖出，赚取差价收益。对于这一点，无论是坚持价值投资理念的格雷厄姆、巴菲特，还是不断投机的索罗斯、罗杰斯，都非常同意，其区别就只在于投资的风险性大小。即使是技术分析派的江恩等人，也无法否认这一点，只不过技术分析派认为通过图表投资可以赚取更多的收益（事实却恰恰相反）。

2. 不要相信所谓股评家的话

相信股评家的评论，只会造成一种跟随趋势现象（即当某一种股票上涨或下跌时，其

他人跟着买进或抛出），因为不只是你一个人在相信股评家的话，其他人也在照着股评家的指点去做。而在跟随趋势现象发生时，普通股民是无法从中赚到钱的，只有那些大户才可以。因此，更多的时候，股评家是通过他们的评论宣传某个公司的股票，使这种股票的价格上涨或下跌。对于这一点，不仅是华尔街的投资大师，所有的成功投资者都会举双手表示赞同。

3. 在投资之前一定要做充分的研究

这是彼得·林奇的投资理念之一，很多投资大师都间接地对此表示赞同：不要投资于自己不熟悉的行业。这也就是说，不仅要在投资之前进行充分的研究，而且不要投资自己不能够研究清楚的行业，要保证对上市公司有充分的了解，然后才能进行投资。

4. 安全性投资

几乎所有成功的投资家在进行投资时，都将安全性放在第一位。格雷厄姆和巴菲特只在股票价格低于其估算的内在价值一定比例时才会进行投资；江恩一再强调不要在一次投资中投入自己的大部分资本；即使是投机家索罗斯和罗杰斯，也不会在市场上追涨任何一只股票，他们只在投资对象的价格远低于或高于其价值的时候才会发动攻势。与此同时，投资大师们从不认为自己会永远正确，在进行任何一项投资时，他们都会设立止损点，一旦发现自己是错误的，马上撤出，绝不拖泥带水。所以，即使索罗斯在俄罗斯和中国香港市场上损失了数百亿美元，他仍然能够保证在错误发生时将损失降到最小。只要判断正确的次数不少于错误的次数，安全性原则就会让你的财富不断增长。

【本章小结】

本章主要介绍了华尔街几位投资大师的投资理念和投资经历。虽然各位投资大师从投资理念、采用工具、分析方法到投资领域都存在差异，但有句话说得好："失败的人各有各的失败理由，而成功的人都是相同的。"因此，华尔街的投资大师们在很多方面都有相似之处，他们的经验值得学习和借鉴。

【主要名词】

价值投资　反身性　量子基金　常识投资法　逆市而行　过度交易

【复习思考题】

1. 巴菲特从他的老师格雷厄姆那里继承了哪些优秀的投资理念？

2. 巴菲特的投资理念有哪些？普通投资者可以坚持按照巴菲特的投资理念进行投资吗？最大的困难是什么？

3. 索罗斯提出的"反身性"作用是影响股市波动的主要因素之一吗？谈谈你的看法。

4. 索罗斯对东南亚汇率攻击的风险是什么？谈谈你对投机的看法。

5. 简述彼得·林奇的常识投资法。

6. 简述华尔街投资大师们共同的投资理念。

本章案例 复合增长的价值

阅读过本章之后，可能有的投资者觉得华尔街的投资大师并非那么高高在上、遥不可及。巴菲特每年也不过25%的收益，还不及连续三个涨停板，其他诸如索罗斯、罗杰斯，收益也不过平均每年30%，却冒着巨大的风险。但是，凡是了解复利的人，都会被其在长时间内所产生的威力所震撼。

如果你在1926年投入美国股市1美元，在1999年就会变成7 851.52美元，这相当于以11.35%的年利率复利74年计算的结果。如果按照单利计算，74年的投资却只能得到8.4美元的利息总值。如果间隔的时间更长，结果会更惊人。几年前一个人类学家在一件遗物中发现了一个声明：恺撒借给某人相当于一个罗马便士的钱。由于没有记录说明这一便士是否已经偿还，这位人类学家想知道，如果在20世纪恺撒的后代想向借款人的后代要回这笔钱，那么本息值总共是多少？他认为6%的利率是比较合适的。令他震惊的是，2 000多年后，这一便士的本息值竟超过了整个地球上的所有财富。

再看一则被很多人认为是历史上最成功的不动产交易。据称在1626年，新荷兰的总督Peter Minuit用价值60荷兰盾的小饰物从美国土著人那里购买了曼哈顿。根据当时的汇率，这60荷兰盾价值24美元。如果美国土著人将这些小饰物在公平市场上出售，并将收回的这24美元以5%的收益率进行投资（无税）。那么，2001年（375年后），这笔资金就会高达21.2亿美元。毫无疑问，2001年曼哈顿的价值肯定不止21.2亿美元。但如果以10%的收益率进行投资，则2001年这笔钱就会变为

$$24 \text{ 美元} \times (1 + r)^T = 24 \text{ 美元} \times 1.1^{375} \approx 79.9 \text{ 千万亿美元}$$

这是一个惊人的数字。但是，在历史上没有人能找到一个持续375年且年收益超过10%的投资项目。投资大师的长处就在于能够提供安全而稳定的复利收益。由此可见复合增长的威力！

问题：

当马科维茨资产组合理论在华尔街被视为"圣经"时，巴菲特却建议"将所有的鸡蛋放在同一个篮子里"，因为巴菲特认为只有这样，才有精力对所有的"鸡蛋"进行详细周密的分析，降低投资风险。请你谈谈对集中投资的看法。

附录A　思考与练习试卷

A 卷

一、单项选择题（每题 2 分，共 20 分）

1. 股份有限公司发行股票和上市，发行后的股本总额应不低于（　　）。
   A. 1 000 万元　　　　　B. 3 000 万元　　　　　C. 5 000 万元　　　　　D. 1 亿元

2. 以低于票面价值的价格发行，到期按面值偿还的债券是（　　）。
   A. 附息债券　　　　　B. 贴现债　　　　　C. 公司债　　　　　D. 保证债

3. 用人民币标价，用外币认购和买卖的股票称为（　　）。
   A. A 股　　　　　B. B 股　　　　　C. H 股　　　　　D. N 股

4. 通过计算机撮合配对，以成交量最多的价格为指标确定成交价格为（　　）。
   A. 集合竞价　　　　　B. 连续竞价　　　　　C. 平价委托　　　　　D. 现价委托

5. 预测股价上涨，买入后股价却下跌，不能获利卖出的行为称（　　）。
   A. 套牢　　　　　B. 割肉　　　　　C. 踏空　　　　　D. 止损

6. 在上升趋势中出现急速下跌，在下降趋势中出现迅速回升称为（　　）。
   A. 长期趋势　　　　　B. 次级运动　　　　　C. 日常波动　　　　　D. 近期趋势

7. 在价格突破持续整理形态后出现，具有反转预测功能的缺口称为（　　）。
   A 普通缺口　　　　　B. 突破缺口　　　　　C. 中继缺口　　　　　D. 竭尽缺口

8. 当日指数或个股收盘价与移动平均线之间的差距是（　　）。
   A. RSI　　　　　B. KDJ　　　　　C. BIAS　　　　　D. OBV

9. 彼得·林奇认为可以从日常生活中获得有价值的信息并进行选股的方法称为（　　）。
   A. 常识投资法　　　　　B. 趋势投资法　　　　　C. 反身理论　　　　　D. 相反理论

10. 某公司现股价 20 元，年度净利润 1 000 万元，销售收入 1 亿元，未分配利润 2 000 万元，总股本为 5 000 万股，则该公司的市盈率为（　　）。
    A. 40　　　　　B. 100　　　　　C. 50　　　　　D. 10

二、多项选择题（每题 2 分，共 20 分）

1. 由发起人认购公司应发行的全部股份而设立公司称为（　　）。

A. 发起设立　　　　　B. 募集设立　　　　　C. 定向募集　　　　　D. 社会募集

2. 因公司经营状况不稳定导致的收益不确定称为（　　　）。

A. 系统性风险　　　　B. 非系统性风险　　　C. 宏观风险　　　　　D. 微观风险

3. 股票按股东权益划分，应分为（　　　）。

A. 国家股　　　　　　B. 法人股　　　　　　C. 普通股　　　　　　D. 优先股

4. 股票承销方式有（　　　）。

A. 包销　　　　　　　B. 代销　　　　　　　C. 直销　　　　　　　D. 传销

5. 证券交易委托种类有（　　　）。

A. 平价委托　　　　　B. 溢价委托　　　　　C. 市价委托　　　　　D. 限价委托

6. 预测股价将上涨，先借入资金买入期货，等交割日来临时，卖出现货，归还借款，赚取差价称为（　　　）。

A. 买空　　　　　　　B. 卖空　　　　　　　C. 多头交易　　　　　D. 空头交易

7. 技术分析的理论基础是基于以下假设（　　　）。

A. 市场行为涵盖一切信息　　　　　　　B. 价格沿趋势运动，并保持趋势

C. 历史会重演　　　　　　　　　　　　D. 成交量说明一切

8. 短期移动平均线下穿中期移动平均线，中期移动平均线下穿长期移动平均线，并且短期、中期、长期移动平均线自下而上排列称为（　　　）。

A. 黄金交叉　　　　　B. 死亡交叉　　　　　C. 多头排列　　　　　D. 空头排列

9. K 线形态中收盘价比开盘价低称为（　　　）。

A. 阳线　　　　　　　B. 阴线　　　　　　　C. 红线　　　　　　　D. 黑线

10. 下列指标中属于超买超卖型指标的有（　　　）。

A. RSI　　　　　　　B. KDJ　　　　　　　C. MACD　　　　　　D. BOLL

三、简述题（每题 10 分，共 40 分）

1. 简述证券投资基金的含义与投资策略。

2. 什么是 K 线？画出并解释单一 K 线上涨和下跌的几种形态。

3. 简述移动平均线的含义与葛兰维尔八大法则。

4. 简述 KDJ 指标的含义及应用法则。

四、论述题（二选一，共 20 分）

1. 影响证券价格的宏观经济指标有哪些？

2. 怎样建立自己的交易系统与盈利模式？

单项选择题答案

1	2	3	4	5	6	7	8	9	10
B	B	B	A	A	B	B	C	A	B

多项选择题答案

1	2	3	4	5	6	7	8	9	10
AC	BD	CD	AB	CD	AC	ABC	BD	BD	AB

B 卷

一、单项选择题（每题 2 分，共 20 分）

1. 创业板股票发行后股本总额不少于（   ）。

A. 1 000 万元　　　　B. 3 000 万元　　　　C. 5 000 万元　　　　D. 1 亿元

2. 在境外注册，在中国香港上市的中国企业或中资控股公司的股票称为（   ）。

A. B 股　　　　　　B. 国企股　　　　　　C. 红筹股　　　　　　D. H 股

3. 以高于股票面值的价格发行股票称为（   ）。

A. 面值发行　　　　B. 溢价发行　　　　　C. 平价发行　　　　　D. 市价发行

4. 承销机构在发行期结束后将未售出的股票全部买下的承销方式称为（   ）。

A. 包销　　　　　　B. 代销　　　　　　　C. 直销　　　　　　　D. 传销

5. 通过计算机撮合配对时，以时间优先、价格优先的原则确定买卖价格称为（   ）。

A. 集合竞价　　　　B. 连续竞价　　　　　C. 平价委托　　　　　D. 现价委托

6. 因看淡后市而卖出股票，但股市却一路上扬，无法补仓的行为称（   ）。

A. 套牢　　　　　　B. 割肉　　　　　　　C. 踏空　　　　　　　D. 平仓

7. 股票市价与每股税后利润的比率称为（   ）。

A. 市盈率　　　　　B. 市净率　　　　　　C. 净资产收益率　　　D. 市场占有率

8. 证券交易完成后，买卖双方的交款付券的过程称为（   ）。

A. 结算　　　　　　B. 清算　　　　　　　C. 交割　　　　　　　D. 过户

9. 根据股价或股价指数的涨跌幅度及波动幅度来分析股票市场强弱的指标称为（   ）。

A. BIAS　　　　　　B. OBV　　　　　　　C. RSI　　　　　　　D. KDJ

10. 如果在 2 000 点买入一合约沪深 300 指数期货，在 3 000 点平仓，交易保证金为 15%，请问平仓后的利润是（   ）。

A. 9 万元　　　　　B. 12 万元　　　　　C. 13.5 万元　　　　D. 30 万元

二、多项选择题（每题 2 分，共 20 分）

1. 由发起人认购公司股份的一部分，其余部分向社会公开募集而设立公司称为（   ）。

A. 发起设立　　　　B. 募集设立　　　　　C. 定向募集　　　　　D. 社会募集

2. 因宏观经济政策变化而导致的股市下跌称为（   ）。

A. 系统性风险　　　B. 非系统性风险　　　C. 宏观风险　　　　　D. 微观风险

3. 债券按付息方式分为（   ）。

A. 附息债券　　　　B. 贴现债　　　　　　C. 公司债　　　　　　D. 保证债

4. 股价变动趋势分为（   ）。

A. 长期趋势　　　　B. 中期趋势　　　　　C. 短期趋势　　　　　D. 近期趋势

5. 投资者预测股价将下跌，先借券卖出某种股票的期货，等办理交割时再以较低的价格买进现货，进行冲抵，赚取差价称为（   ）。

A. 买空　　　　　　B. 卖空　　　　　　　C. 多头交易　　　　　D. 空头交易

6. 股市中的时间之窗通常是指（   ）。

A. 斐波那契数列　　　　B. 卢卡斯数列　　　　C. 等差数列　　　　D. 等比数列

7. 短期移动平均线上穿中期移动平均线，中期移动平均线上穿长期移动平均线，并且短期、中期、长期移动平均线自上而下排列称为（　　　）。

A. 黄金交叉　　　　B. 死亡交叉　　　　C. 多头排列　　　　D. 空头排列

8. K线形态中收盘价比开盘价高称为（　　　）。

A. 阳线　　　　B. 阴线　　　　C. 红线　　　　D. 黑线

9. 出现在既有趋势的中途，一般在股价涨跌幅度的1/2处，称为（　　　）。

A. 普通缺口　　　　B. 中继缺口　　　　C. 度量缺口　　　　D. 衰竭缺口

10. 下列指标中属于趋势型指标的有（　　　）。

A. RSI　　　　B. KDJ　　　　C. MACD　　　　D. BOLL

三、简述题（每题10分，共40分）

1. 什么是技术分析？基本分析与技术分析有哪些区别？

2. 简述波浪理论的含义和数浪规则。

3. 简述MACD指标的含义与应用法则。

4. 简述RSI指标的含义及应用法则。

四、论述题（二选一，共20分）

1. 以沪深股市某种股票为例，试述投资决策全过程。

2. 你会选择哪个行业（项目或产品）进行投资？请撰写商业计划书。

单项选择题答案

1	2	3	4	5	6	7	8	9	10
B	C	B	A	B	C	A	C	C	D

多项选择题答案

1	2	3	4	5	6	7	8	9	10
BD	AC	AB	ABC	BD	AB	AC	AC	BC	CD

附录B　通达信证券投资分析系统 V7 版简要操作说明

通达信是一个多功能的证券交易平台。它的界面设定简洁，行情更新速度快，是目前券商中使用最多的网上行情交易系统，也是各个证券营业部通用的证券投资分析软件。由于大部分投资者对通达信的界面和使用方法都比较熟悉，故在此对之不再详细论述，只对通达信V7系统的主要功能进行简要的讲解。

一、通达信动态分析系统基本操作

1. 菜单操作

在任一选项菜单的画面中，组成菜单的各项表示本级菜单所能实现的功能或所包括的所有的可选项。在系统的任何画面，按"0 + Enter"复合键可进入动态分析系统主菜单画面。

（1）用↑、↓、←、→或数字 n（代表菜单第 n 项）选择菜单中的某项功能。

（2）确定菜单选项后，可按〈Enter〉键确认并执行所指定选项的操作，也可以按〈Esc〉键退出当前菜单。

2. 热键操作

通达信动态分析系统除了依菜单选项次序选择功能外，同时提供了多种热键，使用者可按热键直接切换至相应的功能画面。

（1）单键。例如，按键盘上的〈F3〉键，即可直接切换至功能画面（上证领先指标）。

（2）复合键。例如，0 + Enter 表示先按键盘上的〈0〉（画面右下角"热键输入显示栏"会显示0），再按〈Enter〉键。

又如，在系统的任何画面，按键盘上的数字键〈8〉和〈1〉，再按〈Enter〉键，即进入"沪A股综合指标排名"；按键盘上的数字键〈8〉、〈1〉、〈2〉，再按〈Enter〉键，即进入"创业板综合排名"；按键盘上的数字键〈3〉和〈7〉，再按〈Enter〉键，即进入上市公司网站。

（3）组合键。部分操作必须同时按住两个键才产生作用。例如，Ctrl + D 表示先按住〈Ctrl〉键（不可松开）再按〈D〉键，切换至系统设置。可以根据自己平时常用的设置在系统设置窗口修改组合键。

（4）Esc 键。Esc 键在系统操作中具有多种意义：在游标使用状态时，表示退出游标使用状态；在菜单顺序选项时，退出至上一层选单；在使用热键交互操作时，退出"跳出点"。

例如，在上证领先指标功能画面，直接键入个股代码切换至该代码个股走势，按〈F5〉键切换至该代码个股技术分析功能画面，此时按〈Esc〉键将退至"上证领先指标功能画面"。

（5）点序列键。例如，". + 0~9"表示先按〈.〉键（画面右下角"热键输入显示栏"会显示"."的快捷键），再分别按 0~9。如".0"为最近定制板块，".1"为指数走势，".2"为报价分析，".3"为技术分析。

3. 键盘精灵

00~08 为界面菜单，1~25 为信息与交易，91~99 为分析周期，399001~399319 为板块指数，000001~000008 为股价指数。

4. 光标说明

（1）向右箭头：出现在选项菜单中，箭头所指示的为目前选择的项目。

（2）矩形外框：出现在选择类别、选择商品画面，带有外框的项目或商品为目前选择的。

（3）光标：出现在设定参数的项目中，光标停留的位置代表输入的位置。

（4）垂直竖线：出现在大盘、个股走势及技术分析功能画面中，画面左上角将相应出现一"左键窗口"，显示光标停留位置的相关数据。

（5）十字线：出现在技术分析的画线功能中，表示选择点的位置。

二、通达信分析系统功能操作

1. 动态分析系统

动态分析系统包括大盘分析、报价分析、个股即时分析、技术分析、多股同列、特别报道、公告信息、基本资料分析、系统工具和服务管理十项功能操作。

通达信 V7 系统的大部分操作与以前版本相同，下面着重强调几个比较重要的常识性概念：

（1）分笔成交明细中的三种符号：

绿色箭头：卖出价 – 成交价 > 成交价 – 买入价，即成交价更靠近买入价。

红色箭头：卖出价 – 成交价 < 成交价 – 买入价，即成交价更靠近卖出价。

白色菱形：卖出价 – 成交价 = 成交价 – 买入价，即无法判断成交价更靠近哪个价位。

应用说明：成交价更靠近卖出价的叫外盘，即主动性买盘。当外盘累计数量比内盘累计数量大很多，而股价上涨时，表示很多人在抢盘买入股票。

成交价更靠近买入价的叫内盘，即主动性抛盘。当内盘累计数量比外盘累计数量大很多，而股价下跌时，表示很多人在抛盘。

（2）量比：

量比 = 现在总手/（n 日平均总手/240）×当前已开市分钟数

若量比数值大于 1，表示现在这时刻的成交总手数放大，量放大。

若量比数值小于 1，表示现在这时刻的成交总手数萎缩，量缩小。

（3）成交量警示数字：

成交量警示数字 = n 日平均量/X，n = 1 ~ 5，X 默认值为 50。

成交量警示栏位可及时显示何种股票的成交量突然放大，在实战中可用于监测成交量异动的股票。

（4）委比：

委比 = （委买手数 – 委卖手数）/（委买手数 + 委卖手数）×100

委买为当前委托买入下三档手数之和。

委卖为当前委托卖出上三档手数之和。

当委比数值为正值时，表示委托买入之手数大于委托卖出之手数，也就是买盘比卖盘大，股价上涨的概率比较大。

当委比数值为负值时，表示委托卖出之手数大于委托买入之手数，也就是卖盘比买盘大，股价下跌的概率比较大。

（5）换手率：

换手率 = n 日累计成交量/流通股本

注意：量比、成交量警示数字和换手率计算公式中的 n 和 X 值可在"系统工具/设定系统参数"项目中进行设定。

2. 通达信 V7 系统的主要功能

（1）在 K 线图画面中，K 线可设定为 3 或 5 条移动平均线，成交量可设定为 2 条移动平均线。

（2）在 K 线图画面中，按〈Ctrl + U〉组合键，K 线图的右边会显示筹码分布图。该项功能十分重要，对于筹码密集区域、筹码成本情况、获利盘和套牢盘的判断具有重要的参考价值，对于支撑和阻力区间也可以一目了然。

（3）在 K 线图画面底端，密布信息雷达、主力监控精灵和条件预警提醒，在光标移到此处时，使用者可看到各个股票主力的情况并获得预警提醒。

（4）在 K 线图画面中，按〈Alt + T〉组合键，可迅速更改当前指标参数；按〈Alt + S〉组合键，可修改当前指标公式，免去了在"功能/专家系统/公式管理器"的烦琐，节约了时间。

（5）在 K 线图画面中，按〈B + Enter〉组合键，可叠加美国线；按〈P + Enter〉组合键，可叠加价位线；按〈Tab〉键可去掉移动平均线；移动光标，每日明细栏为涨跌幅度的数值。

（6）在 K 线图画面中，按〈Ctrl + O〉组合键，可选择在 K 线图中叠加品种对应指数走势。

（7）在 K 线图画面中，按〈Shift + ←〉、〈Shift + →〉组合键，可向前、向后移动 K 线图一天。

（8）在 K 线图画面中，按〈Ctrl + V〉、〈Ctrl + B〉、〈Ctrl + N〉组合键，分别为前复权、后复权、定点复权模式。

1）除权：股票经送、配股或分红等股东权利的派发导致股票价格的变动，表示 K 线不变、K 线移动平均线断开不连接。

2）前复权：以最新价、当前日期为基准往前追溯，一旦发现除权除息，就将该除权日以前的所有股价调整为原股价减去该权息值。以后，每发生一次除权除息，就将该除权日以前的所有股价重新调整为上次权息调整后的价格再减去本次权息值。

3）后复权：后复权包括两段处理：

第一段与前复权相同。

第二段是以最近一次除权日的股价、日期为基准往后拖延，将该除权日以后（含该日）直至当前日期的所有股价调整为原价再加上该次权息值。

后复权方式比较适合研究刚刚除过权的股票，它可以把现在的价格还原到最近一次除权前，使用户更加直观地了解现在（除权后）的价格。该功能对主力原始成本显示得比较清楚，结合叠加成本分析，会有意想不到的效果。

4）不除权：把除权前后的股价视作正常的股价波动，表示 K 线不变、K 线移动平均线连续。

5）定点复权：选择一个除权时间点为基准，将股价仅按这次除权进行复权处理。

（9）查看个股所属板块信息和关联板块可通过〈、〉键进行自由切换。

（10）在分时图画面中，使用〈Alt + N〉（N = 0 ~ 9）组合键可切换至 N 天的分时图走势（系统可保留 10 天的分时图）。例如，按〈Alt + 2〉组合键可浏览前一天的分时图走势，按〈Alt + 1〉组合键可浏览当日分时走势，按〈Alt + 0〉组合键可查看前面第 10 天的分时走势图画面。

该历史回放功能相当重要，尤其是对短线操作而言，可以对短线量能的堆积、涨跌的真实情况一清二楚，从而过滤掉主力尾市拉抬或打压而制造的骗线。

（11）软件功能选项中有"在线人气"，可以了解目前市场上个股的受欢迎程度。

（12）按". + 912"，可调出金融计算器，便于计算交易手续费和盈亏值。

（13）按〈Ctrl + E〉组合键，可选择交易系统指标。

（14）按〈Alt + Z〉组合键，可将当前画面的股票添加到自选股列表中；按〈Alt + D〉组合键，可将当前画面的股票从自选股列表中删除。

（15）自设 K 线资料周期，可自由设定 1～300 天。

（16）有股票预警功能。报警条件包括成交价格的上限、下限、总手、现手，若有股票成交数据达到或超过所设定的报警条件，则系统会报警提示。

（17）可进行区间个股情况统计。按"．+403""．+404""．+405""．+406"，可列出区间涨跌幅、区间换手排名、区间量变幅度、区间震荡幅度。

三、通达信技术分析

1. 指标分类

通达信技术分析系统汇集了近百种技术操作指标，根据应用条件加以分类，使用非常方便，具有完善的画线功能，并具有画面比较、周期比较、排序等各种完善的辅助手段。

2. 完善的画线功能

技术分析有多种辅助画线功能，包括圆弧线、线形回归线、线形回归带、江恩时间序列、黄金分割线等近 10 种画线方式，可描绘通道、确定趋势，也可预测变盘时间、变盘价位。

3. 高效准确的智能工具

指标排行可以运用所熟悉的指标工具，迅速遴选出目标对象；指标选股则可以利用专家预先设定的选股条件，找出"容易回档""容易反弹""强力多头"等各种类型的股票，也可以自行设定条件，充分利用自己的经验，发挥自己的功力。

4. 丰富的分析手段

获利分析可以用来测算在使用的技术分析方法基础上，所采取的投资策略可能获得的盈利状况；模拟分析可以预测未来股价与指标的配合状况，计算出符合条件的获利率。

5. 调出菜单

小键盘快捷键"0 + Enter"，可调出操作菜单。

四、新增指标介绍

1. TBL

英文全名：Three Break Line。中文全名：新三价线。

指标热键：TBL。原始参数值：无。

新三价线是图表型指标，对于股价趋势的跟踪有相当大的参考价值，具体应用法则如下：

（1）新三价线由黑色变成红色时，视为买进信号。

（2）新三价线由红色变成黑色时，视为卖出信号。

注意：新三价线如果持续上涨，则会由原新三价线向上延伸，因此新三价线不会与 K 线相对称，反之亦然。

2. BBI

英文全名：Bull and Bear Index。中文全名：多空指标。

指标热键：BBI。原始参数值：3、6、12、24。

多空指标是均线型指标，相当于移动平均线，对于趋势较明显的股价走势有一定的指引作用，可作为多头的止蚀线和空头的回补点，具体应用法则如下：

（1）股价位于 BBI 上方时，视为多头市场。

（2）股价位于 BBI 下方时，视为空头市场。

注意：有市场分析人士认为，移动平均线过于快速或过于迟缓，作为买卖的依据值得商榷，故把中短期移动平均线加以平滑，将葛兰维尔八大法则运用于 BBI 曲线上，竟然取得了不错的效果，故而 BBI 指标流传于市场。

计算方法：

BBI 值 = （3 日移动平均线 + 6 日移动平均线 + 12 日移动平均线 + 24 日移动平均线）/4

3. BB

英文全名：Bollinger Band。中文全名：布林极限。

指标热键：BB。原始参数值：无。

布林极限是超买超卖型指标，对于股价短线的买卖点有一定的参考价值，具体应用法则如下：

（1）布林极限主要的作用在于辅助布林线（BOLL）辨别股价买卖点的真伪。

（2）BB > 100，代表股价穿越布林线上限；BB < 100，代表股价穿越布林线下限。

（3）当 BB 一顶比一顶低时（顶背离），股价向上穿越布林线上轨所产生的卖出信号，可靠度高。

（4）当 BB 一底比一底高时（底背离），股价向下穿越布林线下轨所产生的买入信号，可靠度高。

（5）布林线、布林极限、极限宽三者构成一组指标群，必须配合在一起使用。

4. MIKE

英文全名：Mike Base。中文全名：麦克指标。

指标热键：MIKE。原始参数值：25。

麦克指标是路径型指标，同布林线轨道一样对股价进行路径型指引，具体应用法则如下：

（1）麦克指标共有六条曲线，上方三条阻力线，下方三条支撑线。

（2）当股价脱离盘整向上涨升时，其上方三条阻力线作为阻力参考价，下方支撑线不具有参考价值。

（3）当股价脱离盘整向下运行时，其下方三条支撑线作为支撑参考价，上方阻力线不具有参考价值。

5. ADVOL

英文全名：Accumulation/Distribution Volume。中文全名：离散量。

指标热键：ADVOL。原始参数值：无。

离散量是趋势类指标，具体应用法则如下：

（1）股价一顶比一顶高，而 ADVOL 一顶比一顶低，暗示顶部即将形成。

（2）股价一底比一底低，而 ADVOL 一底比一底高，暗示底部即将形成。

（3）ADVOL 向上交叉其 N 日平均线时，视为买进信号。

（4）ADVOL 向下交叉其 N 日平均线时，视为卖出信号。

（5）ADVOL 与 OBV、PVT、WAD、ADL 同属一组指标群，使用时应综合进行研判。

6. MTM

英文名：Momentom Index。中文全名：动量线。

指标热键：MTM。原始参数值：12、6。

动量线是超买超卖型指标，具体应用法则如下：

（1）MTM 指标以 0 轴为中心线，围绕其进行上下波动。

（2）MTM 曲线在 0 轴上方，说明多头力量强于空头力量，股价处于上升或高位盘整阶段。

（3）MTM 曲线在 0 轴下方，说明空头力量强于多头力量，股价处于下跌或低位盘整阶段。

（4）MTM 曲线从 0 轴下方向上突破 0 轴时，说明多头力量逐渐强大，应及时买入股票。

（5）MTM 曲线从 0 轴上方向下突破 0 轴时，说明空头力量逐渐强大，应及时卖出股票。

（6）MTM 曲线向上突破 0 轴并运行较长一段时间后，如果股价上行速度开始放缓，说明多头力量减弱，一旦 MTM 曲线调头向下，则预示股价将见顶回落，是较强的短线卖出信号。

7. TOWER

中文全名：宝塔线。指标热键：TOW。原始参数值：无。

宝塔线是图表型指标，具体应用法则如下：

（1）TOWER 由黑色变成红色，特别是出现三平底翻红形态，视为买进信号。

（2）TOWER 由红色变成黑色，特别是出现三平顶翻黑形态，视为卖出信号。

（3）TOWER 中低位翻红，股价依托中短期移动平均线向上运行，可持股待涨。

（4）TOWER 高位翻黑，股价被中短期移动平均线压制下行，需持币观望。

8. RAD

英文全名：Power Radar。中文全名：威力雷达。

指标热键：RAD。原始参数值：无。

威力雷达是选股型指标，具体应用法则如下：

（1）白线上穿黄线为黄金交叉，表示强势，为买入建仓机会。

（2）白线下穿黄线为死亡交叉，表示弱势，为卖出了结机会。

（3）白色指标线向上的趋势越陡，表示其强势股的形态越强。

威力雷达选择强势股的效果相当好，可多加参考和利用。

9. ADL

英文全名：Advance/Decline Line。中文全名：腾落指标。

指标热键：ADL。原始参数值：无

腾落指标是大势型指标，只应用于大盘的研判，个股并无此指标。目前的指数由于各上市公司的股本、股价不同，因此常有因少数大盘股拉抬或打压指数，从而造成指数失真的现象，腾落指标可以弥补这一缺憾。具体应用法则如下：

（1）当指数一顶比一顶高，而腾落指标一顶比一顶低时，指数向下反转的机会较大。

（2）当指数一底比一底低，而腾落指标一底比一底高时，指数向上反转的机会较大。

（3）该指标必须与 ADR、OBOS 等指标配合使用。

计算方法：将每分钟股票上涨的家数减去下跌的家数后所得的累计余额，亦即，将第一分钟上涨的家数减去下跌的家数，这就是第一分钟的 ADL，第二分钟也是将上涨的家数减去下跌的家数，不过所得的差要与第一分钟的 ADL 累计，以此类推。

10. CJDX

中文全名：超级短线。指标热键：CJDX。原始参数值：无。

超级短线是通达信系统独有的特色指标，是趋势型指标，具体应用法则如下：

（1）黄线上穿白线是"黄金交叉"，同时白线上穿 0 轴，视为短线买入信号。

（2）黄线下穿白线是"死亡交叉"，同时白线下穿 0 轴，视为短线卖出信号。

（3）该指标可配合 KDJ、DMA 指标使用。

11. FSL

中文全名：分水岭。指标热键：FSL。原始参数值：无。

分水岭指标是超买超卖型指标，具体应用法则如下：

（1）股价在分水岭之上为强势，反之为弱势。

（2）当股价由上往下，在分水岭上方获得支撑，同时分水岭向上运行时，可考虑建仓；当股价由下往上，在分水岭下方遇阻回落，同时分水岭向下运行时，应卖出股票。

（3）分水岭往下，而股价由下向上突破分水岭时，说明此股票由弱变强，可考虑建仓。

（4）分水岭向上，而股价由上向下跌破分水岭时，说明此股票由强变弱，要及时卖出。

12. PSY

英文全名：Psychology Line。中文全名：心理线。

指标热键：PSY。原始参数值：12。

心理线指标是能量型指标，是测量市场参与者心理状况的工具，具体应用法则如下：

（1）心理线 >75，形成 M 头时，股价容易遭遇阻力。

（2）心理线 <25，形成 W 底时，股价容易获得支撑。

（3）心理线与 VR 属于一组指标群，必须互相搭配使用。

计算方法：

PSY = 上涨天数/基期总天数

13. CCI

英文全名：Commodity Channel Index。中文全名：顺势指标。

顺势指标是超买超卖型指标，具体应用法则如下：

（1）CCI 为正值时，视为多头市场；为负值时，视为空头市场。

（2）常态行情，CCI 波动于 ±100 之间；强势行情，CCI > +100；弱势行情，CCI < −100。

（3）CCI 由下往上突破 +100 天线为买进时机，直到 CCI 从 +100 天线之上，下破天线时再卖出。

（4）CCI 由上往下跌破 −100 地线为卖出时机，直到 CCI 从 −100 地线之下，上破地线时再买入。

（5）CCI 具有很好的避险功能。在弱市中，如果股价趋势没有真正改变，CCI 指标往往长时间徘徊在 +100 之下，这时投资者应静观其变，空仓等待。

14. BRAR

中文全名：情绪指标。指标热键：BRAR。原始参数值：26。

情绪指标也称为人气意愿指标，由人气指标（AR）和意愿指标（BR）两个指标构成。AR 和 BR 都是以分析历史股价为手段的技术指标。具体应用法则如下：

（1）一般情况下，AR 可以单独使用，而 BR 则需与 AR 并用才能发挥效用。该指标能够捕捉局部底部，适合做反弹。

（2）BR < AR，且 BR < 100 时，可考虑逢低买进。

（3）BR < AR，而 AR < 50 时，是买进信号；BR > AR，再转化为 BR < AR 时，也可买进。

（4）AR 和 BR 同时急速上升，意味着股价已近顶部，持股者应逢高卖出。

（5）BR 急速上升，而 AR 处在盘整或小跌时，应逢高卖出。

（6）BR 从高峰回跌，跌幅达 1 ~ 2 倍时，若 AR 无警戒信号出现，应逢低买进。

AR 具有股价达到顶峰或落至谷底的领先功能，通过 AR 路线可以看出某一段股价的买卖气势。

15. BIAS

英文全名：Bias。中文全名：乖离率。

指标热键：Y。原始参数值：6。

乖离率指标是超买超卖型指标。乖离率的本意是股价偏离某条均线的程度，具体应用法则如下：

（1）该指标的乖离极限值随个股不同而不同，使用者可利用参考线设定，固定其乖离范围。

（2）当股价的正乖离扩大到一定极限时，股价会产生向下拉回的作用力。

（3）当股价的负乖离扩大到一定极限时，股价会产生向上拉升的作用力。

（4）本指标可设定参考线。

计算方法：

BIAS =（收盘价 - 均线值）/均线值

参考文献

[1] 博迪，凯恩，马科斯．投资学精要：原书第9版［M］．胡波，王骜然，纪晨，译．北京：中国人民大学出版社，2016.

[2] 列维．投资学［M］．任淮秀，等译．北京：北京大学出版社，2000.

[3] 格雷厄姆，多德．证券分析：原书第6版［M］．巴曙松，陈剑，等译．北京：中国人民大学出版社，2013.

[4] 洛文斯坦．一个美国资本家的成长［M］．顾宇杰，鲁政，朱艺，译．2版．海口：海南出版社，2007.

[5] 巴菲特，坎宁安．巴菲特致股东的信：投资者和公司高管教程 原书第4版［M］．杨天南，译．北京：机械工业出版社，2018.

[6] 林奇，罗瑟查尔德．彼得·林奇的成功投资［M］．刘建位，徐晓杰，译．北京：机械工业出版社，2018.

[7] 索罗斯．金融炼金术［M］．孙忠，侯纯，译．海口：海南出版社，2016.

[8] 利弗莫尔．彼得·林奇点评版．股票作手回忆录［M］．黄程雅淑，马晓佳，译．北京：中国青年出版社，2012.

[9] 爱德华兹，迈吉，巴塞蒂．股市趋势技术分析：原书第10版［M］．万娟，等译．北京：机械工业出版社，2017.

[10] 斯波朗迪．专业投机原理［M］．俞济群，真如，译．北京：机械工业出版社，2018.

[11] 吴晓求．证券投资学［M］．北京：中国人民大学出版社，2014.

[12] 李国强．证券投资分析［M］．北京：中国财政经济出版社，2015.